Gerhard Feige

Auf ökumenischer Spur

Gerhard Feige

AUF ÖKUMENISCHER SPUR

Studien – Artikel – Predigten

Zum 60. Geburtstag von Bischof Dr. Gerhard Feige
herausgegeben von Johannes Oeldemann

© 2011 Aschendorff Verlag GmbH & Co. KG, Münster
Das Werk ist urheberrechtlich geschützt. Die dadurch begründeten Rechte, insbesondere die der Übersetzung, des Nachdrucks, der Entnahme von Abbildungen, der Funksendung, der Wiedergabe auf fotomechanischem oder ähnlichem Wege und der Speicherung in Datenverarbeitungsanlagen bleiben, auch bei nur auszugsweiser Verwertung, vorbehalten. Die Vergütungsansprüche des § 54 Abs. 2 UrhG werden durch die Verwertungsgesellschaft Wort wahrgenommen.
Gesamtherstellung: Aschendorff Druckzentrum GmbH & Co. KG,
Druckhaus Münster

Gedruckt auf säurefreiem, alterungsbeständigem Papier ∞
ISBN 978-3-402-12914-2

Inhaltsverzeichnis

Vorwort 9

Verwurzelt in der Alten Kirche

Der Atheismus-Vorwurf gegen die frühen Christen 17

Nützliche Erinnerungen an eine frühchristliche Wende.
Der religionspolitische Umbruch im 4. Jahrhundert 34

Markell von Ankyra und das Konzil von Nizäa (325) 53

Johannes von Damaskus und der Bilderstreit – eine Einführung 83

Die Väter der Kirche – eine ökumenische Herausforderung? 92

Im Dialog mit dem christlichen Osten

Ermöglichung und Schwierigkeiten
einer gewissen *communicatio in sacris*
zwischen katholischen und orthodoxen Christen 117

Die katholische Firmpraxis angesichts orthodoxer Bedenken 135

Die katholische Kirche in der Ukraine 1938–1998 140

Der Uniatismus – ein kirchliches Einigungsmodell in der Krise 164

„Schwesterkirchen"?
Probleme und Chancen des orthodox-katholischen Dialogs 169

Bereichert und herausgefordert.
Katholische Erfahrungen mit dem christlichen Osten 189

ÖKUMENISCH IM LANDE LUTHERS

Neuer Mut zur Ökumene. Offenherzige
Überlegungen angesichts unerwarteter Entwicklungen 205

Gemeinsam von Luther lernen. Zum „Luther-Jahr" 1996 225

Für mehr Einheit unter den Christen 231

„Pax optima rerum – Der Friede ist das Beste der Dinge".
Der Dreißigjährige Krieg und die Option
für einen konfessionellen Frieden 241

Unter dem Licht Christi auf dem Weg.
Ein Blick auf die Impulse der Dritten
Europäischen Ökumenischen Versammlung für Deutschland 258

Werden wir uns näher oder ferner sein?
Zur Eröffnung der Reformationsdekade 2008–2017 265

Geistgewirkte Freiheit und Weite in der katholischen Kirche.
Statement beim Evangelischen Kirchentag in Bremen (2009) 267

Einige katholische Thesen zur Ökumene.
Veröffentlicht zum Reformationstag 2009 272

CHRISTSEIN AUS OSTDEUTSCHER PERSPEKTIVE

Als Hoffnungsgemeinschaft mit dem
Auferstandenen auf dem Weg. Predigt zur
Amtseinführung als Bischof von Magdeburg (2005) 281

Zur Umkehr und Erneuerung herausgefordert.
Hirtenbrief zur österlichen Bußzeit (2006) 287

Wozu soll Glaube gut sein?
Weihnachtsartikel für die „Magdeburger Volksstimme" (2006) 293

INHALT

„Ihr sollt die Menschen froh machen!"
Predigt zur Jugendwallfahrt (2007) 296

„Ihr werdet meine Zeugen sein".
Predigt zur Bistumswallfahrt (2007) 301

Wer ist mein Nächster?
Predigt bei einem Wallfahrtsgottesdienst
im Gedenken an die heilige Elisabeth (2007) 304

Erinnerung stiftet Leben.
Predigt beim Ökumenischen Kirchentag in Salzwedel (2008) 311

Katholisch – reformerisch – ökumenisch.
Predigt zum 150-jährigen Jubiläum der
katholischen Gemeinde in der Lutherstadt Eisleben (2008) 315

„Du hast uns in die Freiheit hinausgeführt".
Hirtenbrief zur österlichen Bußzeit (2009) 320

Winterdienst oder Frühjahrsputz?
Herausforderungen und Chancen der Gemeinden
in kirchlichen und gesellschaftlichen Umbrüchen.
Statement bei einem Symposium des Bonifatiuswerkes
der deutschen Katholiken (2009) 325

„Für euch bin ich Bischof, mit euch bin ich Christ".
Predigt zum 10-jährigen Jubiläum der Bischofsweihe (2009) 332

Von Gott reden. Hirtenbrief zur österlichen Bußzeit (2010) 337

Gottes Schöpfung – uns anvertraut.
Predigt zur Bistumswallfahrt (2010) 342

„Gleicht euch nicht dieser Welt an …"
Predigt zur Schlussandacht der Herbst-Vollversammlung
der Deutschen Bischofskonferenz (2010) 348

Dialogisch Kirche sein.
Hirtenbrief zur österlichen Bußzeit (2011) 355

Nachweis der Erstveröffentlichungen 360

Vorwort

Der Weg der ökumenischen Bewegung hat im Laufe der Kirchengeschichte Höhen und Tiefen erlebt, war von Umwegen und Abwegen gekennzeichnet und ist zum Teil unterirdisch verlaufen, so dass er an der Oberfläche des kirchlichen Lebens gar nicht mehr wahrgenommen wurde. Doch das Streben nach der Einheit aller, die an Jesus als den Christus glauben, gehörte immer zum Wesen der Kirche, die wir im Glaubensbekenntnis als die eine, heilige, katholische und apostolische bekennen. So beginnt die Geschichte der Ökumene keineswegs erst im 20. Jahrhundert, auch wenn sie in den vergangenen hundert Jahren sicher deutlicher als jemals zuvor in der Geschichte der Kirche auch das äußere Erscheinungsbild des Christentums geprägt hat. Der Blick in die Geschichte der Kirche führt uns vor Augen, dass es formal zwar immer theologische Fragen waren, die zu Streit und Trennung führten, dass aber in Wirklichkeit eher kulturelle, kirchenpolitische und geistesgeschichtliche Differenzen die Spaltungen in der Kirche verursacht haben. Aus diesem Grund muss das ökumenische Gespräch neben den theologischen Kontroversfragen immer auch die nichttheologischen Faktoren im Blick behalten. Das Ringen um die Einheit im Glauben, das schon in der frühen Kirche begann, war darum nie ein rein intellektuelles oder geistliches Unterfangen, sondern hatte immer auch Auswirkungen auf das konkrete Miteinander der Christen, insofern die Gemeinschaft im Glauben immer schon als Voraussetzung für die Gemeinschaft am Tisch des Herrn betrachtet wurde. Wenn im vorliegenden Buch daher verschiedene Aspekte dieses Ringens um die Einheit im Glauben beleuchtet werden, die von der frühen Kirche über die Reformationszeit bis in die Gegenwart reichen, so ist dabei auch in den stärker akademisch geprägten Beiträgen zumeist das Bewusstsein um die lebenspraktische Relevanz der Ökumene spürbar.

„Auf ökumenischer Spur" geht Bischof Dr. Gerhard Feige den Suchbewegungen der verschiedenen Generationen nach, die sich seit frühester Zeit um die Einheit der Christen mühten. Die Gleise, auf denen die ökumenische Bewegung sich fortbewegte, verliefen dabei häufig parallel, kreuzten sich an bestimmten Knotenpunkten der Geschichte, an denen wichtige Weichenstellungen vorgenommen wurden, führten zusammen und wieder auseinander. Schwierig wurde es für die Ökumene immer dann, wenn Teile der Christenheit meinten, eine andere „Spurbreite" für ihre Gleise wählen zu müssen, weil dadurch das Zusammenführen der Gleise besonders erschwert wird. Den Zug der Ökumene immer wieder auf die richtige Spur zu bringen, ist daher ein Grundanliegen, von dem die Beiträge dieses Bandes trotz ihres sehr unterschiedlichen Formats geprägt sind. Immer geht es um die Suche nach dem, was die Christen in ihrem Glauben zutiefst verbindet.

Dieses Verbindende ist zugleich das, was den christlichen Glauben dialogbereit und gesprächsfähig macht – auch mit denen, die außerhalb der Kirche stehen. Eine Ökumene, die sich nur noch mit binnenkirchlichen Fragestellungen befasst, steht in der Gefahr, um sich selbst zu kreisen und eine wesentliche Dimension des christlichen Glaubens zu vernachlässigen: das gemeinsame Zeugnis der Christen gegenüber denjenigen, die nicht zur Kirche gehören. Denn nach den Worten des Abschiedsgebetes Jesu sollen alle, die ihm nachfolgen, eins sein, „damit die Welt glaubt" (Joh 17,21). Dieses Zeugnis des Glaubens vor „der Welt" ist ein Grundzug, der für die Christen in Ostdeutschland in der zweiten Hälfte des 20. Jahrhunderts eine besondere Herausforderung darstellte. Dies wird auch in den hier publizierten Studien, Zeitschriftenartikeln und Predigten von Bischof Dr. Gerhard Feige immer wieder deutlich. Sie werden aus Anlass seines 60. Geburtstags, den er im November 2011 begehen kann, erstmals in einem Band gesammelt veröffentlicht.

Gerhard Feige wurde am 19. November 1951 in Halle an der Saale geboren. Sein Vater war Schuhmachermeister und seine Mutter sorgte als Hausfrau für die Familie. Nach dem Abitur an der August-Hermann-Francke-Schule seiner Heimatstadt ging Gerhard Feige zum Theologiestudium nach Erfurt. Am 1. April 1978 wurde er von Bischof Johannes Braun in Magdeburg zum Priester geweiht. Nach vierjähriger Tätigkeit in der Seelsorge in Salzwedel und Magdeburg wurde er 1982 wissenschaftlicher Assistent in Erfurt, wo er 1988 zum Doktor der Theologie promoviert wurde. Nach einem einjährigen Studienaufenthalt in Rom war Gerhard Feige ab 1989 als Dozent für Alte Kirchengeschichte, Patrologie und Ökumenische Theologie in Erfurt tätig. 1994 erfolgte die Ernennung zum Professor für Alte Kirchengeschichte, Patrologie und Ostkirchenkunde. Papst Johannes Paul II. ernannte Gerhard Feige am 19. Juli 1999 zum Weihbischof in Magdeburg. Die Bischofsweihe empfing er am 11. September 1999 in der Magdeburger Kathedrale. Am 23. Februar 2005 wurde Gerhard Feige zum Bischof von Magdeburg berufen. Am 16. April desselben Jahres wurde er durch den Paderborner Erzbischof Hans-Josef Becker in dieses Amt eingeführt.

In der Deutschen Bischofskonferenz ist Bischof Gerhard Feige Mitglied der Ökumenekommission und der Unterkommission für Mittel- und Osteuropa. Er leitet die Arbeitsgruppe „Kirchen des Ostens" der Ökumenekommission und den Aktionsausschuss von Renovabis, der Solidaritätsaktion der deutschen Katholiken mit den Menschen in Mittel- und Osteuropa. Er vertritt die katholische Kirche bei den deutsch-russischen Gesprächen im „Petersburger Dialog" und ist einer der Delegierten der Deutschen Bischofskonferenz für die Theologischen Gespräche mit dem Patriarchat von Moskau. Bischof Gerhard Feige ist auch katholischer Ko-Vorsitzender des im Jahr 2004 gegründeten Gemeinsamen orthodox-katholischen Arbeitskreises St. Irenäus, der sich um eine Vertiefung des theologischen Gesprächs zwischen Orthodoxen und Katholiken auf internationaler Ebene bemüht. Ferner gehört er dem Kontaktgesprächskreis der Deutschen Bischofskonferenz mit der Evangelischen Kirche in Deutschland sowie der Gemeinsamen Kommission der Deutschen Bischofskonferenz mit der Orthodoxen Bischofskonferenz in Deutschland an. Seit 2006 ist Bischof Gerhard Feige, berufen durch den Päpstlichen Rat zur Förderung der Einheit der Christen, Mitglied der Gemeinsamen Internationalen Kommission für den theologischen Dialog zwischen der Orthodoxen Kirche und der Römisch-katholischen Kirche.

Durch seine akademische Lehrtätigkeit im Bereich der Alten Kirchengeschichte und der Patrologie hat sich Gerhard Feige intensiv mit der Geschichte des frühen Christentums befasst, was in den stärker wissenschaftlich geprägten Beiträgen des ersten Teils der vorliegenden Publikation zum Ausdruck kommt. Aufgrund seiner Kenntnisse in diesem Bereich bildet der Dialog mit dem christlichen Osten einen Schwerpunkt seiner Aufgaben im Rahmen der Deutschen Bischofskonferenz, der sich vor allem in den Beiträgen des zweiten Teils widerspiegelt. Die Tatsache, dass Gerhard Feige in einem Gebiet aufgewachsen ist, auf dem die wichtigsten Ursprungsstätten der lutherischen Reformation liegen und in dem die katholischen Christen ihren Weg seit vielen Jahren in ökumenischer Verbundenheit mit den evangelischen Mitchristen gehen, findet ihren Niederschlag in den Beiträgen des dritten Teils, die sich mit den Schwierigkeiten und den Chancen im katholisch-evangelischen Gespräch befassen. Schließlich bildet das Gespräch mit der nichtchristlichen Umwelt, das für Katholiken und Protestanten in Ostdeutschland eine gemeinsame Herausforderung darstellt, einen vierten Schwerpunkt der vorliegenden Publikation, der sich vor allem in den Predigttexten zeigt. Hier werden Grundfragen des christlichen Glaubens in einer pluralistischen Gesellschaft angesprochen, die über den ostdeutschen Kontext hinaus sowohl für die Katholiken in den westlichen Bundesländern als auch für das gemeinsame Zeugnis der Christen in Deutschland insgesamt von Relevanz sind.

Fragt man vor diesem Hintergrund nach einem Leitgedanken, der die verschiedenen Beiträge dieses Bandes durchzieht, so könnte man diesen mit dem Stichwort „Brücken bauen" zum Ausdruck bringen. Wenn Gerhard Feige in seinen Artikeln über die Alte Kirche den damaligen Auseinandersetzungen um den Kurs der Kirche nachgeht, dann tut er dies immer unter der Leitfrage, welche Bedeutung diese Fragen für die Kirche in unserer Zeit haben, und baut auf diese Weise Brücken zwischen Vergangenheit und Gegenwart. In seinen Beiträgen zum Dialog mit dem christlichen Osten geht es nicht nur darum, die Situation dieser Kirchen adäquat zu erfassen und die Probleme und Chancen, die sich aus den Kontakten mit ihnen ergeben, zu analysieren, sondern auch Brücken zwischen den Kirchen in Ost und West zu bauen, auf denen die Gleise diesseits und jenseits des Grabens, der sich durch die jahrhundertelange Trennung zwischen Ost und West gebildet hat, wieder zusammengeführt werden können. In seinen Ausführungen zur Ökumene im Lande Luthers geht es ihm darum, die Geschichte der Trennung zu verstehen, um so künftig gegenseitige Missverständnisse zu vermeiden und zu einem neuen ökumenischen Miteinander zu ermutigen, das im Gespräch mit dem Anderen nicht eine Gefährdung der eigenen Identität, sondern eine gegenseitige Bereicherung sieht, die als Fundament für neue Brücken zwischen den Konfessionen dienen kann. Seine Predigten leben schließlich von der Überzeugung, dass der christliche Glaube auch in einer weithin entchristlichten Gesellschaft sich als tragende Kraft der Gläubigen zu erweisen vermag. So erwachsen gerade aus der ostdeutschen Perspektive neue Brücken zwischen Gläubigen und Nichtgläubigen, zwischen Wissenschaft und Volksfrömmigkeit, zwischen „Konservativen" und „Progressiven" in der Kirche.

Dahinter steht letztlich die Überzeugung, dass der Glaube der katholischen Kirche nicht spaltet, sondern zusammenführt, dass es zum Wesen der katholischen Kirche gehört, „ökumenisch" im tiefsten Sinne des Wortes zu sein. So wird hoffentlich das vorliegende Buch seine Leserinnen und Leser ganz im Sinne von Bischof Gerhard Feige auf eine „ökumenische Spur" setzen und das Miteinander der Christen in Vergangenheit und Gegenwart anschaulich werden lassen. Aus der Kenntnis der Geschichte und der Analyse der Gegenwart kann dann die Kraft wachsen, den ökumenischen Weg weiterzugehen und mit zu gestalten, um auf diese Weise den Spuren zu folgen, die der Heilige Geist in der Geschichte der Kirche gelegt hat.

Johannes Oeldemann

VERWURZELT

IN DER ALTEN KIRCHE

Der Atheismus-Vorwurf gegen die frühen Christen

„Wie kann man heutzutage eigentlich noch an Gott glauben?" Dieser Frage hatten sich die Christen in der DDR und anderswo im ehemaligen Ostblock jahrzehntelang in verschärfter Form zu stellen. Zur herrschenden marxistisch-leninistischen Ideologie gehörte als Wesenszug ein sich wissenschaftlich gebender Atheismus, der das gesamte individuelle und gesellschaftliche Leben immer mehr prägen sollte.[1] Um diese Entwicklung voranzutreiben, wendete man trotz der verfassungsmäßig garantierten Zusage freier Religionsausübung ohne Weiteres auch psychischen und physischen Druck an. Systematisch wurde versucht, alle Beeinflussungsmöglichkeiten – vom Kindergarten bis zum Altersheim – auszunutzen. Am makabersten ist es dabei wohl in der Sowjetunion zugegangen; dort kam es in mehr als 100 Großstädten sogar zur Umwandlung von Kirchen in Museen „für wissenschaftlichen Atheismus".[2]

Wer sich in einem solchen Klima als „gläubig" bekannte, musste mindestens damit rechnen, als rückständig belächelt zu werden. Nur an wenigen Orten konnte man lernen, sachkundigen Widerstand zu leisten. Für mich war das anfänglich die katholische Heimatgemeinde mit ihrer Glaubensunterweisung für Kinder und Jugendliche, dann aber vor allem die Hochschule des Erfurter Priesterseminars mit ihrem philosophisch-theologischen Lehrangebot. Von zwei Vorlesungen, die sich im Sommersemester 1972 und im Wintersemester 1975 direkt mit dem Marxismus-Leninismus auseinandersetzten, besitze ich noch heute Mitschriften. Wenn meine damaligen Lehrer, die Professoren Erich Kleineidam und Konrad Feiereis, dafür auch – sicher bewusst – so relativ harmlos klingende Titel wie „Hegel und seine Schule" oder „Hauptprobleme der Gegenwartsphilosophie" wählten, so bargen ihre Ausführungen für diese Zeit doch gehörigen Zündstoff. Dankbar werden sich immer noch viele daran erinnern.

Jeder, der als Christ in Ländern des real existierenden Sozialismus mehr oder weniger dem Druck atheistischer Propaganda ausgesetzt war,

---

[1] Vgl. z.B. Meyers Neues Lexikon I, Leipzig ²1972, 569f.
[2] Einen ersten Einblick in die betreffenden Vorgänge und die Zahlenangabe verdanke ich: H.-J. Fischer, „Wissenschaftlicher" Atheismus in der Sowjetunion. Ein Überblick über seine Geschichte, seinen Inhalt und seine Methoden (Ms. einer Arbeit, die im WS 1975/76 am Philosophisch-Theologischen Studium Erfurt entstand).

wird es zunächst als höchst befremdlich empfinden, dass in den ersten Jahrhunderten – gerade umgekehrt – den Christen der Vorwurf gemacht wurde, Atheisten zu sein. Mit dieser Unterstellung könnten aber auch andere ihre Schwierigkeiten haben. Darum soll uns nun im Folgenden beschäftigen, wie diese aus heutiger Sicht sonderbar anmutende Kritik zu verstehen und welche Bedeutung ihr beizumessen ist. Dabei kann vor allem auf zwei verdienstvollen Untersuchungen aufgebaut werden, die dazu bereits Adolf Harnack und Norbert Brox vorgelegt haben.[3]

1. HEIDNISCHE ANGRIFFE

Der Widerspruch, den die Christen vom 2. bis zum 4. Jahrhundert durch die heidnische Umwelt erfuhren, äußerte sich recht vielfältig. Zu den Gründen, die Abneigung oder sogar Hass hervorriefen, gehörten z.b. die Herkunft der Christen aus dem Judentum, der Absolutheitsanspruch ihrer metaphysisch-religiösen Anschauungen und der damit verbundene Missionseifer, die überhebliche Sittsamkeit und Distanz zum öffentlichen Leben, die Verweigerung bestimmter Formen des Kaiserkultes, familiäre und wirtschaftliche Motive sowie volkstümliche Gerüchte über unzüchtige Handlungen und aufrührerische Verschwörungen.[4] Ein sehr verbreiteter Vorwurf war offensichtlich der des Atheismus.[5] Ob ihm freilich die größte Bedeutung für die antichristlichen Reaktionen zukommt, ist umstritten.[6]

[3] A. Harnack, Der Vorwurf des Atheismus in den drei ersten Jahrhunderten (TU NF XIII,4), Leipzig 1905; N. Brox, Zum Vorwurf des Atheismus gegen die alte Kirche, in: TThZ 75 (1966) 274-282.

[4] Vgl. J. Walsh / G. Gottlieb, Zur Christenfrage im zweiten Jahrhundert, in: dies. (Hg.), Christen und Heiden in Staat und Gesellschaft des zweiten bis vierten Jahrhunderts. Gedanken und Thesen zu einem schwierigen Verhältnis (Schriften der Philosophischen Fakultäten der Universität Augsburg 44), München 1992, 3-86, bes. 21-53 (darin „zehn Gründe für den Christenhass"); W. Nestle, Die Haupteinwände des antiken Denkens gegen das Christentum (1948), in: Christentum und antike Gesellschaft (WdF 649), Darmstadt 1990, 17-80 (differenziert in „historische, metaphysische und ethisch-politische Einwände"); W. Krause, Die Stellung der frühchristlichen Autoren zur heidnischen Literatur, Wien 1958, 46-50; P. Stockmeier, Glaube und Religion in der frühen Kirche, Freiburg 1972, 44-55; G. Bardy, Menschen werden Christen. Das Drama der Bekehrung in den ersten Jahrhunderten (hg. v. J. Blank), Freiburg 1988, 221-261.

[5] Für W. Nestle, Haupteinwände (Anm. 4), 65, ist es der „populärste".

[6] Vgl. J. Walsh / G. Gottlieb, Christenfrage (a.a.O.), 51f. 86, die die These, dass

Vielleicht ist die bei Cassius Dio zu findende Aussage, dass im Prozess, den Kaiser Domitian (81-96) gegen den Konsul Flavius Clemens und dessen Gattin Domitilla führen ließ, die Anklage auf „Atheismus" lautete, schon im Blick auf den christlichen Glauben zu verstehen.[7] Ausdrücklich und sicher jedoch begegnet uns die Bezeichnung der Christen als „Atheisten" (ἄθεοι) erstmalig in der Mitte des 2. Jahrhunderts. Justin von Rom meint, sich dagegen verteidigen zu müssen, und erwähnt, dass der Kyniker Crescens in dieser Weise polemisiert habe.[8] Auch Tatian beklagt sich, dass die Christen als die „atheistischsten" Menschen verschrieen seien,[9] und Athenagoras geht ausführlich auf diese Beschuldigung ein, die man genauso häufig hören könne wie das Gerede von Kannibalismus und Inzest.[10] Deren Verbreitung bezeugt auch – unabhängig von dessen Echtheit – ein durch Eusebius von Cäsarea mitgeteiltes Edikt des Kaisers Antoninus Pius (138-161) an den asiatischen Landtag, in dem zu bedenken gegeben wird, dass eine solche Anklage die Betroffenen nur in ihrer Auffassung festigen werde.[11] Welche Popularität die Kennzeichnung der Christen als Atheisten im griechischen Raum in der zweiten Hälfte des 2. Jahrhunderts schon genoss, zeigt der Bericht über das Martyrium des Polykarp: Dieser sollte – vom Prokonsul dazu aufgefordert – den hysterischen Volksruf „Weg mit den Atheisten!" aufnehmen und damit selbst die Christen verwünschen; stattdessen bezog er seufzend diese Worte auf die versammelten Heiden.[12] In einer anderen Märtyrerakte findet sich noch die Frage eines heidnischen Präfekten, ob der Angeklagte „Christ und auch atheistisch" sei.[13] Aufschlussreich für diese Zeit sind auch einige Bemerkungen, in denen der Sophist und Satiriker Lukian von Sa-

---

die heidnischen Feindseligkeiten hauptsächlich durch ihn ausgelöst wurden, zurückweisen, aber einräumen, dass er im 3. Jahrhundert zum zentralen Angriffspunkt wurde. Vgl. dagegen A. Harnack, a.a.O. (Anm. 3), 14, nach dessen Eindruck dieser Vorwurf im Laufe des 3. Jh. im Osten wieder stark zurückgetreten ist. Derselben Meinung ist auch N. Brox, a.a.O. (Anm. 3), 281f.

[7] Vgl. Cass. Dio 67,14. Vgl. A. Harnack, a.a.O. (Anm. 3), 11f Anm. 1.
[8] Vgl. Just., Apol. I 6; 13; II 8(3).
[9] Vgl. Tat., Orat. XXVII 3.
[10] Vgl. Athenag., Leg. 3-30, bes. 3.
[11] Vgl. Euseb. Caes., Hist. eccl. IV 13. Vgl. dazu A. Harnack, Der Vorwurf des Atheismus, 12f Anm. 2.
[12] Vgl. Mart. Polyc. 3; 9.
[13] Vgl. Mart. Just. 4.

mosata nebenbei auf die Christen zu sprechen kommt. So ist in der Schrift über den Pseudopropheten Alexander von Abonuteichos zu hören, wie dieser sein Orakel und die Mysterien verteidigte, indem er die wundergläubigen Leute zur Vertreibung kritischer Eindringlinge aufrief und als solche in einem Atemzug „Atheisten, Christen und Epikureer" nannte.[14] Auf jeden Fall gehören die Christen für Lukian zu denen, die – wie er in einer anderen Schrift bemerkte – die griechische Götterwelt ablehnten.[15]

Im 3. Jahrhundert bezeugen sowohl Klemens von Alexandrien als auch Origenes, dass man den Christen weiterhin Atheismus nachsagte. Da Klemens mit seiner Argumentation griechische Philosophen vom Gegenteil überzeugen wollte,[16] wird diese Meinung in deren Kreisen verbreitet gewesen sein. Bei Origenes kommt mit Kelsos ein heidnischer Philosoph selbst zu Wort. Dessen Werk gegen das Christentum, aus dem Origenes in seiner Widerlegung immer wieder zitiert, war schon über sechzig Jahre vorher (um 178) geschrieben worden, erregte aber offensichtlich immer noch die Gemüter. Wenn Kelsos die Christen auch nicht ausdrücklich als atheistisch bezeichnet, so vergleicht er sie doch, weil sie Tempel, Altäre und Götterbilder ablehnen, mit primitiven Völkern wie den Skythen, den Nomaden Libyens, den Serern oder auch den Persern, die ruchlose und gesetzlose Atheisten seien.[17] Eine gewisse Zusammenfassung dessen, was heidnische Griechen an der Schwelle vom 3. zum 4. Jahrhundert vom Christentum dachten und an ihm als atheistisch empfanden, bietet Eusebius von Cäsarea in der Einleitung zu seinem wahrscheinlich zwischen 312 und 320 verfassten Werk „Praeparatio evangelica".[18] Angeblich soll dieser Passus von dem wenige Jahre zuvor verstorbenen neuplatonischen Philosophen Porphyrios, einem Schüler Plotins, stammen. Es heißt darin: „Wie müssen die Menschen nicht in jeder Weise gottlos und atheistisch sein, die von den Bräuchen unserer Väter abgefallen sind, durch die jedes Volk und jede Stadt erhalten wird? Was kann man Gutes von denjenigen vernünftigerweise erhoffen, die als Feinde und Kämp-

[14] Vgl. Lukian., Alex. 25; 38. Vgl. dazu H.D. Betz, Lukian von Samosata und das Neue Testament. Religionsgeschichtliche und paränetische Parallelen (TU 76), Berlin 1961, 5-7.
[15] Vgl. Lukian, Peregr. 11.
[16] Vgl. Clem. Alex., Strom. VI 1,1; VII 1,1; 4,3; 54,3f.
[17] Vgl. Orig., C. Cels. VII 62-64.
[18] Zur Datierung vgl. DPAC I, Casale Monferrato 1983, 1289.

fer gegen ihre Wohltäter dastehen? Was sind sie anderes als Kämpfer gegen Gott? Welcher Art Verzeihung werden sie wert sein, die sich von jenen abgewendet haben, die seit den frühesten Zeiten von allen Griechen und Barbaren als Götter anerkannt werden, sowohl in den Städten als auf dem Lande, mit jeder Art von Opfern, Mysterien und Einweihungen durch Könige, Gesetzgeber und Philosophen, die also das gewählt haben, was unter den Menschen gottlos und atheistisch ist ...? Sie sind dem von den Juden verehrten Gott nicht treu geblieben ..., sondern sie haben für sich einen neuen Weg eingeschlagen ..."[19] Einen etwas anderen Akzent setzt schließlich noch Kaiser Julian Apostata (361-363), wenn er den Christen vorwirft, sie hätten den Atheismus vom Judentum übernommen.[20]

Während die griechischen Zeugnisse für das 3. Jahrhundert einen deutlichen Rückgang in der Bezeichnung der Christen als Atheisten annehmen lassen,[21] drang dieser Begriff erst sehr spät in die lateinische Sprache ein. Tertullian gebrauchte z.b. nur solche Formulierungen wie „impius", „irreligiosus", „sacrilegus" und „deos destruere"; außerdem ist bei ihm die heidnische Vorhaltung zu finden: „Ihr verehrt die Götter nicht (Deos non colitis) und bringt für die Kaiser kein Opfer dar!"[22] Was römische Religionsvorstellungen provozierte, bringt der Heide Caecilius noch etwas ausführlicher zum Ausdruck, wenn er – wie man bei Minucius Felix lesen kann – über die Christen sagt: „Tempel verachten sie, als ob es Gräber wären; vor Götterbilder speien sie aus, verlachen die heiligen Opfer; selbst bemitleidenswert, schauen sie mitleidig auf unsere Priester herab ..."[23], oder wenn er ihnen vorwirft, öffentliche Veranstaltungen wie Schauspiele, Prozessionen, Wettkämpfe und Gastmähler zu meiden und die den Göttern geopferten Speisen und Getränke zu verschmähen.[24] Sachlich unterschied sich das nicht von dem, was auch die Griechen an den Christen anstößig fanden. Erst Arnobius jedoch belegt,

---

[19] Euseb. Caes., Praep. ev. I 2,1-4; vgl. auch V 1,9f. Dt. Übers. nach: R.L. Wilken, Die frühen Christen. Wie die Römer sie sahen, Graz 1986, 167.
[20] Vgl. Juln. Imp., Adv. Galil. 164.
[21] Siehe oben Anm. 6.
[22] Vgl. A. Harnack, Der Vorwurf des Atheismus, 8-10. 15. Der Vorwurf findet sich bei Tertull., Apol. X 1.
[23] Minuc. Fel., Oct. VIII 4. Dt. Übers. nach P. Stockmeier, Glaube und Religion in der frühen Kirche, 50.
[24] Vgl. Minuc. Fel., Oct. XII 5.

dass dafür am Anfang des 4. Jahrhunderts nun auch im Abendland die Bezeichnung „atheus" mit in Gebrauch gekommen war.[25] Worum ging es bei dem von Volk und Philosophen erhobenen Vorwurf, die Christen seien Atheisten? Die bisherigen Zeugnisse, die mehr als repräsentativ, aber nicht unbedingt vollständig sind, legen den Eindruck nahe, dass dahinter offensichtlich weniger ein theoretisches als ein praktisches Problem stand. Nicht eine grundsätzliche Leugnung alles Göttlichen war angefragt, sondern vielmehr die rigorose Ablehnung der antiken Göttervorstellungen und -kulte, der damit verbundenen volks- und ortstypischen Traditionen sowie bestimmter Formen der Kaiserverehrung. Entscheidende Grundlagen der Gesellschaft und des Staates schienen in Gefahr. Bemerkenswert ist außerdem, dass neben den Christen auch andere so bezeichnet oder mit diesem Begriff in Verbindung gebracht wurden: primitive Völker, Epikureer, Juden – ja sogar die Heiden selbst. Diese ersten Beobachtungen und Hinweise veranlassen uns, in einem nächsten Schritt einmal zu bedenken, wen man noch in der Antike atheistischer Tendenzen verdächtigt hat und welche Kriterien dafür ausschlaggebend waren. Auf diesem Hintergrund wird auch der antichristliche Atheismus-Vorwurf verständlicher werden.

2. ANTIKE ATHEISMUS-VORSTELLUNGEN

Die Zahl derer, die im Altertum als ausgesprochene Atheisten galten, ist nicht sehr groß; entsprechende Einordnungen findet man z.B. bei Aristophanes (Wende vom 5. zum 4. Jh. v. Chr.), Cicero (106-43 v. Chr.), Sextos Empeirikos (Ende des 2. Jh. n. Chr.) oder Diogenes Laertios (vermutlich gegen Ende des 3. Jh. n. Chr.).[26] Den Ruf eines typischen Atheisten bekam vor allem Diagoras von Melos (5. Jh. v. Chr.), der – wie mehrere Anekdoten illustrieren – mit Geistesschärfe und Sarkasmus bestritten haben soll, dass die Götter helfend oder strafend in den Naturverlauf eingreifen; auch sei die Praxis, Statuen von Göttern zu verehren, durch ihn lächerlich gemacht worden, da er mit einer aus Holz das Feuer zur Zubereitung seines Frühstücks angeheizt ha-

---

[25] Vgl. Arnob., Adv. nat. I 29; III 28; V 30; VI 27.
[26] Vgl. W. Nestle, Art. „Atheismus", in: RAC 1 (1950) 866-868; ders., Haupteinwände (a.a.O.), 65; E. Fascher, Der Vorwurf der Gottlosigkeit in der Auseinandersetzung bei Juden, Griechen und Christen, in: Abraham unser Vater (FS für O. Michel), Leiden-Köln 1963, 91f.

be.²⁷ Außerdem stammt von ihm wahrscheinlich die durch Kritias von Athen († 403/404) überlieferte Theorie, dass die Religion angesichts des menschlichen Chaos von einem klugen Mann erfunden wurde, um irdischen Gesetzen eine göttliche Legitimation und Überwachungsinstanz und damit eine größere Durchsetzungskraft zu verschaffen.²⁸ Als ebenso radikal in der Leugnung der Götter und prominent wie Diagoras hat die Überlieferung auch Theodoros von Kyrene († vermutlich nach 250 v. Chr.) mit dem Beinamen ὁ ἄθεος versehen. Seine Schrift „über die Götter" soll die wichtigste Quelle für Epikur gewesen sein.²⁹ Manche zählen zu den antiken Atheisten außerdem noch Stilpon von Megara († um 300 v. Chr.), der wegen seines Spotts über den Athenekult aus Athen ausgewiesen wurde,³⁰ oder die Sophisten Protagoras von Abdera († um 415) und Prodikos von Keos.³¹ Während von Protagoras der Satz erhalten ist: „Von den Göttern kann ich weder sagen, ob sie sind noch ob sie nicht sind, noch welche Gestalt sie haben; denn vieles verhindert dieses zu wissen, die Dunkelheit der Sache und die Kürze des menschlichen Lebens", hat Prodikos behauptet, dass die Wurzel aller Religion im Dank der Menschen für die Gaben der Natur liege.³²

Neben diesem kleinen Kreis besonders verwerflich erscheinender Atheisten gab es noch eine Fülle von Dichtern und Philosophen, die wegen aufklärerischer Äußerungen und (bzw. oder) anstößigen religiösen Verhaltens atheistischer Neigungen verdächtigt wurden und sich vereinzelt sogar in Prozessen zu verantworten hatten.³³ Unter diesen Religionsverfahren ist zweifellos das – als einziges mit einer Hinrichtung endende – gegen Sokrates im Jahr 399 v. Chr. das berühmteste; durch Platon und Xenophon sind wir über dessen Verlauf bestens informiert.³⁴ Sokrates wurde dabei angeklagt, den traditionellen Göt-

---

[27] Vgl. W. Nestle, Atheismus (a.a.O.), 866f; KP I, München 1979, 1507.
[28] Vgl. W. Nestle, Atheismus (a.a.O.), 867; E. Fascher, Der Vorwurf der Gottlosigkeit (a.a.O.), 91; KP III, München 1979, 349f.
[29] Vgl. W. Nestle, Atheismus (a.a.O.), 867f; E. Fascher, Der Vorwurf der Gottlosigkeit (a.a.O.), 91f; KP V, München 1979, 691.
[30] Vgl. W. Nestle, Atheismus (a.a.O.), 868; E. Fascher, Der Vorwurf der Gottlosigkeit (a.a.O.), 92; KP V, München 1979, 373f.
[31] Vgl. W. Nestle, Haupteinwände (a.a.O.), 65; KP IV, München 1979, 1194f u. 1153f.
[32] Vgl. E. Fascher, Der Vorwurf der Gottlosigkeit (a.a.O.), 88f.
[33] Vgl. W. Nestle, Art. „Asebieprozesse", in: RAC 1 (1950) 735-740; E. Fascher, Der Vorwurf der Gottlosigkeit (a.a.O.), 78-92.
[34] Vgl. Plat.: Eutyphr., Apol., Kriton, Phaidon; Xen. Ag.: Mem., Apol.; dazu KP V,

tern des Staates keine Verehrung mehr zu erweisen, dafür aber neue Gottheiten und Gebräuche einzuführen und damit die Jugend zu verderben.[35] Wie schon diese Vorwürfe zeigen und Sokrates in seiner Verteidigung noch verdeutlicht, ging es hierbei letztendlich keinesfalls um den Tatbestand eines absoluten Atheismus. Der Stein des Anstoßes bestand vielmehr in der Ablösung kultischer Formen, die als staatstragend verstanden wurden, durch neue religiöse Vorstellungen und Praktiken. Aus ähnlichen, und doch etwas anders gelagerten Gründen standen auch Epikur († 271 v. Chr.) und seine Anhänger unter dem Verdacht des Atheismus.[36] Sie erkannten die Existenz von Göttern zwar an, hielten diese aber für unfähig, die Geschicke der Menschen auch nur geringfügig zu beeinflussen. Darum – so Epikur – sei es Aufgabe der Philosophie, den Menschen die Furcht vor den Göttern zu nehmen. Provokativ kehrte er den Spieß sogar um, verteidigte seine Religionskritik als ein Werk wahrer Frömmigkeit und bezeichnete den als gottlos (ἀσεβής), der sich die Götter weiterhin so naiv vorstelle wie die Volksmenge.[37] Da sich die Epikureer dem äußeren Vollzug der Götterverehrung nicht grundsätzlich verweigerten, ging es bemerkenswerterweise in dieser Auseinandersetzung offensichtlich um mehr als nur ein loyales Verhalten; auch der inhaltliche Aspekt scheint von Bedeutung gewesen zu sein. Als einer weiteren Gruppe galt der Begriff „atheistisch" schließlich noch primitiven Völkern mit angeblich unpersönlichen oder blutrünstigen Göttervorstellungen.[38]

Handelte es sich nun um die Anklage wegen Gottlosigkeit (ἀσέβεια) oder den Vorwurf des Atheismus (ἀθεότης), in den wenigsten Fällen war damit eine prinzipielle Leugnung jedes göttlichen Wesens gemeint. Nicht die Frage, ob es überhaupt etwas Göttliches gebe, stand zur Debatte, sondern „höchstens" die Überlegung, wie man es sich vorstellen könne bzw. müsse, in welchem Bezug es zu den Menschen steht und was dem einzelnen Bürger daraus an Verpflichtungen gegenüber Staat und Gesellschaft erwächst. Gottlos bzw. atheistisch zu sein, bedeutete damit zumeist, es an der nötigen Frömmigkeit und Ehrfurcht dadurch mangeln zu lassen, dass man sich dem staatstragenden Kult in irgendeiner

München 1979, 248-255.

[35] Vgl. Xen. Ag., Mem. I 1,1; dazu W. Nestle, Asebieprozesse (a.a.O.), 738f.
[36] Vgl. W. Nestle, Atheismus (a.a.O.), 868; P. Stockmeier, Glaube und Religion in der frühen Kirche, 44f.
[37] Vgl. Diog. Laert. X 123.
[38] Vgl. W. Nestle, Atheismus (a.a.O.), 868f.

Form verweigerte. Dies konnte durchaus sehr unterschiedlich sein. Auch die Umschreibung dessen, was in diesem Zusammenhang als strafwürdig angesehen wurde, hat sich im Laufe der Zeit gewandelt.[39] Wie es in Äußerungen zum Prozess gegen Sokrates mehrfach heißt, gehörte es zu den wesentlichsten Bürgerpflichten eines Griechen, „die Götter zu ehren, die die Polis ehrt" (νομίζειν τοὺς θεούς, οὕς ἡ πόλις νομίζει).[40] Wer von diesem ungeschriebenen Gesetz abwich und den heimischen Götterhimmel verleumdete, verging sich zugleich am Staat, dessen Rechtsordnung – so von Platon jedenfalls – als Teil der kosmischen Ordnung angesehen wurde.[41] Zunächst verstand man „Gottlosigkeit" (ἀσέβεια) als „Verfehlung gegen die Götter und Dämonen oder gegen die Verstorbenen, die Eltern und die Vaterstadt"[42], wobei immer noch zu interpretieren war, welche konkreten Handlungen das betraf. Vorstellen könnte man sich z.b. respektlose Ausfälle jeder Art gegen religiöse Orte, Gegenstände, Zeremonien und Personen, eigenmächtige Abweichungen von bisher üblichen Gebräuchen oder die unerlaubte Einführung neuer Gottheiten.[43]

Speziell in Athen erfuhr der Tatbestand der Gottlosigkeit im Jahr 432 v. Chr. noch eine verschärfende Erweiterung. Zur Unterdrückung aufkommender Bestrebungen nach freiheitlichem Denken und Forschen wurde durch Diopeithes ein Gesetz erlassen, das zur Anklage derer aufrief, „die die Religion nicht mitmachen und astronomische Lehren verbreiten" (τοὺς τὰ θεῖα μὴ νομίζοντας ἢ λόγους περὶ τῶν μεταρσίων διδάσκοντας).[44] Nunmehr war es nicht erst ein Vergehen, wenn man sich öffentlich vom Götterkult distanzierte, es genügte bereits, ihm nur mit Gleichgültigkeit zu begegnen. Das ging über die sonst übliche Praxis hinaus, keinen für das zu bestrafen, was er in seinem Innern glaubte oder leugnete, sofern er äußerlich den vorgeschriebenen Riten nachkam. Damit tat sich die Möglichkeit auf, unbequemen Philosophen künftig den Prozess zu machen. Das entsprach durchaus auch dem ge-

[39] Auf die vielfältige Nuancierung des Asebie-Begriffs verweist bes. E. Fascher, Der Vorwurf der Gottlosigkeit (a.a.O.), 83-96.
[40] Diese Formel findet sich laut N. Brox, Zum Vorwurf des Atheismus (a.a.O.), 275, bei Plat., Apol. 24 b; Xen. Ag., Mem. I 1,1 u. Apol. 10; Diog. Laert. II 19 (40).
[41] Vgl. E. Fascher, Der Vorwurf der Gottlosigkeit (a.a.O.), 82.
[42] Laut W. Nestle, Asebieprozesse (a.a.O.), 736, bei Ps.-Aristot., Virt. et vit. VII 1251a 31; ähnlich Polyb. XXXVII 1,15.
[43] Vgl. W. Nestle, Asebieprozesse (a.a.O.), 736.
[44] Laut W. Nestle, Asebieprozesse (a.a.O.), 737, bei Plut. Per. 32,1.

sellschaftlichen Empfinden. Die meisten ergötzten sich zwar an den Dichtern, die ihren beißenden Spott über die Götterwelt ausgossen, und bewunderten die scharfsinnigen Philosophen mit ihren Aufklärungsversuchen, sahen es aber dennoch als unzureichend, unverständlich und aufrührerisch an, die Götter zu verachten oder sogar gänzlich zu bestreiten. Da den Griechen die ganze Welt als göttlich erschien und selbst die sogenannten Materialisten an der Verehrung der Götter festhielten, hatten atheistische Vorstellungen weithin keine Anziehungskraft.[45] Darum konnte in der Antike daraus auch kein System erwachsen, das die herrschende Weltdeutung ernsthaft in Gefahr gebracht hätte.

Mit dem Judentum bahnte sich jedoch noch eine andere geistige Herausforderung an. Auch seinen Vertretern wurde der Vorwurf gemacht, gottlos und atheistisch zu sein; das belegen z.B. Josephus, Tacitus und Plinius.[46] Den Anlass dafür bildeten der „eifersüchtige" Monotheismus mit der rigorosen Verwerfung weiterer Götter, die Bildlosigkeit des Kultes und die anderen elitären Verhaltensweisen. Weniger wird man wohl zur Kenntnis genommen haben, dass der biblischen Überlieferung tatsächlich einige atheistisch anmutende Züge eigen sind, so wenn Fromme an der Macht und Gerechtigkeit Jahwes verzweifeln oder wenn sie sich trotzig dagegen auflehnen und der Glaube an diesen Gott geradezu in Hass umschlägt.[47] Neben zahlreichen Gegnern gab es aber auch Sympathisanten, denen das Judentum als eine fortschrittliche Synthese zwischen Religion und Philosophie erschien. Andere wieder hatten ein gespaltenes Verhältnis zu den Juden. Besonders deutlich wird das bei Kaiser Julian Apostata im 4. Jh. n. Chr. Einerseits kritisierte er massiv deren „gottlosen Monotheismus", andererseits fühlte er sich ihnen verbunden, weil sie z.B. im Gegensatz zu den Christen ein ehrwürdiges Alter aufwiesen und Tempel, Opfer, Reinigungen, Prophetien und weitere religiöse Bräuche bewahrt hätten.[48] Rechtlich gesehen wurde dem Juden-

---

[45] Vgl. W. Nestle, Atheismus (a.a.O.), 866; A. Harnack, Der Vorwurf des Atheismus, 11; P. Stockmeier, Glaube und Religion in der frühen Kirche, 43.

[46] Vgl. Ios., C. Apion. II 148; Tac., Hist. V 5; Plin., Nat. XIII 4,46; dazu außerdem W. Nestle, Atheismus (a.a.O.), 869; E. Fascher, Der Vorwurf der Gottlosigkeit (a.a.O.), 101f.

[47] Vgl. E. Stauffer, Art. „ἄθεος", in: ThWNT III, Stuttgart 1938, 121f, wo sieben Grundformen des antiken „Atheismus" unterschieden und belegt werden und zwei davon sich an diesen Haltungen festmachen. Vgl. auch F. Dexinger, Art. Atheismus I/1. Atheismus im Judentum, in: TRE 4 (1979) 349-351.

[48] Vgl. M. Adler, Kaiser Julian und die Juden (1893), in: Julian Apostata (WdF 509), Darmstadt 1978, 48-111, bes. 51-56.

tum in der hellenistischen und spätantiken Gesellschaft eine besondere Stellung eingeräumt. Obwohl es die übliche Götter- und Kaiserverehrung verweigerte, genoss es die Anerkennung als „religio licita". Das Privileg, den väterlichen Gesetzen folgen zu dürfen und von der Teilnahme an staatlichen Kulthandlungen befreit zu sein, soll den Juden – wie Josephus berichtet – durch Alexander den Großen, die bedeutendsten Ptolemäer sowie Caesar und Augustus gewährt worden sein.[49] Die Tatsache, dass die Juden zwar weithin als gottlos und atheistisch galten, dafür aber nicht strafrechtlich zur Verantwortung gezogen wurden, lag zum einen darin begründet, dass die Römer religiös und kulturell eigentlich sehr tolerant waren und nationale Gottheiten ohne Weiteres in ihren Götterhimmel einfügen konnten, zum anderen aber darin, dass die Juden eine alte ethnische Einheit bildeten und Jahwe zunächst auch nur als Gott ihres Volkes verstanden hatten. Als sie nach der Zeit des Exils immer mehr die universale Bedeutung Jahwes für alle Völker betonten, wurde ihre Situation schwieriger. Dass die römische Toleranz nicht grenzenlos war, zeigte sich, wenn ein Jude zum römischen Bürgerrecht gelangte oder ein römischer Bürger zum jüdischen Glauben übertreten wollte. Da beides zugleich als unvereinbar empfunden wurde, versuchte man, solches zu verhindern.[50]

Es waren also recht vielfältige Phänomene, die in der Antike als gottlos bzw. atheistisch angesehen wurden. Der stärkste Widerspruch, der auch zu strafrechtlichen Konsequenzen führen konnte, entzündete sich offensichtlich zumeist an praktischen Abweichungen von den religiösen Gepflogenheiten und war ethisch-politisch motiviert. In manchen Fällen spielten jedoch auch metaphysische Gesichtspunkte eine mehr oder weniger wichtige Rolle. Der Atheismus-Vorwurf kam aus einer Gesellschaft, die in einem traditionsreichen und volkstümlichen Polytheismus wurzelte, und galt einerseits primitiveren Religionen, andererseits aber vor allem kultischen Veränderungen, aufklärerischer Kritik und neueren philosophischen Gottesvorstellungen. Dass dabei auch der jüdische Monotheismus unter Atheismus-Verdacht geriet,

[49] Vgl. Ios., C. Apion. II 35; 37; 44ff.; 61ff; dazu außerdem G. B., Art. „Antisemitismus II. Die jüdische Reaktion auf den antiken Antisemitismus", in: TRE 3 (1978) 119f.
[50] Vgl. T. Mommsen, Römisches Strafrecht, Berlin 1955 (Nachdr. von 1899), 571-574. Dem in gewissem Widerspruch zu seinen sonstigen Aussagen stehenden Urteil, dass nicht die Juden, wohl aber die Christen den Heiden als Atheisten gelten (575), widerspricht A. Harnack, Der Vorwurf des Atheismus, 3 Anm. 1.

zeigt besonders, dass diese Beschuldigung insgesamt – bis auf wenige Ausnahmen – nur relativen Charakter trug. In den verschiedenen Auseinandersetzungen ging es kaum um Glauben oder Unglauben, sondern vielmehr um konträre religiöse Positionen.

3. CHRISTLICHE REAKTIONEN

Der Atheismus-Vorwurf war also nicht neu, als er die Christen traf, und kann in dieser Ausrichtung auf dem Hintergrund antiker Religionsvorstellungen und -praktiken durchaus verstanden werden. Wie haben die Christen aber nun darauf reagiert? Selbstverständlich ist diese Unterstellung von ihnen zunächst einmal rigoros und vehement zurückgewiesen worden.[51] Zugleich hat man den Spieß umgedreht und die Heiden beschuldigt, dass stattdessen sie die Atheisten seien. Es bleibt jedoch unklar, wer als erster den anderen so charakterisiert hat: die Heiden die Christen oder umgekehrt. Auf jeden Fall gibt es im NT schon eine Stelle, an der das Wort ἄθεος auf die Heiden bezogen wird: Eph 2,12. Hier ist es jedoch nicht im Sinne von Gottesleugnung oder gottlosem Verhalten zu verstehen, sondern meint eher, dass die Menschen, die „der Gemeinde Israels fremd" und „von Christus getrennt" sind, beklagenswerterweise ohne Hoffnung und „ohne Gott" leben.[52] Doch schon bald scheint die Bezeichnung der Heiden als Atheisten sowie ihrer Mythologie und ihres Kultes als Atheismus bedeutungsreicher und polemischer verbreitet gewesen zu sein.[53] Ein markantes Beispiel dafür ist, dass Origenes mehrfach vom „polytheistischen Atheismus" oder „atheistischen Polytheismus" gesprochen hat.[54] Neben der entschiedenen Zurückweisung des Atheismus-Vorwurfs durch die christlichen Apologeten findet sich bei einem von ihnen jedoch auch eine interessante Differenzierung. Justin von Rom scheut sich nicht, dem heidnischen Tadel eine gewisse Be-

---

[51] Vgl. z.B. Athenag., Leg 4; 10f; 30; Clem. Alex., Strom. VII 1,1; 54,3.
[52] Nach A. Harnack, Der Vorwurf des Atheismus, 4 Anm. 4, könnte dies bereits eine Reaktion auf den gleichlautenden antichristlichen Vorwurf sein. H. Schlier, Der Brief an die Epheser, Düsseldorf ²1958, 121, sieht das Abhängigkeitsverhältnis jedoch umgekehrt. Vgl. auch J. Gnilka, Der Epheserbrief (HThK 10,2), Leipzig 1971, 136f.
[53] Vgl. A. Harnack, Der Vorwurf des Atheismus, 5-7, mit entsprechenden Belegen.
[54] Vgl. Orig., Mart. 32; 5; C. Cels. I 1; III 73: πολύθεος ἀθεότης bzw. ἄθεος πολυθεότης.

rechtigung einzuräumen und zu bestätigen, dass die Christen tatsächlich Atheisten seien – aber im Blick auf die falschen Götter und nicht hinsichtlich des einen wahren Gottes.[55] Diese Argumentationsart spiegelt sich auch noch anderweitig wider. Oftmals kommen die christlichen Schriftsteller in ihren Gegenbeweisen auf frühere Philosophen und Dichter zu sprechen, die ebenfalls im Ruf gottloser oder atheistischer Neigungen standen. Dabei werden solche Leute wie z.B. Sokrates, Heraklit, Euripides, Sophokles, Platon, Aristoteles oder die Stoiker äußerst positiv bewertet; man fühlt sich ihrer philosophischen Aufklärung verbunden und sieht in ihnen aufgrund ihrer monotheistischen Bestrebungen und der Teilhabe am göttlichen Logos sogar die „ahnenden Vorläufer der wahren Gottesverehrer"[56] und gewissermaßen schon „Christen vor Christus".[57] In dieser Perspektive erscheint das Christentum fast als geradlinige Fortsetzung oder krönender Abschluss der antiken Philosophie. Von anderen hingegen, deren Atheismus offensichtlich absoluter wirkte, distanzierte man sich klar und scharf. Mit solchen „Erzatheisten" wie Diagoras von Melos und Theodoros von Kyrene, die behaupteten, es existiere überhaupt kein Gott, oder auch mit Protagoras von Abdera und Epikur wollten die Christen nicht verglichen werden.[58] In ihnen sahen sie auch für sich selbst eine Gefahr. Einerseits griff man also zu Argumenten philosophischer Religionskritik, um sich von den heidnischen Kulten abzusetzen, andererseits wurde es notwendig, deren radikalste zu widerlegen, um nicht die eigene Glaubensposition zu untergraben. Der christliche Umgang mit epikureischen Ansichten war dafür besonders typisch.[59]

Weitere Argumente, die den christlichen Widerspruch zu heidnischen Vorstellungen zum Ausdruck bringen und zugleich anzeigen, welche Kriterien für den Atheismus-Vorwurf noch ausschlaggebend waren, hat Tatian einmal in wenigen Worten zusammengefasst. So fragt er an, warum man Schöpfungswerke Gottes wie Sonne und Mond anbeten sollte, weswegen materielle Dinge wie Hölzer und Steine zu Göttern

[55] Vgl. Just., Apol. I 6.
[56] E. Fascher, Der Vorwurf der Gottlosigkeit (a.a.O.), 96.
[57] Vgl. z.B. Just., Apol. I 5; 46; II 6f (7f); 10; Athenag., Leg. 6; Minuc. Fel., Oct. XX 1; Orig., C. Cels. VII 62; Lact., De ira Dei 9. Zu Sokrates vgl. auch E. Benz, Christus und Sokrates in der alten Kirche, in: ZNW 43 (1950/51) 195-224.
[58] Vgl. z.B. Just., Apol. II 6 (7); Tat., Orat. XXVII 2; 5, Athenag., Leg. 4; Minuc. Fel., Oct. VIII 2f; Lact., De ira Dei 8f.
[59] Vgl. P. Stockmeier, Glaube und Religion in der frühen Kirche, 44f.

erklärt und dementsprechend verehrt würden und ob es nicht sinnlos wäre, den unbegreiflichen Gott mit Geschenken zu belästigen.[60] Drei entscheidende Kontroverspunkte werden hier genannt: Naturgottheiten, Götterdarstellungen und Opfer. Tatsächlich zeigte sich schon im Verhältnis zur Natur ein fundamentaler Unterschied. Während die Griechen und Römer die Natur und auch den Staat als etwas Göttliches betrachteten und darin anbetungswürdige Mächte am Werk sahen, waren die Christen der Meinung, dass man aus der Natur zwar die Existenz Gottes beweisen könne, dass die Anbetung allein aber diesem einzigen Gott als Schöpfer von allem gebührt.[61] Damit schienen sie im Gefolge der Juden diese Größen zu „entzaubern" und eine „Profanierung alles Irdischen"[62] zu betreiben. Bestandteil dessen war auch die Kritik an den regional recht unterschiedlichen und sich z.t. sogar ausschließenden Auffassungen über die Götter, an den absurden und lächerlichen Schilderungen der Mythen sowie an der Vergötterung verstorbener und sterblicher Menschen mit schändlicher Vergangenheit.[63] Der zweite Einwand betraf die Anbetung stofflicher Götterdarstellungen. In recht grober Weise identifizierten die Christen dabei die – aus heidnischer Sicht – „göttlichen Originale" mit ihren „irdischen Wiedergaben".[64] Daher mussten sie es als kurios empfinden, dass – wie Theophilus von Antiochien anschaulich karikiert – Künstler und Handwerker solche Statuen und Bilder herstellen, diese dann verkaufen und schließlich, wenn sie in einem Tempel stehen, genauso eifrig als Götter verehren und durch Opfer gnädig zu stimmen versuchen, wie das deren Käufer tun.[65] Ihre Abscheu vor Tempeln, Altären und Götterbildern begründeten sie biblisch mit den auch von den Juden eingehaltenen Geboten Gottes, keine anderen Götter als ihn anzuerkennen, kein Abbild von dem anzufertigen, was im Himmel, auf der Erde oder unter der Erde ist, und kein solches Bild anzubeten.[66] Interessant ist, dass man christlicherseits derartigen Darstellungen durchaus wundertätige Kräfte zutrauen konnte; man sah deren Ursache aber nicht in irgendwelchen Göttern, sondern in unreinen

---

[60] Vgl. Tat., Orat. IV 4f.
[61] Vgl. z.B. Athenag., Leg. 13; 16.
[62] W. Nestle, Haupteinwände (a.a.O.), 67. Dies belegt z.B. Arist., Apol. IV–XIII.
[63] Vgl. z.B. Athenag., Leg. 14; 22; Arist., Apol. VIII; Thphl. Ant., Autol. I 9.
[64] Vgl. die Zurückweisung eines solchen Verständnisses als „kindisch" durch Kelsos bei Orig., C. Cels. VII 62.
[65] Vgl. Thphl. Ant., Autol. II 2.
[66] Vgl. Orig., C. Cels. VII 64 mit Bezugnahme auf Dtn 6,13 (Mt 4,10 par.) u. Ex 20,3-5.

Geistern oder Dämonen, die zum Reich des Satans gehören und nach dem Blut der Opfertiere gieren.[67] Damit wurden die heidnischen Götter zunächst gewissermaßen nur „entwertet", noch nicht gänzlich bestritten. Letzteres erfolgte jedoch eindeutig durch Tertullian, der den Vorwurf, den römischen Göttern die schuldige Verehrung zu verweigern, mit dem Argument zurückwies, dass nicht angebetet werden kann, was nicht existiert.[68] Das dritte Problemfeld, das Tatian zur Sprache gebracht hatte, war schließlich die Opferpraxis. Die Christen sahen es nicht nur für grotesk an, sich Götter vorzustellen, die über Geschenke in Freude oder bei deren Ausbleiben in Zorn geraten könnten, sondern hielten es auch für verwerflich, die Frömmigkeit nach Zahl und Art von Opfern bemessen zu wollen.[69]

Während die Christen entschieden bestritten, Atheisten zu sein, und dies stattdessen den Heiden nachzuweisen versuchten, wurde auch Häretikern gelegentlich vorgeworfen, einer solchen Gesinnung verfallen zu sein. Erstmalig ist das in einem der Ignatiusbriefe zu finden, wo das Wort „Atheisten" (ἄθεοι) auf die Doketen bezogen und, da es offensichtlich noch ungebräuchlich war, durch den Begriff „Ungläubige" (ἄπιστοι) erklärt wird.[70] Der Unglaube an „Christus im Fleisch" und die Meinung, dass Christus nur scheinbar gelitten habe, wird damit als genauso verheerend eingeschätzt wie heidnische Vorstellungen. Im Prinzip traf diese Wertung jeden, der vom kirchlichen Bekenntnis abwich oder dem dies unterstellt wurde. So ist z.B. auch die Lehre Markells von Ankyra durch Eusebius von Caesarea als eine „atheistische Häresie" (ἄθεος αἵρεσις) deklariert worden.[71] Obwohl die kirchlichen Theologen die Häretiker schon bald für gefährlicher ansahen als die Heiden, haben sie deren Bezeichnung als „Atheisten" doch nicht zu einer festen Gewohnheit werden lassen.[72] Erst im Jahr 380 ist dann der Begriff „sacrilegium" (d.i. ἀθεότης) durch ein Gesetz der Kaiser Gratian, Valentinian und Theodosius zu einer allgemeinen Sammelbezeichnung für alle, die nicht zur katholischen Kirche ge-

---

[67] Vgl. z.B. Athenag., Leg. 23; 26; Minuc. Fel., Oct. XXVII 1; Firm. Mat., De errore XIII 4.
[68] Vgl. Tertull., Apol. 10; 12; 24.
[69] Vgl. z.B. Tat., Orat. X 3; Athenag., Leg. 13.
[70] Vgl. Ign., Trall. 10.
[71] Vgl. Euseb. Caes., C. Marcell. II 1.
[72] Vgl. A. Harnack, Der Vorwurf des Atheismus, 7f.

hörten – d.h. also Heiden, Juden und Häretiker – geworden.[73] Damit aber hatten sich die anfänglichen Verhältnisse im Atheismus-Streit zwischen Heiden und Christen in ihr völliges Gegenteil verkehrt.

Überblickt man nun die gesamte Kontroverse unter Beachtung des antiken Religionsverständnisses, so erscheint zunächst einmal von Bedeutung, dass sich mit dem Atheismus-Vorwurf unterschiedliche Vorstellungen verbanden. Antichristlich ausgerichtet zielte er offensichtlich in erster Linie gegen eine Distanzierung von den alten religiösen Traditionen und vom öffentlichen Kult. Das entsprach weitgehend auch dem früheren Gebrauch gegenüber religionskritischen Philosophen und Dichtern; nur scheint dabei die Möglichkeit einer grundsätzlicheren Leugnung Gottes gelegentlich stärker im Blick gewesen zu sein. In der christlichen Argumentation spielte der theoretische Aspekt dann sogar noch eine größere Rolle: Man erörterte zwar auch rituelle Äußerlichkeiten, war aber noch viel mehr – oder sogar vor allem – daran interessiert, den eigenen Glauben philosophisch-theologisch zu begründen und zu verteidigen.

Will man den Gegensatz zwischen den beiden Kontrahenten – Heiden und Christen – inhaltlich noch tiefer fassen, ist erst einmal auszuschließen, dass hierbei eine absolute Leugnung alles Göttlichen zur Debatte gestanden hätte. Worum ging es aber dann? Letztendlich sah man in der jeweils anderen religiösen Position die Infragestellung der eigenen. Erschien den Heiden der christliche Gottesglaube als Atheismus, so den Christen der heidnische Götterglaube. Bestritten die einen den universalistischen Anspruch des jüdisch-christlichen Ein-Gott-Glaubens, wehrten sich die anderen gegen die griechisch-römischen Vorstellungen nebeneinander existierender Götter. Monotheismus wie Polytheismus mussten sich gleichermaßen gefallen lassen, für die einen jeweils die wahre Religion zu verkörpern, für die anderen dagegen gottloser und „atheistischer" Aberglaube zu sein. Dahinter stand sicher auch der Widerstreit zwischen einer traditionellen Volksreligion, die mythisch geprägt war, und dem neuen, philosophisch herausfordernden Glauben einer Elite, die zur missionarischen Offensive im ganzen römischen Reich überging. Dabei erschienen die Christen den Römern gefährlicher als die Juden, weil sie sich nicht wie diese als ein eigenständiges Volk verstanden und behandeln ließen, sondern kosmopolitisch orientiert waren.

---

[73] Der Wortlaut des Gesetzes (Thds. Imp., Cod. XVI 2,25) findet sich auch bei A. Harnack, Der Vorwurf des Atheismus, 15f.

Bemerkenswert ist außerdem, dass die Atheismus-Kritik am Christentum im Laufe des 3. Jahrhunderts im Osten offensichtlich zurückgegangen ist. Dies könnte ohne Weiteres damit zusammenhängen, dass die Christen nach einer verhältnismäßig „religionslosen" oder wenigstens „religionskritischen" Phase äußerlich immer kultischer wurden, so dass der Vorwurf – einst hauptsächlich durch das äußere Erscheinungsbild provoziert – aus heidnischer Sicht allmählich seine Berechtigung verlor.[74] Auch wenn diese Entwicklung – vor allem seit der Konstantinischen Wende – weiterging und das Christentum in vielem zum Erben antiker Religiosität wurde, hat es andererseits doch ebenfalls seinen damals als „atheistisch" empfundenen philosophischaufklärerischen Charakter bewahrt. Seine „Entgötterung" der Welt und „Entweltlichung" des Gottesbegriffs werden sogar als Voraussetzung des neuzeitlichen Säkularismus und Atheismus betrachtet.[75] Angesichts dieser Folgen erscheint es Christen heutzutage nicht immer leicht, angemessen und ausgewogen zu reagieren: einerseits Religion vernünftig zu begründen und gläubig zu bezeugen, andererseits aber auch deren mögliche Fehlformen kritisch anzufragen.

Damit sind wir wieder am Ausgangspunkt unserer Überlegungen angelangt. Der Atheismus-Vorwurf gegen die frühen Christen ist inzwischen verständlicher geworden, lässt sich aber nicht ohne Weiteres in die gegenwärtige Zeit übertragen. Dennoch soll zum Schluss im Blick auf die überstandenen sozialistischen Verhältnisse ein kleiner Vergleich gewagt werden. Die marxistisch-leninistische Ideologie mit ihrem atheistischen Wesenszug ähnelte wenigstens in drei Punkten der damaligen heidnischen Auffassung: Sie trug auch religiöse Züge, verstand sich als staatstragend und erwartete von allen loyale Ergebenheit, nicht unbedingt persönliche Überzeugung. Wer sich auf diese oder jene Art verweigerte und den „sozialistischen Staatsgöttern" nicht huldigte, geriet damit in eine Rolle, die durchaus mit der verglichen werden könnte, in der sich die des Atheismus verdächtigten Christen der ersten Jahrhunderte befanden. Darin aber wird die kritische Funktion des Christentums auch weiterhin bestehen: falsche Götter zu entlarven und pseudoreligiöse Systeme ihrer Gottlosigkeit zu überführen.

[74] Vgl. ebd. 14; N. Brox, Zum Vorwurf des Atheismus (a.a.O.), 281f.
[75] Vgl. M. Seckler, Art. „Atheismus III. Theologisch", in: LThK³ 1 (1993) 1136.

Nützliche Erinnerungen an eine frühchristliche Wende

*Der religionspolitische Umbruch
im 4. Jahrhundert*

In einer Monographie über Kaiser Konstantin I., die 1940 erschienen ist, heißt es: „Die große Zeitenwende, deren hauptsächlicher Träger und Vollzieher Konstantin war, hat ... zahlreiche und auffällige Parallelen zu der sozialen, religiösen und rechtlichen Neugestaltung des Lebens des Einzelnen und der Völker, in deren Mitte wir selbst stehen."[1] Diese Behauptung, die im Blick auf die verheerenden Folgen der nationalsozialistischen Diktatur heutzutage makaber wirkt, könnte ohne Weiteres – aktuell bezogen – auch aus unseren Tagen stammen.

Seit dem gesellschaftlichen Umbruch, der das Ende der DDR herbeiführte und bei uns allgemein als „die Wende" bezeichnet wird, hat für mich jedenfalls der Begriff „Konstantinische Wende" einen anderen Klang als zuvor. Jedes Mal, wenn ich ihn gebrauche, schwingen persönliche Erfahrungen mit. Interessanterweise lassen sich über den begrifflichen Berührungspunkt hinaus zwischen den gegenwärtigen Veränderungsprozessen und denen des 4. Jahrhunderts manche Analogien feststellen. Der heutige Erlebnishorizont mit seinen

---

[1] K. Höhn, Konstantin der Große. Leben einer Zeitenwende, Leipzig 1940, VI. – Zu Konstantin und der nach ihm benannten Wende vgl. aus der Fülle vorliegender Literatur bes. H. Dörries, Konstantinische Wende und Glaubensfreiheit, in: ders., Wort und Stunde I. Gesammelte Studien zur Kirchengeschichte des vierten Jahrhunderts, Göttingen 1966, 1-117; S. G. Hall, Art. Konstantin I., in: TRE 19 (1990) 489-500; E. Horst, Konstantin der Große. Eine Biographie, Düsseldorf ²1985; H. Hunger (Hg.), Das byzantinische Herrscherbild (WdF 341), Darmstadt 1975; V. Keil (Hg. u. Übers.), Quellensammlung zur Religionspolitik Konstantins des Großen (TzF 54), Darmstadt 1989; H. Kraft (Hg.), Konstantin der Große (WdF 131), Darmstadt 1974; H. Rahner, Kirche und Staat im frühen Christentum, München 1961; ders., Konstantinische Wende? Eine Reflexion über Kirchengeschichte und Kirchenzukunft, in: StdZ 86 (1960/61) 419-428; G. Ruhbach (Hg.), Die Kirche angesichts der Konstantinischen Wende (WdF 306), Darmstadt 1976; T. Schleich, Art. Konstantin der Große, in: M. Greschat (Hg.), Alte Kirche I (Gestalten der Kirchengeschichte 1), Stuttgart 1984, 189-214; P. Stockmeier, Die sogenannte Konstantinische Wende im Licht antiker Religiosität, in: HJ 95 (1957) 1-17; ders., Konstantinische Wende und kirchengeschichtliche Kontinuität, in: HJ 82 (1963) 1-21; J. Vogt, Art. Constantinus der Große, in: RAC 3 (1957) 306-379.

eigenen Problemen, Fragestellungen und Betrachtungsweisen bietet die Chance, ein neues Verhältnis zur sogenannten „Konstantinischen Wende" zu bekommen. Vergangenheit lässt sich ja immer nur von der jeweiligen Gegenwart her begreifen. Dabei sollte man sich aber hüten, früheres Geschehen in ein modernes Schema zu pressen, als ob alles immer nur mehr oder weniger variationsreiche Wiederholungen wären. Geschichte hat auch ihre unverwechselbare Einmaligkeit.[2]

Manch einer wird vielleicht angesichts der Flut gegenwärtiger Probleme in Kirche und Gesellschaft einwenden: Gleicht in dieser Situation eine Auseinandersetzung mit Vorgängen des 4. Jahrhunderts nicht dem Versuch, inmitten eines brennenden Hauses die Geschichte der Feuerwehr zu erforschen, statt Hand anzulegen und beim Löschen zu helfen?[3] Sicher sollte der praktische Effekt historischer Besinnungen nicht überschätzt werden. Andererseits ist ihnen aber auch nicht jede Nützlichkeit abzusprechen. Die Beschäftigung mit der Vergangenheit kann durchaus dazu beitragen, die Gegenwart besser zu verstehen und zu bewältigen. Oftmals sind die Grundprobleme gar nicht so verschieden. So wollen auch die folgenden Einblicke als Möglichkeit verstanden werden, sich von Erfahrungen und Reaktionen einer über 1600 Jahre zurückliegenden Wendezeit anregen, ermutigen, trösten und bestätigen oder provozieren und infrage stellen zu lassen. Aus dem durch die jüngsten Veränderungen neu motivierten Rückblick könnte also ein verständnisvollerer Umgang mit manchen Gegenwartsproblemen erwachsen. Direkte Vergleiche sind dabei nicht vorgesehen. Die ausgewählten Vorgänge und Äußerungen sollen für sich selbst sprechen. An erkennbaren Analogien wird es nicht mangeln.

1. VERSTÄNDLICHER JUBEL

Es ist wohl kaum möglich, den Kurswechsel der römischen Religionspolitik am Anfang des 4. Jahrhunderts an einem einzigen Ereignis festzumachen. Sicher bedeutete bereits das Toleranzedikt des Galerius aus dem Jahre 311 für die Christen einen enormen Fortschritt. Unter der

---

[2] Eine Erörterung dieser grundsätzlichen Problematik bietet z.B. W. J. Mommsen, Perspektivengebundenheit und Objektivität historischer Forschung, in: ZfG 40 (1992) 341-349.

[3] Vgl. G. Denzler, Art. Kirchengeschichte, in: Was ist Theologie? (hg. von E. Neuhäusler u. E. Gössmann), München 1966, 155.

Bedingung, die öffentliche Ordnung zu respektieren, war das Christentum nun den anderen Kulten als „religio licita" (erlaubte Religion) mit Gewissens- und Versammlungsfreiheit gleichgestellt.[4] Während man sich in einigen westlichen Provinzen schon vorher christenfreundlich verhalten hatte, kam es in anderen Reichsteilen trotz des Edikts auch weiterhin zu antichristlichen Ausschreitungen. Der entscheidende Umbruch bahnte sich offensichtlich erst mit Kaiser Konstantin an. In seinem Streben nach Alleinherrschaft scheint er sich immer mehr dem christlichen Gott zugewandt und die Kirche deutlich gefördert zu haben. Ein ausschlaggebendes Erlebnis war für ihn dabei sicher der Sieg über Maxentius 312 an der Milvischen Brücke. Die christliche Überlieferung bringt seine Wandlung jedenfalls damit in Verbindung.[5] Ein weiteres Zeugnis der religionspolitischen Veränderung jener Zeit ist die Vereinbarung, die 313 bei einem Treffen zwischen Konstantin und Licinius in Mailand zustande kam. In ihr wird den christlichen Gemeinden über die Duldung hinaus Rechtsfähigkeit zugebilligt und den ehemals Verfolgten Entschädigung angeboten.[6] Als Konstantin nach seinem Sieg über Licinius 324 schließlich Herrscher des Gesamtreiches geworden war, näherten sich Kaiser und Kirche noch deutlicher einander an.

Welchen Jubel diese Entwicklung unter den Christen auslöste, beschreibt Eusebius von Cäsarea, ein Zeitzeuge, im letzten Buch seiner Kirchengeschichte folgendermaßen: „Genommen war nun den Menschen jede Furcht vor denen, die sie einst bedrängt. In Glanz und Prunk begingen sie festliche Tage. Alles war von Licht erfüllt. Und die zuvor niedergeschlagen einander anblickten, sahen sich an mit freudelächelndem Antlitz und strahlenden Auges. In Reigen und Liedern gaben sie in Städten wie auf dem Lande vor allem Gott, dem König der Könige, die Ehre ..., sodann dem frommen Kaiser mit seinen gottgeliebten Söhnen. Die alten Leiden waren vergessen, und begraben jede Erinnerung an Gottlosigkeit. Man freute sich der gegenwärtigen Güter

---

[4] Vgl. Lactant., De mort. pers. 34 (mit dt. Übers. in: V. Keil, Quellensammlung, 40-43). Eine Übertragung ins Griechische findet sich bei Euseb. Caes., Hist. eccl. VIII 17, 3-10.

[5] Vgl. Lactant., De mort. pers. 44,1-9; Euseb. Caes., Hist. eccl. IX 9,1-5; De vita Const. I 27-32 (alle Text mit dt. Übers. in: V. Keil, Quellensammlung, 42-53). Vgl. dazu A. Demandt, Die Spätantike. Römische Geschichte von Diocletian bis Justinian. 284-565 n.Chr. (HAW III, 6), München 1989, 66-68.

[6] Vgl. Lactant., De mort. pers. 48,2-12; Euseb. Caes., Hist. eccl. X 5,2-14 (beide Texte mit dt. Übers. in: V. Keil, Quellensammlung, 58-67).

und harrte dazu der künftigen."⁷ Noch euphorischer reagierte Eusebius auf die Tatsache, dass Konstantin im Anschluss an das Konzil von Nizäa die Bischöfe anlässlich seines zwanzigjährigen Regierungsjubiläums sogar zur kaiserlichen Tafel eingeladen hatte. In dem am Ende seines Lebens – wahrscheinlich im Alter von fast 75 Jahren – verfassten Werk „De Vita Constantini" berichtet er: „Jeder Beschreibung aber spottet, was da geschah; denn Leibwächter und Trabanten wachten, die scharfen Schwerter gezückt, rings um den Vorhof des kaiserlichen Palastes; mitten zwischen ihnen aber konnten furchtlos die Gottesmänner hindurchgehen und bis ins Innerste des Palastes gelangen. Da nun lagen die einen auf demselben Polster zu Tisch wie der Kaiser, während die anderen auf Polstern zu beiden Seiten ruhten. Leicht hätte man das für ein Bild vom Reiche Christi halten oder wähnen können, es sei alles nur ein Traum und nicht Wirklichkeit."⁸

In späteren Zeiten ist Eusebius wegen solcher Äußerungen, seiner freundschaftlichen Beziehung zu Konstantin und seines lavierenden Verhaltens im arianischen Streit teilweise massiv kritisiert worden.⁹ Dabei scheuten Einzelne sich auch nicht, ihn sogar historischer Unredlichkeit zu bezichtigen oder als „hoftheologischen Friseur der kaiserlichen Perücke"¹⁰ zu bezeichnen. Aber ist die Begeisterung des Eusebius und seiner Zeitgenossen wirklich so unverständlich oder gar verwerflich? Allen stand die jüngste Vergangenheit noch deutlich vor Augen. Nach einer relativ langen Friedenszeit war unter Diokletian im Jahre 303 eine Christenverfolgung ausgelöst worden, die den Osten besonders brutal und lange – mindestens bis 313 – erschüttert hatte. Und nun erfuhren die Christen auf einmal, dass ein Kaiser – weshalb auch immer – sie nicht nur in Ruhe ließ, sondern ihren Glauben sogar förderte. Das hatte man in den kühnsten Träumen nicht zu hoffen gewagt, und darauf war man auch nicht vorbereitet. Wen wundert es da, dass in dieser als Befreiung empfundenen Situation nicht jedes Wenn und Aber bedacht wurde, sondern überschwängliche Dankes- und Freudentöne zu hören sind!?

7   Euseb. Caes., Hist. eccl. X 9,7f. Dt. Übers. nach: Eusebius von Caesarea. Kirchengeschichte (hg. u. eingel. von H. Kraft), Darmstadt ³1989, 441.
8   Euseb. Caes., De vita Const. III 15. Dt. Übers. nach: Des Eusebius Pamphili Bischofs von Cäsarea ausgewählte Schriften I (BKV 9), Kempten-München 1913, 105.
9   Vgl. F. Winkelmann, Euseb von Kaisareia. Der Vater der Kirchengeschichte, Berlin 1991, 9-15.
10 F. Overbeck, in: C. Schmitt, Politische Theologie II, Berlin 1970, 69.

Sicher hat der schroffe religionspolitische Kurswechsel am Anfang des 4. Jahrhunderts mit dazu beigetragen, sich die ersten drei Jahrhunderte der Kirchengeschichte als eine allgemeine Verfolgungszeit vorzustellen. Auf diesem dunklen Hintergrund erscheint die neue Entwicklung dann umso heller oder, wenn die vorausgegangene Epoche als reine Märtyrerzeit verklärt wird, umso verwerflicher. Hier ist Vorsicht geboten! So wie die Christen vor der Konstantinischen Wende nicht immer, überall und generell verfolgt wurden, so haben sie ihrerseits in dieser Zeit die politische Ordnung auch nicht ständig, durchweg und grundsätzlich infrage gestellt.[11] Die staatsfreundliche Haltung der konstantinischen Kirche ist daher weniger dramatisch zu beurteilen, als es weithin geschieht. Sie weist zwar eine neue Qualität auf, bringt aber keinen völligen Sinneswandel zum Ausdruck. Schon lange bevor Konstantin sich dem Christentum zuwandte, hatte dieses sich der Kultur und den Idealen der griechisch-römischen Welt geöffnet. So gab es in allem Umbruch doch auch eine gewisse Kontinuität.

2. HEMMENDE KRÄFTE

Oftmals verbindet sich mit der Konstantinischen Wende die Vorstellung, dass es lediglich einer kurzen Zeit bedurft habe, bis das ganze Römische Reich – wenigstens formal – christianisiert gewesen sei und dass nur einige unbelehrbare heidnische Philosophen und Aristokraten ein bedeutungsloses Rückzugsgefecht geführt haben.[12] In Wirklichkeit stellt sich dieser religionspolitische Umbruch jedoch als ein das ganze Jahrhundert andauernder und äußerst schwieriger Übergangsprozess dar; in seinem Verlauf wurde das Christentum zunächst toleriert, dann begünstigt und schließlich zur Staatsreligion erklärt, während das antike Heidentum vielerorts noch lange das gesellschaftliche und private Leben prägte, gelegentlich seinen Einfluss sogar wieder steigern konnte und erst nach Jahrzehnten aufgrund zunehmender Intoleranz der Christen und staatlicher Sanktionen aus der Öffentlichkeit verschwand.[13]

[11] Vgl. H. Rahner, Konstantinische Wende? (a.a.O.), 421f; E. Horst, Konstantin der Große, 324; A. Demandt, Die Spätantike, 438f; F. Winkelmann, Euseb von Kaisareia, 143f.
[12] Vgl. W. Schneemelcher, Kirche und Staat im 4. Jahrhundert (1967), in: G. Ruhbach (Hg.), Die Kirche angesichts der Konstantinischen Wende, 125f.
[13] Vgl. z.B. H.-D. Altendorf, Römische Senatsaristokratie und Christentum am

Statistisch lässt sich über die einzelnen Phasen dieser Entwicklung kaum etwas sagen. Historiker, die hierzu absolute Zahlen nennen, beweisen nur ihren Mut sich festzulegen. Aber auch relative Zahlen können nur eine geringe Wahrscheinlichkeit beanspruchen. Vielleicht hat es im spätrömischen Reich eine Gesamtbevölkerung von etwa 50 Millionen gegeben.[14] Davon könnte man sich vor der Konstantinischen Wende – regional verschieden – bereits 5 bis 20% als Christen vorstellen.[15] Beim Tod Konstantins (337) wird ihr Anteil kaum höher gewesen sein als heutzutage im Osten Deutschlands. Von Massenkonversionen ist nirgendwo die Rede; zunächst einmal bleiben die Christen offensichtlich weiterhin eine Minderheit.[16] Noch zur Zeit des Johannes Chrysostomus, der im Jahre 407 starb, galt die bedeutende Metropole Antiochia erst als zur Hälfte christianisiert.[17] Auch die Tatsache, dass Kaiser Theodosius (379-395) das Christentum per Gesetz zur alleingültigen Reichsreligion erklärte, ist kein Beweis dafür, dass die gesamte Bevölkerung am Ende des 4. Jahrhunderts tatsächlich schon geschlossen der Kirche angehört hätte.

Alte Auffassungen, Strukturen und Kräfte blockierten noch lange den vollen Erfolg des neuen Kurses. Selbst Konstantin erscheint nicht in eindeutigem Licht. Er neigt zwar dem Christentum zu und förderte es; dennoch konnte auch er sich nur schwer aus den heidnischen Traditionen lösen. Offensichtlich stand er vor dem Dilemma, seine persönliche Überzeugung mit religiösen Formen zu verbinden, die dem größten Teil der Bevölkerung noch sehr viel bedeuteten. So trug er beispielsweise weiterhin den Titel eines „Pontifex Maximus", gestattete der eigentlich christlich konzipierten Stadt Konstantinopel auch, heidnische Einrichtungen zu bauen, und ließ sich auf deren Forum in einer Statue sogar mit dem Sonnengott gleichsetzen. Seine Taufe folgte schließlich erst kurz vor seinem Tod.[18] Bestimmte Formen des Staatskultes, aber auch

---

Ende des 4. Jahrhundert, in: Kirchengeschichte als Missionsgeschichte I. Die Alte Kirche (hg. von H. Frohnes u. U.W. Knorr), München 1974, 227-243; A. Demandt, Die Spätantike, 414-430.440-455.

[14] Vgl. A. Demandt, Die Spätantike, 276.
[15] Vgl. E. Dassmann, Kirchengeschichte I. Ausbreitung, Leben und Lehre der Kirche in den ersten drei Jahrhunderten (Kohlhammer Studienbücher Theologie 10), Stuttgart 1991, 261f.
[16] Vgl. H.-G. Altendorf, Römische Senatsaristokratie (a.a.O.), 228.
[17] Vgl. A. Demandt, Die Spätantike, 440.
[18] Vgl. ebd. 74-76 u. 393; E. Horst, Konstantin der Große, 270-276; S.G. Hall, Art. Konstantin I. (a.a.O.), 492f.

verschiedene Mysterienreligionen sowie vor allem die „pagane Haus- und Familienfrömmigkeit" erwiesen sich als äußerst zählebig.[19] Auch im Sozialgefüge kam es trotz mancher Gesetze, die christlich beeinflusst erscheinen, nicht so schnell zu einer tiefgreifenden Veränderung. Die Sklaverei wurde zwar in einigen Punkten gemildert, aber nicht gänzlich abgeschafft, und die blutigen Zirkusspiele und Gladiatorenkämpfe gingen weiter, obwohl verschiedene Anordnungen dies einzuschränken versuchten.[20] Gelangten Christen auch schon unter Konstantin in hohe politische Ämter, so blieben solche Funktionen generell doch noch weithin in heidnischer Hand. Obgleich das Christentum im Heer gefördert wurde, waren die „Gebetsaufmärsche" doch nicht eindeutig christlich geprägt; sie ließen durchaus auch eine Interpretation im Sinne des alten Kultes vom unbesiegbaren Sonnengott zu. Darum ist es nicht allzu verwunderlich, wenn die militärischen Führungsstellen bis zu Theodosius I. überwiegend von Nichtchristen besetzt waren.[21]

Geht man der Frage nach, welche Gruppen sich am längsten dem Christentum verweigert haben, so sind zunächst einmal die Bauern zu nennen. Nicht ohne Grund bezeichnet der lateinische Begriff „paganus" sowohl den Mann vom Land als auch den Heiden. Dieser Bevölkerungsschicht war das Christentum offenbar zu wenig naturbezogen. Als Theodosius anordnete, die Ungläubigen aus den Städten zu vertreiben, gewann das ländliche Heidentum sogar vorübergehend noch an Bedeutung.[22]

Die zweite Gruppe, die Widerstand leistete, war der römische Senat. Seine Mitglieder betrachteten sich nicht nur selbst als die vornehmsten Vertreter des Menschengeschlechts, auch die Öffentlichkeit und die Rangordnung des spätrömischen Staates billigte ihnen eine solche Rolle zu. Fest verwurzelt in den antiken Traditionen und familiär miteinander verbunden, mühte sich dieser reiche und gebildete Stand bis auf wenige Ausnahmen, die alten Bräuche am Leben zu erhalten oder sie sogar zu intensivieren. Das Christentum, dessen Verfolgung man zu Diokletians Zeiten teilweise unterstützt hatte, wurde auch nach dem offiziellen Wandel der kaiserlichen Religionspolitik von der römischen Aristokratie weitgehend abgelehnt. Da sein geistiges Niveau durch die Verluste der

---

[19] Vgl. E. Dassmann, Kirchengeschichte I, 83f.
[20] Vgl. A. Demandt, Die Spätantike, 293f u. 389.
[21] Vgl. S.G. Hall, Art. Konstantin I. (a.a.O.), 492f.
[22] Vgl. A. Demandt, Die Spätantike, 424f.

Verfolgungszeit offenbar gesunken war, übte es auf diese elitären Kreise kaum einen Reiz aus. Dennoch gab es Senatoren, die Christen wurden, und schon zu Konstantins Zeiten findet man gelegentlich einen christlichen Stadtpräfekten. Ein Symbol für den zähen Widerstand war die Statue der Siegesgöttin, die seit dem Jahre 29 in der Senatskurie stand und das siegreiche Rom verkörperte. Dreimal musste sie auf kaiserlichen Befehl hin entfernt werden, und zwar in den Jahren 357, 382 und endgültig 394; zwischendurch wurde sie aber immer wieder auf ihren Platz gebracht. Insgesamt erscheint Rom noch das ganze 4. Jahrhundert hindurch als Hort der heidnischen Reaktion. Das öffentliche Leben behielt unübersehbar seine Prägung. Die ersten Kirchen Roms entstanden auf kaiserlichem Grund und Boden am Rande der Stadt. Erst allmählich wurde es möglich, Kirchen im Zentrum zu errichten; diese konnten jedoch kaum mit den anderen Bauten konkurrieren. Die spärliche Repräsentanz der Christen im gesellschaftlichen Leben stand noch lange im Gegensatz zu deren Selbstbewusstsein und Anspruch. Auch die öffentlichen Spiele zeigten das Bestreben, die heidnische Vergangenheit im Bewusstsein der Bevölkerung zu erhalten. So ließen die Präfektur und der hinter ihr stehende Senat noch in der Zeit zwischen 360 und 410 Gedenkmünzen – sogenannte Kontorniaten – unter das Volk streuen, die mit alten Kaiser- und Götterbildern versehen waren. Zweifellos verfolgte man damit propagandistische Zwecke; der Kampf gegen das christliche Kaisertum fand hier einen volkstümlichen Ausdruck.[23]

Diesen Hintergrund muss man auch bei der Errichtung der neuen Reichshauptstadt Konstantinopel, die im Jahr 330 eingeweiht wurde, bedenken. Es waren nicht nur strategische und repräsentative Gründe, die Konstantin dazu veranlassten, sondern auch sein gespanntes Verhältnis zum immer noch heidnisch geprägten Rom. Das neue und zweite Rom am Bosporus sollte dagegen von vornherein christliche Atmosphäre ausstrahlen. Bei seinem Ausbau musste Konstantin freilich auch Kompromisse eingehen.[24]

Eine dritte Gruppe, in der sich die alten Vorstellungen am längsten gehalten haben, waren die Gelehrten: die Philosophen, Dichter, Rhetoren, Ärzte, Mathematiker und Lehrer. Das gesamte Bildungswesen blieb heidnisch geprägt. Während dadurch in den Schulen auch aufge-

---

[23] Vgl. ebd. 277. 425-427; H.-D. Altendorf, Römische Senatsaristokratie (a.a.O.), 227-243.
[24] Vgl. A. Demandt, Die Spätantike, 75f. 391-399.

schlossene Christen mit antiker Geistigkeit vertraut werden konnten, machten Heiden sich kaum Mühe, christliche Schriften zu lesen. Die alten Universitäten des Ostens, vor allem die Philosophenschulen in Alexandria und Athen, stellten sich weiterhin als Hochburgen des Heidentums dar. Die Athener Akademie hielt sich sogar noch bis zum Jahr 529.[25] Zur Errichtung theologischer Lehrstühle ist es trotz aller christlichen Kaiser nirgendwo im Reich gekommen.[26]

Seinen letzten politischen Höhepunkt erlebte das antike Heidentum unter Kaiser Julian in der Zeit von 361 bis 363. Der Versuch, es mit allen Mitteln noch einmal zur herrschenden Ideologie zu machen, misslang jedoch und endete, als Julian einunddreißigjährig auf einem Feldzug fiel.[27]

3. WESENTLICHE VERÄNDERUNGEN

Es gibt die Meinung, „dass zwischen der römischen Kirche von heute und den protestantischen Glaubensgemeinschaften mehr Verwandtschaft und Zusammenhang bestehe als zwischen der Kirche vor Konstantin und der nach ihm"[28]. Ob es tatsächlich zu einem so schwerwiegenden Bruch gekommen ist, kann man durchaus bestreiten; und auch nicht alles, was sich in und an der Kirche im 4. Jahrhundert veränderte, ist auf die Konstantinische Wende zurückzuführen. Dennoch sind die Spuren, die sie im Erscheinungsbild der Kirche hinterlassen hat, beträchtlich.[29]

Eine der entscheidenden Wandlungen bestand darin, dass die Kirche aus dem sozialen Ghetto, in dem sie gelebt hatte, in die gesellschaftliche Öffentlichkeit heraustreten konnte, mit zahlreichen Privilegien bedacht wurde, an Ansehen sowie Einfluss gewann und schließlich die Rolle als Staatskirche zugewiesen bekam. Die Priester wurden von Steuern und anderen öffentlichen Pflichten entbunden; zugleich versuchten die Kai-

---

[25] Vgl. ebd., 427.
[26] Vgl. ebd., 445.
[27] Vgl. ebd., 93-109.
[28] J. Haller, in: P. Stockmeier, Konstantinische Wende, 1.
[29] Vgl. z.B. A. Mirgeler, Kritischer Rückblick auf das abendländische Christentum (HerBü 329), Freiburg i.Br. 1969, 47-55; A. Ehrhard, Die altchristlichen Kirchen im Westen und im Osten, Bonn 1937, 7-13; H. Gutschera u. J. Thierfelder, Brennpunkte der Kirchengeschichte. Ein Arbeitsbuch, Paderborn 1976, 35f.

ser aber, jeden Missbrauch dieser Privilegierung auszuschließen und den Zugang zum Klerus einzuschränken.[30] Schon 318 erkannte der Staat auch in seinem Bereich die bischöfliche Gerichtsbarkeit in Zivilprozessen mit christlicher Beteiligung als verbindlich an. Die Bischöfe erlangten den Status von Beamten mit den entsprechenden Rechten und Vergünstigungen und übernahmen Insignien und Bräuche des höfischen Zeremoniells. Dem bischöflichen Amt wuchsen politische Aufgaben zu; es bot immer mehr „Spielraum für Initiative, Führungstalent, Ehrgeiz"[31], wurde also attraktiv und darum oftmals kompetenten und verantwortungsbereiten Laien übertragen. Bedeutende Bischöfe des 4. und 5. Jahrhunderts waren zuvor Senatoren, Redner, Statthalter und sogar Offiziere. Manche Gemeinde wollte einen einflussreichen und vermögenden Mann an ihre Spitze bekommen, um dadurch selbst wirksamer werden zu können.[32] Mit der Anerkennung der Gemeinden als juristische Personen wurde es möglich und üblich, diese zu beschenken und testamentarisch zu bedenken. Der Besitz der Kirche wuchs sehr schnell und schon bald war sie nach dem Kaisertum die reichste Institution. Diese ökonomische Macht konnten vor allem die Bischöfe größerer Gemeinden über den kirchlichen Raum hinaus auch für die sozialen Belange des gesamten Gemeinwesens einsetzen. Etwa ein Viertel der kirchlichen Ausgaben soll der öffentlichen Fürsorge zugute gekommen sein. Finanzielle und materielle Zuschüsse zum Unterhalt der Geistlichen, für wohltätige Zwecke und zum Bau von Kirchen flossen auch aus kaiserlicher Hand.[33] Gesellschaftlich spürbar wurde das Christentum außerdem dadurch, dass der Sonntag ab 321 gesetzlicher Feier- und Ruhetag war und dass das Kirchenjahr künftig die Grundlage des alltäglichen Lebens bildete.[34] Die Zahl christlicher Schriften – zumeist von Bischöfen verfasst – stieg enorm an; zu Recht bezeichnet man auch darum diese Phase als „goldene Väterzeit".[35] Einfluss und Wirkmöglichkeiten der Kirche vergrößerten sich nach der Konstantinischen Wende also immer mehr.

---

[30] Vgl. A. Demandt, Die Spätantike, 445f.

[31] A. Momigliamo, Christentum und Niedergang des Römischen Reiches, in: K. Christ (Hg.), Der Untergang des Römischen Reiches (WdF 269), Darmstadt 1970, 415.

[32] Vgl. A. Demandt, Die Spätantike, 447f.

[33] Vgl. ebd., 450-453.

[34] Vgl. ebd., 71f; T. Schleich, Art. Konstantin der Große (a.a.O.), 200.

[35] Vgl. F. van der Meer, Art. Die Alte Kirche. Einleitung, in: M. Greschat (Hg.), Alte Kirche I, 24.

Zugleich lässt sich aber auch eine andere Entwicklung feststellen. Das Ja des Staates zur Kirche war nicht ohne das Ja der Kirche zum Staat gemeint. Sich für das 4. Jahrhundert vielleicht einen „religiös notwendig neutralen Staat gegenüber einer pluralistischen Gesellschaft"[36] vorzustellen, wäre anachronistisch. Für den antiken Römer verband sich Politik immer mit Religion. Und so erwarteten sowohl Konstantin als auch die anderen christlichen Kaiser von der Kirche, dass sie – wie es die Funktion des römischen Kultes schon immer gewesen war – zur Einigung und zum Erhalt des Reiches beitrage. Durch diese politische Instrumentalisierung und die daraus folgende Eingliederung in das staatliche Rechtssystem verlor die Kirche einen beträchtlichen Teil ihrer Selbstständigkeit und Freiheit und wurde mit völlig neuen Problemen konfrontiert. Da stellte sich z.b. schon die Frage, welche Rolle einem christlichen Kaiser in oder gegenüber der Kirche bzw. neben den Bischöfen und dem Papst zukomme. Da die antiken Kaiservorstellungen weiterhin bestimmend blieben und das Christentum noch keine Theorie für sein Verhältnis zum Staat entwickelt hatte, musste es notwendigerweise zu Konflikten kommen. Auch der Ansatz, mit dem Kaiser und Kirche an bestimmte Probleme herangingen, war sehr verschieden. So sahen christliche Theologen Glaubensstreitigkeiten erst dann gelöst, wenn man zu einem gemeinsamen Bekenntnis gelangt war, wobei diejenigen, die ihre Zustimmung verweigerten, als Häretiker ausgeschlossen wurden; den Kaisern hingegen ging es weniger um eine dogmatische Klärung, als vielmehr darum, die Einheit um jeden Preis wiederherzustellen und möglichst wenige davon auszugrenzen. Alle religiösen Streitigkeiten hatten nun zugleich auch politischen bzw. kirchenpolitischen Charakter. Ein besonders deutliches Beispiel ist dafür schon die Synode von Nizäa im Jahre 325. Sie stellt das erste durch einen Kaiser einberufene Reichskonzil dar. Die Bischöfe konnten mit der staatlichen Post anreisen; der Kaiser bot ihnen Kost und Logis und unterstützte die Durchführung ihrer Beschlüsse. Eigentlich sollte der arianische Streit durch diese Reichsversammlung so schnell wie möglich aus der Welt geschafft werden; die Konzilsentscheidung wurde jedoch zum Auslöser neuer Konflikte, die das ganze 4. Jahrhundert andauerten. Konnten derartige Probleme vorher oftmals auf lokalen Synoden gelöst werden, so bekamen sie nun durch die sogenannten

---

[36] K. Baus, in: H. Jedin (Hg.), Handbuch der Kirchengeschichte I. Von der Urgemeinde zur frühchristlichen Großkirche, Freiburg i.Br. ²1963, 477.

Ökumenischen Konzilien reichsweite Bedeutung. Zugleich zeigte sich, dass Mehrheitsabstimmungen die Probleme nicht lösen, sondern nur unterdrücken.[37] Die nachkonstantinische Entwicklung brachte aber auch noch andere wichtige Veränderungen der kirchlichen Situation mit sich. So nahm die Zahl der Christen im Laufe der Zeit zu, die geistige Substanz und moralische Glaubwürdigkeit wurde jedoch dürftiger. Schon Eusebius beklagte, dass sich jetzt Menschen „in die Kirche Gottes einschlichen und nur äußerlich ... den Namen eines Christen beilegten"[38]. Trotz solcher Tendenz zu einem „bloßen Kultur- und Konjunkturchristentum"[39] hatte die Kirche dieser Zeit aber auch eine große Zahl integrer Mitglieder aufzuweisen. Dennoch ist nicht zu leugnen, dass heidnische Vorstellungen und Sitten in die Kirche eindrangen und z.T. in christianisierter Form weiterlebten. Beispiele dafür sind der Märtyrer- und Reliquienkult oder das Wallfahrtswesen und mancher Wunderglaube.[40] Der antike Einfluss ging sogar noch tiefer. Die Vorstellung, dass der Kaiser Gott bzw. Christus repräsentiere, führte auch zu einer Veränderung des Gottes- und besonders des Christusbildes. Inhalte und Formen des Kaiserkultes wurden nun in Steigerung auf Christus übertragen, und das hat in der Christologie, der Liturgie und der Kunst deutliche Spuren hinterlassen.[41] Insgesamt war es schon ein bewegender Prozess, der sich da über Jahrzehnte oder sogar über mehr als ein Jahrhundert hin vollzog.

[37] Vgl. A. Demandt, Die Spätantike, 450; G. Ruhbach (Hg.), Die Kirche angesichts der Konstantinischen Wende, IX; H. Lietzmann, Die Anfänge des Problems Kirche und Staat (1938), in: G. Ruhbach (a.a.O.), 9; A. Kartaschow, Die Entstehung der kaiserlichen Synodalgewalt unter Konstantin dem Großen, ihre theologische Begründung und ihre kirchliche Rezeption (1950), in: G. Ruhbach (a.a.O.), 155; H. Gutschera u. J. Thierfelder, Brennpunkte der Kirchengeschichte, 40.
[38] Euseb. Caes., De vita Const. IV 54. Dt. Übers. nach: Des Eusebius ... ausgewählte Schriften I (a.a.O.), 177f. – Zu den Auswirkungen auf die Katechumenatspraxis im 4. und 5. Jahrhundert vgl. M. Dujarier, Kurze Geschichte des Katechumenats, in: Katechumenat in Geschichte und Gegenwart (Pastoralkatechetische Hefte 65), Leipzig 1987, 55-76.
[39] H. von Campenhausen, Griechische Kirchenväter (UB 14), Stuttgart [4]1967, 86.
[40] Vgl. A. Demandt, Die Spätantike, 427-430.
[41] Vgl. N. Brox, Kirchengeschichte des Altertums (Leitfaden Theologie 8), Düsseldorf [2]1986, 80.

4. INNERKIRCHLICHER WIDERSTAND

Der neue religionspolitische Kurs dauerte noch nicht lange an, da waren aus den Reihen der Bischöfe neben zustimmenden Tönen auf einmal auch andere zu hören. Fanfarenstößen gleich schallt es uns aus einer Schrift des Hilarius von Poitiers aus der Zeit um 360 entgegen: „Ach, wie beseligend wäre mir der Kampf gewesen mit ... offenen und erklärten Feinden! Da hätte man sich ... nicht zweifelnd zu fragen brauchen, ob das auch Christenverfolger seien, die mit Strafen und Schwert und Feuer zur Gottesverleugnung zwingen sollten ... Aber in unseren Tagen geht der Kampf gegen ... einen schmeichelnden Feind ... Der peitscht uns nicht das Rückgrat, sondern liebkost unseren Leib. Der schickt nicht in die Verbannung, die uns ewiges Leben brächte, sondern teilt Geld aus, aber zum Tod. Er wirft uns nicht in den Kerker zu ewiger Freiheit, sondern ehrt uns im Kaiserpalast zu Sklaverei. Er zerfleischt nicht die Rippen, sondern stiehlt sich die Herzen. Er schlägt uns nicht mit dem Schwert den Kopf ab, sondern mordet mit Gold die Seele ... Er müht sich um Einigung – aber das ist kein Frieden. Er unterdrückt die Irrlehre – aber es geht gegen die Christen ... Er baut Kirchen – aber er baut den Glauben ab ... So jemand sieht aus wie ein Schaf, aber bald spürt man den Wolf ...".[42] Gemeint ist damit Kaiser Konstantius, ein Sohn Konstantins, der zunächst nur im Osten und ab 351, als er Alleinherrscher geworden war, dann auch im Westen rigoros in die theologischen Auseinandersetzungen eingriff. Dabei begünstigte er die arianisierende Richtung und ließ opponierende Bischöfe wie Athanasius von Alexandrien, Lucifer von Calaris, Hosius von Corduba, Liberius von Rom oder eben auch Hilarius von Poitiers absetzen und verbannen. Kein Wunder, dass rechtgläubige Kreise in ihm den Antichristen am Werk sahen.[43] Von kritischer Distanz gegenüber dem Staat und von gewachsenem Selbstbewusstsein zeugt auch, wenn der römische Bischof Liberius vor dem Kaiser die Rückkehr aller verbannten Bischöfe fordert und auf Einwände organisatorischer Art hin entgegnet: „Die Kirche ist nicht angewiesen auf den Staat und seine Post. So viel Geld bringen die einzelnen Bistümer selbst auf, um ihre

---

[42] Hilar., Lib. c. Constantium Imperatorem 4f. 10. Dt. Übers. nach: H. Rahner, Kirche und Staat, 135 u. 139.

[43] Vgl. A. Demandt, Die Spätantike, 87-89; H. Rahner, Kirche und Staat, 84-94.

Bischöfe bis ans Meer zu befördern."⁴⁴ Aus einer späteren Phase des 4. Jahrhunderts, in der es jedoch immer noch um die politische Durchsetzung antinizänischer Positionen ging, stammt schließlich die Episode, dass ein kaiserlicher Präfekt – erstaunt darüber, dass er Basilius von Cäsarea nicht einschüchtern konnte – diesem sagte: „Niemand hat mir bis zum heutigen Tag mit solcher Freiheit zu reden gewagt." Darauf soll Basilius geantwortet haben: „Ihr seid offenbar noch nie einem Bischof begegnet."⁴⁵ Einen etwas anderen Akzent setzt Hieronymus, der um 420 starb, mit der Klage über die Verweltlichung der Kirche: „Als aber christliche Kaiser herrschten, ist sie an Macht und Reichtum größer, an Tugenden aber kleiner geworden."⁴⁶

Der Anfangsjubel war kaum verklungen, da setzte also auch schon eine deutliche Kritik an den Folgen der Konstantinischen Wende ein. Die meisten Bischöfe versuchten zwar, mit dem neuen System zurechtzukommen, indem sie geistigen Entscheidungen auswichen, kaiserlich geförderten „Kautschukformeln" ergeben zustimmten und sich einer „erbaulich verbrämten Betriebsamkeit" hingaben,⁴⁷ der Protest der anderen war jedoch nicht zu überhören. Dabei handelte es sich aber keineswegs um eine grundsätzliche Infragestellung staatskirchlicher Verhältnisse; es ging vielmehr um den Tatbestand, dass man selbst dieser Verflechtung zum Opfer fiel, während die theologische Gegenpartei davon profitierte.⁴⁸

Auffällig ist, dass die meisten kritischen Stimmen aus dem Westen kamen. Dort nahm der geistige und politische Widerstand gegen kaiserliche Totalitätsansprüche auch immer mehr zu, und die abendländische Kirche erlangte im Laufe von Jahrhunderten eine Selbstständigkeit gegenüber dem Staat, die sie, während das Römische Reich allmählich zerfiel, zu einer eigenen Ordnungsmacht werden ließ. Ein Ausdruck dafür ist die Urkunde von der „Konstantinischen Schenkung", eine offensichtlich kuriale Fälschung aus dem 8. Jahrhundert.

---

44 Theodoret., Hist. eccl. II 16,18. Dt. Übers. nach: H. Rahner, Kirche und Staat, 129.
45 Gregor. Naz., Or. 43,50. Dt. Übers. nach: H. Rahner, Kirche und Staat, 97.
46 Hieron., Vita Malchi 1. Dt. Übers. nach: H. Dörries, Konstantin der Große (UB 29), Stuttgart 1958, 149.
47 Vgl. H. von Campenhausen, Griechische Kirchenväter, 86.
48 Vgl. A. Demandt, Die Spätantike, 440f; W. Enßlin, Staat und Kirche von Konstantin dem Großen bis Theodosius dem Großen. Ein Beitrag zur Frage nach dem „Cäsaropapismus" (1956), in: H. Hunger (Hg.), Das byzantinische Herrscherbild, 198.

Ihr zufolge soll Kaiser Konstantin sich aus Ehrfurcht vor den Apostelfürsten in den Osten seines Reiches zurückgezogen und den römischen Bischöfen den Westteil bis zum Ende der Welt überlassen haben. Im Osten hingegen gewannen die Kaiser eine immer größere Macht über die Kirche und es entwickelte sich jenes eigentümliche System des sogenannten byzantinischen Cäsaropapismus. Freilich darf man diese unterschiedliche Ausprägung in West und Ost nicht schon für die Zeit Konstantins annehmen; das wäre anachronistisch. Darüber hinaus ist das jeweilige Verhältnis zwischen Kirche und Staat auch viel differenzierter zu betrachten, als es das Schema, in einem Gebiet diene die Kirche dem Staat und im anderen sei es umgekehrt, zu erfassen sucht.[49]

Neben dem kirchenpolitischen Widerspruch führender Bischöfe scheint es auch im geistlichen Bereich zu gewissen Protestreaktionen gekommen zu sein. Theodor Zahn, ein großer Patristiker des vergangenen Jahrhunderts, schildert diesen Prozess folgendermaßen: „Schon vor Konstantin hatte die Flucht aus der Welt Einzelne in die Einsamkeit getrieben; jetzt ergriff sie Tausende. Wunderbare Ironie der Geschichte! So lange die Welt eine ehrlich heidnische war, konnte der ernsteste Christ in ihr leben ... Als die Welt christlichen Anstrich erhielt, trieb es wahrlich nicht die unwürdigsten Glieder der christlichen Gesellschaft zeitweise oder für immer in die Wüste hinaus, um dort die Freiheit zu finden, die aus der siegreichen Kirche verschwunden zu sein schien ... Im ersten Jahrhundert seines Bestehens ist dieses Mönchtum ein ehrwürdiges Zeugnis gegen die Lüge der konstantinischen Schöpfung. Es beweist an seinem Teile, dass die heruntergekommene Welt des sinkenden Altertums unter Konstantin nicht christlich geworden, sondern in die Kirche eingezogen war."[50] So einfach lässt sich die Entstehung und Verbreitung des Mönchtums freilich nicht erklären. Wie die Ergebnisse moderner Forschung zeigen, ist der Aufbruch christlicher Asketen in die Wüste grundsätzlich schon im 3. Jahrhundert anzusetzen, während andererseits die offizielle Kirche des 4. Jahrhunderts geistlicher war, als allgemein behauptet wird.[51] Dennoch kann neben Motiven der alt-

---

[49] Vgl. A. Demandt, Die Spätantike, 454f; K. Aland, Kaiser und Kirche von Konstantin bis Byzanz (1960), in: G. Ruhbach (Hg.), Die Kirche angesichts der Konstantinischen Wende, 42-73.
[50] T. Zahn, Konstantin der Große und die Kirche (1894), in: H. Kraft (Hg.), Konstantin der Große, 106f.
[51] Vgl. K. S. Frank, Grundzüge der Geschichte des christlichen Mönchtums (Grundzüge 25), Darmstadt ⁴1983, 15f.

christlichen Askese und den zahlreichen Verunsicherungen dieser Zeit durchaus auch die gewaltige Veränderung der Kirche die Ausweitung monastischer Lebensformen beeinflusst haben. Ein beeindruckendes Beispiel dafür bietet Gregor von Nazianz, der bekannteste Freund des Basilius von Cäsarea. Seine Tragik besteht darin, dass er – ein feinsinniger Mensch und keine Herrschernatur – sich den Aufgaben, in die er als Bischof immer wieder verwickelt wurde, nicht gewachsen fühlte und oftmals bitter enttäuscht kapitulierte. Umso begeisterter pries er dann das mönchische Leben mit seiner Beschaulichkeit. War er vorher auch schon asketischer Frömmigkeit zugetan, so flüchtete er sich in diese Lebensweise doch erst aufgrund seiner deprimierenden Selbst- und Welterfahrungen.[52] Während anfänglich die kompromissbereite Haltung der Großkirche gegenüber der antiken Welt durch manche Einsiedler mit ihrer Weltverachtung infrage gestellt wurde, erwies sich das Mönchtum insgesamt doch immer mehr als inspirierende Quelle und gemeinschaftsbildende Kraft für Kirche und Gesellschaft.[53]

5. DIFFERENZIERTE BEWÄLTIGUNG

Wenn der Begriff „Konstantinisches Zeitalter" zunächst auch nur rein historisch auf das 4. Jahrhundert mit seinem religionspolitischen Umbruch bezogen werden kann, so hat er in neuerer Zeit doch weit mehr den Charakter eines emotional geladenen, kirchenkritischen Schlagwortes angenommen. Vor allem kommt das in der Rede vom „Ende des Konstantinischen Zeitalters" zum Ausdruck. Damit verbindet sich die Vorstellung, dass nun endlich jene verhängnisvolle Fehlentwicklung überwunden werden könne und müsse, der die Kirche seit Konstantin unterworfen sei. Dieses Schlagwort ist zwar erst in unserem Jahrhundert aufgekommen, seine ideengeschichtlichen Wurzeln reichen jedoch viel weiter zurück.[54]

Während die östliche Orthodoxie Konstantin als „Apostelgleichen" verehrt und die „Symphonie" von Staat und Kirche bis in die Gegen-

[52] Vgl. A. Demandt, Die Spätantike, 461; H. von Campenhausen, Griechische Kirchenväter, 101.
[53] Vgl. A. Momigliano, Christentum und Niedergang des Römischen Reiches (a.a.O.), 418f.
[54] Vgl. W. Schneemelcher, Art. Konstantinisches Zeitalter, in: TRE 19 (1990) 501-503.

wart verteidigte, haben im Westen mindestens seit dem Investiturstreit kritische Anfragen an den Reichtum und die weltliche Macht der Kirche zugenommen. Das hat sich auch auf die Beurteilung Konstantins ausgewirkt. Dabei wurde aber bis zur Reformation die Verbindung von Staat und Kirche nicht grundsätzlich infrage gestellt. In der lutherischen Tradition entwickelte sie sich sogar besonders innig bis zum Landeskirchentum. Der weltlichen Macht wurde im Allgemeinen ein Vorrang gegenüber der kirchlichen eingeräumt, und Konstantin erfuhr – wie schon durch Luther selbst – eine große Wertschätzung. Anders sah jedoch das Urteil in den Kreisen der Täufer oder Spiritualisten aus. Dort polemisierte man massiv gegen jegliche Verflechtung von Staat und Kirche. In der frühen Aufklärung entwickelte sich diese Kritik weiter. Einen besonderen Impuls bekam sie am Anfang des 18. Jahrhunderts durch die „Unpartheyische Kirchen- und Ketzerhistorie" des Gottfried Arnold.[55] Von seinem pietistischen Standpunkt aus, wonach alle Vergegenständlichungen des Religiösen als Abfall betrachtet werden, versuchte er zu beweisen, dass die Zerstörung der Kirche durch die Verweltlichung des Christentums letztendlich auf Konstantin zurückgehe. Dabei äußert sich freilich zugleich, wie er das Staats- und Volkskirchentum seiner Zeit bewertete. Im 19. Jahrhundert ist das spannungsreiche Verhältnis zwischen Kirche und Welt als theologisches Problem dann vielfältig erörtert worden; Herder, Schleiermacher und Kierkegaard sind hier zu nennen. Eine Intensivierung erfuhr diese Diskussion in der sogenannten Dialektischen Theologie, die aus dem Zusammenbruch des bürgerlichen Kulturprotestantismus mit seinem Staatskirchentum nach dem I. Weltkrieg hervorging. Hierbei war es Karl Barth, der 1935 schon fast schlagwortartig vom „verhängnisvollen Zeitalter Konstantins" sprach und die „große Lüge" der christlich-bürgerlichen Epoche als beendet ansah.[56] Populär wurde diese Redeweise jedoch erst in den fünfziger Jahren. Dafür hat vor allem Günter Jacob gesorgt, der das Ende des Konstantinischen Zeitalters (von Konstantin bis 1933 oder 1945) proklamierte und zur Rückkehr in die Haltung der vorkonstantinischen Märtyrerkirche aufforderte.[57]

[55] G. Arnold, Unpartheyische Kirchen- und Ketzerhistorie, Franckfurt 1729, 143-155.
[56] Vgl. K. Barth, Das Evangelium in der Gegenwart, in: TEH 25 (1935) 32f.
[57] Vgl. G. Jacob, Die Nachkonstantinische Situation, in: FAB 8 (1954) 230; ders., Der Raum für das Evangelium in Ost und West, in: Berlin 1956. Bericht über die ao. Tagung der 2. Synode der EKD vom 27. bis 29. Juni 1956: Amtsblatt der EKD 8 (1956) 17.

Erstaunlicherweise hat das Schlagwort vom Ende des Konstantinischen Zeitalters in der evangelischen Theologie bald an Bedeutung verloren. Auch im katholischen Raum ist es nur kurzzeitig nach 1960 und mit anderem Hintergrund und Akzent durch Peter Giloth und Hugo Rahner erörtert worden.[58] Ob man Konstantin nun zur Legitimierung der verschiedensten staatskirchlichen Systeme heranzieht oder ihn zum Urheber allen staatskirchlichen Übels macht, fragwürdig ist beides. Wird hier eine historische Gestalt nicht skrupellos im Sinne jeweils zu rechtfertigender Gegenwartsinteressen instrumentalisiert? Mit Konstantin und seiner Zeit haben solche Erklärungsversuche oftmals gar nichts zu tun. In ihnen spiegelt sich lediglich der ideologische Standort des einzelnen Interpreten wider. So ist auch äußerste Vorsicht geboten, wenn heutzutage manche meinen, die Vereinigung Deutschlands habe den Kirchen der ehemaligen DDR wieder konstantinische Verhältnisse verschafft. Gerechtigkeit wird dem religionspolitischen Umbruch des 4. Jahrhunderts wohl nur zuteil, wenn man ihn differenziert betrachtet. Nur so ist es auch möglich, einen wirklichen Nutzen aus dieser Beschäftigung zu ziehen. Und worin könnte der nach unseren Überlegungen nun bestehen?

Da ist zunächst einmal die Einsicht zu nennen, dass es dem Christentum nicht freigestellt ist, sich mit dieser Welt zu arrangieren oder sich von ihr fernzuhalten. Wenn es seine Verbindung mit der Politik gänzlich aufgäbe, um rein oder wenigstens reiner zu erscheinen, hieße das theologisch, die Inkarnation Jesu Christi mit ihren geschichtlichen Auswirkungen nicht sehr ernst zu nehmen. Wenn die Inkarnation aber im Zusammenhang mit der gesamten Geschichte der Menschheit – und nicht nur als ein punktuelles Ereignis – akzeptiert wird, kommt dem Christentum notwendig ein geschichtlicher Bezug und Ort zu. Für eine Epoche, die entscheidend politisch geprägt ist, ein völlig unpolitisches oder rein geistiges Christentum zu verlangen, hieße, auf dessen Anteil am Schicksal seiner Zeit zu verzichten.[59] Selbstverständlich wird dieser Weg immer von der Gefahr begleitet bleiben, falsche Bindungen einzugehen. Darum – und das ist die zweite Erkenntnis – hat auch die Kritik an zu innigen Beziehungen zwischen Kirche und Staat ihren legitimen Platz in der christlichen Tradition. Damit die Kirche nicht

[58] Vgl. P. Giloth, Kirche an der Schwelle der Zukunft, in: Hochland 53 (1960/61) 97-106; H. Rahner, Konstantinische Wende? (a.a.O.), 419-428.
[59] Vgl. A. Mirgeler, Kritischer Rückblick auf das abendländische Christentum, 44f.

dieser Welt verfällt, muss es Christen geben, die mehr als die anderen diese Gefahr im Auge behalten und gelegen oder ungelegen vor ihr warnen. Und schließlich ist noch ein Drittes zu vermerken. Wie die Kirche ihr Verhältnis zu Staat, Gesellschaft und Kultur gestaltet, muss in jeder Phase neu durchdacht werden. Dabei helfen keine Schlagwörter. Immer wird es eine Gratwanderung mit zahlreichen Risiken sein – zwischen Immanenz und Transzendenz, zwischen „Verweltlichung" und „Entweltlichung".[60] Diese Spannung ist nicht aufzulösen. Wie den Christen des 4. Jahrhunderts gilt auch uns die Aufgabe, sie auf eigene Weise zu bestehen.

---

[60] Vgl. H. Rahner, Konstantinische Wende? (a.a.O.), 425; W. Schneemelcher, Kirche und Staat, 136.

Markell von Ankyra und das Konzil von Nizäa (325)

Der theologische Lösungsversuch, mit dem das Konzil von Nizäa den durch Arius aufgekommenen Streit beenden wollte, war nicht unproblematisch; darum setzte auch schon bald ein Kampf ein, „in dem die Kirche auf großen Umwegen und unter zahlreichen Rückschlägen nachträglich verstehen lernen musste, was sie 325 hominum confusione et Dei providentia gemeint und beschlossen hatte"[1]. Aufgrund der schwierigen Quellenlage dieses Konzils ist es den Dogmengeschichtlern bis heute noch nicht gelungen, zentrale Fragen – wie vor allem die nach der Herkunft und ursprünglichen Bedeutung des nizänischen Homoousios – allseits überzeugend zu beantworten.[2] Es gibt

---

[1] K. Barth, Die Kirchliche Dogmatik 1/1, München 1932, 461.

[2] Zur Diskussion der letzten 20 Jahre vgl. bes. F. Ricken, Nikaia als Krisis des altchristlichen Platonismus, in: ThPh 44 (1969) 321-341; J. N. D. Kelly, Altchristliche Glaubensbekenntnisse. Geschichte und Theologie, Göttingen 1972, 205-251; G. C. Stead, Eusebius and the Council of Nicaea, in: JThS NS 24 (1973) 85-100; M. Simonetti, La crisi ariana nel IV secolo (SEAug 11), Roma 1975, 77-95; F. Dinsen, Homoousios. Die Geschichte des Begriffs bis zum Konzil von Konstantinopel (381) (Diss. masch.), Kiel 1976, 82-96; H. v. Campenhausen, Das Bekenntnis Eusebs von Caesarea (Nicaea 325), in: ZNW 67 (1976) 123-139; G. C. Stead, Divine substance, Oxford 1977, 223-266; B. Studer/B. Daley, Soteriologie. In der Schrift und Patristik (HDG III,2a), Freiburg-Basel-Wien 1978, 116-125; A. M. Ritter, Art. Arianismus, in: TRE 3 (1978) 704-706; ders., Zum Homoousios von Nizäa und Konstantinopel. Kritische Nachlese zu einigen neueren Diskussionen, in: Kerygma und Logos (FS für C. Andresen), Göttingen 1979, 404-423; W. A. Bienert, Das vornizänische homoousios als Ausdruck der Rechtgläubigkeit, in: ZKG 90 (1979) 151-175; A. Grillmeier, Jesus der Christus im Glauben der Kirche. Bd. 1: Von der Apostolischen Zeit bis zum Konzil von Chalcedon (451), Freiburg-Basel-Wien ²1979, 386-413; M. Simonetti, Ancora su Homoousios a proposito di due studi recenti, in: VetChr 17 (1980) 85-98; K. Beyschlag, Grundriß der Dogmengeschichte. Bd. 1: Gott und Welt (Grundrisse 2), Darmstadt 1982, 243-249; A. M. Ritter, Dogma und Lehre in der Alten Kirche, in: Handbuch der Dogmen- und Theologiegeschichte (hg. v. C. Andresen). Bd. 1: Die Lehrentwicklung im Rahmen der Katholizität, Göttingen 1982, 163-170 (bes. 169f); M. Simonetti, Art. Homoousios, in: Dizionario Patristico e di Antichità Cristiane II, Casale Monferrato 1983, 1733; H. G. Thümmel, Aspekte und Probleme des sog. Arianischen Streites, in: ThLZ 109 (1984) 413-424; B. Studer, Gott und unsere Erlösung im Glauben der Alten Kirche, Düsseldorf 1985, 129-145; O. Skarsaune, A neglected detail in the Creed of Nicea (325), in: VigChr 41 (1987) 34-54; R. Williams, Arius, Heresy and Tradition, London 1987, 48-81; F. Courth, Trinität. In der Schrift und Patristik (HDG II,1a), Freiburg-Basel-Wien 1988, 110-119; H. G. Thümmel, Die Kirche des Ostens im 3. und 4. Jahrhundert

jedoch Auffassungen, die sich in jüngster Zeit immer mehr durchzusetzen scheinen. Ihnen zufolge hat in Nizäa wohl kaum die Frage einer „numerischen Identität" von Vater und Sohn zur Debatte gestanden; vielmehr sollte geklärt werden, ob der Sohn zu den Geschöpfen gehöre oder gleichen Ranges wie der Vater sei. Dabei habe man das Homoousios offenbar deshalb in das synodale Bekenntnis eingefügt, weil es von den Arianern selbst vorgebracht und verworfen worden war. Dieser Begriff könne nicht im Sinne der westlichen Formulierung „unius" oder „eiusdem substantiae" bzw. als „wesenseins" gedeutet werden, sondern bringe – wie aus dem Kontext, in dem er verwendet wird, hervorgehe – zum Ausdruck, dass der Sohn aufgrund der Zeugung dem Vater „wesensgleich" sei.[3] Da solche Einsichten auch die Position Markells von Ankyra berühren, erscheint es angebracht, dessen Verhältnis zum Konzil von Nizäa neu zu überdenken. Dies wiederum wird nicht ohne Rückwirkung auf die Interpretation des Nizänums bleiben.

I.

Markell von Ankyra, der vermutlich um 280 geboren wurde und erstmalig – bereits als Bischof – in Verbindung mit der Synode von Ankyra 314 erwähnt wird, gehört zu den interessantesten und originellsten Theologen des 4. Jahrhunderts, dem Ruf nach aber auch zu den bedeu-

(Kirchengeschichte in Einzeldarstellungen 1/4), Berlin 1988, 52-61; R. P. C. Hanson, The Search for the Christian Doctrine of God. The Arian controversy (318-381), Edinburgh 1988, 152-178.

[3] Am vollständigsten findet sich diese Sicht bei B. Studer, Gott und unsere Erlösung, 134-136.143; ders., Soteriologie 119f; u. O. Skarsaune, A neglected detail (a.a.O.), 47f.50f. Grundsätzlich – z.T. aber mit der einen oder anderen Modifikation (z.b. der Meinung, dass der Begriff Homoousios in Nizäa durchaus mehrere Deutungen zuließ oder nicht nur ein „Kontradiktorium" zur arianischen Lehre war, bzw. der Ablehnung einer alternativen Unterscheidung zwischen „wesensgleich" und „wesenseins" im Blick auf Gott oder ohne eine ausdrückliche Bindung des Homoousios an den Zeugungsgedanken) – trifft man sie etwa auch bei F. Ricken, Nikaia als Krisis (a.a.O.), 334-341; M. Simonetti, La crisi ariana, 89-95; F. Dinsen, Homoousios, 85-95; G. C. Stead, Divine substance, 223-266; A. M. Ritter, Art. Arianismus (a.a.O.), 706; ders., Zum Homoousios (a.a.O.), 404-407; ders., Dogma (a.a.O.), 169f; A. Grillmeier, Jesus der Christus I, 408-412; F. Courth, Trinität, 114-116; R. P. C. Hanson, The Search, 196-202. Eine deutliche Ausnahme bildet hingegen W. A. Bienert, Das vornizänische homoousios (a.a.O.).

tendsten Häretikern.⁴ Das Verhängnis nahm seinen Lauf, als er einige Jahre nach dem Konzil von Nizäa ein umfangreiches Buch schrieb, in dem er verschiedene Sympathisanten des Arius angriff und ihren Auffassungen sein theologisches System entgegenstellte.⁵ Dies war der Anlass dafür, dass ihn eine Synode in Konstantinopel vermutlich 330/31 oder 334/35 verurteilte und seines Bischofsamtes enthob.⁶ Doch dabei blieb es nicht. Jahrzehntelang setzten sich Theologen unterschiedlicher Richtungen mit seinen Vorstellungen auseinander, und bis zum Konzil von Konstantinopel 381 folgten noch weitere synodale Verurteilungen.⁷

Auf diesem Hintergrund wird verständlich, wieso Markells Name in mehreren der insgesamt erst nach 362 niedergeschriebenen Teilnehmerverzeichnisse des nizänischen Konzils gestrichen und durch einen anderen ersetzt wurde.⁸ Es war der Nachwelt unvorstellbar oder unerträglich, dass ein solcher Häretiker zu den rechtgläubigen Vätern der „großen und heiligen Synode" gehört haben soll. Dennoch steht unzweifelhaft fest, dass Markell von Ankyra in Nizäa anwesend war und die Arianer bekämpft haben muss. In seinem Brief, mit dem er 341 den römischen Bischof Julius für sich zu gewinnen suchte, spricht er selbst davon, dass diejenigen, die ihn jetzt in Rom verleumdet hätten,

---

4   Zur Biographie vgl. J. T. Lienhard, Marcellus of Ancyra in modern Research, in: TS 43 (1982) 487-492; W. Gericke, Marcell von Ancyra. Der Logos-Christologe und Biblizist. Sein Verhältnis zur antiochenischen Theologie und zum Neuen Testament (TABG 10), Halle 1940, 6-27 (mit einer Übersicht über seine Lebensdaten); F. Loofs, Art. Marcellus von Ancyra, in: RE 12 (³1903) 259-265; T. Zahn, Marcellus von Ancyra. Ein Beitrag zur Geschichte der Theologie, Gotha 1867, 7-97.

5   Die erhaltenen Fragmente sind ediert in: Eusebius, Werke. Bd. IV: Gegen Marcell. Über die kirchliche Theologie. Die Fragmente Marcells, hg. v. E. Klostermann (GCS 14), Leipzig 1906, durchg. v. G. C. Hansen, Berlin ²1972, 185-214 (Nr. 1-128). Eine dt. Übers. bietet W. Gericke, Marcell von Ancyra, 192-244.

6   Vgl. Euseb. Caes., C. Marcell. II 4 (Klostermann: 58,7-11.19-23.26-29); Hilar., Collect. A IV 1,3 (Feder: 50f). Eine gute Übersicht über die Diskussion zum Termin findet sich bei E. Schendel, Herrschaft und Unterwerfung Christi. 1. Korinther 15,24-28 in Exegese und Theologie der Väter bis zum Ausgang des 4. Jahrhunderts (BGBE 12), Tübingen 1971, 135. R. P. C. Hanson, The Search, 217, plädiert für das Jahr 336.

7   Vgl. G. Feige, Die Lehre Markells von Ankyra in der Darstellung seiner Gegner (EThSt 58), Leipzig 1991, 5.135-216.

8   Vgl. Patrum Nicaenorum nomina. Latine Graece Coptice Syriace Arabice Armeniace (Ed. G. Gelzer/H. Hilgenfeld/O. Cuntz), Lipsiae (Leipzig) 1898, bes. S. XL f. Vgl. auch W. Gericke, Marcell von Ancyra, 8 Anm. 8.

zum Kreis derer gehören, die früher wegen Häresie verurteilt worden seien und die er auf der Synode von Nizäa völlig widerlegt habe.[9] Julius seinerseits bestätigt ein solches – gegen die Gesinnungsgenossen des Arius gerichtetes – Engagement Markells, wobei er sich nicht nur auf dessen eigenes Zeugnis beruft, sondern auch erwähnt, dass die römischen Priester, die in Nizäa dabei gewesen waren, davon berichtet haben.[10] Vielleicht will Theodoret Ähnliches zum Ausdruck bringen, wenn er an einer Stelle seiner Kirchengeschichte, wo er auf Markell von Ankyra zu sprechen kommt, hinzufügt, dass dieser zur Zeit der großen Synode Bischof gewesen sei.[11] Damit sind die direkten Aussagen der Quellen über Markells Rolle in Nizäa bereits erschöpft. Mehr ausdrückliche Zeugnisse sind nicht zu finden.

Es gibt aber noch eine ganze Reihe von Indizien, die Beachtung verdienen. Dazu gehören zunächst einmal zwei recht glaubwürdig erscheinende Bemerkungen, denen zufolge der Konzilsort ursprünglich ein anderer sein sollte. Im Schreiben der antiochenischen Synode von 324/25 wird noch vorausgesetzt, dass man sich zu einer „großen und heiligen Synode" in Ankyra versammeln würde.[12] In einem Brief Konstantins dagegen heißt es, dass die nach Ankyra in Galatien einberufene Synode nun im bithynischen Nizäa stattfinden werde, weil dieser Ort klimatisch besser und sowohl für ihn als auch die italischen und europäischen Bischöfe leichter zu erreichen sei.[13] Auch wenn die genannten Gründe diese Verlegung schon als einsichtig genug erscheinen lassen, so könnten doch durchaus noch andere Motive mitgespielt haben. E. Schwartz denkt dabei vor allem an taktische Erwägungen des Kaisers. Da dieser zunächst den Arianern zuneigte, habe er vielleicht mit der Wahl Ankyras, dem Bischofssitz eines der offenbar schon zu dieser Zeit leidenschaftlichsten Gegner des Arius, einen ausgleichenden Eindruck erzielen wollen. Dies könnten die Anhänger des alexandrinischen Bischofs Alexander als ein Vorzeichen zu ihren Gunsten gedeutet haben, infolge dessen sie die für sie günstige Situ-

---

[9] Vgl. Marcell, Ep. ad Iulium (Nr. 129 bei Klostermann: 214, 13-16).
[10] Vgl. Athan., Apol. sec. (C. Ar.) 23, 3 (Opitz II: 104, 34f); 32, 2 (110, 25-28).
[11] Vgl. Theodoret., Hist. eccl. II 7 (Scheidweiler: 100, 19f. Der Hinweis darauf findet sich bei C. W. F. Walch, Entwurf einer vollständigen Historie der Kezereien, Spaltungen und Religionsstreitigkeiten bis auf die Zeiten der Reformation. Dritter T., Leipzig 1766, 234.
[12] Vgl. Ep. Antioch. (325) 15 (Opitz III: Urk. 18: 40,17).
[13] Vgl. Const., Ep. (Opitz III: Urk. 20: 41f).

ation in Antiochien ausnutzten und dort auf einer improvisierten – massiv antiarianisch verlaufenden – Synode der geplanten kaiserlichen vorgriffen. Um der auf der antiochenischen Synode zum Ausdruck gekommenen Stimmung des Ostens Rechnung zu tragen, aber auch nicht den Eindruck entstehen zu lassen, die Gegner des Arius zu begünstigen, habe Konstantin daraufhin dann vielleicht, weil weder die eine noch die andere Seite zu siegesgewiss sein sollte, beschlossen, das Konzil nach Nizäa, dem Bischofssitz eines Arianers, einzuberufen.[14] Lassen sich diese Spekulationen auch nicht beweisen,[15] so bleibt doch die berechtigte Vermutung, dass die Auswahl und Verwerfung Ankyras als Konzilsort sicher auch etwas mit der antiarianischen Haltung Markells zu tun gehabt haben wird und gewissermaßen schon auf dessen Bedeutung für die künftigen Auseinandersetzungen hinweist.

Nach dem Konzil von Nizäa ging Markells Kampf gegen Vorstellungen, die ihm des Arianismus verdächtig erschienen, in verschärfter Form weiter. Neben Eustathius von Antiochien war er in dieser Phase der erste, der literarisch gegen die Auffassungen führender Vertreter der sogenannten eusebianischen Partei zu Felde zog; und diese Bischöfe, die sich um den einflussreichen Euseb von Nikomedien geschart hatten, sahen in ihm auch ihren bedeutendsten theologischen Gegner.[16] Die beiden Schriften „Contra Marcellum" und „De ecclesiastica theologia", mit denen der seiner Gelehrsamkeit wegen geschätzte Euseb von Cäsarea auf Bitten seiner Mitbrüder hin Markells Lehre ausführlich zu widerlegen versuchte, sind dafür ein überzeugender Beweis.[17]

Ist bis jetzt nur Markells Antiarianismus im Blick gewesen, so bringt Basilius von Cäsarea noch einen anderen Aspekt zur Sprache. In einem Brief, den er 373 verfasst hat, berichtet er von Leuten, die das Nizänum verfälschen, indem sie eigenmächtig seinen Ausdrücken einen anderen

[14] Vgl. E. Schwartz, Die Dokumente des arianischen Streits bis 325, in: ders., GS III, Berlin 1959, 183f; ähnlich auch A. M. Ritter, Art. Arianismus (a.a.O.), 704.
[15] Vgl. E. Seeberg, Die Synode von Antiochien im Jahre 324/325, Berlin 1913 (Neudr.: Aalen 1973), 202f, der sich deutlich davon distanziert. Sein Vater, R. Seeberg, Lehrbuch der Dogmengeschichte II, Erlangen-Leipzig 1923, 39f, spricht jedoch auch davon, dass man mit der Verlegung „vielleicht ... den Schein einer Begünstigung der Rechten meiden ..." wollte: „Daher wurde die ökumenische Synode nach Nicäa berufen."
[16] Vgl. F. Dinsen, Homoousios, 76.
[17] Die Texte sind ediert in: Eusebius, Werke. Bd. IV: Gegen Marcell. Über die kirchliche Theologie. Die Fragmente Marcells, hg. v. E. Klostermann (GCS 14), Leipzig 1906, durchg. v. G. C. Hansen, Berlin ²1972, 1-182.

Sinn geben. Markell sei einer von ihnen, denn er habe sich für seine Deutung unseres Herrn Jesus Christus als bloßen (ψιλός) Logos und den damit verbundenen Frevel gegen dessen Hypostase auf eine falsche Interpretation des nizänischen Homoousios gestützt. Ebenso diene das Nizänum auch gewissen Sabellianern als Vorwand für ihre Annahme, dass „Hypostase" und „Usie" identische Begriffe seien; diese würden sich auf eines der Anathemata berufen, in dem die Behauptung, dass der Sohn „aus einer anderen Usie oder Hypostase" sei, verurteilt wird.[18] Wogegen Basilius sich hier wendet, ist offenbar eine Interpretation des Homoousios im Sinne von ταυτοούσιος, wie sie 358 von den Homoiousianern im Synodalbrief von Ankyra verworfen wurde,[19] oder von μονοούσιος, wie sie einer pseudathanasianischen Expositio fidei zufolge Sabellianer vertreten haben sollen.[20] Auf jeden Fall wird eine Verbindung zwischen Markell und dem Homoousios, das weithin als „Herzstück"[21] des Nizänums gilt, bezeugt. Es heißt im Brief des Basilius jedoch nur, dass Markell zur Begründung seiner Lehre gewagt habe, diesen Begriff in einem falschen Sinn auszulegen, nicht, dass er vielleicht dessen Urheber oder leidenschaftlicher Verfechter sei, und noch nicht einmal unbedingt, dass er ihn gebraucht habe. Diese Einsicht wird noch dadurch verstärkt, dass das Homoousios tatsächlich nirgendwo in den erhaltenen Fragmenten des markellischen Buches auftaucht und auch in der Entgegnung Eusebs von Cäsarea keine Rolle spielt. Nun ließe sich freilich einwenden, dass Euseb solche Passagen, in denen der Begriff eventuell vorgekommen sei, verschwiegen habe, weil er seine Schwierigkeiten mit ihm hatte;[22] dem ist jedoch zu entgegnen, dass das Homoousios erstaunlicherweise auch nicht in dem Brief an Julius von Rom zu finden ist, in dem es Markell doch um den Nachweis seiner Rechtgläubigkeit ging. Die Tatsache, dass in einigen Pseudepigraphen, die neuerlich Markell zugeschrieben werden, das Homoousios je einmal vorkommt,[23] dürfte den bisherigen Ein-

---

[18] Vgl. Basil., Ep. 125, 1 (Courtonne II: 31,19-31).
[19] Vgl. Epiphan., Haer. 73,11,10 (Holl: 284,4f).
[20] Vgl. (Athan.), Exp. fid. 2 (PG 25: 204A).
[21] H. G. Thümmel, Kirche, 65.
[22] Vgl. R. M. Hübner, Der Gott der Kirchenväter und der Gott der Bibel. Zur Frage der Hellenisierung des Christentums (Eichstätter Hochschulreden 16), München 1979, 17 Anm. 56.
[23] Vgl. (Athan.), Ep. ad Liberium (= C. Theopaschitas) §§ 11f (Tetz in ZKG 83 [1972]: 152 / PG 28: 1445A); (Athan.), Exp. fid. 2 (PG 25: 204A); (Athan.), De incarnatione dei verbi et contra Arianos 4 (PG 26: 989C).

druck kaum verändern, da diese Zuweisungen gar nicht so sicher sind und die entsprechenden Schriften außerdem einer Zeit nach dem nizänischen Konzil entstammen, in der die theologische Diskussion schon einen ganz anderen Stand erreicht hatte.[24] Ähnliches gilt auch von einem Schreiben, mit dem 375 eine Gruppe von Anhängern Markells nach dessen Tod ihre nizänische Gesinnung zum Ausdruck bringen wollte.[25] Es bleibt also zunächst einmal nur festzuhalten, dass Markells Lehre einen Bezug zum nizänischen Homoousios haben soll, er diesen Begriff offenbar aber nicht verwendet hat.

Nimmt man nun das ganze Nizänum in den Blick, wird das Ergebnis kaum besser. Im Brief an Julius von Rom klingen zwar zwei nizänische Anathemata an,[26] und ein Teil der soteriologisch geprägten Inkarnationsformel der in diesem Brief enthaltenen Glaubenserklärung (κατελθὼν διὰ τὴν ἡμετέραν σωτηρίαν) könnte – wie M. Tetz jüngst aufgezeigt hat – aus dem Nizänum zitiert sein (διὰ τὴν ἡμετέραν σωτηρίαν κατελθόντα);[27] ansonsten fällt aber auf, dass sich Markell zur positiven Darlegung seines Glaubens weder hier noch in den erhaltenen Fragmenten seines grundlegenden Werkes ausdrücklich auf das Nizänum beruft; er folgt vielmehr der Heiligen Schrift, der Regula fidei und einmal auch dem Symbolum Romanum.[28] Es wird auch nirgendwo davon berichtet, dass er die Wahl der nizänischen Kernsätze positiv beeinflusst habe.[29] Eine in Theodorets Kirchengeschichte überlieferte Bemerkung des Eustathius von Antiochien legt es eher nahe anzunehmen, dass Markell in Nizäa vermutlich nicht zum Zuge gekommen ist. Eustathi-

[24] Vgl. R. P. C. Hanson, The Search, 221-223; G. Feige, Die Lehre Markells, 7 Anm. 59 u. 12 Anm. 97.
[25] Vgl. Epiphan., Haer. 72,11,1-12,5 (Holl: 265,7-267,12). Vgl. dazu G. L. Dossetti, Il simbolo di Nicea e di Constantinopoli. Edizione critica, Bologna 1967, 37f; G. Feige, Die Lehre Markells, 161f.
[26] Vgl. Marcell., Ep. ad Iulium (Klostermann: 215,1f): ὅτι ἦν ποτε ὅτε οὐκ ἦν ... καὶ κτίσμα αὐτὸν καὶ ποίημα εἶναι, ... mit Symb. nic. (Opitz III: Urk. 24: 52,2-4): ... ἦν ποτε ὅτε οὐκ ἦν ... ἢ κτιστὸν ... τὸν υἱὸν τοῦ θεοῦ...
– Die Beobachtung stammt von M. Tetz, Markellianer und Athanasius von Alexandrien, in: ZNW 64 (1973) 114 Anm. 122.
[27] Vgl. M. Tetz, Die Kirchweihsynode von Antiochien (341) und Marcellus von Ancyra. Zu der Glaubenserklärung des Theophronius von Tyana und ihren Folgen, in: Oecumenica et Patristica (FS für W. Schneemelcher), Chambésy-Genf 1989, 210f.
[28] Vgl. M. Tetz, Markellianer (a.a.O.), 114.
[29] Vgl. T. Zahn, Marcellus von Ankyra, 9; F. Dinsen, Homoousios, 76.

us, der offenbar eine ähnliche Theologie wie Markell vertrat,[30] berichtet, dass in der Phase des Konzils, „als man sich um den richtigen Ausdruck des Glaubens bemühte", einige Männer „auf Verabredung hin, angeblich um des Friedens willen, alle, die sonst sehr gut zu reden gewohnt waren, zum Schweigen" veranlassten.[31] Das erweckt den Eindruck, dass außer den Eusebianern, deren Reaktion anschließend mitgeteilt wird,[32] sich auch Eustathius und diejenigen, die seiner theologischen Richtung angehörten – d. h. Markell inbegriffen –, nicht mehr entscheidend an der Debatte beteiligen konnten.[33] Bezeichnenderweise geht Eustathius in seiner Konzilsreminiszenz auch nicht auf die nizänischen Formeln ein, und das Homoousios ist – wie bei Markell – in den echten Fragmenten nirgendwo zu finden.[34]

Was die Rolle Markells in Nizäa betrifft, so ist M. Tetz jüngst allerdings zu einem anderen Eindruck gekommen; seiner Meinung nach dürfte Markell in der Kommission, die das Nizänum formuliert hat, eine führende Position eingenommen haben. Ausgehend von der Bemerkung Eusebs von Cäsarea, dass einige Mitglieder der Synode das von ihm vorgelegte Glaubensbekenntnis erweitert hätten, und von der Erkenntnis, dass es sich bei der Tätigkeit dieser Kommission nicht nur um eine Erweiterung, sondern auch um eine Überarbeitung gehandelt hat, stellt M. Tetz zunächst die Frage, wie es dazu kommen konnte, dass die auf die Präexistenz Christi ausgerichtete Bildtheologie des Alexander von Alexandrien, die für die Synode von Antiochien (324/25) noch eine so große Bedeutung hatte, kurz danach in Nizäa fallengelassen wurde. Seiner Meinung nach müsste man bei einem Beantwortungsversuch dieser Frage berücksichtigen, dass Markell – aber fast zehn Jahre später – nicht den Präexistenten, sondern den Inkarnierten als „Bild Gottes" versteht. Eine andere wichtige Frage ist für ihn, wieso die Koordination der Begriffe „Eingeborener" und „Erstgeborener",

---

[30] Vgl. z.B. R. P. C. Hanson, The Search, 216.
[31] Vgl. Theodoret., Hist. eccl. I 8,1-3 (Scheidweiler: 34,3-11). Übers. nach A. Seider aus BKV² 51: 34.
[32] Vgl. Theodoret., Hist eccl. I 8,3 (Scheidweiler: 34,11-14).
[33] Vgl. G. C. Stead, Divine substance, 260; F. Loofs, Das Nicänum, in: Festgabe K. Müller, Tübingen 1922, 79f; E. Seeberg, Die Synode von Antiochien, 213f (die Markell hier jedoch nicht ausdrücklich einbeziehen). Andere Deutungen finden sich dagegen bei A. M. Ritter, Art. Arianismus (a.a.O.), 705; F. Dinsen, Homoousios, 95.
[34] Vgl. F. Dinsen, Homoousios, 73 u. 83.

wie sie im Glaubensbekenntnis des Euseb von Cäsarea in den Präexistenzaussagen anzutreffen ist, im Nizänum nicht mehr erscheint. Auch in diesem Fall sei es interessant zu beachten, dass Markell das Prädikat „Eingeborener" dem Präexistenten, die Bezeichnung „Erstgeborener" aber dem Inkarnierten zugewiesen hat. Aufgrund dieser Beobachtungen hält es M. Tetz für wahrscheinlich, dass der Unterschied zwischen dem antiochenischen und dem nizänischen Glaubensbekenntnis nicht zuletzt im theologischen Einsatz Markells begründet sein wird.³⁵ Demgegenüber ist jedoch im Blick zu behalten – und das relativiert eine solche Überlegung wieder –, dass Markells Theologie ja erst in einem beträchtlichen Abstand zum Konzil von Nizäa fassbar ist und durchaus auch – in umgekehrter Abhängigkeit – von dessen Akzentsetzungen beeinflusst worden sein könnte.

Die Frage nach Markells Rolle in Nizäa bleibt also bis auf die Tatsache seines antiarianischen Engagements weiterhin ziemlich offen. Ebenso gibt sein Verhältnis zum Nizänum noch zu denken. Bemerkenswerterweise haben ihn später nicht nur sogenannte Arianer verurteilt, er ist auch im nizänischen Lager auf Kritik gestoßen. Sowohl Apollinaris von Laodicea als auch Basilius von Cäsarea gehören zu denen, die seine Lehre bekämpft haben,³⁶ und Athanasius von Alexandrien scheint trotz offenbar weithin loyalen Verhaltens ebenfalls keine besonders guten Beziehungen zu ihm gehabt zu haben.³⁷ Das alles deutet darauf hin, dass Markell von Ankyra ein fragwürdiger Nizäner gewesen sein muss. War er vielleicht mehr Antiarianer als Pronizäner? Oder haben die anderen, die sich auch auf das Nizänum beriefen, dieses nicht ursprungsgemäß interpretiert?

II.

Angesichts der Kärglichkeit des bisherigen Befundes erscheint es verwunderlich, mit welcher Gewissheit manche das Verhältnis Markells von Ankyra zum Konzil von Nizäa beschreiben. So kann man beispielsweise lesen, dass er in Nizäa einer der eifrigsten Förderer des

---

[35] Vgl. M. Tetz, Die Kirchweihsynode (a.a.O.), 211-213.
[36] Vgl. G. Feige, Die Lehre Markells, 191-196. 200-203.
[37] Vgl. W. Gericke, Marcell von Ancyra, 21f, mit Hinweis auf Hilar., Collect. B II 9,1-3 (Feder: 146,1-147,22), u. Epiphan., Haer. 72,4,4 (Holl: 259,18-22).

Homoousios gewesen sei, neben Eustathius und einigen anderen auch wesentlich dafür Verantwortung trage, dass dem Homoousios noch weitere Erläuterungen beigefügt wurden, und die Sprache des Bekenntnisses von ganzem Herzen begrüßt habe.[38] Anderswo wird er als leidenschaftlicher Verteidiger des Nizänums bezeichnet, der mit seiner Lehre das Homoousios richtig auszulegen meinte oder von der Sache her mit diesem nizänischen Begriff voll übereinstimmte.[39] Es finden sich jedoch auch Äußerungen, die besagen, dass Markells Ideen bei den Synodalen keine Resonanz gefunden hätten, er sicher nicht als Antragsteller für die nizänischen Einfügungen angesehen werden könne, seine Interpretation des Homoousios eine andere als die des Konzils gewesen sei oder seine ganze Lehre die nizänische Sache diskreditiert habe.[40] Die differenzierteste Deutung gibt F. Dinsen. Ihrer Meinung nach lässt sich weder für die Zeit vor dem nizänischen Konzil noch für die danach entscheiden, ob Markell den Begriff Homoousios gebraucht hat. Vermutlich habe er dies nicht von sich aus getan. Man dürfe jedoch annehmen, „dass er auf dem Konzil von Nizäa für das (von anderer Seite vorgeschlagene) homoousios eintrat und nach Nizäa zwar vielleicht nicht die Formel homoousios gebrauchte und verteidigte (wie später z.b. Athanasius), jedoch zum Ausdruck brachte, dass seine Lehre die nizänische sei; ..."[41]

Bemerkenswert ist in diesem Zusammenhang auch, wie viel Parteien man unter den Synodalen zu entdecken meint und welcher von ihnen Markell zugeordnet wird. Ist von zwei oder drei Gruppierungen die Rede (Antiarianer und Sympathisanten des Arius, ggf. noch eine

---

[38] Vgl. G. L. Dossetti, Il simbolo di Nicea, 37 Anm. 15; E. Schwartz, Zur Kirchengeschichte des 4. Jahrhunderts (GS IV), Berlin 1960, 17; W. Gericke, Marcell von Ancyra, 8; A. M. Ritter, Dogma und Lehre (a.a.O.), 168; J. N. D. Kelly, Altchristliche Glaubensbekenntnisse, 251.

[39] Vgl. L. W. Barnard, Marcellus of Ancyra and the Eusebians, in: GOTR 25 (1980) 70; W. A. Bienert, Das vornizänische homoousios (a.a.O.), 156; J. T. Lienhard, Marcellus of Ancyra (a.a.O.), 487; A. M. Ritter, Art. Arianismus (a.a.O.), 707; A. Bigelmair, in: BKV² 9: S. XX; G. L. Prestige, God in Patristic Thought, London-Toronto 1936, 213.222; T. Zahn, Marcellus von Ancyra, 10; R. M. Hübner, Der Gott der Kirchenväter, 17.

[40] Vgl. C. Kannengießer, Art. Marcello di Ancira, in: Dizionario Patristico e di Antichità Cristiane II, Casale Monferrato 1983, 2089; F. Loofs, Das Nicänum (a.a.O.), 79; A. Bigelmair, aaO S. XXVIII; K. Beyschlag, Grundriß der Dogmengeschichte, 256.

[41] Vgl. F. Dinsen, Homoousios, 76f.

von der Mehrheit getragene „Mittelpartei"), so gehört Markell selbstverständlich mit Alexander von Alexandrien, Eustathius von Antiochien und den abendländischen Bischöfen zu den Gegnern des Arius.[42] Wird noch feiner differenziert, ergibt sich jedoch ein anderes Bild. B. Studer zufolge standen sich zur Zeit des Konzils von Nizäa Anhänger und Gegner des Origenes als zwei theologische Strömungen gegenüber, wobei Arius, Euseb von Cäsarea und Alexander von Alexandrien mit je ihren Anhängern die origenistische Richtung verkörperten, Eustathius, Markell und die westlichen Bischöfe hingegen die antiorigenistische. Ob Letztere freilich schon in Nizäa zur Geltung gekommen sei, lasse sich kaum feststellen.[43] Auch J. Lortz zählt Eustathius und Markell aufgrund ihrer Theologie nicht zur Gruppe um Alexander und – darüber hinaus sogar – der Abendländer, meint aber, dass diese als „äußerste Rechte" jene unterstützt hätten.[44]

Da die meisten dieser Behauptungen über das hinausgehen, was die vorliegende Untersuchung bis jetzt ergeben hat, stellt sich die Frage, welche Beobachtungen oder Argumente den dominierenden von ihnen als Rechtfertigung dienen bzw. welches methodische Vorgehen sie möglich gemacht hat. In erster Linie ist da wohl auf die außerordentliche Bedeutung zu verweisen, die dem Homoousios in der Forschung bis in unsere Tage beigemessen worden ist.[45] Obwohl dieser Begriff nach dem Konzil von Nizäa zunächst nirgendwo mehr auftaucht und erst ab der Mitte des 4. Jahrhunderts zu einem umstrittenen Schlagwort wird,[46] ist immer noch die Tendenz verbreitet, in ihm das ganze Nizänum zum Ausdruck gebracht zu sehen bzw. dieses auf ihn zu beschränken.[47] In Verbindung damit muss die Fragestellung genannt werden, die seit der Monographie T. Zahns über Markell die wissenschaftliche Diskussion nachhaltig be-

---

[42] Vgl. A. M. Ritter, Art. Arianismus (a.a.O.), 705; K. Beyschlag, Grundriß der Dogmengeschichte, 246 (mit Berufung auf A. Harnack u. R. Seeberg); F. Dinsen, Homoousios, Inhaltsverzeichnis III. 1. A u. B; G. C. Stead, Eusebius and the Council of Nicaea (a.a.O.), 99.
[43] Vgl. B. Studer, Gott und unsere Erlösung, 130f.
[44] Vgl. J. Lortz, Geschichte der Kirche in ideengeschichtlicher Betrachtung I, Münster 1965, 263f.
[45] Siehe oben Anm. 2.
[46] Vgl. F. Dinsen, Homoousios, 97f.
[47] Diesen Eindruck kann auch die – sonst verdienstvolle – Dissertation von F. Dinsen, Homoousios, erwecken.

einflusst hat.[48] Entgegen der Möglichkeit, dieses Wort im Sinne einer generischen Einheit oder Wesensgleichheit zu verstehen, vertritt T. Zahn die These, dass die nizänischen Väter es als Ausdruck der numerischen Einheit bzw. Wesenseinheit eines in sich Geschlossenen, nur einmal existierenden Einzelwesens aufgefasst hätten. Wenn das Homoousios später durch einige andere mit ταυτοούσιος oder ἁμαούσιος gleichgesetzt worden ist, so habe dies den ursprünglichen Sinn festgehalten. Letztendlich sei der Begriff aber – durch die jüngeren Nizäner uminterpretiert – wenigstens im Osten in einer anderen Bedeutung zum Sieg gelangt. Die Wesensgleichheit habe – wie man bei Basilius von Cäsarea sehen könne – die Wesenseinheit verdrängt, „und nicht die Losreißung des Sohnes von Gott, nicht die polytheistische Tendenz" sei „als Grundfehler des Arianismus erkannt, sondern die nicht ausreichende Würdigung des Sohnes".[49]

Als stärkste Stütze dafür, dass in Nizäa (auch) das Problem der numerischen Einheit Gottes zur Debatte gestanden habe, wird bis heute eine Episode angesehen, die Markell in Fragment 81 berichtet.[50] Danach hatte der abendländische Bischof Ossius von Cordoba irgendwann vor dem nizänischen Konzil – vielleicht bei der Synode in Antiochien – den arianisierenden Bischof Narcissus von Neronias befragt, ob er genauso wie Euseb von Cäsarea zwei Usien lehre, und von diesem zur Antwort erhalten, er glaube sogar, dass es drei Usien gebe.[51] Aus diesem kleinen Vorfall könnte man schließen, dass Ossius in der Rede von mehreren göttlichen Usien oder Hypostasen – wie sie wohl unter origenistisch gesinnten Bischöfen des Ostens verbreitet war – eine Gefährdung der Einheit Gottes gesehen hat und möglicherweise deshalb in Nizäa als kirchlicher Berater Konstantins für das Homoousios eingetreten ist. Der umstrittene Begriff würde dann nicht nur – antiarianisch – die Behauptung zurückweisen, dass der Sohn der Usie nach dem Vater fremd sei, sondern zugleich auch – antiorigenistisch – die Vorstellung von nur einer Usie bzw. Hypostase der Gottheit zum Ausdruck bringen.[52] Zur Untermauerung

[48] Vgl. F. Ricken, Nikaia (a.a.O.), 334f; F. Dinsen, Homoousios, 185 Anm. 1f; A. M. Ritter, Zum Homoousios (a.a.O.), 405f.
[49] Vgl. T. Zahn, Marcellus von Ancyra, 8-32; bes. aber 11.22-24.87f (Zitat: 87).
[50] Vgl. T. Zahn, ebd., 22; F. Ricken, Nikaia (a.a.O.), 325; A. M. Ritter, Zum Homoousios (a.a.O.), 406f; F. Dinsen, Homoousios, 87f; R. P. C. Hanson, The Search, 150f.
[51] Vgl. Marcell., Frgm. 81 (Klostermann: 202,33-203,2).
[52] Siehe oben Anm. 50 (außer F. Ricken).

dieser Sicht wird auf eines der nizänischen Anathemata verwiesen, in dem diejenigen verurteilt werden, die lehren, „dass der Sohn aus einer anderen Hypostase oder Usie sei".[53] Obwohl schon Euseb von Cäsarea bei der Erläuterung des Nizänums im Brief an seine Gemeinde den Eindruck vermittelt, dass beide Begriffe nicht als Synonyme zu verstehen sind („oder" wird durch „und" ersetzt)[54] und Basilius von Cäsarea später ausdrücklich betont, dass mit jedem von ihnen ein anderer Irrtum verworfen werden sollte,[55] war und ist die Meinung anzutreffen, dass Usie und Hypostase für die Verfasser des Glaubensbekenntnisses von Nizäa ein und denselben Sinn gehabt hätten und dieses Anathema sehr wahrscheinlich gegen die Vertreter der Dreihypostasenlehre gerichtet gewesen sei.[56] Dazu beruft man sich vor allem auch auf die Erklärung der „westlichen" Teilsynode von Serdika aus dem Jahre 342 oder 343.[57] Während die meisten Orientalen aus Protest gegen die Anwesenheit einiger von ihnen abgesetzter Bischöfe – vor allem des Athanasius und Markells – die gemeinsame Synode verlassen hatten, gesondert tagten und eine eigene theologische Rechtfertigung erstellten, war das Rundschreiben derer, die sich um Ossius von Cordoba und den Ortsbischof Prologenes scharten, ein Ausdruck der Solidarität mit den Angeklagten.[58] Das ihm beigefügte „Glaubensmanifest" sollte das Nizänum nicht ersetzen, wohl aber kommentieren und auslegen.[59] Und das geschieht, indem u.a. der Vorstellung von mehreren göttlichen Hypostasen die Behauptung entgegengesetzt wird, dass Vater, Sohn und Heiliger Geist nur eine Hypostase hätten, die die Häretiker mit Usie gleichsetzten und dass es nur einen Gott bzw. eine Gottheit gebe.[60] Auch wenn in diesem sogenannten Serdicense die spezifisch nizänischen Formeln einschließlich des Homoousios nicht zu finden sind, so meinen jedoch manche – wie z. B. F. Dinsen –,

[53] Vgl. Symb. nic. (Opitz III: Urk. 24: 52,3).
[54] Vgl. Euseb. Caes., Ep. ad. eccl. Caes. (Opitz III: Urk. 22,13: 46,3).
[55] Vgl. Basil, Ep. 125, 1 (Courtonne II: 31,30-32,49).
[56] Vgl. F. Dinsen, Homoousios, 93f., R. P. C. Hanson, The Search, 167f, erwähnt diese Sicht, steht ihr aber kritisch gegenüber.
[57] Vgl. z.B. F. Dinsen, Homoousios, 93f.105f.
[58] Zur ganzen Problematik dieser Synode vgl. R. P. C. Hanson, The Search, 293-306.
[59] Vgl. M. Tetz, Ante omnia de sancta fide et de integritate veritatis. Glaubensfragen auf der Synode von Serdika (342), in: ZNW 76 (1985) 243-269; auch A. M. Ritter, Zum Homoousios (a.a.O.), 407; F. Dinsen, Homoousios, 105.
[60] Vgl. Theodoret., Hist. eccl. II 8,39 (Scheidweiler: 113,11-14); auch II 8,45 (116,1-3).

ihm entnehmen zu können, dass seine Verfasser das Homoousios antiorigenistisch im Sinne einer einzigen Hypostase gedeutet haben und damit hier nachgeholt hätten, was in Nizäa versäumt worden sei: „die eindeutige Bestimmung dieses authentischen Sinnes".[61] Das Serdicense wird so gewissermaßen zum Kriterium dafür gemacht, wie man das 17 Jahre vorher in Nizäa formulierte Bekenntnis zu verstehen habe.

Für die Interpretation des Homoousios als Ausdruck einer numerischen Einheit spielen aber auch Episoden aus einer möglicherweise vornizänischen Geschichte dieses Begriffes eine Rolle. Da ist zunächst der trinitarische Streit in der Mitte des 3. Jahrhunderts zu erwähnen, der sich mit den beiden Bischöfen namens Dionys verbindet.[62] An dessen Beginn sollen libysche Monarchianer den alexandrinischen Bischof Dionys bei dessen Namensvetter in Rom u.a. deswegen verklagt haben, weil er nicht von der Homoousie Christi mit Gott spreche, aber Vater, Sohn und Geist als drei völlig voneinander getrennte und geschiedene Hypostasen betrachte.[63] Basilius von Cäsarea behauptet sogar, dass Dionys das Homoousios deshalb abgelehnt habe, weil die anderen damit missbräuchlicherweise die eigene Hypostase des Sohnes ausschließen wollten.[64] Und Euseb von Cäsarea bezeichnet die Gegner des Alexandriners als Sabellianer.[65] Aus all dem folgert F. Dinsen, dass das Homoousios zur Zeit dieser Auseinandersetzung einen monarchianischen bzw. antiorigenistischen Sinn gehabt haben muss.[66] Ähnliche Gründe könnten ihrer Meinung nach auch zur Verwerfung dieses Begriffs im Zusammenhang mit der Verurteilung Pauls von Samosata durch eine antiochenische Synode im Jahre 268 geführt haben.[67] Schenkte man dem diesbezüglichen Bericht des Hilarius mehr

---

[61] Vgl. F. Dinsen, Homoousios, 106.88.
[62] Vgl. ebd. 33-41. – Zur Diskussion um die Echtheit dieses Streites vgl. L. Abramowski, Dionys von Rom († 268) und Dionys von Alexandrien († 264/5) in den arianischen Streitigkeiten des 4. Jahrhunderts, in: ZKG 93 (1982) 240-272; G. Feige, Die Lehre Markells, 113-118.
[63] Vgl. Athan., De sent. Dionys. 18,2 (Opitz II: 59,6-8/Feltoe; 188,7-11); 17,2 (Opitz II: 58,22f/Feltoe: 192,11-13); auch Basil., De Spir. XXIX 72 (Feltoe: 196,1f/PG 32: 201C).
[64] Vgl. Basil., Ep. 9,2 (Courtonne I: 38,23-27).
[65] Vgl. Euseb. Caes., Hist. eccl. VII 6 (Schwartz: 642,1); VII 26,1 (700,14); Praep. ev. VII 18,13 (Mras 1: 401,3).
[66] Vgl. F. Dinsen, Homoousios, 36.
[67] Vgl. ebd. 41-51. – Zur Fragwürdigkeit dieses Vorgangs vgl. jedoch H. C. Brennecke, Zum Prozeß gegen Paul von Samosata. Die Frage nach der Verurteilung

Glauben als den entsprechenden Äußerungen des Athanasius und des Basilius, so hätten die dort versammelten Väter das Homoousios deshalb zurückgewiesen, weil Paul von Samosata durch das Bekenntnis eines einzigen Wesens den Eindruck vermittelt habe, „dass Vater und Sohn für ihn eine Einzelperson und der Zahl nach eins seien"[68]. Für die Zeit vor dem arianischen Streit und darüber hinaus ist auch beachtenswert, mit welchen Auffassungen F. Dinsen das Homoousios in Verbindung bringt, unabhängig davon, ob der Begriff von den jeweiligen Theologen ausdrücklich auf den Sohn angewandt wurde oder nicht. Grundsätzlich – so heißt es – könne man folgende Möglichkeiten in Rechnung stellen: 1. die Vorstellung, dass Gott einen eigenen Logos hat, der bald „innerlich" (endiathetos), bald „geäußert" (prophorikos) ist, in keiner Phase aber wirklich zu einem wesenhaften Sohn wird, sondern sich zu Gott verhält wie die Kraft (Eigenschaft) zur Substanz; 2. das Konzept eines Logos, der zunächst als Kraft oder Eigenschaft im Vater ist („consubstantivia virtus"), im Laufe der Heilsgeschichte aber eigenes Sein erlangt und wahrhaft zum Sohn wird (ὁμοούσιον γέννημα); 3. die Verbindung des Homoousie- mit dem Zeugungs- und dem Subordinationsgedanken, infolge derer der Sohn neben dem Vater und diesem untergeordnet immer schon wesenhaft und als ein anderer existiert; 4. die Anschauung, dass die durch Zeugung bedingte ewige Sohnschaft des Logos die Koexistenz des Sohnes mit dem Vater und seine Teilhabe an dessen Ehre und Vermögen einschließt.[69] Auch in Nizäa – und darin sind sich viele einig – war das Homoousios noch ein Begriff, der mehrere Deutungen zuließ.[70] Angezweifelt und bestritten wird jedoch in zunehmendem Maße die Behauptung, dass er in erster Linie antiorigenistisch gemeint war und die numerische Einheit Gottes sichern sollte.[71]

Auf jeden Fall dürfte inzwischen immer deutlicher geworden sein, aufgrund welcher Indizien, Überlegungen und methodischen Schrit-

des Homoousios, in: ZNW 75 (1984) 270-290.
[68] Vgl. Hilar., De syn. 81 (PL 10: 534B). Übers. nach F. Dinsen, Homoousios, 42f.
[69] Vgl. F. Dinsen, Homoousios, 20f.
[70] Vgl. z. B. F. Loofs, Das Nicänum (a.a.O.), 82; H. Berkhof, Die Theologie des Eusebius von Cäsarea, Amsterdam 1939, 195; F. Dinsen, Homoousios, 94; W. A. Bienert, Das vornizänische homoousios (a.a.O.), 161; M. Simonetti, Art. Homoousios (a.a.O.), 1733; H. G. Thümmel, Aspekte und Probleme (a.a.O.), 417; B. Studer, Gott und unsere Erlösung, 173.175; R. P. C. Hanson, The Search, 196f.
[71] Siehe oben Anm. 3.

te trotz des sonst dürftigen Quellenbefundes manche Aussagen über das Verhältnis Markells von Ankyra zum Konzil von Nizäa zustande gekommen sind. Ausgehend von seinem glaubwürdig bezeugten antiarianischen Engagement in und nach Nizäa, den noch erhaltenen persönlichen Ausführungen, der durch Basilius von Cäsarea erfolgten Charakterisierung der markellischen Lehre als Fehlinterpretation des Homoousios, dem Eindruck, dass die antimodalistisch begründete Verwerfung dieses Begriffes durch die Homoiousianer im Jahre 358 offenbar gegen Markells Deutung gerichtet war, und der auch sonst häufig zu findenden Verdächtigung, Markell habe die Häresie Sabells oder Pauls von Samosata bzw. beider erneuert, ist – etwas vereinfacht gesagt – im Zusammenhang mit der Überzeugung, dass das Homoousios auf dem nizänischen Konzil vor allem die Wesenseinheit des einzigen Gottes sichern sollte und grundsätzlich eine solche Lehre ermöglichte, wie sie später durch den Ankyraner publiziert wurde, geschlussfolgert worden, dass dieser ein überaus positives Verhältnis zu jenem Ausdruck gehabt habe bzw. sogar schon in Nizäa für ihn eingetreten sei. So kann man beispielsweise in der Studie von F. Dinsen lesen: „Da Markell der Wahrung des Monotheismus seine ganze Aufmerksamkeit schenkt, die origenistische Dreihypostasenlehre als polytheistisch verwirft und eine heilsgeschichtliche Trinitätslehre vertritt, hat das homoousios in seinem Munde von vornherein einen monarchianischen, antiorigenistischen Klang; es verwundert nicht, dass Euseb ihm in seinen Gegenschriften Sabellianismus vorwirft."[72] Gleichzeitig geht mit dieser Argumentationsweise eine „bewusste oder unbewusste Rückprojektion" einher, die man als „anachronistisch, historisch unhaltbar und deswegen methodisch falsch" bezeichnen könnte: Das Nizänum und der ursprüngliche Sinn seines Homoousios werden zu stark aus späterer Sicht – und dabei wesentlich auch von der markellischen Lehre her – gedeutet.[73] U.a. zeigt sich das darin, dass z.B. sowohl F. Dinsen als auch M. Simonetti in ihren Untersuchungen zum arianischen Streit die Position Markells, obwohl sie erst einige Jahre nach dem nizänischen Konzil in Erscheinung tritt, bereits davor – gewissermaßen als eine seiner theologischen Voraussetzungen – behandeln.[74]

[72] F. Dinsen, Homoousios, 77. Vgl. ebd. auch 99 sowie R. M. Hübner, Der Gott der Kirchenväter, 17.
[73] Vgl. L. Abramowski, Dionys (a.a.O.), 255f.
[74] Vgl. die Inhaltsverzeichnisse bei F. Dinsen, Homoousios, u. M. Simonetti, La crisi ariana.

Kaum etwas von dem, was über Markells Rolle auf dem nizänischen Konzil und sein Verhältnis zu dessen Bekenntnis gefolgert und geschlossen wurde, kann als stringenter Beweis gelten. Vielleicht ist ein solcher bei der mangelhaften Quellenlage auch gar nicht möglich. Dennoch dürfte es angesichts einiger neuer Einsichten sinnvoll sein, dem Problem weiter nachzugehen und die Diskussion fortzusetzen.

III.

Da Markells nizänische Position bislang hauptsächlich in Verbindung mit dem Homoousios erörtert wurde, erscheint es angebracht, sich zunächst noch einmal diesem Begriff zuzuwenden. Dabei interessiert vor allem: Gibt es wesentliche Übereinstimmungen zwischen den Einwänden, die im näheren Umfeld des Konzils gegen das Homoousios vorgebracht werden, und den Vorwürfen, die später in der antimarkellischen Argumentation eine entscheidende Rolle spielen?

Im Verlauf des arianischen Streites taucht dieses Wort zum ersten Mal in Schriften des Arius auf. In einem Fragment seiner Thalia ist zu lesen: „Er (der Sohn) trägt kein Charakteristikum (ἴδιον) Gottes an seiner individuellen Subsistenz (καθ᾽ ὑπόστασιν ἰδιότητος), denn er ist ihm nicht gleich (ἴσος), ja auch nicht ὁμοούσιος."[75] Wie aus dem Kontext hervorgeht, soll hier mit der Ablehnung des Homoousios zum Ausdruck gebracht werden, dass der Sohn nicht wie der Vater ungezeugt, ursprungslos und ewig ist, ihm also kein gleichartiges Sein noch die Zugehörigkeit zur selben Seinsstufe zukommt.[76] Im Brief an Alexander von Alexandrien argumentiert Arius anders. Dort heißt es, dass Gott den Sohn nicht so hervorgebracht habe, „wie Valentin das Erzeugnis des Vaters als eine Emanation (προβολή) gelehrt hat, und nicht so, wie der Manichäer das Erzeugnis als ein μέρος ὁμοούσιον des Vaters eingeführt hat, und nicht so, wie Sabell die Monas geteilt und „Sohnvater" (υἱοπάτωρ) genannt hat, und nicht so, wie Hierakas meint, Licht von Licht oder wie eine Lampe in zwei (geteilt), auch nicht so, dass der, der (schon) vorher existierte, später als Sohn gezeugt und hinzugeschaffen wurde ..."[77] Solchen Vorstellungen zufolge wäre der Vater nämlich zusammengesetzt, teil- und wandelbar so wie ein

[75] Athan., De syn. 15,3 (Opitz II: 242,17f). Übers. nach F. Ricken, Nikaia (a.a.O.), 336.
[76] Vgl. F. Ricken, ebd., 336f; F. Dinsen, Homoousios, 58f.
[77] Arius, Ep. ad Alex. (Opitz III: Urk. 6: 12,10-13,2).

Körper und damit, was nur Körpern eigen ist, leidensfähig.⁷⁸ Auch wenn hier einzelne Auffassungen, wie man sich Zeugung vorstellen kann, gesondert und sogar mit Namen versehen zur Sprache kommen, geht es Arius mit seiner Aufzählung insgesamt doch wohl nur um die Abwehr einer einzigen Gefahr: den einen Gott in stofflicher und anthropomorpher Weise irgendwie zu differenzieren und zu meinen, dass der Sohn an der Usie des Vaters Anteil habe.⁷⁹ Trotz unterschiedlicher Argumentation bringt Arius in beiden Texten das Homoousios mit Vorstellungen in Verbindung, die der Gnosis bzw. dem Manichäismus entstammen, denn dort war es üblich, mit diesem Adjektiv entweder die Gleichartigkeit mehrerer Größen auf derselben Seinsstufe oder deren Verwandtschaft mit ihrem Seinsgrund – also die Beziehung von Erzeugnissen zu ihrem Erzeuger – zu bezeichnen.⁸⁰ Interessanterweise wird der Begriff Homoousios nicht ausdrücklich als mögliches Kennzeichen sabellianischer bzw. modalistischer Gesinnung hingestellt; typischer Ausdruck der Lehre Sabells ist dem Brief an Alexander zufolge vielmehr, die göttliche Monas zu teilen und sie „Sohnvater" zu nennen. Dennoch lässt sich in diesem Schreiben ein gewisser Zusammenhang zwischen dem „manichäischen" μέρος ὁμοούσιον und dem „sabellianischen" υἱοπάτωρ nicht leugnen, da es in beiden Fällen um Teilung gehen soll, darüber hinaus alle genannten Auffassungen den Sohn der Usie des Vaters zuweisen und außerdem der Eindruck besteht, dass eine Unterscheidung der einzelnen Varianten für die Polemik des Arius letztlich unerheblich ist. Wenn Sokrates später in seiner Kirchengeschichte behauptet, Arius habe vor allem die sabellianischen Implikationen der Äußerungen Alexanders kritisiert,⁸¹ dann wird er damit wohl auch gnostisch-manichäische und nicht unbedingt modalistische Tendenzen gemeint haben, da Alexander im selben Schreiben ja auch bezichtigt wird, die Koexistenz zweier Urprinzipien einzuführen.⁸²

---

⁷⁸ Vgl. Arius, Ep. ad Alex. (Opitz III: Urk. 6: 13,17-20).
⁷⁹ Vgl. F. Dinsen, Homoousios, 59-61; auch O. Skarsaune, A neglected detail (a.a.O.), 41.
⁸⁰ Vgl. F. Ricken, Nikaia (a.a.O.), 335-337 (mit Hinweis auf A. Orbe, Hacia la primera teología de la procesión del Verbo, in: Est Valent. I 1-2; Roma 1958, 660-662); F. Dinsen, Homoousios, 61f u. 5; L. Abramowski, Dionys (a.a.O.), 255 Anm. 59.
⁸¹ Vgl. Socr., Hist. eccl. I 5 (PG 67: 41AB).
⁸² Vgl. Arius, Ep. ad Alex. (Opitz III: Urk. 6: 13,10-12).

Bemerkenswert ist, dass Alexander, obgleich er Arius bekämpft, ebenso wie dieser – ohne dabei jedoch die Begriffe Homoousios oder Sohnvater zu erwähnen – die Vorstellung verwirft, dass der Sohn Gottes „in ähnlicher Weise wie eine Trennung der Körper oder eine Emanation infolge von Teilung, wie es Sabell und Valentin meinen", gezeugt sei.[83] Dieselben Argumente – Teilung oder Emanation – verwendet Euseb von Nikomedien in einem Brief an Paulin von Tyrus, um die Auffassung zurückzuweisen, dass der Sohn aus der Usie des Vaters geworden sei; daneben findet sich bei ihm aber auch die Befürchtung, es könnten zwei Größen gleicher Art und gleichen Ranges – zwei Ungezeugte – gemeint sein.[84] Letzteres sieht er – wie aus dem von Ambrosius mitgeteilten Fragment eines Briefes, der während der Konzilsverhandlungen in Nizäa verlesen worden sein soll, hervorgeht – mit dem Homoousius zum Ausdruck gebracht: „Wenn wir ihn wahren Sohn Gottes und ungeschaffen nennen, dann beginnen wir, ihn als ὁμοούσιος mit dem Vater zu bekennen."[85]

Weitere Beispiele dafür, welche Bedenken gegenüber dem Homoousios bestanden, bietet der Brief, in dem Euseb von Cäsarea seiner Gemeinde das Konzil und dessen Beschlüsse kommentiert. Ist Eusebs Darstellung, weil er sich mit ihr rechtfertigen will, in manchem auch tendenziös, so verdient sie doch besondere Aufmerksamkeit, da kein anderer Bericht erhalten ist, der den Ereignissen in Nizäa näherkäme. Zunächst beruft Euseb sich zur Klärung des ihm unsympathischen Begriffes auf den Kaiser, der dessen Einfügung angeordnet und hinzugefügt haben soll: „Der Sohn sei ὁμοούσιος nicht im Sinne körperlichen Erleidens und sei aus dem Vater ins Dasein getreten weder zufolge einer Teilung noch einer Trennung, denn die immaterielle, geistige und unkörperliche Natur (Gottes) könne nicht irgendeiner körperlichen Affektion unterliegen …"[86] Ein wenig später weist er darauf hin, dass die Konzilsväter nach der Verlesung des nizänischen Bekenntnisses den Sinn der Formulierungen „aus

---

[83] Vgl. Alexander Al., Ep. ad Alex. (Opitz III: Urk. 14: 27,4-7).
[84] Vgl. Euseb. Nic., Ep. ad Paulin (Opitz III: Urk 8,3-7: 16,1-17,5).
[85] Euseb. Nic., Ep. ad syn. Nic. (Opitz III: Urk 21: 42) Vgl. F. Dinsen, Homoousios, 274 Anm. 84,2.
[86] Euseb. Caes., Ep. ad eccl. Caes. (Opitz III: Urk. 22,7: 44,4-7). Übers. nach A. M. Ritter, Alte Kirche (KThQ 1), Neukirchen 1977, 137. – Nach G. C. Stead, Divine substance, 258, kann dies durchaus eine authentische Äußerung Konstantins sein.

der Usie des Vaters" und „dem Vater ὁμοούσιος" sorgfältig erwogen und dann festgelegt hätten.[87] Erst als geklärt war – und jetzt argumentiert Euseb teilweise ähnlich wie der Kaiser –, dass dies „weder nach Art einer Teilung der Usie noch einer Trennung, auch nicht nach Art irgendeines Erleidens oder einer Wandlung oder einer Veränderung der Usie und Kraft des Vaters" zu verstehen sei, habe er, da damit vielmehr zum Ausdruck gebracht werden sollte, dass der Sohn Gottes in keiner Weise den Geschöpfen, sondern gänzlich allein dem Vater, seinem Erzeuger, ähnlich sei und nicht aus irgendeiner anderen Hypostase und Usie stamme, sondern aus dem Vater, den betreffenden Passagen zustimmen können.[88] Sowohl Konstantins als auch Eusebs Äußerungen sind darauf ausgerichtet, gnostische Fehldeutungen des Homoousios, denen zufolge der Zeugungsvorgang eine Veränderung Gottes bewirkt hätte, zu verhindern. Die Möglichkeit, diesen Begriff sabellianisch misszuverstehen, wird erstaunlicherweise von keinem der beiden ausdrücklich erwähnt. Auch wenn Sokrates aus chronologischen Gründen hier nicht als ein Hauptzeuge bemüht werden soll, so ist es doch interessant, zur Kenntnis zu nehmen, dass er hinsichtlich des nizänischen Homoousios ebenfalls von Vorbehalten gnostischer Art berichtet, aufgrund derer die fünf Bischöfe, die sich anfangs weigerten, das Bekenntnis zu unterschreiben, über diesen Ausdruck gespottet hätten, der nur solchen Dingen zukomme, die durch Emanation oder Teilung entstanden seien.[89]

Für die unmittelbare Zeit des Konzils lässt es sich also kaum glaubhaft machen, dass in der Diskussion um das Homoousios antimodalistische Vorbehalte eine wesentliche Rolle gespielt hätten. Andererseits gibt es aus dieser Phase auch keine ausdrückliche Bestätigung dafür, dass jemand mit dem Homoousios die numerische Einheit Gottes festhalten wollte. Alles spricht vielmehr dafür, dass die Schwierigkeiten mit diesem Begriff wohl hauptsächlich in dessen „gnostischem Klang" und den damit verbundenen materialistischen Vorstellungen gesehen wurden.[90]

Vergleicht man diesen Befund nun mit der antimarkellischen Argumentation Eusebs, so fällt zunächst auf, dass das Homoousi-

[87] Vgl. Euseb. Caes., Ep. ad eccl. Caes. (Opitz III: Urk. 22,9: 45,5-8).
[88] Vgl. Euseb. Caes., Ep. ad eccl. Caes. (Opitz III: Urk. 22,12f: 45,21-46,4; Urk. 22,9f: 45,8-14; Zitat: Urk. 22,12: 45,21-25).
[89] Vgl. Socr., Hist. eccl. I 8 (PG 67: 68C-69A).
[90] Vgl. F. Ricken, Nikaia (a.a.O.), 334 Anm. 26.

os dort zwar nirgendwo erwähnt wird, die im Zusammenhang mit ihm erhobenen Einwände aber z.T. in ähnlicher Weise anklingen. So wird Markell u.a. beschuldigt, eine „doppelte und zusammengesetzte Usie" zu behaupten, sich Gott aus Substanz (ὑποκείμενον) bzw. Usie und Akzidens (συμβεβηκός) zusammengesetzt zu denken, die ursprungslose und ungezeugte göttliche Kraft (δύναμις) zu trennen und anthropomorphe Vorstellungen auf die unveränderliche göttliche Usie zu übertragen.[91] Besonders interessant ist der massiv erhobene Vorwurf, Sabells Lehre vom „Sohnvater" erneuert zu haben.[92] Dies lässt an die Argumentation des Arius denken, der hinsichtlich der Entstehung des Sohnes neben anderen Varianten in einem Atemzug auch die des „manichäischen" μέρος ὁμοούσιον und des „sabellianischen" υἱοπάτωρ verwarf. Dennoch scheint es nicht so, dass „Sohnvater" in Eusebs Polemik genau dem entspricht, was Arius mit ὁμοούσιος verbunden hat. Für Euseb ergibt sich dieser plakative Vorwurf hauptsächlich aufgrund folgender Überlegungen: Wenn Markell meine, dass Gott und sein innerlicher Logos eine unteilbare Monas und eine einzige Hypostase bildeten und der inkarnierte Logos ebenfalls ungetrennt von Gott bleibe, müsse man annehmen, dass der Gott des Alls selbst Mensch geworden sei.[93] Außerdem entstehe der Eindruck einer irgendwie zusammengesetzten Usie, da Markell einerseits die Identität des in Gott befindlichen Logos mit Gott behaupte, andererseits aber zugleich die Bezeichnungen „Vater" und „Sohn" gebrauche.[94] Diese Verwirrung hänge mit seiner Vorstellung vom „innerlichen" und „geäußerten" Logos zusammen, der zufolge der Logos einerseits zunächst in Gott sei, dann aus ihm hervorgehe, Fleisch annehme und schließlich wieder – vom Fleisch getrennt – mit Gott vereinigt werde, andererseits sich angeblich aber nie von Gott trenne.[95] Anders als die gegen das Homoousios vorgetragenen Bedenken richten sich Eusebs

---

[91] Vgl. z.B. Euseb. Caes., De eccl. theol. I 5 (Klostermann: 64,21-27); II 14 (115,6-11.26-28); II 6 (103,18-25); II 9 (108,29-109,2).

[92] Vgl. Euseb. Caes., De eccl. theol. I 1 (Klostermann: 62,33); I 5 (64,29); II 5 (103,7); II 12 (114,2).

[93] Vgl. z.B. Euseb. Caes., De eccl. theol. I 1 (Klostermann: 62,32-63,2.10f); II 1 (99,13-15); II 4f (102,31-103,8); II 12 (114,1-5).

[94] Vgl. z.B. Euseb. Caes., De eccl. theol. I 5 (Klostermann: 64,21-30); II 14 (115,2-11); C. Marcell. I 1 (4,22-27).

[95] Vgl. z.B. Euseb. Caes., C. Marcell. I 1 (Klostermann: 6,15-18); De eccl. theol. I 20 (87,18-88,2); II 8f (108,5-28).

Erörterungen zu dem, was er mit „Sohnvater" etikettiert, nicht nur gegen eine Trennung oder Veränderung der Usie Gottes, sondern auch noch gegen die modalistische Vorstellung einer Abfolge von Erscheinungsweisen Gottes sowie die Überbetonung seiner Einzigartigkeit. Andererseits scheint der ausdrückliche Vorwurf einer Emanation zu entfallen. Markell hingegen, der ebenfalls antignostisch argumentiert und Euseb anklagt, wie Valentin und Hermes zu reden, da er sich wage, „den Logos von Gott zu trennen und ihn einen anderen Gott zu nennen, der der Usie und Kraft nach vom Vater getrennt ist",[96] kommt auch auf Häretiker zu sprechen, „die irgendeine körperliche und leidensmäßige Kindererzeugung Gottes erdichtet haben, indem sie die Emanationen lehrten".[97] Deutet Letzteres, da Zeugungs- und Emanationsvorstellungen sowohl von Arius als auch in Eusebs Konzilsbericht argumentativ mit dem Homoousios in Verbindung gebracht wurden und Markell – wie Euseb berichtet – eine wahrhafte Zeugung des Sohnes aus dem Vater geleugnet haben soll,[98] vielleicht darauf hin, dass dieser auch Vorbehalte gegenüber dem Homoousios gehabt haben könnte? Auffällig ist weiterhin, dass Euseb in seinem Brief kurz nach dem Konzil nicht ausdrücklich auf die Gefahr zu sprechen kommt, das Homoousios möglicherweise im Sinne Sabells bzw. modalistisch missverstehen. In seinen beiden antimarkellischen Schriften einige Jahre später aber spielt die Verdächtigung, sabellianisch gesinnt zu sein, eine große Rolle. Doch ist auch da eine Entwicklung zu verzeichnen. Während er in „Contra Marcellum" Sabell nur einmal erwähnt, den Begriff „Sohnvater" noch nicht gebraucht und Markell hauptsächlich vorwirft, den Sohn zu leugnen, vermittelt er in „De ecclesiastica theologia" von Anfang an den Eindruck, Markell habe die Lehre Sabells vom „Sohnvater" erneuert und sich vor allem durch die Behauptung der Einzigkeit und Differenzierung Gottes in den Irrtum begeben.[99]

Die trotz wichtiger Übereinstimmungen zutage getretenen Unterschiede zwischen der im unmittelbaren Umkreis des nizänischen Konzils ausgetragenen Diskussion zum Homoousios und der antimarkellischen Argumentationsweise Eusebs sowie innerhalb der Letzteren selbst könnten ein Zeichen dafür sein, dass bestimmte Probleme erst

---

[96] Vgl. Marcell., Frgm. 82 (Klostermann: 203,3-9); dazu auch 85 (203,22-24).
[97] Vgl. Marcell., Frgm. 34 (Klostermann: 190,20-22).
[98] Vgl. z.B. Euseb. Caes., C. Marcell. II 1 (Klostermann: 31,28-32,14); De eccl. theol. I 1 (63,3-11).
[99] Vgl. G. Feige, Die Lehre Markells, 59f.

durch Markells schriftliche Attacke einige Jahre später akut und seinen Gegnern immer bewusster geworden sind. Ob freilich Eusebs Formulierung υἱοπάτωρ eventuell Markells Lehre als eine Fehlinterpretation des Homoousios treffen sollte, bleibt offen. Auf jeden Fall ist die Annahme berechtigt, dass das Homoousios in Nizäa nicht ausdrücklich modalistischer Tendenzen verdächtig gewesen sein muss und Markell diesem Begriff entweder kritisch gegenübergestanden oder ihn in einem anderen Sinn als die Mehrheit der Synodalen gedeutet haben könnte. Erstaunlicherweise spielt das Homoousios in den theologischen Auseinandersetzungen bis zur Mitte des 4. Jahrhunderts keine Rolle mehr; dann aber wird es immer stärker zum Schlagwort der Rechtgläubigkeit. In der in diesem Zusammenhang einsetzenden Diskussion ist zu beobachten, dass nach wie vor antimaterialistische Einwände erwogen werden, der Abwehr eines modalistischen Missverständnisses jedoch offensichtlich eine größere Bedeutung zukommt. Letzteres gilt jedoch noch nicht für Athanasius, der in verschiedenen seiner Schriften das Homoousios erörtert und ebenso wie Euseb bezeugt, dass mit diesem Begriff und der Formulierung „aus der Usie des Vaters" ein Kontradiktorium zur arianischen Lehre gesetzt werden sollte.[100] So heißt es schon an der einzigen Stelle, wo er vor 350 auf das Homoousios eingeht: „Er ist von Natur wahrer und echter Sohn des Vaters, seiner Usie eigen, ...; er ist weder ein Geschöpf noch ein Gebilde, sondern eigenes Erzeugnis der Usie des Vaters. Deshalb ist er wahrer Gott und homoousios mit dem wahren Vater."[101] Die wahre Sohnschaft und Zeugung aus dem Vater ist für ihn – neben der Ranggleichheit und ungetrennten Einheit beider Größen – auch in den späteren Schriften weithin der ausschlaggebende Sinn der nizänischen Homoousieauffassung.[102] Dabei möchte er aber u.a. auch gnostische Fehldeutungen ausschließen. So macht er beispielsweise in „De decretis Nicaenae synodi", wo er die durch das Konzil aufgenommenen Formeln ausführlich verteidigt und erklärt, ähnlich wie Konstantin darauf aufmerksam, dass das Homoousios wie die Bezeichnungen „Sohn" und „Erzeugnis" nicht körperlich verstanden und keine „Teilung der Gottheit" angenommen werden dürfe,[103] und in „De synodis" berichtet er, dass dieser Begriff

[100] Vgl. F. Ricken, Nikaia, 338.
[101] Athan., C. Ar. I 9 (PG 26: 28D-29A). Übers. nach F. Dinsen, Homoousios, 116.
[102] Vgl. F. Dinsen, Homoousios, 115-135.
[103] Vgl. Athan., De decr 24,1 (Opitz II: 20,1-4). Zu Konstantin s.o. Anm. 86. Vgl. auch F. Dinsen, Homoousios, 123f.

268 auf der Synode von Antiochien abgelehnt worden sei, weil Paul von Samosata ihn materialistisch verstanden und gesagt haben soll: „Wenn Christus nicht aus einem Menschen Gott wurde, dann ist er homoousios mit dem Vater; und dann muss man notwendigerweise drei Usien annehmen, eine Ursubstanz und zwei, die an ihr teilhaben."[104] Ähnliche Argumente sind in diesem Zusammenhang auch bei Basilius von Cäsarea zu hören, wobei die materialistischen Implikationen jedoch nicht ausdrücklich dem Samosatener angelastet werden, sondern nur im Einwand der Synodalen gegenüber dem „missverständlichen" Wort erscheinen.[105] In der diesbezüglichen Überlieferung des Hilarius hingegen heißt es, dass das Homoousios in Antiochien deshalb verworfen worden sein soll, weil Paul von Samosata damit die numerische Einheit von Vater und Sohn zum Ausdruck gebracht habe; und es wird hinzugefügt, dass auch heute die Kirche eine solche Auffassung schärfstens zurückweise.[106] Auch sonst bemüht sich Hilarius sehr, den Verdacht zu zerstreuen, dass das Homoousios sabellianisch verstanden werde.[107] Eine derartige Interpretationsmöglichkeit lag nahe, da die „westliche" Teilsynode von Serdika 342 oder 343 dieses nizänische Stichwort mit der Formel „una substantia" ersetzt bzw. gedeutet hatte und jener das griechische μία ὑπόστασις entsprach.[108] Dabei geht es ihm aber nicht nur darum, den Einwand zu entkräften, das Homoousios bringe in modalistischer Weise die Identität von Vater und Sohn zum Ausdruck; er kommt auch auf gnostisch-materialistische Argumente zu sprechen, denen zufolge irgendeine Teilung der göttlichen Substanz befürchtet wird.[109] Während Hilarius sich am Ende der fünfziger Jahre in dieser Weise äußerte, verurteilte die Synode von Ankyra 358 u.a. sowohl denjenigen, der Gott zum „Sohnvater" macht, indem er das Zeitlose der Hypostase des eingeborenen Christus auf die ungezeugte Usie Gottes bezieht, als auch den, der den Sohn als ὁμοούσιος oder ταυτοούσιος mit dem Vater bezeichnet.[110] Betrachtenswert ist schließlich noch, was Ambrosius um 380 zum Homoousios sagt. Sei-

---

[104] Athan., De syn. 45,3 (Opitz II: 269,37-270,2). Übers. nach F. Dinsen, Homoousios, 43. Vgl. außerdem ebd. 130f.

[105] Vgl. Basil., Ep. 52,1 (Courtonne 1: 134,28-33).

[106] Vgl. Hilar., De syn. 81 (PL 10: 534B).

[107] Vgl. F. Dinsen, Homoousios, 146-153.

[108] Vgl. ebd., 105-107.

[109] Vgl. Hilar., De syn. 68 (PL 10: 525B-526A); De trin. IV 4 (Smulders: 103f).

[110] Vgl. Epiphan., Haer. 73,11,8.10 (Holl: 283,26-28; 284,4f).

ner Meinung nach ist dieser Begriff deshalb in Nizäa aufgenommen worden, weil die Arianer ihn verwarfen. Deren Befürchtung eines sabellianischen Verständnisses sei jedoch unnötig, da er gleichzeitig die Unterschiedenheit der Personen wie die Einheit der Natur zum Ausdruck bringe, denn ὁμοούσιος könne nur der eine dem anderen sein, nicht aber einer sich selbst.[111] Wenn auch Ambrosius einen historischen Bezug zum nizänischen Konzil herstellt, so dürften seine Äußerungen doch – genauso wie die des Hilarius und die entsprechenden Anathemata von 358 – den Diskussionsstand einer späteren Zeit wiedergeben. Selbst die Berichte über die synodale Verwerfung des Homoousios im Jahre 268 können kaum dazu beitragen, dessen Verständnis in Nizäa zu erhellen, da sich bis in die zweite Hälfte des 4. Jahrhunderts niemand darauf beruft und es als fraglich angesehen werden muss, dass man auf dem Konzil davon gewusst bzw. diesem Ereignis irgendeine Bedeutung beigemessen hat. Wahrscheinlich ist es sogar auch erst in der Spätphase des arianischen Streites erfunden worden.[112]

Insgesamt spricht also vieles dafür, dass der Verdacht, das Homoousios sei sabellianisch bzw. modalistisch gemeint, erst eine beträchtliche Zeit nach dem nizänischen Konzil Bedeutung erlangt. Da die Kontroverse um Markell dazwischenliegt, ist anzunehmen, dass dessen Lehre eine der entscheidenden Ursachen für einen solchen Argumentationswandel gewesen sein wird. Daraus könnte man folgern, dass Markell das Homoousios offensichtlich nicht abgelehnt, sondern in seinem Sinne interpretiert haben dürfte. Es lässt sich jedoch nicht belegen oder anderweitig beweisen, dass diese Deutung schon auf dem Konzil von Nizäa maßgeblich gewesen und Markell dort als deren Verfechter aufgetreten sei.

IV.

Um noch besser erfassen zu können, was 325 mit dem Nizänum gesagt werden sollte und wie Markell dazu gestanden haben mag, ist es notwendig, sich von der Fixierung auf das Homoousios freizumachen bzw. dieses mehr in seinen Kontext zurückzubinden. In der Forschung hat das bereits zu einigen bemerkenswerten Erkenntnissen geführt. So

[111] Vgl. Ambros., De fide 3,15,125f (Faller, in: Opera omnia di Sant'Ambrogio 15: 248-250).
[112] Vgl. H. C. Brennecke, Zum Prozeß gegen Paul von Samosata (a.a.O.).

ist z.B. B. Studer davon überzeugt, dass das Homoousios in Nizäa die wahre Gottheit Christi und kaum die Einzigkeit der göttlichen Substanz zum Ausdruck bringen sollte: „Als Parallele zu der aus der alexandrinischen Überlieferung stammenden Formel ‚aus der usia des Vaters' und im Gegensatz zur verurteilten Formel ‚aus anderem Sein' ... kann homoousios nicht als ‚wesenseins', sondern nur als ‚wesensgleich' verstanden werden."[113] Das werde auch durch die bald einsetzende Kontroverse um eine oder drei göttliche Hypostasen nicht infrage gestellt, da dieses Wort dabei keine Rolle spielte; selbst das „Glaubensmanifest" der „westlichen" Teilsynode von Serdika (342/43) mit seiner massiven Behauptung, dass es nur eine einzige göttliche Hypostase gebe, enthalte weder das Homoousios noch die Formulierung „aus der Usie des Vaters". Außerdem sieht B. Studer im Homoousios noch einen anderen wesentlichen Aspekt zum Ausdruck gebracht: Die Gleichheit des Sohnes mit dem Vater hat ihren Grund in der ewigen Zeugung. Dafür spreche, dass man sowohl bei Euseb als auch besonders bei Athanasius ὁμοφυής und ὁμογενής als Synonyme für das Homoousios finden kann.[114] Schon F. Dinsen hatte aufgezeigt, dass einige Theologen – wie z. B. Tertullian, Dionys von Alexandrien, Hilarius und vor allem Athanasius – mehr oder weniger, ähnlich wie es in der Gnosis üblich gewesen war, den Homoousie- mit dem Zeugungsgedanken verbanden sowie ὁμοούσιος, ὁμοφυής und ὁμογενής als austauschbare Begriffe verwendeten.[115]

Große Beachtung verdienen in diesem Zusammenhang auch die Ergebnisse, zu denen O. Skarsaune jüngst in einer detaillierten Studie zum Nizänum gekommen ist. Seiner Meinung nach ist das Homoousios ungeeignet, diejenigen zu identifizieren, die entscheidend an der Abfassung des nizänischen Bekenntnisses beteiligt waren, da die Aufnahme dieses Begriffes – wie Euseb berichtet – auf Anordnung des Kaisers geschah und man nicht wissen könne, wie die einzelnen Synodalen innerlich dazu gestanden haben. In den anderen Modifikationen aber, zu deren Unterstützung noch das Homoousios hinzugefügt wurde und für die der Kaiser nicht verantwortlich war, käme zum Ausdruck, welche theologischen Absichten das Redaktionskomitee verfolgte und wer ihm höchstwahrscheinlich angehört hat. Als redakti-

---

[113] B. Studer, Gott und unsere Erlösung, 135.
[114] Vgl. ebd., 135f.
[115] Vgl. F. Dinsen, Homoousios, 5-7.40.133-135.151.

onelle Bearbeitungen seien aber nicht nur – wie bisher angenommen – die Anathemata am Ende des Bekenntnisses sowie die Interpolationen „das ist aus der Usie des Vaters" und „wahrer Gott vom wahren Gott, gezeugt, nicht geschaffen, ὁμοούσιος mit dem Vater" zu betrachten, sondern auch schon die diese Aussagen vorbereitende Passage „aus dem Vater gezeugt als Eingeborener (μονογενῆ)".[116] Die Begriffe γεννάω und μονογενής jedoch habe Alexander bereits in der ersten Phase seines Streites mit Arius gebraucht und einander zugeordnet, um die wirkliche „physische" Sohnschaft Christi gegenüber einer nur adoptiven abzusichern. Und in dieser Funktion erscheine μονογενής im Nizänum als eine erste Präzisierung der Aussage „aus dem Vater gezeugt", gefolgt von der weiteren Klarstellung „das ist aus der Usie des Vaters".[117] Auch die Verurteilung derer, die behaupten, dass der Sohn „aus einer anderen Hypostase oder Usie" sei, müsse von dorther gedeutet werden. Dadurch sollte nicht zum Ausdruck gebracht werden, dass Vater und Sohn nur eine einzige Hypostase seien, sondern lediglich, dass der Sohn sein Sein aus dem Vater ableite und nicht aus dem Nichtseienden oder einer Usie bzw. Hypostase außerhalb des Vaters stamme; sonst hätten die anwesenden Origenisten aller Schattierungen sicher ihre Einwände erhoben.[118] Schließlich zum Homoousios kommend, macht O. Skarsaune darauf aufmerksam, dass der Kaiser diesen Begriff fast genauso erklärt habe wie Alexander die Passage „gezeugt aus dem Vater". Auch das zeige an, dass es im Nizänum entscheidend um das Konzept der Zeugung ging, das Homoousios darauf bezogen war und als letzte der Modifikationen, die vom Redaktionskomitee vorgenommen wurden, im Lichte aller vorausgehenden gelesen werden müsse. All das aber lege den Schluss nahe, dass das Nizänum ein Produkt der alexandrinischen Partei sei.[119]

Im Blick auf Markells Verhältnis zu Nizäa stellt sich damit die Frage, ob er ein solches Konzept, zu dem die Wesensgleichheit des Sohnes und dessen Zeugung aus der Usie des Vaters gehören, mitgetragen haben könnte. Dies erscheint auf Anhieb als recht zweifelhaft, denn einer der Hauptvorwürfe Eusebs von Cäsarea ist es ja, dass Markell dem Sohn nicht zubillige, wie ein lebender und subsistierender Sohn

---

[116] Vgl. O. Skarsaune, A neglected detail (a.a.O.), 34-40.
[117] Vgl. ebd., 41-44.
[118] Vgl. ebd., 47f.
[119] Vgl. ebd., 50f.

wahrhaft aus dem Vater gezeugt und in eigentlichem Sinn und wirklich Sohn zu sein, sondern stattdessen lehre, dass dieser wie ein bezeichnender und gebietender Logos aus Gott hervorgegangen und in eigentlichem Sinn und wirklich Logos und nichts anderes als Logos sei und vor der Inkarnation – außer auf prophetische Weise – auch nicht anders genannt wurde.[120] Betrachtet man Markells eigene Aussagen und dazu noch einige diesbezügliche Bemerkungen in den pseudathanasianischen Schriften „Contra Arianos IV" und „Contra Sabellianos", entsteht jedoch der Eindruck, dass seine Haltung gegenüber dem Zeugungsbegriff und dem Sohnestitel differenzierter war, als es Eusebs Polemik annehmen lässt. So bezieht er die Begriffe „Zeugung" und „Sohn" in strenger Bedeutung zwar auf die inkarnierte Existenz des Logos, kann aber, wenn ausgeschlossen ist, dass der Logos als ein zweiter Gott oder ein zeitliches Geschöpf aufgefasst wird, auch – jedoch nur uneigentlich – von einer „Zeugung" des präexistenten Logos im Sinne seines die Schöpfung bewirkenden Hervorgehens aus dem Vater sprechen und ihn „Sohn" nennen.[121] Markells differenziertes Verhältnis zum Zeugungsbegriff zeigt sich indirekt auch darin, dass er den präexistenten Logos ohne Weiteres als „Eingeborenen" bezeichnet, gleichzeitig aber ausschließt, ihn „Erstgeborener" zu nennen,[122] und in der Argumentation, dass ein „gezeugter Herr und Gott" – wie ihn Asterius annehme – nicht Bild Gottes sein kann, da ein Bild etwas „anderes" sei als der oder das, dessen Bild es ist.[123] Während Markell den Begriff Zeugung also offensichtlich nicht ganz verworfen, sondern mit gewissen Vorbehalten toleriert zu haben scheint, ist der Eindruck hinsichtlich der Bezeichnung Sohn ein etwas anderer. Es gibt zwar einige Stellen, an denen Markell von seiner sonst üblichen Praxis, den Sohnestitel ausschließlich auf den vom Logos angenommenen Men-

[120] Vgl. z.B. Euseb. Caes., C. Marcell. I 1 (Klostermann: 4,12-22) II 1(31,28-32,14); De eccl. theol. I 1(63,3-11); I 17-20 (78,31-98,11); II 8 (106,25-28).
[121] Vgl. z. B. Marcell., Frgm. 3-5 (Klostermann: 186,4-15); 9 (186,31-187,2); 18 (188,5-10); 20 (188,16-19); 28 (189, 16-21); 36 (190,29-34); 44 (192,28-193,7); 63-66 (196,28-197,26); Ep. ad Iulium (214,28-33; 215,4-6.26-28); außerdem (Athan.), C. Ar. IV 11 (Stegmann: 54,14-55,13); (Athan.), C. Sabell. 5 (PG 28: 105C). Vgl. dazu R. M. Hübner, Die Schrift des Apollinarius von Laodicea gegen Photin (Pseudo-Athanasius, Contra Sabellianos) und Basilius von Caesarea (PTS 30), Berlin-New York 1989; 139f. Eine ausführliche Erörterung bietet G. Feige, Die Lehre Markells, 217-219 sowie 176f und 183f.
[122] Vgl. Marcell., Frgm. 3 (Klostermann: 186,4-10).
[123] Vgl. Marcell., Frgm. 96f (Klostermann: 205,24-206,9).

schen oder den einheitlichen Gottmenschen zu beziehen, abweicht,[124] die dort erfolgende Gleichsetzung von „Sohn" und „Logos" geschieht jedoch nur, um die Gottheit Jesu Christi, des geschichtlichen Sohnes, zu sichern und kann nicht als Indiz dafür angesehen werden, dass die Vorstellung eines präexistenten Sohnes möglicherweise doch irgendwie vertreten oder wenigstens gebilligt worden sei.[125] Wäre es aufgrund dieser Beobachtungen auch eine zu grobe Vereinfachung, Markells Position auf die Begriffe Logos und Hervorgang festzulegen, so ist es andererseits doch äußerst fraglich, ihn in enger Beziehung zum Nizänum zu sehen, in dem Sohnestitel und Zeugungsbegriff eine wesentliche Rolle spielen.[126] Die Wahrscheinlichkeit dessen, dass er kaum zu den ausdrücklichen Verfassern oder Verfechtern der nizänischen Formulierungen gehört hat, wird noch dadurch vergrößert, dass sich nirgendwo in den erhaltenen Fragmenten seines Buches oder in seinem Schreiben an Julius von Rom eine Stelle findet, an der dem Logos eine Herkunft „aus der Usie des Vaters" bescheinigt würde,[127] und dass außerdem der Begriff Usie, obwohl er einige Male auftaucht, nicht Markells eigenem Wortschatz anzugehören scheint.[128] Bleibt man darüber hinaus – anders als M. Tetz – weiterhin davon überzeugt, dass die Bildtheologie Alexanders von Alexandrien dem Nizänum zugrunde liegt und nicht in Nizäa fallengelassen wurde,[129] so lässt schließlich auch noch Markells Ablehnung des Bildbegriffs für den Präexistenten daran zweifeln, in ihm einen der führenden Köpfe dieses Konzils zu sehen.

Mangels wirklich überzeugender äußerer Kriterien hängt die Diskussion um das Verhältnis Markells von Ankyra zum Konzil von Nizäa entscheidend davon ab, wie deren beider theologische Äußerungen interpretiert werden. Mit den vorliegenden Überlegungen

[124] Vgl. Marcell., Frgm. 20 (Klostermann: 188,16-19); 63-65 (196,28-197,16); Ep. ad Iulium (215,4-6.26-28).

[125] Vgl. G. Feige, Die Lehre Markells, 219-221.

[126] Schon F. Loofs, Das Nicänum (a.a.o.), 79, und F. Dinsen, Homoousios, 92, weisen darauf hin, dass „Sohn" und „Zeugung" nicht die von Markell bevorzugten Begriffe waren.

[127] T. Zahn, Marcellus von Ancyra, 10, ist dagegen der Meinung, dass es im Interesse Eusebs von Cäsarea war, derartige Stellen zu verschweigen.

[128] Vgl. F. Dinsen, Homoousios, 263 Anm. 76,11.

[129] Vgl. z.B. B. Studer, Gott und unsere Erlösung, 135, unter Berufung auf Alexander Al., Ep. ad Alex. (Opitz III: Urk. 14: 27,10-15); das Bekenntnis Lucians von Antiochien (Hahn: § 154); Ep. Antioch. (325)10 (Opitz III: Urk. 18: 39,1-7), und Euseb. Caes., Dem. ev. IV 3. Zu M. Tetz s. oben (Abschnitt I).

sind dazu einige neue Impulse gegeben worden; gründlichere Untersuchungen müssten folgen. Dennoch dürfte schon jetzt deutlich sein, wie problematisch es ist, Markells Bedeutung für das Nizänum zu hoch einzuschätzen. Von R. Seeberg stammt die Bemerkung: „Athanasius ist Nizäner gewesen, aber das Nizänum war darum kein Athanasianum."[130] In Analogie dazu könnte man auch sagen: Markell ist Nizäner gewesen, aber das Nizänum war darum kein Markellianum. Zur Zeit des Konzils von Nizäa bestand die Rechtgläubigkeit weitgehend im Gegensatz zur arianischen Lehre, und das hieß noch nicht, die Position des Nizänums in allem zu teilen, unbedingt an seinem Wortlaut festzuhalten oder alle Formulierungen so zu verstehen, wie sie von deren Verfassern gemeint waren. Es spricht vieles dafür, Markell trotz seines antiarianischen Engagements und seiner Teilnahme am nizänischen Konzil nicht als authentischen Interpreten des Nizänums anzusehen. Mit seiner Lehre scheint er vielmehr recht eigene Wege gegangen zu sein.

[130] R. Seeberg, Lehrbuch der Dogmengeschichte II, 47.

Johannes von Damaskus und der Bilderstreit – eine Einführung

1. DER BILDERSTREIT

Selbst ein unbefangener Betrachter empfindet, dass eine Ikone mehr ist, als die wörtliche Übersetzung dieses griechischen Begriffs – nämlich „Bild" – auszudrücken vermag. Dieses ihr eigentümliche Geheimnis ist auch der Grund dafür, dass sie in der Orthodoxie eine hohe Verehrung genießt. Dazu ist es aber erst im Laufe der Zeit gekommen, vor allem durch jene langwierige und leidenschaftliche Auseinandersetzung, die unter dem Namen „Bilderstreit" (726-843) in die Geschichte eingegangen ist.

In den ersten Jahrhunderten hat die Kirche das Bild weder gefordert noch gefördert. Als vertrauter Bestandteil der zumeist noch heidnischen Umwelt wurde es geduldet. Es gab aber auch kritische und ablehnende Stimmen, die in einem christlichen Bild das Aufkommen eines neuen Götzendienstes befürchteten. Das verhinderte jedoch nicht, dass solche bildlichen Darstellungen immer selbstverständlicher wurden und am Ende des 7. Jahrhunderts bereits überall in der christlichen Welt anzutreffen waren.

Da begann im 8. Jahrhundert im Byzantinischen Reich ein erbitterter Kampf gegen derartige Bilder und ihre Verehrung. Nicht nur theologische, sondern auch politische und wirtschaftliche Gründe waren es, die ihn auslösten und immer wieder entfachten. Zahlreiche Ikonen wurden auf kaiserlichen Befehl hin zerstört und die Bilderfreunde mit Gefängnis, Folter und sogar Hinrichtung bestraft. Leo III. (717-741) – seiner Herkunft nach Syrer – war der erste byzantinische Kaiser, der sich nach einigen Jahren seiner Herrschaft als bilderfeindlich zu erkennen gab und die heiligen Bilder entfernt wissen wollte. Als die Bevölkerung seiner Propaganda gegenüber verschlossen blieb und auch Papst Gregor II., den er von seinen Absichten unterrichtet hatte, Einspruch erhob, gab er zu Beginn des Jahres 727 den Befehl, das Bild Christi am Chalke-Tor seines Palastes abzunehmen und durch ein Kreuz zu ersetzen. Da das Bild beim Volk sehr beliebt war, kam es bei dieser Aktion zu gewalttätigen Auseinandersetzungen. Leo III. griff nun auch weiterhin rücksichtslos durch, vor allem, nachdem er erreicht hatte, dass der bilderfreundliche Patriarch Germanos von Konstantinopel durch einen Kandidaten abgelöst worden war, der voll und ganz hinter den kaiserlichen Vorstellungen stand und diese sofort durch entsprechende Dokumente unterstützte. Da Papst Gregor III. (ab 731) sich genauso wie sein Vorgänger gegen eine Unterdrückung der Bilder aussprach und eine Synode von 93 italienischen Bischöfen mit ihm an der Spitze jeglichen Bildersturm verurteilte, brach die Verbindung zwischen Rom und Konstantinopel ab. Leo versuchte sogar, sich am Papst zu rächen. Scheiterte seine nach Italien entsandte Strafexpedition auch daran, dass die Flotte in einem schweren Sturm unterging, so gelang es ihm doch, einige Gebiete (Unteritalien, Sizilien und Illyrien), die bislang kirchlich zu Rom gehört hatten, dem Patriarchat von Konstantinopel zu unterstellen. Nicht zuletzt haben diese Vorgänge mit dazu beigetragen, dass sich die Päpste immer mehr an die Frankenherrscher anschlossen.

Die erste Phase des Bilderstreites gipfelte in einem Konzil, das Leos Nachfolger, Kaiser Konstantin V., im Jahre 754 nach Hiereia einberief. Die dort zusammengekommenen 338 Bischöfe ließen sich zwar nicht völlig von der unzulänglichen Theologie des Kaisers gefangen nehmen, erklärten aber dennoch die Herstellung und Verehrung von christlichen Bildern als Häresie. Ihrer Meinung nach war eine bildliche Darstellung Christi unvereinbar mit der Lehre der vorangegangenen sechs ökumenischen Konzilien. Mit dieser dogmatischen Akzentuierung hatte sich die Auseinandersetzung verschärft, denn wer jetzt noch bilderfreundlich auftrat, machte sich nicht mehr nur der Rebellion, sondern auch noch der Irrlehre verdächtig. Eine große Verfolgungswelle setzte jedoch erst zehn Jahre später ein. Diese richtete sich besonders gegen Mönche. Kirchen wurden „umgemalt" (d.h. die bisherigen Bilder durch Naturmotive ersetzt), Klöster geplündert oder aufgelöst und Reliquien vernichtet.

War es unter dem Nachfolger Konstantins V. auch schon zu einer Lockerung der Verfolgungsmaßnahmen gekommen, so bahnte sich nach dessen Tod im Jahre 780 eine noch bedeutsamere Wende an. Irene, die wegen der Minderjährigkeit ihres Sohnes Konstantin VI. die Regentschaft übernommen hatte, wollte die Bilderverehrung wieder einführen und bemühte sich darum seit 784, ein ökumenisches Konzil zustande zu bringen. Dieses fand schließlich auch 787 in Nizäa statt. Es ist das letzte der sieben vom Osten und Westen gemeinsam als ökumenisch anerkannten Konzilien. Auf ihm wurden die Bilder „wieder aufgerichtet" und ihre Verehrung theologisch gerechtfertigt. Unter anderem hieß es dabei in der Erklärung der Konzilsväter, „dass ebenso wie die Darstellung des kostbaren und lebenspendenden Kreuzes auch die der Verehrung würdigen heiligen Bilder, mögen sie gemalt oder mosaikartig oder aus sonst einem geeigneten Stoff hergestellt sein, in den heiligen Kirchen Gottes, auf den heiligen Geräten und Gewändern, auf den Mauern oder auf Bildtafeln, in den Häusern oder an den Wegen ... ihren Platz finden sollen; in dieser Weise das Bild unseres göttlichen Herrn und Heilandes Jesus Christus wie auch das Bild unserer makellosen Herrin, der heiligen Gottesmutter, der heiligen Engel, aller Heiligen und Gerechten". Dennoch gab sich die bilderfeindliche Strömung durch das Konzil von Nizäa keineswegs geschlagen, kamen ihr doch, um dessen Beschlüsse infrage zu stellen, die politischen Fehler und militärischen Schwierigkeiten der Kaiserin sowie das feindselige Verhalten der lateinischen Franken entgegen.

In der ersten Hälfte des 9. Jahrhunderts wurde der Kampf gegen die Bilder zeitweise noch einmal erneuert und sogar verschärft. Sein Ende fand er erst, als Kaiser Theophilus im Jahre 842 starb und seine Gattin, Kaiserin Theodora, ein Jahr später die Bilder wieder feierlich einsetzen ließ. Zur Erinnerung an dieses Ereignis wurde dann auf Beschluss der Herrscher und Metropoliten am 1. Fastensonntag des Jahres 844 das „Fest der Orthodoxie" eingeführt, das noch heute an diesem Tag von den Kirchen byzantinischer Tradition gefeiert wird. Seitdem erfreuten sich die christlichen Bilder – vor allem im Orient – einer immer größeren Beliebtheit, und die Bildkunst nahm seit dem späten 9. Jahrhundert einen gewaltigen Aufschwung.

Auf die Frage, wie sich dieser über ein Jahrhundert andauernde Bilderstreit eigentlich erklären lässt, gibt es keine eindeutige und befriedigende Antwort. Schon manche Theorie ist wieder verworfen worden. Sicher war von Bedeutung, dass sich trotz der Verbreitung christlicher Bilder eine bilderlose Tradition gehalten hatte; die Gegner der Bilderverehrung traten darum auch nicht als Reformatoren auf, sondern als Hüter der Tradition. Weiterhin ist zu beachten, dass es sich bei der Kritik am Bilderkult zunächst um ein pastorales Anliegen gehandelt hat, das erst im Laufe der Auseinandersetzungen zu einem dogmatischen Problem hochstilisiert wurde. Am Ende stand dann die Tatsache, dass die Bilderverehrung nicht nur legalisiert war, sondern sogar gefordert wurde. Der Bilderstreit war zum Schlussglied der christologischen Kämpfe geworden, die seit der arianischen Krise einander abgelöst hatten. Wie diese hatte auch der Bilderstreit durch die in Byzanz herrschende untrennbare Verknüpfung von Dogma und Politik die ganze Gesellschaft in Mitleidenschaft gezogen.

2. JOHANNES VON DAMASKUS

Unter allen Theologen dieser dramatischen Epoche ist Johannes von Damaskus unzweifelhaft der größte. Leider sind die vorhandenen Biographien aufgrund ihrer späten Abfassung (10./11. Jahrhundert) und ihrer legendären Ausschmückungen nicht sehr vertrauensvoll, so dass sich sein Leben nur dürftig skizzieren lässt.

Er entstammte einer vornehmen arabisch-christlichen Familie des Beinamens „Mansur" (= der Siegreiche) und ist wohl um 650 (manche meinen erst um 675) in Damaskus, d.h. außerhalb der damaligen Grenzen des byzantinischen Machtbereichs, geboren. Sein Vater, der das Vertrauen des Kalifen genoss und dessen Finanzminister war, ließ Johannes zusammen mit seinem Adoptivbruder Kosmas durch einen äußerst gelehrten Mönch und Philosophen aus Kalabrien unterrichten, den er aus sarazenischer Kriegsgefangenschaft freigekauft hatte. Befreundet mit dem späteren Kalifen Jazid (680-683), war es selbstverständlich, dass Johannes wie seine Vorfahren auch in den staatlichen Dienst trat und ein verantwortungsvolles Amt erhielt. Als das tolerante Verhalten der Kalifen jedoch unter Abdel Malek (685-705) und Omar II. (717-720) einem antichristlichen Kurs wich, scheint Johannes irgendwann sein Amt aufgegeben und sich mit seinem Adoptivbruder in das Sabas-Kloster bei Jerusalem zurückgezogen zu haben. Dort widmete er sich dem asketischen Leben und der theologischen Wissenschaft. Er verfasste mehrere Schriften, in denen er anlässlich aktueller Krisen den rechten Glauben darstellte und verteidigte, er machte sich einen Ruf als Dichter liturgischer Gesänge und er wurde zu einem geschätzten Ratgeber und Helfer benachbarter Bischöfe. Zu Letzteren zählte vor allem Patriarch Johannes V. von Jerusalem (706-727), der ihn zum Priester weihte und verschiedentlich auch als Prediger einlud. Als im Byzantinischen Reich der Bilderstreit ausbrach, setzte sich Johannes von Damaskus – wahrscheinlich in der Zeit zwischen 726 und 731 – als erster Theologe literarisch für die Verehrung der Ikonen ein. Ob seine apologetischen Schriften, die ja außerhalb des eigentlich betroffenen Gebietes, im arabischen Herrschaftsbereich, entstanden, zum Zeitpunkt ihrer Veröffentlichung eine direkte Auswirkung auf die Kontroverse gehabt haben, ist nicht festzustellen. Auf jeden Fall wurde er bald als engagierter Bilderfreund bekannt. Während die bilderfeindliche Synode des Jahres 754 ihn zusammen mit dem Patriarchen Germanos von Konstantinopel verurteilte, rühmte man 787 auf dem ökumenischen Konzil in Nizäa beide als Verteidiger der Wahrheit. Hochbetagt ist er vermutlich um 750 im Sabas-Kloster verstorben und wurde dort beigesetzt. Im 14. Jahrhundert oder danach scheinen seine Reliquien nach Konstantinopel übertragen worden zu sein.

Auch nach seinem Tod blieb Johannes von Damaskus eine anerkannte theologische Autorität. Schon bald legte man ihm den Beinamen „Chrysorrhoas" (= Goldfluss) zu, seine Werke fanden in zahlreichen griechischen Handschriften und in nicht weniger Übersetzungen eine weite Verbreitung. Seit dem 11. Jahrhundert ist sein Einfluss auf die Methode und teilweise auch den Inhalt aller schuldogmatischen Handbücher der Orthodoxie nachweisbar. Seine Übernahme aristotelischer Dialektik und die Tatsache, dass er vor der kirchlichen Trennung zwischen Konstantinopel und Rom gelebt hatte, brachten es mit sich, dass er über die Scholastik, in der er hohes Ansehen genoss, auch zu einem theologischen Verbindungsglied zwischen Ost und West wurde. In liturgischen Büchern des Ostens erscheint er bereits im 9. Jahrhundert als Heiliger und auch das römische Martyrologium belegt seine Verehrung. Nachdem er in der byzantinischen Tradition schon von jeher als Kirchenvater angesehen worden war, erklärte ihn Papst Leo XIII. 1890 auch für die Römische Kirche zum Kirchenlehrer, und seit 1969 wird sein Fest in Ost und West am gleichen Tag – dem 4. Dezember – gefeiert.

Die erhaltenen Schriften des Johannes von Damaskus spiegeln die Vielfalt seiner Interessen und die Weite seine Bildung wider. Das bekannteste und umfangreichste Werk ist die „Quelle der Erkenntnis"; seinem Verfasser nach sollte es das gesamte Wissen der Zeit systematisch darstellen. Es beginnt mit einer philosophischen Einleitung, in der Johannes das Beste der heidnischen Philosophen vorstellen will, fährt mit einer Geschichte der Häresien fort und bietet im dritten Teil eine ausführliche Erklärung der kirchlichen Lehre. Neben diesem großen Werk gibt es noch eine ganze Reihe kleinerer dogmatischer Schriften, die wahrscheinlich Neben-, Vor- oder Gelegenheitsarbeiten gewesen sind. Mehrere von ihnen richten sich in polemischer Weise gegen konkrete Zeitphänomene wie z.B. den Nestorianismus, den Monophysitismus, den Monotheletismus, den Manichäismus oder den Islam. Johannes hat auch asketische und exegetische Schriften verfasst. Außerdem sind einige seiner Predigten überliefert. Beim Volk beliebt geworden ist er aber wegen anderer Werke: Neben seinem literarischen Einsatz für die Bilderverehrung sind es die liturgischen Dichtungen, die heute noch Anwendung finden. Zusammen mit seinem Adoptivbruder Kosmas hat er vor allem zur Ausbildung des sogenannten „Kanons", einer Hochform der byzantinischen Kirchendichtung, beigetragen. Dieser ist ein aus zumeist neun Oden bestehender und nach besonderen Regeln gestalteter Hymnus. Unter den dem Damaskener zugeschriebenen Kanones ist der österliche der angesehenste. Bis in die neuere Zeit glaubte man auch, dass Johannes der Urheber des sogenannten „Oktoechos" sei, eines liturgischen Buches der byzantinischen Kirche, in dem die veränderlichen Texte für die gewöhnlichen Sonn- und Wochentage des Jahres entsprechend den acht Tönen der byzantinischen Kirchenmusik auf acht Wochen verteilt sind. Welchen Anteil er wirklich daran gehabt hat, ist bis jetzt jedoch noch genauso ungeklärt wie die Authentizität manch anderer Schrift, die mit seinem Namen in Verbindung gebracht wird.

Die Orthodoxie sieht in Johannes von Damaskus den klassischen Dogmatiker, der als letzter und bedeutendster Vertreter der ersten Periode ihrer Theologie zugleich deren zweite stark und nachhaltig beeinflusst hat. Diesen Ruf hat er aber nicht deshalb, weil seine Gedanken besonders original oder bahnbrechend gewesen wären, sondern wegen des gelungenen Versuchs, die kirchliche Lehre im philosophischen Horizont seiner Zeit bewusst traditionsgebunden darzulegen. Sein Grundsatz, nicht Eigenes sagen zu wollen, ist repräsentativ für die theologische Arbeitsweise des Ostens, der es in erster Linie um Bewahrung, Reinerhaltung, Vertiefung und Auslegung dessen geht, was durch die Heilige Schrift, die Väter und die Konzilien bereits zum Ausdruck gebracht worden ist, und nicht um subjektive Spekulationen. Die Angst der Kirche vor Häresien hatte es mit sich gebracht, dass die bis noch ins 5. Jahrhundert andauernde schöpferische Phase der griechischen Theologie einer Epoche gewichen war, die in ihrer Traditionsverbundenheit so weit ging, fast nur noch von den Vätern der Vergangenheit zu leben und diese so oft wie möglich als Garanten der Rechtgläubigkeit zu zitieren. Die Florilegien – Zitatensammlungen als handliches Beweismaterial – sind dafür das beste Zeugnis. Eine solche Entwicklung muss nicht in jedem Falle dekadent sein, kann aber dazu führen, dass das geistige und kirchliche Leben immer formalistischer wird und eines Tages erstarrt. Den Damaskener jedoch, zu dessen Zeit dieser Konservierungsprozess schon beträchtlich vorangeschritten war, nur – wie das einige westliche Theologen tun – als einen fleißigen und belesenen, aber unproduktiven Epigonen und Kompilator anzusehen, wäre ungerecht und falsch. An seiner eigenen Zielsetzung und seinem angestrebten Ideal gemessen, kann er vielmehr wohl als der „originalste Mosaizist innerhalb der Kunst der Theologie" (H. G. Beck) bezeichnet werden. Durchaus auch eigenständig denkend, beruht sein Ansehen als Zeuge des wahren Glaubens vor allem darauf, dass er – wie Metropolit Makarius von Ankyra meint – „Mund und Dolmetscher aller Theologen" (PG 94, 129) zuvor ist. Und so berufen sich sogar moderne katholische und evangelische Theologen auf ihn, wenn es gilt, die Verankerung einer Lehre in der Tradition der Alten Kirche aufzuzeigen.

3. DIE BILDERAPOLOGIEN DES JOHANNES VON DAMASKUS

Die drei Verteidigungsschriften des Johannes von Damaskus „gegen diejenigen, welche die heiligen Bilder verwerfen," gehören nicht nur zu seinen wichtigsten Werken, sondern begründen auch, weswegen man ihn zu Recht „den berühmtesten Bilderapologeten der katholischen Kirche bis auf den heutigen Tag" (H. Menges) nennt. Wahrscheinlich wurden sie gleich nach Ausbruch des Bilderstreites – in den Jahren zwischen 726 und 731 – verfasst. Ein derselben Problematik gewidmeter kurzer Text, ein Kapitel aus dem dritten Teil des Werkes „Quelle der Erkenntnis", dürfte ihnen noch vorausgegangen sein oder – wie andere meinen – einer späteren Zeit (nach 743?) entstammen. Offensichtlich hat Johannes mit seiner mehrmaligen Bearbeitung desselben Themas versucht, der sich ändernden kirchenpolitischen Situation gerecht zu werden. Seine erste Verteidigungsschrift erschien wohl bald, nachdem Kaiser Leo III. im Jahre 726 das erste Edikt gegen die Bilderverehrung erlassen hatte. An deren Anfang beklagt Johannes, dass die Kirche „von einer äußerst beschwerlichen Last böser Geister aufgerührt und in Verwirrung gebracht", „das Gewand Christi ... zerrissen" und dessen „Leib ... zerschnitten wird" (I,1). Entgegen denen, die nicht den Mut haben, sich den kaiserlichen Anordnungen zu widersetzen, will er – seinem Gewissen folgend – für die göttliche Wahrheit, der ja auch der Kaiser unterworfen ist, eintreten. Dabei wendet er sich in seinem Schreiben an das gesamte Volk Gottes zusammen mit seinem guten Hirten, d.h. dem Patriarchen Germanos (I,3). Da offenbar diese Schrift für die meisten nicht verständlich genug war, verfasste Johannes auf Anraten einiger hin die zweite (II,1), die in gewisser

Hinsicht tatsächlich etwas volkstümlicher ausfällt. Kurz zuvor müssen einige bilderfreundliche Bischöfe – an der Spitze Patriarch Germanos – abgesetzt und misshandelt worden sein; und so wird es verständlich, dass Johannes in diesem zweiten Schreiben den Kaiser noch heftiger angreift als in dem ersten und mit Nachdruck allen weltlichen Herrschern das Recht abspricht, sich in kirchliche Angelegenheiten einzumischen (II,12). Die dritte Verteidigungsschrift lässt keinen konkreten Anlass erkennen, dem sie ihre Entstehung verdankt, und ist deshalb auch nicht sicher zu datieren. Im Unterschied zu den anderen fehlt in ihr jegliche kirchenpolitische Polemik; stattdessen zeichnet sie sich durch eine sachliche und systematische Darstellungsweise aus. Zahlreiche Passagen sind jedoch nichts anderes als wörtliche Übernahmen aus den beiden ersten Schriften. Wer eine gute Zusammenfassung der bilderfreundlichen Position des Johannes von Damaskus sucht, der findet sie in dieser Abhandlung.

Ist an den drei Traktaten des Johannes zur Bilderproblematik auch zu bemängeln, dass sie manch ermüdende Wiederholung enthalten und dass die angeführten Belegstellen aus der Heiligen Schrift bzw. der patristischen Literatur oftmals überhaupt nicht beweiskräftig sind, so stehen sie doch im Ruf, nicht nur eine geordnete Sammlung aller bis dahin üblichen Argumente zu sein, sondern die Diskussion in wesentlichen Punkten vorangebracht zu haben. Zu ihrer Rechtfertigung der Bilderverehrung gehören neben unzähligen Schrift- und Väterzeugnissen Hinweise auf den pädagogischen Wert (II,10; III,12; III,23) und die Wunderkraft von Bildern (II,4; II,11; II,14; III,2; III,41), auf deren Fähigkeit, zu einer immateriellen und göttlichen Anschauung führen zu können (III,17), und auf den tiefsten Grund, der zur bildlichen Darstellung berechtigt (den dogmatischen Kern gewissermaßen): die Menschwerdung Christi (I,8; II,5; III,2; III,26). Besondere Verdienste hat Johannes sich zweifellos für die Klärung und Einordnung des Bildbegriffs erworben, die er anhand von fünf Fragen angeht: 1. Was ist ein Bild? 2. Weswegen wird es angefertigt? 3. Wie viele Arten gibt es davon? 4. Was darf abgebildet werden und was nicht? 5. Wer hat als erster Bilder geschaffen? (III,14). Das entscheidendste Ergebnis ist dabei die Definition des Bildes. Johannes erklärt es als Abbild eines Urbildes, dem es zwar ähnlich ist, aber nicht in jeder Hinsicht gleicht (I,9; III,16). Ein weiterer Fortschritt ist darin zu sehen, dass er zwischen der Anbetung, wie sie Gott als Gott zukommt, und der einfachen Verehrung, wie sie auch nichtgöttlichen Wesen erwiesen werden kann, deutlich unterscheidet und die den Bildern entgegenzubringende Verehrung der zweiten Gruppe zuweist (I,14; III,27-40). Außerdem gibt er zu bedenken, dass die Verehrung letztlich ja nicht der Materie des Bildes gilt, sondern dem, den es darstellt (I,16; II,13; III,41). Während das Bekenntnis zur Bilderverehrung nach dem literarischen Einsatz des Johannes von Damaskus im Osten noch weiter entfaltet wurde und bis in die Gegenwart unlösbar zum Selbstverständnis der Orthodoxie gehört, hat es in der westlichen Christenheit nicht dieselbe Bedeutung erlangt. Die Beschlüsse des „Bilderkonzils" von Nizäa im Jahr 787 wurden zwar von den Päpsten sogleich bestätigt und es gibt genügend Beispiele dafür, dass auch im Abendland Bilder verehrt wurden und werden, aber schon die Karolinger hatten dafür wenig Verständnis, und heute ist diese Frömmigkeitsform für evangelische wie katholische Christen trotz des zunehmenden Interesses an östlichen Ikonen weitgehend ein fremdartiges Phänomen.

Die Väter der Kirche – eine ökumenische Herausforderung?

Im breiten Spektrum theologischer Überlegungen ist hin und wieder auch einmal der Ruf zu hören, man solle sich doch stärker auf das Erbe der alten Kirchenväter zurückbesinnen. Theologen verschiedener Kirchen sehen darin eine hervorragende Möglichkeit, zu mehr Lebendigkeit zu kommen und die ersehnte Einheit der Christen entscheidend voranzubringen. Da diese Väter – so wird argumentiert – einer Zeit angehörten, in der die Christenheit noch weithin eins war, könnten sie heute nicht von irgendeiner Kirche allein beansprucht werden; sie seien vielmehr der gemeinsame Schatz sowohl von Katholiken und Orthodoxen, als auch von Protestanten und Anglikanern. Das gelte es zu erkennen und ökumenisch fruchtbar zu machen.[1]

Daneben gibt es jedoch auch Theologen, die eine ökumenische Aktualität der Kirchenväter aus verschiedenen Gründen bezweifeln: Zum einen sei es historisch fragwürdig, die Einheit der Kirche in den ersten Jahrhunderten zu sehr zu idealisieren und nicht die schon damals eintretenden Entfremdungen und Spaltungen zu beachten; zum anderen würde eine inhaltliche Umschreibung der Gemeinsamkeit dieser Phase mit konfessionell recht unterschiedlichen Wertungen verbunden sein, und schließlich hätte man sich im konfessionellen Streit bislang nicht selten der Väter bedient, um die eigene Position zu untermau-

---

[1] Vgl. A. Benoît, L'actualité des Pères de l'Église, Neuchâtel 1961, 52.77.81-83; J. Ratzinger, Die Bedeutung der Väter für die gegenwärtige Theologie, in: ThQ 148 (1968) 257-282, hier: 266.274.282; H. Crouzel, Die Patrologie und die Erneuerung der patristischen Studien, in: Bilanz der Theologie im 20. Jahrhundert, Bd. III, Freiburg 1970, 504-529, hier: 528; G. Kretschmar, Die Folgerungen der modernen biblischen und patristischen Forschung für das Verständnis und die Autorität der altkirchlichen Tradition, in: Oecumenica 1971/72, Gütersloh 1972, 111-129, hier: 114; G. Larentzakis, Diachrone ekklesiale Koinonia. Zur Bedeutung der Kirchenväter in der orthodoxen Kirche, in: Anfänge der Theologie (Charisteion J.B. Bauer), Graz-Wien-Köln 1987, 355-377, hier: 365; T. Nikolaou, Die Bedeutung der patristischen Tradition für die Theologie heute, in: OFo 1 (1987) 6-18, hier: 12.18; Kongregation für das katholische Bildungswesen, Instruktion über das Studium der Kirchenväter in der Priesterausbildung vom 10.11.1989 (VApS 96), Bonn 1990, 21. – Wertvolle Einsichten in patristisch-ökumenische Zusammenhänge bietet z.B. A. de Halleux, Patrologie et Oecuménisme. Recueil d'études (BEThL 93), Leuven 1990.

ern.² Hinzu kommt außerdem noch, dass sich in unserer Zeit ein neues Bewusstsein breit macht, das sich mehr der Gegenwart und Zukunft verschreibt und von einer Orientierung an authentischen Quellen der Vergangenheit nur noch wenig oder gar nichts mehr hält.³ Hat es im ökumenischen Dialog also Sinn, den Vätern der Kirche eine größere Beachtung zu schenken? Die gegensätzlichen Standpunkte dazu verlocken zu einer kritischen Überprüfung. Dabei soll vor allem drei Fragen nachgegangen werden: Wie hat man sich in der Alten Kirche auf die Väter berufen? Welche Rolle spielt die patristische Tradition in den größten voneinander getrennten Kirchen? Was und in welcher Weise könnten die Väter zur Einheit der Christen beitragen?

1. DIE ALTKIRCHLICHE BERUFUNG AUF DIE VÄTER

Als Eusebius von Cäsarea seinem theologischen Gegner Markell von Ankyra um 335 unterstellte, alle „Kirchenväter" zu leugnen,[4] tauchte dieser Begriff nachweislich hier zwar zum ersten Mal auf, ältere Autoritätspersonen als Väter zu bezeichnen und sich auf sie zu berufen, war christlicherseits jedoch – analog zu griechischer, römischer und jüdischer Sitte – schon seit längerem üblich.[5] Die Anfänge patristischer Rückversicherung sind wohl im späteren 2. Jahrhundert zu suchen. Das Empfinden, nicht mehr der schöpferischen Anfangsphase anzugehören, und das Bedürfnis, den christlichen Glauben gegenüber abweichenden Neuerungen verteidigen und präzisieren zu müssen, führte methodisch dazu, sich immer mehr auf die Überlieferung der Vorgänger zu stützen und diese früheren Theologen allmählich auch einzeln oder global neben bzw. nach den biblischen Schriften als normative Größe zu zitieren. Während Tertullian und Origenes im 3. Jahrhundert dafür noch nicht als ausdrückliche Zeugen angeführt werden können, häufte sich der formelle Bezug auf kirchliche Väter jedoch mit dem 4. Jahrhundert. Der schon erwähnte Eusebius verstand darunter

---

[2] Vgl. z.B. N. Brox, Art. Patrologie, in: NHThG, Bd. III, München 1985, 330-339, hier: 335.
[3] Vgl. z.B. J. Ratzinger, Die Bedeutung der Väter (a.a.O.), 258; G. Kretschmar, Die Folgerungen (a.a.O.), 115.
[4] Vgl. Euseb. Caes., C. Marcell. I 4 (Klostermann: 17,32-18,12).
[5] Vgl. z.B. N. Brox, Patrologie (a.a.O.), 330f; R.M. Grant (Übers.: M. Mühlenberg), Art. Kirchenväter, in: EKL 2 (1989) 1186-1192, hier: 1187f.

weitgehend Origenes und die anderen theologischen Vorläufer seiner eigenen Position; von ihnen war er überzeugt, dass sie im Gegensatz zu Markell die göttlichen Schriften richtig interpretierten.[6] Eusebius war auch der erste, der aus historischem Interesse – im Rahmen seiner „Kirchengeschichte" – über christliche Schriftsteller und ihre Leistungen berichtete. Darin folgte ihm 393 Hieronymus mit seinem Werk „De viris illustribus", einer eigenständigen Literaturgeschichte, die zeigen sollte, dass das Christentum durchaus nicht niveau- und kulturlos sei.

Zu einem festeren Begriff wurde die Bezeichnung „Väter" vor allem in Verbindung mit dem ersten ökumenischen Konzil von Nizäa 325, das der Nachwelt schon bald – in Anlehnung an die in Gen 14,4 erwähnten 318 Knechte Abrahams – als „Konzil der 318 Väter" in Erinnerung blieb.[7] Ihnen und dem durch sie bekannten apostolischen Glauben zu folgen und nichts Neues und Menschliches zu ersinnen, erlangte einige Zeit später in gewissen Kreisen – wie man z.b. bei Basilius von Cäsarea lesen kann – schon programmatischen Charakter.[8] In dessen Schrift „Über den Heiligen Geist" ist auch das erste dogmatische Florilegium zu finden, eine Sammlung von Väterzeugnissen, die den Vorwurf, die doxologische Formulierung „mit dem Heiligen Geist" sei unbiblisch, entkräften soll. Dabei entstammen die zitierten Gewährsmänner – vom römischen Klemens bis zu Eusebius von Cäsarea – fast ausschließlich der vornizänischen Zeit, in der man sich deswegen noch nicht gespalten hatte.[9] Insgesamt war es am Ende des 4. Jahrhunderts jedoch noch nicht selbstverständlich, sich in Glaubensfragen mangels bzw. entgegen biblischer oder logischer Argumente auf die Autorität von Vätern berufen zu können.

Erst in den christologischen Auseinandersetzungen des 5. Jahrhunderts wurde daraus Prinzip und Methode. Nunmehr reichte es nicht mehr aus, allein mit der Schrift oder zusätzlich einem Taufbekenntnis bzw. dem Nizänum zu argumentieren; Väterzitate mussten hinzukommen, um einer Interpretation Ansehen und Einfluss zu verleihen. Ob nun Kyrill von Alexandrien oder antiochenische Theologen, Chalkedonenser oder Monophysiten, Anhänger oder Gegner von Monenergismus und Monotheletismus, Ikonodulen oder Ikonoklasten – vom

---

[6] Vgl. G. Feige, Die Lehre Markells von Ankyra in der Darstellung seiner Gegner (EThSt 58), Leipzig 1991, 21f.
[7] Vgl. Hil., De syn. 86.
[8] Vgl. Basil., Ep. 140,2.
[9] Vgl. Basil., De Spir. 29, 71-75.

5. bis zum 8. Jahrhundert bedienten sich alle Parteien einer Fülle von Zitaten „rechtgläubiger" Väter, um die eigene Position zu verteidigen, und „häretischer" Autoren, um die gegnerische Seite zu entlarven. Dabei war man jeweils der Meinung, die Väter könnten sich nicht widersprechen und anderslautende Äußerungen seien nicht authentisch. Die literarische Gattung der Florilegien wurde zur unverzichtbaren Waffe im theologischen Streit und erfuhr eine vielfältige Ausbreitung.[10] Verständlicherweise betonte man nun auch auf den ökumenischen Konzilien, in der Tradition der Väter zu stehen. Das bedeutete aber nicht, diese einfach nur zu zitieren. Es kam auch zu neuen Definitionen; jedoch in der Überzeugung, damit die alte Lehre nicht zu verlassen, sondern im Geist der Väter zu aktualisieren. Klassischen Ausdruck fand diese Argumentationsweise in Chalkedon 451, wo die Konzilsteilnehmer in ihrer Glaubenserklärung zunächst die Bekenntnisse „der 318 Väter von Nizäa" und „der 150 Väter von Konstantinopel" zitieren und dann die neue christologische Formel mit den Worten einleiten: „Den heiligen Vätern folgend, lehren wir alle einmütig ..."[11] Interessanterweise werden im Laufe der Zeit aus denjenigen, die vormals bekundeten, den Vätern treu zu sein, selbst Väter, an denen man sich ausrichtet. Schließlich haben sie das apostolische Erbe nicht nur verwaltet, sondern auch weiterentwickelt und damit neue Tradition gesetzt. Dies gilt besonders von den Akteuren der ersten ökumenischen Konzilien. Auf sie beruft man sich z.b. 553 auf dem fünften ökumenischen Konzil, dem zweiten von Konstantinopel, in folgender Weise: „Wir bekennen, dass wir den Glauben bewahren und verkünden, der von Anfang an von unserm großen Gott und Heiland Jesus Christus den heiligen Aposteln übergeben und von ihnen in aller Welt gepredigt worden ist; den auch die heiligen Väter bekannt, erklärt und den heiligen Kirchen überliefert haben, ganz besonders diejenigen, die zu den vier großen Konzilien zusammengekommen sind, denen wir überall und in allen Stücken folgen und zustimmen."[12]

Lange Zeit genossen die ersten vier ökumenischen Konzilien aufgrund ihrer zahlenmäßigen Übereinstimmung mit den vier Evange-

---

[10] Vgl. A. Grillmeier, Jesus der Christus im Glauben der Kirche 2/1, Freiburg-Basel-Wien 1986, 58-89; H. Chadwick (Übers.: J. Engemann), Art. Florilegium, in: RAC 7 (1969) 1156-1160; E. Mühlenberg, Art. Florilegien. I. Griechische Florilegien, in: TRE 11 (1983) 215-219, hier: 216f.

[11] Vgl. ACO II,1,2, S.126-130; Zitat: S. 129f.

[12] ACO IV,1, S. 37; Übers.: W. Rordorf / A. Schneider, Die Entwicklung des Traditionsbegriffs in der Alten Kirche (TC 5), Bern 1983, 167.

lien fast die gleiche Hochschätzung wie diese. In gewisser Weise galten auch sie – bzw. deren Väter – als inspiriert. Selbst anderen Vätern scheint man dieses Privileg zugebilligt zu haben. Offenbar war der Begriff „Inspiration" noch vieldeutig und nicht so festgelegt. Auf jeden Fall ist es auf diesem Hintergrund verständlich, wenn das Zeugnis der Väter nach oder neben dem Schriftbeweis eine so große Rolle spielte. Das hinderte jedoch nicht daran, einzelnen Vätern gegenüber auch seine Kritik anzubringen.[13]

Während die griechische Theologie bis ins 5. Jahrhundert hinein äußerst schöpferisch war und es üblich ist, die Phase vom ersten bis zum vierten ökumenischen Konzil als „Goldene Väterzeit" zu bezeichnen, führte offensichtlich die Angst der Kirche vor Häresien dazu, in der Traditionsverbundenheit so weit zu gehen, dass man fast nur noch von den Vätern der Vergangenheit lebte und diese so oft wie möglich als Garanten der Rechtgläubigkeit zitierte. Einen markanten Ausdruck fand diese Entwicklung z.b. bei Johannes von Damaskus (gest. um 750), der als Grundsatz formulierte: „Ich werde nichts Eigenes sagen, sondern die Aussagen göttlicher und weiser Männer zusammenstellen."[14] Teilweise hat der Väterbeweis für ihn sogar einen höheren Wert als der Schriftbeweis. Offensichtlich ist dies eine Folge dessen, dass bestimmte theologische Lehren nicht unbedingt mehr biblisch begründet werden konnten. Dabei bleibt jedoch – wie allgemein verbreitet – auch bei Johannes unklar, wer eigentlich zu den Vätern gehört, worin ihre Autorität begründet ist und worauf sie sich erstreckt.[15]

Im Westen hingegen war man etwas kritischer. Hier hat Vinzenz von Lerin als Erster schon 434 in Auseinandersetzung mit der augustinischen Gnadenlehre gewissermaßen eine Theorie des Väterbeweises entwickelt. Obwohl er die Heilige Schrift der Tradition überordnet, bedarf sie seiner Meinung nach doch aufgrund ihrer Mehrdeutigkeit der autoritativen Auslegung. Dabei sei die Tradition jedoch auch differenziert zu betrachten. Nur das könne als katholisch bzw. rechtgläubig gelten, „was überall, was immer und was von allen geglaubt wurde"[16]. Diese drei Kriterien will er freilich stufenweise angewandt wissen. Zuerst

[13] Vgl. H. Bacht, Sind die Lehrentscheidungen der ökumenischen Konzilien göttlich inspiriert?, in: Catholica 13 (1959) 128-139, hier: 131-134.137-139.
[14] Jo. D., Dialect. 2; Übers.: N. Brox, Patrologie (a.a.O.), 331.
[15] Vgl. B. Studer, Die theologische Arbeitsweise des Johannes von Damaskus (SPB 2), Ettal 1956, 90-101.
[16] Vincent. Ler., Commonit. II,3.

sollte ein aktuelles kirchliches Problem einvernehmlich von allen Ortskirchen gelöst werden (ubique); sei dies nicht möglich, müsse man auf die Tradition zurückgreifen (semper) und dabei konziliaren Entscheidungen bzw. Lehren den Vorrang geben, die mehrheitlich von allgemein anerkannten, heiligmäßigen und weisen Vätern (ab omnibus) bezeugt sind.[17] Wörtlich schreibt Vinzenz in seinem „Merkbuch" dazu weiterhin: „Doch auch ihnen ist nur in der Weise zu glauben, dass alles, was sie in ihrer Gesamtheit oder doch der Mehrzahl nach in einem und demselben Sinn, klar, oft und beharrlich, wie eine einmütige Versammlung von Lehrern angenommen, festgehalten, überliefert und bekräftigt haben, für unzweifelhaft sicher und gültig gehalten werde. Was dagegen jemand, mag er auch heilig und gelehrt, mag er auch Bischof, Bekenner oder Märtyrer sein, gesondert von allen andern oder auch gegen sie alle dachte, das soll zu den eigenen, geheimen oder privaten Meinungen gerechnet und von dem Ansehen einer gemeinsamen, öffentlichen und allgemeinen Erklärung ausgeschlossen werden, damit wir nicht ... uns dem neuen Irrtum eines einzigen Menschen hingeben."[18]

Zusammenfassend lassen sich etwa folgende Grundzüge des altkirchlichen Umgangs mit den Vätern erkennen: Zunächst einmal fällt auf, dass die Bedeutung der Väter wächst, je mehr man sich historisch von der apostolischen Zeit entfernt. Entscheidende Gründe dafür sind die allgemein-gesellschaftliche Hochschätzung des Alters und der Weisheit sowie angesichts zunehmender Verunsicherungen und Auseinandersetzungen apologetisch-dogmatische Interessen im Ringen um die Treue zu den Ursprüngen. Die Heilige Schrift und die Väter stehen dabei zumeist in einem engen Zusammenhang. Wer oder was jedoch genau die Väter sind, auf die man sich beruft oder deren Vorstellungen unbewusst übernommen werden, und in welchem Verhältnis ihre Autorität bzw. Inspiration zu der der Heiligen Schrift steht, bleibt weithin verschwommen. Deutlich wird aber, dass mehrheitlich vertretene und sich durchsetzende Lehren – besonders die der Konzilien – einen größeren Wert darstellen und verbindlicher sind als einzelne Vätermeinungen. Dabei müssen die Väter nicht nur herhalten, um zitiert zu werden; die Beschwörung ihres Geistes hat auch den Zweck, neuen Formulierungen alter Wahrheiten zur Anerkennung zu

---

[17] Vgl. W. Rordorf / A. Schneider, Die Entwicklung des Traditionsbegriffs, XIX.
[18] Vincent. Ler., Commonit. XXVIII,39; Übers.: W. Rordorf / A. Schneider, ebd., 195.

verhelfen. Andererseits legt sich der Eindruck nahe, dass seit dem 5. Jahrhundert der Abnahme theologischer Kreativität eine Zunahme der Funktionalisierung und Manipulation im Gebrauch von Väterzeugnissen korrespondierte. Schließlich ist neben dem dogmatischen auch noch ein allgemeines Interesse an den literarischen Leistungen der Väter festzustellen.

2. DAS UNTERSCHIEDLICHE VERHÄLTNIS DER KIRCHEN ZU DEN VÄTERN

Heutige konfessionelle Theologie verdankt sich weithin anderen Vätern als denen der noch ungeteilten Christenheit der ersten Jahrhunderte. Autoritäten späterer Zeiten üben oftmals einen viel größeren Einfluss aus, und fast jede Kirche hat ihre eigenen, mit denen sie die Heilige Schrift interpretiert und deren Lehren sie folgt. Für die katholische Theologie galt lange Zeit vor allem Thomas von Aquin als der eigentliche geistige Vater, und evangelischerseits sind es die Reformatoren, die nach wie vor in diesem Ansehen stehen.[19] Aber auch in der Orthodoxie gab es Phasen, in denen das patristische Erbe der Frühzeit an Bedeutung verlor und neuere Theologen prägender wurden. Trotzdem sind die alten Kirchenväter nicht unbedingt in Vergessenheit geraten. Ihre Beachtung und Funktion stellt sich in den einzelnen Kirchen jedoch recht unterschiedlich dar.

a) Die katholische Position

Seit Melchior Cano und seinem Werk „De locis theologicis", das 1563 erschien, setzte es sich im Abendland immer mehr durch, für einen „Kirchenvater" folgende vier Kriterien anzulegen: Er muss in der rechtgläubigen Lehrgemeinschaft stehen (doctrina orthodoxa), ein heiligmäßiges Leben führen (sanctitas vitae), durch die Kirche wenigstens indirekt anerkannt sein (approbatio ecclesiae) und dem christlichen Altertum angehören (antiquitas).[20] Gegen diese Umschreibung erheben sich heutzutage freilich gravierende Bedenken. Fragwürdig ist vor

---

[19] Vgl. J. Ratzinger, Die Bedeutung der Väter (a.a.O.), 268-270.
[20] Vgl. A. Stuiber, Art. Kirchenvater, in: LThK² 6 (1961) 272-274, hier: 274; B. Studer, Die Kirchenväter, in: MySal, Bd. 1 (1965) 588-599, hier: 589.

allem, wenn an frühere Väter, die zu ihrer Zeit kirchliches Ansehen genossen, in anachronistischer Weise Maßstäbe einer späteren Rechtgläubigkeit angelegt werden und diesen nachträglich gewissermaßen wieder die Qualität eines Kirchenvaters aberkannt wird. Das markanteste Beispiel dafür ist wohl Origenes, ein engagierter Mann der Kirche, der wie kein anderer die Theologie des 3. Jahrhunderts und darüber hinaus befruchtet hat, nach seinem Tod aber zunehmend kritischer betrachtet und schließlich sogar mehrfach verdammt wurde. Umstritten ist auch, wann man das Altertum enden lassen soll. Während es bislang üblich war, Isidor von Sevilla im 7. Jahrhundert als letzten westlichen und Johannes von Damaskus im 8. Jahrhundert als letzten östlichen Kirchenvater anzusehen, gibt es neuere Vorschläge, die Grenze der patristischen Zeit entweder schon nach dem Konzil von Chalkedon 451 oder aber erst nach dem Ausbruch des westöstlichen Schismas 1054 zu ziehen. Dahinter steht die Überlegung, dass christlicherseits das Argument des Alters allein nicht ausreiche, um eine Wertschätzung der Väter zu begründen; theologisch entscheidender sei vielmehr ihre besondere Verbundenheit mit dem Ursprung und untereinander. Mit dem Bruch christlicher Einheit komme aber die Zeit wirklicher – d.h. „ökumenischer" – Väter an ein Ende. Dieses Kriterium bestimmt auch einen Vorschlag Joseph Ratzingers, der zwischen den beiden Extremdatierungen vermitteln möchte. Seiner Meinung nach schließt die alte „Ökumene" – und damit die Väterzeit – nach geistigen Gesichtspunkten mit der Völkerwanderung, dem Einbruch des Islam und der Umorientierung des Papstes von den Byzantinern zu den Karolingern.[21] Aber auch trotz solcher Erwägungen ist der alte katholische Kirchenväterbegriff formal nicht mehr zu halten; einen neueren gibt es jedoch noch nicht.

Ein weiterer Titel, der hier genannt werden muss, ist der des „Kirchenlehrers".[22] Er kommt seit dem frühen Mittelalter auf, wird ausdrücklich von der Kirche verliehen und ist für Theologen – nicht nur des Altertums – bestimmt, bei denen sich wissenschaftlich hervorragende Leistungen mit einem heiligmäßigen Lebenswandel verbinden. Mit ihm wurde der Begriff „Kirchenvater" gewissermaßen weitergeführt und überhöht. Als die bedeutendsten Kirchenlehrer gel-

---

[21] Vgl. J. Ratzinger, Die Bedeutung der Väter (a.a.O.), 270-274; B. Studer, Die Kirchenväter (a.a.O.), 592-594 (plädiert für 451); A. Benoît, L'actualité des Pères, 31-36 (tritt für 1054 ein).

[22] Vgl. dazu H. Rahner, Art. Kirchenlehrer, in: LThK² 6 (1961) 229-231; B. Altaner / A. Stuiber, Patrologie, Freiburg-Basel-Wien ⁸1978, 4f.

ten im Abendland seit dem 8. Jahrhundert die lateinischen Kirchenväter Ambrosius, Augustinus, Hieronymus und Gregor der Große. Ihre Vierzahl ist offensichtlich von einem antiken literarischen Schema beeinflusst, aber auch in bewusster Parallele zu den vier kanonischen Evangelien und ersten ökumenischen Konzilien zu sehen. Die offizielle Approbation dieser „doctores" durch Papst Bonifaz VIII. im Jahr 1295 steigerte noch ihr Ansehen und ließ sie in der lateinischen Kirche zu den bevorzugten patristischen Autoritäten werden. Auch die Kunst nahm sich ihrer in vielfältiger Weise an und stellte sie vor allem an Altären und Kanzeln dar. Manchmal werden sie dabei sogar mit den Symbolen der Evangelisten versehen, während es andererseits auch Beispiele gibt, wo die Evangelisten im Typus des gelehrten Kirchenvaters als von Büchern umgebene Wissenschaftler erscheinen.[23]

Die nächsten päpstlichen Ernennungen zu Kirchenlehrern folgten erst im 16. Jahrhundert; 1567 betraf es zuerst den Dominikaner Thomas von Aquin, 1568 dann die vier griechischen Väter Athanasius, Basilius von Cäsarea, Gregor von Nazianz und Johannes Chrysostomus und 1588 den Franziskaner Bonaventura. Theologiegeschichtlich spiegelt sich hierin die Festigung scholastischer Denkrichtungen und die humanistische Neuentdeckung des griechischen Erbes wider. Zugleich waren solche zentralen Favorisierungen von nun an immer auch durch die unterschiedlichen Interessen der christlichen Nationen, Orden und Theologenschulen bestimmt. In jüngster Zeit kam außerdem das Bemühen hinzu, die theologische Entfaltung in Wissenschaft und Spiritualität möglichst ausgewogen und genau zu repräsentieren. Dadurch gelangten z.B. noch einige östliche Väter zur Ehre eines römischen Kirchenlehrertitels: 1882 Kyrill von Alexandrien und Kyrill von Jerusalem, 1890 Johannes von Damaskus und 1920 Ephräm der Syrer. Unter Papst Paul VI. wurden 1970 diesem Kreis dann bemerkenswerterweise die ersten zwei Frauen hinzugefügt: Katharina von Siena und Teresa von Avila. Die Möglichkeit weiterer Ernennungen steht offen. Damit ist katholischerseits aber auch die besondere Bedeutung der antiken Kirchenväter relativiert worden.

Das Verhältnis zu ihnen ist jedoch schon in früheren Zeiten manchem Wechsel unterworfen gewesen. Wenn ihre Werke im Mittelalter auch eifrig abgeschrieben wurden und ihre Bibelauslegung nach dem

---

[23] Vgl. H. Sachs u.a., Christliche Ikonographie in Stichworten, Leipzig 1980, 212 (mit Hinweisen auf solche Überschneidungen in Bibra bei Meiningen u. der Stadtkirche in Döbeln).

mehrfachen Schriftsinn bestimmend blieb, so rezipierte man doch selektiv nur das, was schon der eigenen Art, methodisch und systematisch vorzugehen, entsprach, und bewegte sich vor allem in den Bahnen augustinischer Theologie. Humanismus, Renaissance und Reformation ließen die alten Väter insgesamt wieder bedeutsamer werden. Auch katholischerseits griff man in den aufkommenden konfessionellen Auseinandersetzungen auf sie zurück und entwickelte eine eigenständige „theologia patristica", die der Dogmatik jedoch weitgehend nur Argumentationsmaterial zu liefern hatte.[24] Ein neuer Umgang mit den Vätern bahnte sich in der katholischen Theologie erst im 19. Jahrhundert an. Dabei ist besonders auf Johann Adam Möhler und John Henry Newman zu verweisen, die den Rationalismus in der Theologie im Zeichen der Väter zu überwinden versuchten, zugleich aber auch eine starre und naive Identifizierung neuzeitlicher mit patristischer Theologie verwarfen. Eine Beziehung zu den Vätern – so die Erkenntnis Newmans – könne nur in geschichtlich gebrochener Weise aufgenommen werden, und eine Identität sei bei aller Entwicklung nur in der Kontinuität geistiger Grundentscheidungen auszumachen.[25] Dieses geschichtliche Denken konnte sich im katholischen Raum jedoch erst im 20. Jahrhundert langsam Geltung verschaffen. Zugleich kam es in der Theologie – von Frankreich ausgehend – zu Erneuerungsbewegungen, deren wesentliches Anliegen es war, sich wieder auf die Quellen – d.h. die Heilige Schrift und die Väter – zurückzubesinnen. Odo Casel, Hugo Rahner, Henri de Lubac und Jean Daniélou sind Beispiele solcher Theologen, die sich schriftnah wussten, weil sie sich an den Vätern orientierten.[26] Diese Väterrenaissance hat auch in den Texten und der Terminologie des Zweiten Vaticanums ihren Niederschlag gefunden.[27] Außerdem verdankt ihr die erneuerte Stundenliturgie eine Anreicherung und bessere Auswahl der Väterlesungen. Neben den klassischen Kirchenvätern und den Kirchenlehrern wurde auch

---

[24] Vgl. N. Brox, Patrologie (a.a.O.), 331f.; B. Studer, Die Kirchenväter (a.a.O.), 589-591.
[25] Vgl. T. Michels (Hg.), Geschichtlichkeit der Theologie, Salzburg-München 1970, 81-83.
[26] Vgl. A. Hamman, Art. Vätertheologie, in: LThK² 10 (1965) 622-624, hier: 624; J. Ratzinger, Die Bedeutung der Väter (a.a.O.), 257f.
[27] Vgl. z.B. A.M. Triacca, L'uso dei „loci" patristici nei Documenti del Concilio Vaticano II: un caso emblematico e problematico, in: E. dal Covolo / A.M. Triacca (Hg.), Lo studio dei Padri della Chiesa oggi (BSRel 96), Roma 1991, 149-183.

eine Fülle von anderen rechtgläubigen und heiligmäßigen Schriftstellern aller Jahrhunderte berücksichtigt. In einigen Fällen sind sogar Auszüge aus Werken umstrittener Theologen wie Origenes und Tertullian aufgenommen worden. Dabei war die Katholizität des Textes offenbar entscheidender als die des Autors.

Vergleicht man das lateinische Lektionar mit dem etwas anders konzipierten deutschen Stundenbuch, so erscheint Ersteres deutlich patristischer geprägt als Letzteres. Beide Varianten finden sich heutzutage aber gemeinsam in einer Situation vor, in der auch in der Kirche die Auseinandersetzung mit der Gegenwart und Zukunft weithin als wichtiger angesehen wird als eine geistige und geistliche Bereicherung aus der Vergangenheit. Dabei herrscht der Eindruck, dass diese Tendenz – hier im Blick auf die Väter – in den romanischen Ländern noch nicht so stark verbreitet ist wie im deutschen Sprachraum.[28] Dass Rom den Zeugen der Tradition nach wie vor ein großes Gewicht beimisst, zeigen die 1989 von der Kongregation für das katholische Bildungswesen ergangene „Instruktion über das Studium der Kirchenväter in der Priesterausbildung"[29] sowie der 1992 päpstlich approbierte Weltkatechismus. In ihm kommen neben der Heiligen Schrift, der Liturgie und dem Lehramt auch zahlreiche kirchliche Schriftsteller zur Sprache.[30] Dabei werden die Zitate und Zitatmontagen jedoch recht unkritisch und geschichtslos eingesetzt; sie räumen außerdem den alten Vätern und Konzilien nur einen quantitativ begrenzten Anteil ein und erscheinen – vor allem aus orthodoxer Sicht – als zu wenig ausgewogen.[31] Letztlich zeigt sich auch hier, was in der modernen katholischen Theologie schon seit längerem fast selbstverständlich ist: Den alten Vätern wird auf dem Feld

---

[28] Vgl. M. Klöckener, Die Lesungen aus den Vätern und Kirchenschriftstellern in der erneuerten Stundenliturgie, in: ders. / H. Rennings (Hg.), Lebendiges Stundengebet. Vertiefung und Hilfe, Freiburg-Basel-Wien 1989, 267-300 (mit Verzeichnissen u. Analysen); R. Kaczynski, Vom Lesen der Väter, in: J.G. Plöger (Hg.), Gott feiern. Theologische Anregung und geistliche Vertiefung zur Feier von Messe und Stundengebet, Freiburg-Basel-Wien 1980, 423-435.

[29] Instruktion über das Studium der Kirchenväter in der Priesterausbildung (VApS 96), Bonn 1990; vgl. H.R. Drobner, Die „Instruktion über das Studium der Kirchenväter in der Priesterausbildung", in: ThGl 81 (1991) 190-201.

[30] Vgl. das Register in: Katechismus der Katholischen Kirche, München u.a. 1993, 719-770, bes. 763-770.

[31] Vgl. U. Ruh, Der Weltkatechismus. Anspruch und Grenzen, Freiburg-Basel-Wien 1993, 61-71; T. Nikolaou, „Der Katechismus der Katholischen Kirche" aus orthodoxer Sicht, in: OFo 9 (1995) 53-63, hier: 57.

der kirchlichen Tradition nur noch ein Platz unter anderen eingeräumt; die lange Zeit unlösbar scheinende Verbindung zwischen ihrer Theologie und dem Traditionsbegriff ist weitgehend zerbrochen.[32]

b) Die orthodoxe Position

Keine andere Kirche sieht sich so stark in der Tradition der Väter und ihr verpflichtet wie die orthodoxe.[33] Selbstbewusst kann darum ein russischer Archimandrit sagen: „... unsere Kirche ist die Kirche der heiligen Väter."[34] Damit verbindet sich die Überzeugung, den apostolischen Glauben der Väter kontinuierlich und unverfälscht tradiert und bei aller notwendigen Entfaltung der christlichen Lehre die Identität bewahrt zu haben. Wie tief das im kirchlichen Bewusstsein verwurzelt ist, zeigt sich z.b. auch daran, dass der 7. Sonntag nach Ostern dem Gedächtnis der heiligen Väter des Konzils von Nizäa 325 gewidmet ist und dass das Ökumenische Patriarchat 1981 anlässlich der 1600-Jahrfeier des Konzils von Konstantinopel bestimmt hat, dessen Väter am 2. Sonntag im Juni zu feiern.[35]

Im Gegensatz zur westlichen Praxis ist es im Osten nicht üblich geworden, Kirchenväter an formellen Kriterien zu messen oder offiziell als solche zu approbieren. Ausschlaggebend ist vielmehr, dass sie aufgrund ihrer „Katholizität" Anerkennung gefunden haben und als rechtgläubige Autoritäten im Bewusstsein der Kirche geblieben sind. Diese Sicht wird auch nicht dadurch in Frage gestellt, dass einige moderne orthodoxe Theologen unter Einfluss des abendländischen Klassifizierungsversuchs davon abweichen. Will man dafür nun doch eine Regel, so bietet sich folgende – auf Panajotis Christou gründende – Umschreibung an: „Jeder kirchliche Schriftsteller, der in theologischen Schriften späterer Zeiten *als lobenswerter Zeuge des rechten Glaubens* angeführt wird, dieser gilt als Kirchenvater; und jeder kirchliche Schriftsteller, der in gleicher Weise und zum selben Zweck besonders häufig, vor allem in den Akten der großen Synoden zitiert wird, dieser

---

[32] Vgl. J. Ratzinger, Die Bedeutung der Väter (a.a.O.), 262-265.
[33] Vgl. z.B. A. Basdekis, Art. Kirchenväter, in: Ökumene-Lexikon, Frankfurt a.M. ²1987, 680-682; G. Larentzakis, Diachrone ekklesiale Koinonia (a.a.O.), 355-373; T. Nikolaou, Die Bedeutung der patristischen Tradition für die Theologie (a.a.O.), 5-15.
[34] A. Nikitin, Orthodoxie und Patrologie, in: SOrth 2/1982, 58-64, hier: 64.
[35] Vgl. A. Basdekis, Kirchenväter (a.a.O.), 681.

gilt als ökumenischer Lehrer."³⁶ Zu ergänzen wäre jedoch noch, dass ein Vater nicht unbedingt schriftstellerisch tätig gewesen sein muss; sein kirchlicher Glaube kann auch mündlich oder durch ein vorbildliches Leben bezeugt worden sein.

Eine weitere östliche Eigenart besteht darin, dass eine zeitliche Begrenzung der patristischen Tradition auf die ersten sieben oder acht Jahrhunderte größtenteils abgelehnt wird. Vielmehr ist man der Meinung: „Große Kirchenväter gibt es in jeder Zeit der Kirche, solange die Kirche existiert. Und solange die Kirche eine Geschichte hat, wird sie auch eine Tradition und Väter haben."³⁷ Darin beweise sich gerade die Lebendigkeit der orthodoxen Kirche. Eine solche Ausweitung über das Altertum hinaus ist auch katholischerseits nicht völlig ungewöhnlich, bezieht sich aber dort nur auf die ausdrücklich ernannten Kirchenlehrer. Letztlich müssen sich nach orthodoxer Auffassung alle späteren Väter aber auch am Glauben der Väter messen lassen, die der noch relativ einigen Kirche des ersten Jahrtausends angehört haben und darum für Ost wie West bedeutsam sind. Damit wird den gemeinsamen alten Vätern doch wieder eine größere Bedeutung zugestanden als neueren. Wenn man aus dieser Epoche auch lateinische Väter akzeptiert und sogar verehrt, so gebührt den griechischen Theologen doch eindeutig der Vorzug. Dabei genießen besonderes Ansehen vor allem Athanasius, Basilius von Cäsarea, Gregor von Nazianz, Gregor von Nyssa, Kyrill von Alexandrien, Johannes Chrysostomus, Pseudo-Dionysius Areopagita und Maximus Confessor. Beispiele für spätere Autoritäten von enormen Einfluss wären Symeon der neue Theologe (949-1022) und Gregor Palamas (gest. 1359). Interessanterweise werden in der Orthodoxie nur drei – und dann noch aus verschiedenen Traditionsstufen – mit dem Ehrennamen „der Theologe" versehen: Johannes der Evangelist aus neutestamentlicher Zeit, Gregor von Nazianz aus dem 4. Jahrhundert und Symeon vom Ende des 1. und Anfang des 2. Jahrtausends.³⁸

Die antiken Väter sind es aber, die die Tradition hauptsächlich entfaltet haben – gewissermaßen deren Zentralbereich – und die in enger Verbindung zur Heiligen Schrift stehen. Entgegen der Möglichkeit, Schrift und Tradition vielleicht als zwei Quellen der Offenbarung

[36] T. Nikolaou, Die Bedeutung der patristischen Tradition für die Theologie (a.a.O.), 11.
[37] G. Larentzakis, Diachrone ekklesiale Koinonia (a.a.O.), 359 Anm. 24.
[38] Vgl. K. Kessel, Dogma und Lehre in der Orthodoxen Kirche, in: HDThG I, Göttingen 1982, 284-405, hier: 326.

aufzufassen, betont man orthodoxerseits deren Einheit und sieht in der Kirche den „Ort, wo die Schrift im Schoß der Tradition lebt", so dass die Schrift als „geschriebene Überlieferung" und die Tradition als „ungeschriebene Bibel" bezeichnet werden könne.[39] Auf diesen Zusammenhang weisen auch die literarhistorischen Überschneidungen zwischen biblischem und patristischem Schrifttum, die Festlegung des neutestamentlichen Kanons durch die Väter sowie deren weiterer beispielhafter Umgang mit der Heiligen Schrift. Darum sei es zum rechten Verständnis der Bibel noch heute unverzichtbar, die Auslegung der Väter – nicht unbedingt buchstabengetreu, wohl aber der kirchlichen Gesinnung nach – zu beachten.[40]

Freilich ist den Vätern nicht in jeder Phase orthodoxer Kirchen- und Theologiegeschichte eine so große Bedeutung beigemessen worden. Oft wurden sie nicht richtig verstanden und nur kopiert. Es gab auch Zeiten, wo sie in Vergessenheit gerieten und scholastische oder rationalistische Denkweisen des Westens einen stärkeren Einfluss gewannen. Um sich gegenüber protestantischen oder katholischen Einflüssen zur Wehr zu setzen, übernahm man manche Lehren und Argumente der jeweils anderen abendländischen Konfession. Seit dem 19. Jahrhundert hat sich jedoch wieder eine Rückbesinnung auf die Vätertheologie angebahnt; von einem Durchbruch kann man aber erst im 20. Jahrhundert sprechen. Ihn verdankt die Orthodoxie vor allem Theologen der russischen Emigration wie Georgij Florovskij (geb. 1893), Vladimir Losskij (geb. 1903), Olivier Clément (geb. 1921), John Meyendorff (geb. 1926) und Alexander Schmemann (geb. 1921).[41] Seitdem hat sich die „neopatristische Theologie" auch auf Griechenland, Rumänien und Serbien ausgewirkt, während man in Russland selbst aufgrund der bedrückenden äußeren Umstände bis vor kurzem kaum in der Lage war, sich von der Schultheologie der letzten Jahrhunderte zu lösen.[42]

[39] Vgl. G. Galitis, Glauben aus dem Herzen. Eine Einführung in die Orthodoxie, München ³1994, 24.80-82; auch T. Nikolaou, Die Bedeutung der patristischen Tradition für die Theologie (a.a.O.), 12-14; G. Larentzakis, Diachrone ekklesiale Koinonia (a.a.O.), 355f.
[40] Vgl. T. Nikolaou, Die Bedeutung der patristischen Tradition für die Theologie (a.a.O.), 14f.
[41] Vgl. z.B. P. Evdokimov, Christus im russischen Denken (Sophia 12), Trier 1977, 232-246.
[42] Vgl. K.C. Felmy, Die Orthodoxe Theologie der Gegenwart. Eine Einführung, Darmstadt 1990, 13f.

Nach Meinung orthodoxer Theologen muss dieser Prozess einer Neubesinnung auf die Väter aber überall noch weitergehen.[43]

Gelegentlich wird den Orthodoxen ein zu unkritischer Umgang mit den Vätern vorgehalten: Geschichtslos und tendenziös würden sie aus dem Zusammenhang gelöste Zitate ins Feld führen und Äußerungen eines einzelnen Vaters zuweilen zur allgemeinen Väterlehre hochspielen.[44] Das ist nicht völlig aus der Luft gegriffen; es gibt jedoch auch gegenteilige Zeugnisse, die ein differenzierteres Verhältnis zu den Vätern belegen oder wünschten. Aus ihnen ist zu hören, dass eine Orientierung an den Quellen keine starre Wiederholung von Sätzen der Väter oder eine Restauration alter Vorstellungen bedeute; vielmehr gehe es darum, den patristischen Geist und Stil zu erneuern, d.h. wieder mehr die Theologie mit der Doxologie und das Denken mit dem Beten zu verbinden. Man würde auch nicht bestreiten, dass es private, voneinander abweichende und zeitbedingte Meinungen gegeben habe; vieles davon sei kirchlicherseits aber nicht rezipiert worden. Wichtigkeit hätten jedoch Überzeugungen, die sowohl eine diachrone als auch eine synchrone Koinonia aufweisen, d.h. die mit der Lehre vorausgegangener und gleichzeitiger Väter übereinstimmen. Höchster Ausdruck dafür seien die Konzilien. Die Einheit der Väter sehe man aber nicht uniformistisch, sondern in Vielfalt. Da das göttliche Mysterium immer nur unvollkommen erfasst werden könne und jede Zeit eine Vertiefung in der Wahrheit notwendig mache, hätten auch die Väter den christlichen Glauben aktualisiert und verschieden artikuliert, ohne sein Wesen jedoch zu verfälschen. Diese Dynamik des patristischen Denkens gelte es zu beherzigen und umzusetzen. Das hieße auch, sich mit den wissenschaftlichen Erkenntnissen unserer Zeit positiv auseinanderzusetzen und sich historisch-kritischen Einsichten nicht zu verschließen.[45] Freilich dürften solche Überlegungen in der Orthodoxie noch auf manche traditionalistischen Vorbehalte stoßen.

---

[43] Vgl. z.B. G. Larentzakis, Diachrone ekklesiale Koinonia (a.a.O.), 369.

[44] Vgl. K.C. Felmy, Die Orthodoxe Theologie der Gegenwart, 15f.

[45] Vgl. z.B. G. Larentzakis, Diachrone ekklesiale Koinonia (a.a.O.), 362-365. 367; T. Nikolaou, Die Bedeutung der patristischen Tradition für die Einheit der Kirche, in: KNA-ÖKI Nr. 52 vom 18.12.1991, 5-15, bes. 13-15 (größtenteils übereinstimmend mit dem Artikel „Die Bedeutung der patristischen Tradition für die Theologie heute", in einigem – wie den hier aufgegriffenen Gedanken – jedoch fortführend); K.C. Felmy, Die Orthodoxe Theologie der Gegenwart, 77f (über G. Florovskij).

c) Die evangelische Position

„Hat der heutige Protestantismus Kirchenväter?", so fragt Ekkehard Mühlenberg – ein evangelischer Theologe – in einem 1979 veröffentlichten Artikel. Sicher könne man in diesem Zusammenhang Luther oder Schleiermacher nennen. Hinsichtlich des altkirchlichen Erbes gibt er aber skeptisch zu bedenken: „Wenn protestantisches Prinzip sich in der kritischen Verunsicherung bestätigt und vollzieht – und ich weiß, dass das eine einseitige Feststellung ist, aber trotzdem scheint es mir das zu sein, wo der moderne Protestantismus seine Lebendigkeit am sichtbarsten zeigt –, was sollen wir dann mit ... Kirchenvätern anfangen?"[46] Und schon 1950 hatte Wilhelm Schneemelcher beklagt: „Das Studium der altkirchlichen Väter ist weithin ein Luxus, den sich nur einige wenige leisten. Vor allem spielt das Wort der altkirchlichen Väter in unserer Theologie keine Rolle."[47] Als Beispiel dafür, dass man im Luthertum auch ein ganz anderes Bewusstsein haben kann, mag auf einen Bildzyklus von Vätern hingewiesen sein, der im Hohen Chor der Braunschweiger Brüdernkirche zu finden ist und am Anfang des 17. Jahrhunderts von evangelisch-lutherischen Bürgern gestiftet wurde. Seine Darstellungen erstrecken sich – angefangen mit Ignatius von Antiochien – über die bekanntesten Kirchenväter – auch bedeutende Päpste – des Altertums und einige mittelalterliche Theologen bis hin zu den Reformatoren.[48] Ob die altkirchliche Tradition auch zum Erbe des Protestantismus gehört, steht hier außer Zweifel, wird sonst aber evangelischerseits seit der Reformation bis zum heutigen Tag nicht klar beantwortet. In jüngster Zeit ist dies von einigen wenigstens als Problem erkannt und zum Gegenstand von Studien gemacht worden.[49]

---

[46] E. Mühlenberg, Das Vermächtnis der Kirchenväter an den modernen Protestantismus, in: Kerygma und Logos (FS C. Andresen), Göttingen 1979, 380-394, Zitate: 380.381f.

[47] W. Schneemelcher, Wesen und Aufgabe der Patristik innerhalb der evangelischen Theologie, in: EvTh 10 (1950) 207-222, Zitat: 208.

[48] Vgl. R. Staats, Väter der Alten Kirche in der Evangelischen Kirche. Zum Problem evangelischer Katholizität, in: MEKGR 34 (1985) 1-18, bes. 5f.

[49] Vgl. z.B. W. Schneemelcher, Wesen und Aufgaben der Patristik (a.a.O.); A. Benoît, L'actualité des Pères; G. Gassmann / V. Vajta (Hg.), Tradition im Luthertum und Anglikanismus (Oec. 1971/72), Gütersloh 1972; E. Mühlenberg, Das Vermächtnis der Kirchenväter (a.a.O.); W.A. Bienert, „Im Zweifel näher bei Augustin"? – Zum patristischen Hintergrund der Theologie Luthers, in: Oecumenica et Patristica (FS W. Schneemelcher), Stuttgart 1989, 281-294; Ders.,

Luther selbst kam aus einer Tradition, in der die Schriften altkirchlicher Väter – vor allem die des Augustinus – präsent waren. Wie er sagt und seine eigenen Zeugnisse bestätigen, hat er sich mit diesen sogar eifriger beschäftigt als seine Gegner.[50] Zeit seines Lebens ist ihm dabei Augustinus am liebsten geblieben; zum rechten Verständnis der Bibel hat er aber auch Ambrosius und – mit freilich zunehmenden Vorbehalten – Hieronymus konsultiert. Griechische Väter scheint er kaum gekannt zu haben, und dann höchstens in lateinischen Übersetzungen. Neuerdings mehren sich jedoch Stimmen, die Luther auch in einer gewissen Nähe zur östlichen Christologie – und dabei besonders zur Soteriologie des Athanasius und Basilius – zu erkennen meinen.[51] Auffällig ist, dass Luther sehr individuell mit den Vätern umgeht und sie nicht einfach als formale oder einheitliche Autorität akzeptiert. Ihren jeweiligen Wert misst er vielmehr daran, in welchem Verhältnis sie zur Heiligen Schrift – und letztlich zur paulinischen Theologie – stehen. So kann er sich über sie z.b. auch recht kritisch äußern: „Das rede ich darumb, das ich selbs viel Zeit im Gregorio, Hieronymo, Cypriano, Augustino, Origene verderbet und verloren habe. Denn die Veter haben zu irer zeit eine sonderliche lust und liebe zu den Allegoriis gehabt, sind damit umbher spacieret und alle Bücher voll geklickt ... Die ursach ist diese, das sie alle irem dünckel, kopff und meinung, wie sie es recht angesehen, und nicht S. Paulo gefolget haben, der da wil den heiligen Geist drinnen lassen handeln."[52] Die Heilige Schrift ist für ihn die einzige unfehlbare Quelle der Wahrheit und damit oberste Norm. Dennoch schätzt er gleich an zweiter Stelle die Väter aufgrund ihrer Nähe zu den christlichen Ursprüngen und ihres lebendigen Glaubens

---

Christologische und trinitätstheologische Aporien der östlichen Kirche aus der Sicht Martin Luthers, in: Luther und die trinitarische Tradition: Ökumenische und philosophische Perspektiven (VLAR 23), Erlangen 1994, 95-112; L. Grane u.a. (Hg.), Auctoritas Patrum. Zur Rezeption der Kirchenväter im 15. und 16. Jahrhundert (VIEG Beih. 37), Mainz 1993.

[50] Vgl. B. Hägglund, Verständnis und Autorität der altkirchlichen Tradition in der lutherischen Theologie der Reformationszeit bis zum Ende des 17. Jahrhunderts, in: G. Gassmann / V. Vajta (Hg.), Tradition im Luthertum (a.a.O.), 34-62, hier 35-39 (mit Hinweis auf WA 50, 519 u. 543); W.A. Bienert, „Im Zweifel" (a.a.O.), 282-287.

[51] Vgl. W.A. Bienert, Christologische und trinitätstheologische Aporien (a.a.O.), 99f; auch B. Lohse, Luther und Athanasius, in: L. Grane u.a. (Hg.), Auctoritas Patrum, 97-115.

[52] WA 16, 68f.

als eindrucksvolle Gesprächspartner und „Alternative zur metaphysischen und spekulativen Theologie der Scholastik"[53]. Deshalb sind die altkirchlichen Konzilien für ihn auch viel bedeutsamer als die des Mittelalters. Kein Wunder also, dass Luther sich in den aufkommenden theologischen Auseinandersetzungen immer wieder auch der patristischen Tradition bediente, um die Übereinstimmung seiner Lehre mit dem Evangelium zu erhärten.[54] Die Gegenseite machte es nicht anders, und so wurde der Väterbeweis zu einer wichtigen Waffe beider „Religionsparteien".

Als Humanist scheint Melanchthon den Vätern gegenüber noch aufgeschlossener gewesen zu sein als Luther, nicht nur aus sprachlichen, sondern auch aus theologischen Gründen. Bei ihm ist ihre Beurteilung jedoch zusätzlich von einer bestimmten Sicht der Kirchengeschichte geprägt. Danach folgen dem apostolischen Zeitalter mit seiner reinen Lehre wechselweise Verfallsperioden und Phasen der Erneuerung; d.h. konkret, dass den ersten zwei nachapostolischen Generationen noch eine größere Autorität zugebilligt wird als späteren Vätern und dass die Lehren aller differenziert von der Schrift her zu überprüfen seien, da sich in ihnen immer Wahres und Falsches vermischt finde. Schematisch sieht Melanchthon die apostolische Lehre in der Folgezeit vor allem durch Origenes verdunkelt, durch Augustinus hingegen wieder reformiert. Insgesamt vertritt auch er das Schriftprinzip, hält die Tradition aber für hilfreich, um irrige Schriftdeutungen abzuwehren und die Kontinuität in der Lehre zu bewahren.[55] Das zeigt sich ebenfalls in der „Confessio Augustana", in der allgemein und namentlich mehrfach mit altkirchlichen Theologen – vor allem der westlichen Tradition – argumentiert wird und vereinzelt sogar mittelalterliche Autoritäten herangezogen werden, um sich zeitgemäß zu legitimieren.[56] Auch bei Matthias Flacius und der von ihm initiierten ersten protestantischen Darstellung der Kirchengeschichte – den sogenannten „Magdeburger

---

[53] L. Grane u.a. (Hg.), Auctoritas Patrum, VII.
[54] Vgl. z.B. R. Mau, Die Kirchenväter in Luthers früher Exegese des Galaterbriefes, in: L. Grane u.a. (Hg.), Auctoritas Patrum, 117-127; K.-V. Selge, Kirchenväter auf der Leipziger Disputation, in: ebd., 197-212.
[55] Vgl. B. Hägglund, Verständnis und Autorität der altkirchlichen Tradition (a.a.O.), 40-46.
[56] Vgl. G. Wenz, Theologie der Bekenntnisschriften der evangelisch-lutherischen Kirche. Eine historische und systematische Einführung in das Konkordienbuch I, Berlin-New York 1996, 157-160.

Zenturien" – findet der Traditionsbeweis reiche Anwendung; dahinter steht jedoch nicht das Interesse, die Tradition zu bewahren, sondern aufzuzeigen, was evangeliumsgemäß war und was nicht.[57] In der lutherischen Orthodoxie zitierte man einige Kirchenväter sogar häufiger als die Reformatoren und zeitgenössische Theologen. Da sonst aber bewusst das abgelehnt wurde, was tridentinisch als Tradition galt, sollte hierdurch der Eindruck vermittelt werden, nicht etwa eine Neuerung, sondern die legitime Fortsetzung der altkirchlichen Tradition zu sein.[58] Aus dem Interesse an den Vätern erwuchs schon bald eine eigene theologische Disziplin: die Patristik oder Patrologie. Infolge der Aufklärung und historisch-kritischen Denkens verlor sie protestantischerseits seit dem 19. Jahrhundert jedoch ihren theologischen Bezug und nahm eher den Charakter einer liberalen Dogmen- bzw. Literaturgeschichte an.[59] Diese Entwicklung ist noch heute prägend und hat letztlich dazu geführt, Kontinuität nicht mehr nachweisen zu wollen und darum auf patristische Rückgriffe verzichten zu können. Gelegentlich hat aber das ökumenische Gespräch – vor allem mit den orthodoxen Kirchen – wieder dazu geführt, die altkirchlichen Wurzeln der eigenen Theologie zu bedenken und sich dabei auch der Kirchenväter zu erinnern.[60]

3. DIE BEDEUTUNG DER VÄTER FÜR DIE EINHEIT DER CHRISTEN

Wie deutlich geworden sein dürfte, erscheint es in der Tat erst einmal als äußerst problematisch, den Kirchenvätern zu vorschnell und leichtfertig eine besondere ökumenische Aktualität beizumessen. Schwierig ist schon, dass es keinen wirklich klaren Väterbegriff gibt, der allseits akzeptiert würde, geschweige denn eine gemeinsame Auffassung darüber, ob bzw. wie man ihre Zeit begrenzt. Hinzu kommt, dass bei einer Festlegung auf die ersten christlichen Jahrhunderte heute sofort davor gewarnt wird, diese Epoche ekklesiologisch zu idealisieren

---

[57] Vgl. B. Hägglund, Verständnis und Autorität der altkirchlichen Tradition (a.a.O.), 47-50.
[58] Vgl. ebd., 56-60.
[59] Vgl. B. Studer, Kirchenväter (a.a.O.), 591.
[60] Vgl. z.B. W.A. Bienert, Die Bedeutung der Kirchenväter im Dialog zwischen der EKD und Orthodoxen Kirchen, in: ÖR 44 (1995) 451-472; ders. / G. Koch, Kirchengeschichte I. Christliche Archäologie, Stuttgart 1989, 44f.

und als verpflichtendes Vorbild hinzustellen. Unterschiedlich ist auch, in welchem Verhältnis die Väter zur Heiligen Schrift gesehen werden bzw. welche Rolle der Tradition überhaupt in den einzelnen Kirchen zukommt. Da verschiedene andere Kirchen und kirchliche Gemeinschaften noch viel stärker oder ganz mit der altchristlichen Tradition gebrochen haben, kann man sich darüber kaum eine multilaterale Verständigung vorstellen. Außerdem wirkt ernüchternd oder belastend, dass Väterzeugnisse in der Vergangenheit vielfach nur dazu dienten, die eigene Meinung oder Position als allgemeingültig und traditionell erscheinen zu lassen, um Andersdenkende besser bekämpfen zu können. Den Missbrauch, Zitate ideologisch einzusetzen oder sich hinter der Behauptung zu verschanzen, nur reine Vätertheologie zu vertreten, gibt es noch heute. Manchmal steht hinter einer „Auffütterung" moderner Theologie mit einzelnen Väterstimmen sogar guter Wille. Dennoch gilt hier ebenso zu bedenken, was ein Kritiker unserer Tage im Blick auf den Umgang mit der Heiligen Schrift in lehramtlichen Dokumenten folgendermaßen bespöttelt hat: „Zitate gleichen den Perlen von unter die Räuber Gefallenen; man plündert sie und schmückt sich mit ihnen."[61] Aber auch da, wo man den Vätern weitreichender gefolgt ist, wurden nicht selten einzelne oder bestimmte Richtungen bevorzugt. Während abendländisches Denken sehr stark durch Augustinus und andere lateinische Theologen geprägt ist, hält sich die Orthodoxie fast ausschließlich an die östlichen Väter. Eine Folge davon ist z.B. die unterschiedliche Haltung der katholischen und der orthodoxen Kirche gegenüber Scheidung und Wiederheirat. Jede Seite beruft sich auf die altkirchliche Überlieferung, hat aber jeweils nur einen Teil davon – entweder die Zeugnisse für eine strenge oder die für eine milde Praxis – rezipiert.[62] Ein weiteres Beispiel wäre auch noch die Meinungsverschiedenheit zwischen Ost und West über den Hervorgang des Heiligen Geistes, die sich mit dem Begriff „filioque" verbindet. Beide Konzeptionen können auf altkirchliche Gewährsmänner zurückgreifen. Auf dem Konzil von Ferrara-Florenz 1438/39 war man sogar schon zu der Einsicht gekommen, dass es sich, wenn beide Lehren durch Väterstellen belegt seien, um ergänzende Positionen handeln müsse;[63]

[61] M. Theobald, Schriftzitate in kirchlichen Dokumenten (Glosse), in: ThQ 172 (1992) 307-309, hier: 307.
[62] Vgl. G. Lachner, Die Kirchen und die Wiederheirat Geschiedener (BÖT 21), Paderborn 1991, 190-203.
[63] Vgl. T. Bremer, Ostkirchenkunde und Ökumenische Theologie. Versuch einer

dies scheint dann jedoch wieder in Vergessenheit geraten zu sein. Angesichts solcher enttäuschender Beobachtungen drängt sich zunächst die grundsätzliche Frage auf, warum das Erbe der alten Väter denn so wichtig sei, dass man es ökumenisch mehr beachten sollte. Gibt es etwas, was diese Theologengeneration vielleicht vor allen anderen auszeichnet? Nach Joseph Ratzinger könnte man die unwiederholbare Bedeutung der antiken Kirchenväter vor allem darin sehen, dass sie die „Erst-Antwort" auf das geoffenbarte Wort Gottes darstellen, trotz Andersartigkeit untrennbar mit diesem verbunden sind und seiner konkreten Wirkungsgeschichte konstitutive Merkmale mit auf den Weg gegeben haben. Ohne die griechisch-römische Geistigkeit hätte das Christentum zweifellos eine andere historische Gestalt angenommen. Als grundlegende Beiträge dieser patristischen „Erst-Antwort" werden vier genannt: Zum einen ist den Vätern die Konstituierung des biblischen Kanons zu verdanken. In einem langwierigen Prozess der Scheidung und Entscheidung wurde geklärt, welche Schriften dazugehören und welche nicht. Wer diesen Kanon akzeptiert, bejaht damit eigentlich auch das geistige Ringen, das zu seiner Abgrenzung geführt hat. Ein zweiter Beitrag der Väter besteht in der Selbstvergewisserung und Verteidigung des christlichen Glaubens durch die Formulierung grundlegender Bekenntnisse. Auch die Liturgie – und das wäre die dritte Konkretion – hat in dieser Epoche ihre maßgebliche Prägung erfahren. Schließlich ist es ebenfalls Verdienst der Väter, die grundsätzliche Entscheidung getroffen zu haben, den Glauben in Konkurrenz zu anderen Philosophien rational zu verantworten. Damit konnte sich das entwickeln, was wir noch heute als Theologie verstehen.[64] Die altkirchlichen Väter haben für die erste Ausformung des Christentums also eine so große Bedeutung, dass sie in der ihnen gewidmeten römischen Instruktion von 1989 sogar als „Autoren und Exponenten einer konstitutiven Überlieferung"[65] bezeichnet werden. Dem wird man evangelischerseits freilich kaum zustimmen; gelegentlich ist von dort aber auch zu hören, dass nur an den Kirchenvätern zu lernen sei, „in welche Richtung das Pendulum christlicher Selbstbestimmung zuerst geschwungen ist", dass wir beim Versuch, an die urchristlichen Zeugen heranzukommen, uns nicht ganz des spätantiken „Marsch-

Standortbestimmung, in: Catholica 47 (1993) 294-309, hier: 301.
[64] Vgl. J. Ratzinger, Die Bedeutung der Väter (a.a.O.), 275-281.
[65] Instruktion über das Studium der Kirchenväter in der Priesterausbildung (a.a.O.), 13.

gepäcks" entledigen können und dass erst die Väter dem universalen Wahrheitsanspruch des christlichen Glaubens Form und Gestalt gegeben haben.[66] Aufgrund der prägenden Kraft, die doch weithin – wenn auch nicht kritiklos – den Vätern der ersten Jahrhunderte zugestanden wird, sollen unsere Überlegungen auf diese beschränkt bleiben. Dabei erscheint vor allem als bedeutsam, dass sie bis mindestens ins 5. Jahrhundert einer Kirche angehörten, die zwar nicht uniformistisch eins und paradiesisch friedlich war, ihre Koinonia aber trotz aller Vielfalt und Spannungen noch weitgehend aufrechterhalten konnte.

Auf welche Weise könnten nun die antiken Kirchenväter in das ökumenische Gespräch der Gegenwart eingebunden werden? Sicher nicht, indem man sie lediglich öfters zitiert oder aber als verpflichtendes Idealbild der wahren Kirche hinstellt, das es krampfhaft nachzuahmen gelte. Eine echte Möglichkeit besteht wohl nur darin, dass ihr Erbe „typologisch-sakramental" verstanden wird, d.h. als besonders eindrucksvolles Modell oder Zeichen der geschichtlichen Vergegenwärtigung der einen Tradition Jesu Christi im Heiligen Geist.[67] Die Väter würden damit gewissermaßen zu empfehlenswerten Dialogpartnern unserer Zeit. Sie zu übergehen, wäre mindestens unklug. Das Gespräch mit ihnen könnte aber dreierlei bewirken: zum einen davon entlasten, ständig erst einmal wieder von vorn anfangen und das Christentum vielleicht völlig neu entwerfen zu müssen, zum anderen auch Alternativen zur Gegenwart und damit eine kritische Unruhe vermitteln, und schließlich dazu führen, Bewährtes aufzugreifen und es schöpferisch umzusetzen. Bewahrt werden kann etwas letztlich aber nur, wenn es sich auch unter neuen Verhältnissen bewährt. Das heißt jedoch nicht Zeitgemäßheit um jeden Preis; das entscheidende Kriterium ist vielmehr, ob das, was überliefert wird, der Wahrheit entspricht oder nicht.[68]

Wenn man sich heutzutage auf die Väter der Alten Kirche zurückbesinnt, so könnte das zunächst einmal manche kontroverstheologischen Verkrampfungen späterer Zeit etwas lockern. Hier findet man

---

[66] Vgl. E. Mühlenberg, Das Vermächtnis der Kirchenväter (a.a.O.), 393f.
[67] Vgl. W. Kasper, Tradition als Erkenntnisprinzip. Systematische Überlegungen zur theologischen Relevanz der Geschichte, in: Theologisches Jahrbuch, Leipzig 1977/78, 101-117, hier: 115; A. Houtepen, Kirche im Werden. Fundamentaltheologische Beiträge zu einer ökumenischen Ekklesiologie?, in: Theologisches Jahrbuch, Leipzig 1989, 439-459, hier: 449.
[68] Vgl. W. Kasper, Tradition als Erkenntnisprinzip (a.a.O.), 103-105.

mehr, was miteinander verbindet als voneinander trennt, vor allem die zentralen Glaubenslehren vom dreifaltigen Gott und dem Erlöser Jesus Christus, aber auch die enorme Bedeutung der Heiligen Schrift für das ganze kirchliche Leben. Einem östlichen Kirchenvater würde darum z.b. ein evangelischer Theologe vermutlich eher etwas abnehmen als einem tridentinisch argumentierenden Katholiken. Eine andere Möglichkeit wäre, den bisweilen engen konfessionellen Horizont dadurch zu weiten, dass man auch die anderen, in der eigenen Kirche nur wenig oder gar nicht rezipierten Vätertraditionen mit Respekt zur Kenntnis nimmt und – die bisherige Position überdenkend – vielleicht sogar integrieren kann. Eventuell zeigt sich aber auch, dass manche recht unterschiedlichen Auffassungen durchaus kompatibel sind. Auf jeden Fall bieten die Väter weniger fertige Lösungen als anregende Verhaltensweisen. Dazu gehört z.b. die Offenheit und Dynamik, mit der sie den Problemen ihrer Zeit begegnet sind und den christlichen Glauben mit z.T. unkonventionellen Formulierungen gesichert und aufs Neue verständlich gemacht haben. Dazu gehört vor allem aber auch die bei vielen fast noch selbstverständlich erscheinende Einheit von Theologie und Spiritualität bzw. Lehre und Leben. Wo gibt es das heute noch, dass kritische Theologen zugleich auch im Ruf der Heiligkeit stehen? In den ökumenischen Dialogen ist den Kirchenvätern leider bisher nur wenig Aufmerksamkeit gewidmet worden,[69] und wenn, dann war es zumeist die orthodoxe Seite, die den Anstoß dazu gab. Sich auf sie zu besinnen und von ihnen herausfordern zu lassen, sollte jedoch nicht nur einigen traditionsbewussten Theologen oder Kirchen überlassen bleiben, es könnte durchaus auch für die anderen sinnvoll sein und allen helfen, einander näher zu kommen.

---

[69] Vgl. z.B. H. Meyer u.a., Dokumente wachsender Übereinstimmung. Sämtliche Berichte und Konsenstexte interkonfessioneller Gespräche auf Weltebene, Bd. I: 1931-1982, Paderborn – Frankfurt a.M. 1983, 25.45.59f. 82.311; Bd. II: 1982-1990, Paderborn – Frankfurt a.M. 1992, 114.122.264; W.A. Bienert, Die Bedeutung der Kirchenväter (a.a.O.); K.C. Felmy, Die Orthodoxe Theologie der Gegenwart, 202f.

IM DIALOG

MIT DEM CHRISTLICHEN OSTEN

Ermöglichung und Schwierigkeiten einer gewissen *communicatio in sacris* zwischen katholischen und orthodoxen Christen

Als Papst Johannes Paul II. am 30. November 1979 den Ökumenischen Patriarchen Dimitrios I. im Phanar besuchte, bekräftigten beide, dass sie wie ihre großen Vorgänger Paul VI. und Athenagoras I. fest entschlossen sind, alles ihnen Mögliche zu tun, „um den Tag zu beschleunigen, an dem die volle Gemeinschaft zwischen der katholischen und orthodoxen Kirche wiederhergestellt ist und wir endlich gemeinsam Eucharistie feiern können".[1] Inzwischen haben beide Kirchen weitere Erfahrungen miteinander gemacht. Einerseits ist dabei sicher die Einsicht gewachsen, die jeweils andere wieder oder noch mehr als „Schwesterkirche" zu betrachten, andererseits hat sich aber auch gezeigt, dass noch beträchtliche Schwierigkeiten zu überwinden sind, bis – wie Papst Paul VI. es schon 1967 formuliert hat – „die bereits so fruchtbare Gemeinschaft, die beide Teile verbindet, voll und vollkommen wird".[2] Die jetzige Situation ist also vom „schon" und vom „noch nicht" geprägt, wobei die katholische Seite in der Bewertung der vorhandenen bzw. wieder erreichten Gemeinsamkeit optimistischer zu sein scheint als die orthodoxe. Dies hat sich auch in der katholischen Ermöglichung einer gewissen *communicatio in sacris* und den darauf folgenden orthodoxen Reaktionen gezeigt.

1. BEGRIFFSERKLÄRUNG

Vor dem Zweiten Vatikanischen Konzil spielte der Begriff *communicatio in sacris* besonders im Kirchenrecht und in der Moraltheologie eine Rolle. Die darunter verstandene und äußerst differenziert betrachtete gegen- oder einseitige Teilnahme an den gottesdienstlichen Handlungen Andersgläubiger war moralisch „dort unerlaubt, wo sie (objektiv oder auch subjektiv) das Bekenntnis der Gleichberechtigung der be-

---

[1] Text in: COst 35 (1980) 6f.
[2] Tomos Agapis. Dokumentation zum Dialog der Liebe zwischen dem Hl. Stuhl und dem Ökumenischen Patriarchat 1958-1976. Deutsche Übersetzung des Dokumentationsbandes über den Austausch von Besuchen, Dokumenten und Botschaften zwischen dem Vatikan und dem Phanar, hg. von Pro Oriente, Wien-Innsbruck 1978, Nr. 176.

treffenden Religionen oder die Gefahr des Abfalls, Ärgernisses oder der Begünstigung des Un- und Irrglaubens einschließt".[3] In diesem Sinn hat auch das Zweite Vatikanische Konzil den Begriff *communicatio in sacris* gebraucht, wobei aber darüber hinaus die Sakramentengemeinschaft in die Gottesdienstgemeinschaft einbezogen wurde.[4] Das Ökumenische Direktorium von 1967 hat schließlich noch eine weitere Neuerung gebracht; es unterscheidet zwischen der *communicatio in spiritualibus* und der *communicatio in sacris*. „Unter ‚Gemeinschaft im geistlichen Tun' (communicatio in spiritualibus) werden alle gemeinsam verrichteten Gebete, der gemeinsame Gebrauch von heiligen Dingen oder Orten und jede liturgische Gemeinschaft, die communicatio in sacris im eigentlichen und wahren Sinne, verstanden."[5] „Communicatio in sacris findet statt, wenn jemand an irgendeinem liturgischen Gottesdienst oder gar an den Sakramenten einer (anderen) Kirche oder kirchlichen Gemeinschaft teilnimmt."[6]

Im Blick auf die Eucharistie wird in der Diskussion um Gottesdienst- und Sakramentengemeinschaft vielfach auch, vor allem im westlichen Christentum, der schillernde Begriff „Interkommunion" verwandt. Seine Bedeutungsvielfalt hat die Kommission für Glauben und Kirchenverfassung des Weltkirchenrates veranlasst, ein Schema zu entwickeln, das folgende Möglichkeiten unterscheidet:

- Volle Abendmahlsgemeinschaft als Folge voller Kirchengemeinschaft;
- Mitwirkung bei der Zelebration als Interzelebration (Austausch von Amtsträgern) oder Konzelebration (mehrere Amtsträger verschiedener Kirchen gemeinsam);
- Zulassung von Gläubigen anderer Kirchen zur Kommunion. Dies kann allgemein oder irgendwie begrenzt bzw. gegenseitig oder einseitig geschehen.[7]

Innerhalb dieses Schemas wäre die Form der *communicatio in sacris*, die seit einiger Zeit zwischen katholischen und orthodoxen Christen zur Debatte steht, dem Begriff der Zulassung zuzuordnen.

[3] H. Schauf, Art. Communicatio in sacris, in: LThK² 3 (1959) 24f.
[4] Vgl. UR 8 und 15; OE 26-28.
[5] Ökumenisches Direktorium (Kirchliche Dokumente nach dem Konzil 7), Leipzig o.J., Nr. 29.
[6] Ebd. Nr. 30.
[7] Vgl. ÖR 18 (1969) 547-592.

2. EIN BLICK IN DIE GESCHICHTE: ABBRUCH DER *COMMUNIO* = VERWEIGERUNG JEGLICHER *COMMUNICATIO IN SACRIS*?

Schon in der Alten Kirche war man davon überzeugt, dass eine Eucharistiegemeinschaft nur möglich ist, wenn die Übereinstimmung mit der apostolischen Lehre und den Amtsträgern besteht; bei mangelnder Einheit in der Lehre war für einige sogar jede Gebetsgemeinschaft ausgeschlossen.[8] Bedeutete der Abbruch der vollen *communio* demzufolge immer zugleich die Beendigung der Gottesdienstgemeinschaft, so setzte sich dies doch manchmal erst viel später und nicht unbedingt generell durch. Beispielsweise ist mehrfach bezeugt, dass einige ostsyrische Bischöfe zu einer Zeit, als ihre Kirche von Historikern bereits als häretisch angesehen wurde, mit Vertretern der katholischen Kirche von Byzanz gemeinsam Eucharistie gefeiert und dabei die Kommunion empfangen haben.[9] Ebenso ist auch zwischen Rom und den östlichen Kirchen die Praxis in der Frage der Eucharistiegemeinschaft trotz abgebrochener *communio* lange Zeit schwankend geblieben. So erteilten noch im Mittelalter Päpste für Ausnahmesituationen Missionaren die Erlaubnis, mit Nichtkatholiken gottesdienstliche Gemeinschaft zu pflegen, während gleichzeitig zumeist den einfachen Gläubigen verboten wurde, dem Gottesdienst der Orthodoxen beizuwohnen und deren Sakramente zu empfangen; abgelehnt wurde die *communicatio in sacris*, wenn eine Gefahr für den Glauben bestand, großzügig gehandhabt aber, wenn dadurch vielleicht „Missionserfolge" unter den „Schismatikern" erzielt werden konnten. Selbst Anfang des 18. Jahrhunderts war die *communicatio in sacris* noch vielerorts Praxis und in der Diskussion. Verschiedene Positionen der Missionare stifteten bei den Gläubigen aber eine heillose Verwirrung, so dass sich Rom 1729 veranlasst sah, ein äußerst strenges Verbot jeder gottesdienstlichen Gemeinschaft mit nichtkatholischen Ostkirchen zu verfügen. Begründet wurde diese Entscheidung wiederum mit dem Hinweis auf Gefahren für den Glauben. Doch die Praxis zwang in der Folgezeit abermals zu Zugeständnissen, so dass im 19. und 20. Jahrhundert die alten Verbote

[8] Vgl. A. Rauch, Koinonia – zur Frage der Interkommunion. IV. Regensburger ökumenisches Symposion (17.-24.7.1972), in: US 28 (1973) 4.
[9] Vgl. L. Sako / J. Madey, Ökumenische Gestalten des ersten Jahrtausends. „Interkommunion" oder „Communicatio in sacris" zwischen Ostsyrern und Katholiken?, in: Catholica 40 (1986) 154-162.

öfters neu eingeschärft wurden. Dabei trat in der Begründung nunmehr die Überzeugung der katholischen Kirche in den Vordergrund, die einzig wahre Kirche zu sein.[10] Orthodoxerseits ist es bis in unser Jahrhundert hinein auch nicht selten vorgekommen, dass trotz grundsätzlicher Ablehnung jeglicher *communicatio in sacris* mit Nichtorthodoxen in bestimmten Fällen anders verfahren wurde.[11] Nach dem CIC von 1917 war die Rechtslage innerhalb der katholischen Kirche klar und eindeutig. Can. 1258 verbot den gläubigen Katholiken, aktiv am Gottesdienst von Nichtkatholiken teilzunehmen, räumte aber ein, dass eine passive Teilnahme aus triftigen Gründen geduldet werde, wenn keine Gefahr des Abfalls oder des Ärgernisses besteht. Daraus ging hervor, dass Katholiken die Eucharistie nicht außerhalb der katholischen Kirche empfangen dürfen. Can. 853 regelte die Zulassung zum Empfang der Eucharistie innerhalb der katholischen Kirche und erklärte, dass jeder Getaufte zugelassen werden kann und muss, wenn ihn die Rechtsordnung nicht daran hindert. Da can. 731 § 2 allgemein die Spendung eines Sakramentes an Häretiker oder Schismatiker verbot, auch wenn diese gutgläubig sind und darum bitten, bedeutete das, dass Nichtkatholiken nicht zum Empfang der Eucharistie in der katholischen Kirche zugelassen werden dürfen. An dieser Rechtslage änderte sich bis zum Zweiten Vatikanischen Konzil nicht viel. Auch für Notfälle wurden vom Heiligen Offizium auf Anfragen hin kaum Zugeständnisse gemacht. In einem Antwortschreiben des Heiligen Offiziums an den Apostolischen Visitator der Ukrainer

[10] Vgl. W. de Vries, Rom und die Patriarchate des Ostens, München 1963, 374-392; ders., Eine Denkschrift zur Frage der „communicatio in sacris cum dissidentibus" aus dem Jahre 1721, in: OstKSt 7 (1958) 253-266; A. Rauch, Koinonia (a.a.O.) 4f – Zur gegenseitigen Beeinflussung der formal getrennten Kirchen vgl. auch E.Chr. Suttner, Kirchliche und nichtkirchliche Gründe für den Erfolg abendländischer Missionare bei Christen im Osten seit dem Tridentinum, in: OstKSt 35 (1986) 135-149; ders., Wege und Abwege wechselseitigen Gebens und Nehmens zwischen Kirchen des Ostens und Westens nach dem Abbruch der Communio, in: OstKSt 36 (1987) 123-153.

[11] Vgl. A. Basdekis, Gesetz oder Philantropia? Gemeinschaft in den Sakramenten und im Gottesdienst zwischen „Akribeia" und „Oikonomia". Ein orthodoxer Beitrag, in: Catholica 38 (1984) 164f und 172f; Ökonomie in der Orthodoxen Kirche. Vorlage der Interorthodoxen Vorbereitungskommission für das Große und Heilige Konzil der Orthodoxen Kirche, in: US 28 (1973) 100; B. Gardasevic, Die Gültigkeit der römisch-katholischen Sakramente bei den Orthodoxen, in: Taufe und Firmung. Zweites Regensburger Ökumenisches Symposion, hg. v. E. Chr. Suttner, Regensburg 1971, 139.

in Deutschland vom 15. November 1941 hieß es beispielsweise, dass auch in Todesgefahr die Spendung der Sakramente nur an jene zugelassen ist, die vorher ihre Irrtümer aufgegeben und das Glaubensbekenntnis abgelegt haben.[12] Das einzige Zugeständnis bestand darin, dass man in Todesgefahr sich mit dem Bekenntnis des katholischen Glaubens begnügte und keine formelle Konversion einforderte. Durch ein Monitum des Heiligen Offiziums vom 5. Juni 1948 wurde jede gottesdienstliche Gemeinschaft von Katholiken und Nichtkatholiken bei ökumenischen Zusammenkünften verboten, und in der Instruktion vom 20. Dezember 1949, die dieses Verbot wiederholte, räumte man lediglich ein, dass am Anfang und Ende solcher Zusammenkünfte das „Vaterunser" oder ein anderes katholischerseits approbiertes Gebet gesprochen werden kann.[13] Der Abbruch der *communio* vor vielen Jahrhunderten und die weitere Entfremdung schienen, wie diese bis zum Zweiten Vatikanischen Konzil geltende Praxis der katholischen Kirche zeigt, nunmehr auch jegliche *communicatio in sacris* auf unabsehbare Zeit unmöglich gemacht zu haben.

3. DAS ZWEITE VATICANUM UND DIE NACHKONZILIARE RECHTSLAGE

3.1 Aus der Diskussion des Konzils

Bei der Behandlung des Ökumenismus-Schemas setzten sich viele Bischöfe, vor allem orientalische (unierte) für eine wesentliche Erleichterung der *communicatio in sacris* mit den Orthodoxen ein.[14] Historische, ekklesiale, allgemein-theologische und pastorale Gründe sprächen für eine wesentliche Milderung der kirchlichen Bestimmungen, die letztlich nur kirchlichen Rechtes sind und darum geändert werden können und müssen.[15] Alle orientalischen Väter stimmten darin überein, dass solche Erleichterungen im Orient kaum oder gar nicht zu einer

---

[12] Vgl. M. Kaiser, Interkommunion nach dem Zweiten Vatikanischen Konzil, in: Eucharistie – Zeichen der Einheit. Erstes Regensburger Ökumenisches Symposion, hg. v. E. Chr. Suttner, Regensburg 1970, 100.
[13] Vgl. ebd., 101.
[14] Vgl. Vaticanum secundum, Bd. II: Die zweite Konzilsperiode, hg. in Zusammenarbeit mit W. Becker und J. Gülden v. O. Müller, Leipzig 1965, 556.
[15] Vgl. ebd., 648.

gleichgültigen Haltung führen würden, eine Verweigerung jedoch ein ernstes Ärgernis sei.[16] Konkret wurden folgende anzustrebende Erleichterungen genannt: Katholische und orthodoxe Christen sollten dort, wo sie vereinzelt leben, an der Eucharistiefeier der jeweils anderen Kirche teilnehmen und darin auch die Kommunion empfangen dürfen.[17] Ein weiteres Anliegen war, Ehen, die vor nichtkatholischen Geistlichen geschlossen werden, als gültig anzuerkennen; und schließlich wünschte man, dass die Patriarchalsynoden – und in Einzelfällen auch der Ordinarius – wieder das Recht erhalten, von kirchlichen Gesetzen hinsichtlich der *communicatio in sacris* zu dispensieren.[18]

In der Diskussion zum Schema über die Ostkirchen wurde ebenfalls von den meisten Rednern eine begrenzte Gewährung der *communicatio in sacris* befürwortet. Dabei vertraten die Kardinäle König und Lercaro jedoch die Ansicht, dass eine Lösung dieses Problems nicht einseitig erfolgen könne, sondern gemeinsam mit den Orthodoxen, die es ja ebenso betrifft, angestrebt werden müsse; statt in einem Konzilsschema darauf einzugehen, solle man sich darum zunächst nur auf „Voten" beschränken.[19] Einen anderen Akzent setzte Bischof Stangl, der sich kritisch über die Art äußerte, in der von der *communicatio in sacris* gesprochen wurde. Er sagte: „Dort überwiegt die Furcht vor Übertretungen, Gefahren, Missbräuchen, ja, ich möchte sagen, vor Sünden, überhaupt ein ganz ‚kanonistischer' Geist. Wenn schon Hilfen und Gnaden wie den Katholiken, so auch den Getrennten gewährt werden, dann müsste auch aus den Worten selbst Großmut und die Fülle der gütigen Liebe unseres höchsten Hirten, unseres Herrn Jesus Christus, spürbar sein."[20]

3.2 Konzilsaussagen

Im Dekret „Unitatis redintegratio" taucht der Begriff *communicatio in sacris* zunächst in Artikel 8 auf. Dort heißt es: „Man darf jedoch die Gemeinschaft beim Gottesdienst (*communicatio in sacris*) nicht als ein allgemein und ohne Unterscheidung gültiges Mittel zur Wieder-

---

[16] Vgl. ebd., 557.
[17] Vgl. ebd., 556.
[18] Vgl. ebd., 628.
[19] Vgl. Vaticanum secundum, Bd. III/2: Die dritte Konzilsperiode. Die Verhandlungen, hg. in Zusammenarbeit mit W. Becker und J. Gülden v. O. Müller, Leipzig 1967, 720 u. 734.
[20] Ebd., 736.

herstellung der Einheit der Christen ansehen. Hier sind hauptsächlich zwei Prinzipien maßgebend: die Bezeugung der Einheit der Kirche und die Teilnahme an den Mitteln der Gnade. Die Bezeugung der Einheit verbietet in den meisten Fällen die Gottesdienstgemeinschaft, die Sorge um die Gnade empfiehlt sie indessen in manchen Fällen."[21] Die Artikel 14 bis 18 sind der besonderen Betrachtung der orientalischen Kirchen gewidmet. Hier wird in Artikel 15 gesagt: „Da nun diese Kirchen trotz ihrer Trennung wahre Sakramente besitzen, vor allem aber in der Kraft der apostolischen Sukzession das Priestertum und die Eucharistie, wodurch sie in ganz enger Verwandtschaft bis heute mit uns verbunden sind, so ist eine gewisse Gottesdienstgemeinschaft (*communicatio in sacris*) unter gegebenen geeigneten Umständen mit Billigung der kirchlichen Autorität nicht nur möglich, sondern auch ratsam."[22] Art. 26 des Dekrets „Orientalium Ecclesiarum" nennt die theologischen Voraussetzungen für eine *communicatio in sacris* und deutet die geschichtlichen Wandlungen der Praxis kurz an. Er beginnt mit einer negativen Formulierung: „Wenn eine *communicatio in sacris* die Einheit der Kirche verletzt oder wenn sie eine formale Bejahung einer Irrlehre, die Gefahr eines Glaubensabfalles, eines Ärgernisses oder religiöser Gleichgültigkeit in sich birgt, dann ist sie durch göttliches Gesetz verboten."[23] Nach diesem Grundsatz, der auch in den getrennten östlichen Kirchen gilt, wird jedoch die Seelsorgepraxis in Erwägung gezogen, die immer wieder in bestimmten Notfällen eine mildere Handlungsweise als angebracht erscheinen ließ. In den Richtlinien, die in Artikel 27 folgen, fällt ein gravierender Unterschied auf: Für die Ostchristen genügt als Voraussetzung für die Zulassung zum Empfang der Buße, der Eucharistie und der Krankensalbung in der katholischen Kirche, dass „sie von sich aus darum bitten und recht vorbereitet sind"; Katholiken dagegen dürfen diese Sakramente in einer orthodoxen Ostkirche nur erbitten, „sooft dazu ein ernstes Bedürfnis oder ein wirklicher geistlicher Nutzen rät und der Zugang zu einem katholischen Priester sich als physisch oder moralisch unmöglich herausstellt".[24] Den Orthodoxen wird offenbar also die Teilnahme an den Sakramenten der katholischen Kirche unbeschränkter gestattet als

[21] Approbierte Übersetzung nach: Die Beschlüsse des II. Vatikanischen Konzils, hg. von Th. Schmitz, Leipzig 1985, 152.
[22] Ebd., 156f.
[23] Ebd., 140.
[24] Ebd., 141.

umgekehrt. Dies bestärkt den Eindruck, dass es sich hierbei um eine einseitige katholische Entscheidung handelt, die nicht bis ins Letzte vom Prinzip der Gleichheit geprägt ist. Artikel 28 gestattet unter Wahrung der gleichen Grundsätze die außersakramentale *communicatio in sacris*, und Artikel 29 vertraut die Praxis der *communicatio in sacris* den Ortsoberhirten mit der Empfehlung an, gegebenenfalls auch die Oberhirten der getrennten Kirchen zu konsultieren. Wie sich schon bald gezeigt hat, hätte eine solche Verständigung mit den anderen Kirchen vorher geschehen müssen.

3.3 Ausführungsbestimmungen

Anderthalb Jahre nach dem Konzil, am 15. April 1967, hat das Sekretariat für die Einheit der Christen als „Richtlinien zur Durchführung der Konzilsbeschlüsse über die ökumenische Aufgabe" den ersten Teil eines Ökumenischen Direktoriums erlassen.[25] Unter den in Punkt IV erschienenen Weisungen über die *communicatio in spiritualibus* mit den getrennten Brüdern regeln die Nummern 39 bis 54 die *communicatio in sacris* mit den von Rom getrennten östlichen Christen. Ergänzende und weiterführende Aussagen sind:

- Die Normen der *communicatio in sacris* gelten für alle Katholiken jedweden Ritus, nicht nur für die Gläubigen der orientalischen katholischen Kirchen (Nr. 42).
- Die Erlaubnis zur Sakramentsgemeinschaft soll durch die katholischen Bischofskonferenzen der jeweiligen Ortskirche erst nach erfolgreichen Konsultationen mit den zuständigen orientalischen Autoritäten erfolgen, wobei auf Gegenseitigkeit zu achten sei (Nr. 24-43).
- Als hinreichende Gründe für die Teilnahme an den Sakramenten werden Notfälle und längere materielle oder moralische Unmöglichkeit, die Sakramente in der eigenen Kirche zu empfangen, genannt (Nr. 44). Dabei wird hier zwischen Katholiken und Nichtkatholiken nicht unterschieden.
- Bei der praktischen Durchführung der *communicatio in sacris* sollen sich die Katholiken an die Gewohnheiten der getrennten Orientalen halten, damit nicht Befremden oder Misstrauen geweckt wird (Nr. 45).

[25] Siehe oben, Anm. 5.

- Bei der Zulassung zur Beichte sollen beide Seiten dafür sorgen, dass nicht der Verdacht des Proselytismus entsteht (Nr. 46).
- Ein Katholik, der gelegentlich an Sonn- oder gebotenen Feiertagen die Göttliche Liturgie in einer orientalischen Kirche mitfeiert, ist nicht mehr verpflichtet, einer katholischen Messe beizuwohnen (Nr. 47). Gründe dafür können sein: öffentliches Amt oder Dienst, Verwandtschaft oder Freundschaft, Interesse. Die Beteiligung an Antworten, Liedern und Gesten ist nicht verboten; mit bischöflicher Erlaubnis kann ein Katholik im liturgischen Gottesdienst der getrennten orientalischen Brüder das Amt des Lektors ausüben. Dasselbe gilt auch umgekehrt (Nr. 50).

Am 1. Juni 1972 erließ das Sekretariat für die Einheit der Christen eine Instruktion für besondere Fälle einer Zulassung anderer Christen zur eucharistischen Kommunion in der katholischen Kirche, und am 17. Oktober 1973 folgte noch eine Erklärung zu einigen Punkten der ergangenen Instruktion.[26] In Weiterführung von Nr. 44 des Ökumenischen Direktoriums wird in Nr. 8 dieser Erklärung davon gesprochen, dass der berechtigte Grund für eine sakramentale Gemeinschaft bedeutend weiter gefasst werden kann.

3.4 Der CIC von 1983

Auch wenn der Begriff *communicatio in sacris* ausdrücklich nur ein einziges Mal im Strafrecht (can. 1365) auftaucht, so kommt das, was seit dem Zweiten Vaticanum darunter verstanden wird – nämlich jede Gottesdienstgemeinschaft einschließlich der Feier aller Sakramente –, im Kodex jedoch mehrfach zur Sprache.[27] Nach wie vor wird am grundsätzlichen Verbot der Sakramentengemeinschaft festgehalten (can. 844 § 1); die entsprechende Formulierung lässt jedoch den Eindruck entstehen, „dass die Ausnahmen von dem Verbot ebenso bedeutsam sind wie dieses selbst".[28] Die dann aufgeführten Möglichkeiten einer begrenzten Sakramentengemeinschaft bei Buße, Eucharistie und Krankensalbung (can. 844, §§ 2-5) sind eine Zusam-

---

[26] Beide Schreiben sind veröffentlicht in Bd. 17 der Reihe „Kirchliche Dokumente nach dem Konzil", Leipzig 1978.
[27] Vgl. Handbuch des katholischen Kirchenrechts, hg. v. J. Listl / H. Müller / H. Schmitz, Regensburg 1983, 641-647.
[28] Ebd., 643f.

menfassung dessen, was durch das Zweite Vaticanum und seine Ausführungsbestimmungen noch Geltung erlangt hatte, wobei der Erlass allgemeiner Bestimmungen durch einen Bischof oder eine Bischofskonferenz nachdrücklicher als zuvor von einer Beratung mit den betreffenden nichtkatholischen Autoritäten abhängig gemacht wird. Mit der Kodifizierung dieser Ausnahmeregelung hinsichtlich einer gewissen *communicatio in sacris* sind sowohl die Instruktion über die Zulassung zur Kommunion in bestimmten Fällen von 1972 als auch die 1973 dazu ergangene Erklärung gegenstandslos geworden.[29]

4. ORTHODOXE REAKTIONEN

Das Zweite Vatikanische Konzil war noch nicht zu Ende, da erhob sich orthodoxerseits schon Widerspruch gegen die im Dekret für die katholischen Ostkirchen wie im Ökumenismusdekret angebotene Möglichkeit einer auf seelsorgliche Notfälle begrenzten *communicatio in sacris* zwischen Katholiken und Orthodoxen.[30] Hätte man sich vorher mit den Kirchen des Ostens beraten, wäre das gut gemeinte Angebot sicher auf fruchtbareren Boden gefallen. So aber stieß es überall bei den Orthodoxen auf Ablehnung, einige sahen darin sogar einen geheimen und verdeckten Proselytismus. Eine negative Stellungnahme erfolgte sofort am 22. Januar 1965 durch die „Ständige Konferenz der orthodoxen Bischöfe in Nordamerika".[31] Sogar der ökumenisch weit aufgeschlossene Patriarch Athenagoras wies in einem Rundschreiben vom 11. März 1976 alle Hierarchen seines Patriarchats darauf hin, dass mit den anderen Kirchen noch keine sakramentale Gemeinschaft bestehe und Orthodoxe darum die sakramentale Gnade auch nur von einem Priester der eigenen Kirche empfangen könnten.[32] Eine positive Ausnahme innerhalb der Orthodoxie bildete allein das Moskauer Patriarchat, dessen Hl. Synod am 16. Dezember 1969 beschloss, „klarzustellen, dass in Fällen, da Altgläubige und Katholiken sich um Zulassung zu den heiligen Sakramenten an die Orthodoxe Kirche wenden,

[29] Vgl. ebd., 644f.
[30] Vgl. H.M. Biedermann, Orthodoxe und Katholische Kirche heute. Etappen des Gesprächs in den letzten 20 Jahren, in: Catholica 33 (1979) 18.
[31] Text bei: N. Thon, Quellenbuch zur Geschichte der Orthodoxen Kirche (Sophia 23), Trier 1983, 524-526.
[32] Vgl. H.M. Biedermann, Orthodoxe und Katholische Kirche (a.a.O.), 19f.

dieses Verlangen nicht zu hindern ist".³³ Auf Anfragen von Pressevertretern sah sich Metropolit Nikodim von Leningrad und Nowgorod veranlasst zu erklären, dass eine solche Zulassung von Altgläubigen, die eine dreigestufte Hierarchie besitzen, und römischen Katholiken nur für Notfälle gedacht sei, wobei berücksichtigt werde, dass die orthodoxe und die römisch-katholische Kirche in der Sakramentenlehre übereinstimmen und die Wirksamkeit der in ihnen vollzogenen Sakramente gegenseitig anerkennen. Seiner Meinung nach müsste dieser Beschluss die brüderlichen Beziehungen zwischen den betroffenen Kirchen festigen und den Weg zur ersehnten Einheit im Bekenntnis erleichtern.³⁴ In einer weiteren Stellungnahme, die das Westeuropäische Exarchat der Russischen Orthodoxen Kirche abgab, wurde darüber hinaus noch betont, dass die erwähnte Maßnahme in keiner Weise eine allgemeine Interkommunion ermögliche, nur innerhalb der Sowjetunion gelte und in den Bereich dessen falle, was man im orthodoxen Kirchenrecht als „Ökonomie" bezeichne.³⁵ Obwohl die vom Moskauer Patriarchat gewährte *communicatio in sacris* nur einseitig – d.h. ohne jegliche Geltung für orthodoxe Christen – und auch sonst äußerst begrenzt war, erklärten die Kirche von Hellas und der alexandrinische Patriarch Nikolaos VI. sofort ihr Befremden über diese Entscheidung. Anlass ihres Protestes war nicht nur der durch irrtümliche Mitteilung der Presse entstandene Eindruck, dass Moskau bedingungslos der sakramentalen Interkommunion mit den Katholiken zugestimmt habe, sondern auch die Tatsache, dass die Russische Orthodoxe Kirche allein gehandelt und nicht einen Beschluss der ganzen Orthodoxie abgewartet hat.³⁶ Überraschenderweise hat das Moskauer Patriarchat seine Entscheidung von 1969 am 29. Juli 1986 wieder rückgängig gemacht. In der Erklärung des Hl. Synods heißt es, dass die auf der Grundlage der Ökonomie ermöglichte Praxis keine Entfaltung erfahren habe und bis zu einer Entscheidung durch die gesamte Orthodoxie zurückzustellen sei.³⁷ Sicher hat nicht nur ein eventuell mangelhafter Gebrauch dieser Möglichkeit zu ihrer Zurücknahme geführt; ausschlaggebender dürften die zunehmende Kritik aus anderen orthodoxen Kirchen und

---

33 Text bei: N. Thon, Quellenbuch, 526; auch in: SOrth 1970, H. 2, S. 5.
34 Text in: SOrth 1970, H. 5, S. 9.
35 Text bei: N. Thon, Quellenbuch, 528.
36 Texte ebd., 526f.
37 Vgl. SOrth 1986, H. 11, S. 14.

die zu diesem Zeitpunkt feststellbare allgemeine Verschlechterung des Verhältnisses zwischen der Orthodoxie (speziell auch der russischen) und der römisch-katholischen Kirche gewesen sein. Letzteres zeigte sich u.a. an den Schwierigkeiten, die bei der vierten Plenarsitzung der gemeinsamen internationalen katholisch-orthodoxen Dialogkommission vom 29. Mai bis 7. Juni 1986 in Bari offen zutage traten,[38] wie auch an manchen Äußerungen, die anlässlich des 40. Jahrestages der im Gebiet der Sowjetunion erfolgten Eingliederung der mit Rom unierten ukrainischen Kirche ins Moskauer Patriarchat zu hören waren.[39]

Die derzeit offene Haltung der Gesamtorthodoxie zur Frage einer gewissen *communicatio in sacris* mit den Katholiken kommt in einem Text zum Ausdruck, der jüngst von einer Gemeinsamen Kommission der griechisch-orthodoxen Metropolie und der römisch-katholischen Kirche in Deutschland erarbeitet worden ist. Darin heißt es, dass man sich orthodoxerseits die katholische Regelung nicht aneignen kann, da der Empfang der Eucharistie die Fülle des gesamten kirchlichen Lebens voraussetze und diese noch nicht erreicht sei. Außerdem wird eine Berufung auf das Prinzip der „Ökonomie" mit der Begründung zurückgewiesen, dass dieses nicht angewendet werden darf, wenn es sich um eine generelle Regelung für Sondersituationen (Diaspora u.ä.) handle.[40]

Ist das römische Angebot einer gewissen *communicatio in sacris* in der Orthodoxie auch auf Ablehnung gestoßen, so gibt es doch eine unter den sogenannten „altorientalischen" oder „vorchalcedonensischen" Kirchen, die inzwischen einen anderen Weg eingeschlagen hat: die Syrische Orthodoxe Kirche. Am 23. Juni 1984 unterzeichneten ihr Oberhaupt, der in Damaskus residierende Patriarch von Antiochien und

---

[38] Vgl. den Wortlaut des Schlusskommuniques, in: Kathpress-Dokumentation vom 11.6.1986, S. 8f. Vgl. auch W. Hryniewicz, Der Dialog ist ein heiliges Werk. Überlegungen nach der Session von Bari, in: OstKSt 35 (1986) 319-337. – Dass der Dialog zwischen Orthodoxie und römisch-katholischer Kirche nicht unbeeinträchtigt voranschreitet, geht ebenfalls aus dem Beschlusstext „Die Beziehungen der Orthodoxen Kirche zur gesamten christlichen Welt" hervor, der auf der III. Vorkonziliaren Panorthodoxen Konferenz vom 28. Oktober bis 6. November 1986 als eine der Vorlagen an das Hl. und Große Konzil verabschiedet worden ist. Er findet sich in: US 42 (1987) 7-12 (vgl. bes. 10f).

[39] Vgl. SOrth 1986, H. 10, S. 2, 8-10, und H. 11, S. 24-39.

[40] Vgl. Die Eucharistie der einen Kirche. Dokumente des katholisch-orthodoxen Dialogs auf deutscher und auf internationaler Ebene, hg. vom Sekretariat der Deutschen Bischofskonferenz, Bonn 1989, 16.

dem ganzen Osten, Mar Ignatius Zakka I. Iwas, und Papst Johannes Paul II. in Rom eine gemeinsame Erklärung von weitreichender Bedeutung.[41] Darin bescheinigten sich beide Seiten nicht nur, in christologischen und ekklesiologischen Fragen schon eine beträchtliche Übereinstimmung erzielt zu haben, es wurde auch gegenseitige pastorale Hilfe vereinbart. Dazu gehört u.a., dass Gläubige beider Schwesterkirchen, auch wenn zu einer gemeinsamen Eucharistiefeier noch die vollständige Glaubensidentität fehlt, in Notfällen die Sakramente der Buße, der Eucharistie und der Krankensalbung von Priestern der anderen Kirche empfangen können.[42] Damit hat zum ersten Mal eine östliche Kirche, die nicht in völliger Gemeinschaft mit Rom steht, die katholischerseits angebotene Möglichkeit einer begrenzten *communicatio in sacris* ganz ausgeschöpft. Leider ist diese erstaunliche beiderseitige Übereinkunft unter Ökumenikern bisher viel zu wenig beachtet worden.

5. VERSCHIEDENE AUFFASSUNGEN

5.1 Die katholische Position[43]

Die Ermöglichung einer gewissen *communicatio in sacris* zwischen Katholiken und Orthodoxen resultiert aus Einsichten, die auf dem Zweiten Vatikanischen Konzil neu gewonnen worden sind. Davor verstand sich die katholische Kirche als die einzig wahre Kirche Jesu Christi, während alle anderen christlichen Gemeinschaften in ihren Augen nichts anderes als häretische oder schismatische Sekten waren. Diesem Verständnis entsprach auch die Exkommunikation als Ausschluss von jeder Sakramentsgemeinschaft mit dem Ziel, durch diese Strafe die getrennten Christen zur Rückkehr in die katholische Kirche zu bewegen. Auf dem Konzil hat sich jedoch eine neue Ekklesiologie durchgesetzt, der zufolge auch einige der nichtkatholischen Gemeinschaften als Kirchen anerkannt werden. Damit aber kann die Wiederherstellung der

---

[41] Text in: US 39 (1984) 341-344. Vgl. dazu J. Madey, Die ökumenische Relevanz der von Papst Johannes Paul II. und Patriarch Ignatius Zakka I. geschlossenen zwischenkirchlichen Vereinbarung, in: Catholica 40 (1986) 139-153.
[42] Vgl. den Text in: US 39 (1984) 344.
[43] Vgl. M. Kaiser, Interkommunion nach dem Zweiten Vatikanischen Konzil (a.a.O.), 104-108; Handbuch der Ökumenik III/2, hg. v. H. J. Urban und H. Wagner, Paderborn 1987, 239-245.

Einheit nicht mehr einfach als Rückkehr in die katholische Kirche verstanden werden, so dass die Exkommunikation als Beuge- und Besserungsstrafe ihren inneren Sinn verloren hat.

Zu denen, die als Kirchen angesehen werden, gehören vor allem die orientalischen Christen. Mit ihnen sieht sich die katholische Kirche ganz eng verbunden, weil sie „wahre Sakramente besitzen, vor allem aber in der Kraft der apostolischen Sukzession das Priestertum und die Eucharistie".[44] Obwohl die vollkommene Einheit noch nicht verwirklicht ist, ermöglicht diese Sicht doch eine gewisse *communicatio in sacris*.

Einerseits hält die katholische Kirche freilich nach wie vor daran fest, dass die Sakramente Zeichen der Einheit sind und eine volle Eucharistiegemeinschaft nur bei voller Kirchengemeinschaft möglich ist. So verbietet can. 908 des neuen CIC katholischen Priestern auch weiterhin jegliche Konzelebration der Eucharistie mit nichtkatholischen Amtsträgern, selbst wenn diese nach katholischer Auffassung gültig geweiht sind.[45] Andererseits ist sie aber auch der Überzeugung, dass die Sakramente – und besonders die Eucharistie – als Mittel der Gnade dem Heil des Einzelnen dienen und nicht ohne rechtmäßigen Grund einem Glaubenden verwehrt werden sollen.[46] Insofern die Zulassung zur Kommunion in besonderen Fällen bei entsprechenden Voraussetzungen auf einzelne Christen beschränkt bleibt, wird aus katholischer Sicht der enge Zusammenhang zwischen Kirche und Eucharistie nicht beeinträchtigt.[47]

Der zweite, mehr subjektive Aspekt – Eucharistie als Mittel der Gnade – ist dem Abendland aufgrund seiner Theologie- und Frömmigkeitsgeschichte sowie seiner Kommunionpraxis vertrauter als dem Osten. Der Streit um das rechte Verständnis des Abendmahls, der Messe und des Priesteramtes in den Zeiten der Reformation und danach hat dazu geführt, dass reformatorische Kirchen, die voneinander getrennt waren, eine begrenzte Zulassung zum Abendmahl schon dann für möglich hielten, wenn Einigkeit darüber bestand, wie man es zu verstehen habe. Seitdem wurden bei Einigungsgesprächen Mög-

[44] UR 15.
[45] Vgl. Handbuch der Ökumenik III/2, 239f; B. J. Hilberath, Abendmahlsgemeinschaft – Station auf dem Weg zur Kirchengemeinschaft? Thesen aus katholischer Sicht, in: Catholica 43 (1989) 95-116.
[46] Vgl. Handbuch der Ökumenik III/2, 241.
[47] Vgl. Nr. 4 der Instruktion des Einheitssekretariates von 1972 (a.a.O., Anm. 26), 16-19.

lichkeiten und Form eventueller Interkommunion von bestimmten Bedingungen abhängig gemacht, die erfüllt sein müssen; und diese Einstellung hat sich auch auf die katholische Sakramentsauffassung ausgewirkt.[48] Durch päpstliche Verlautbarungen gefördert, wurde außerdem in diesem Jahrhundert der Kommunionempfang immer häufiger; die Intensität der persönlichen Vorbereitung auf den Empfang der Kommunion dagegen nahm ab, die Bedingungen wurden erleichtert.

5.2 Die orthodoxe Position[49]

Wie die Orthodoxie über das katholische Angebot einer gewissen *communicatio in sacris* denkt, hat einer ihrer Theologen, Anastasios Kallis, in folgender Weise zum Ausdruck gebracht: „Die Argumentation des II. Vatikanums kann von den Orthodoxen nicht akzeptiert werden, denn das Konzil operiert mit einem Gültigkeitsschema, das eine Verkürzung der Ekklesiologie bedeutet. Das läuft in der Praxis darauf hinaus, dass – wie es einmal John Meyendorff formulierte – Katholiken bei den Orthodoxen die Eucharistie empfangen dürfen, nicht jedoch auf die Predigt hören sollten. Gemeint ist die Trennung zwischen Wahrheit und Eucharistie. Es kann nicht Koinonia geben nur aufgrund ‚gültiger Weihen', die dadurch zu einem autonomen Gegenstand erhoben und von der Fülle der Kirche losgelöst werden. Darin besteht die Tragik unserer Situation, dass wir uns über den Inhalt der Fülle nicht einig sind. Es hilft uns nicht, diese Situation der Spaltung zu ignorieren oder privat die theologischen Differenzen als zweitrangig zu betrachten und eine Eucharistietheologie zu entwickeln, die der eucharistischen Ekklesiologie zuwiderläuft. Das Nein der Orthodoxie bedeutet weder einen Konservatismus noch eine antiökumenische Gesinnung, sondern ökumenische Verantwortung."[50] Solange man sich noch nicht über alle wesentlichen Elemente, die zur Fülle des kirchlichen Lebens

---

[48] Vgl. A. Rauch, Koinonia (a.a.O.), 5.

[49] Vgl. dazu besonders D. Papandreou, Orthodoxe Kriterien kirchlicher Einheit, in: US 44 (1989) 115-119; Chr. Konstantinidis, Interkommunion aus der Sicht der Orthodoxie, in: Eucharistie – Zeichen der Einheit, (a.a.O., Anm. 12), 86-98.

[50] H.-J. Schulz, Eucharistiegemeinschaft. Die Bedeutung der liturgischen Überlieferung für die Einheit der orthodoxen und katholischen Kirche, in: Dialog der Wahrheit. Perspektiven für die Einheit zwischen der katholischen und der orthodoxen Kirche, hg. v. A. Kallis, Freiburg 1981, 122f.

gehören, einig ist, kann es nach orthodoxer Auffassung also auch keine sakramentale Gemeinschaft geben. Wendet die Orthodoxie das kanonische Recht strikt an, kann sie in keiner Weise irgendeine Form von *communicatio in sacris* gestatten.[51] Dieses Handlungsprinzip – „Akribie" genannt – resultiert aus der Überzeugung der orthodoxen Kirche, mit dem „Leib Christi" identisch zu sein, woraus folgt, dass die anderen kirchlichen Gemeinschaften nur Häretiker oder Schismatiker sein können.[52] Daneben kennt die Orthodoxie aber noch eine zweite Handlungsweise, nämlich die der „Ökonomie", mittels derer sie in der Lage ist, in einzelnen Situationen von der strengen kanonischen Ordnung abzuweichen, ohne deren Gültigkeit infrage zu stellen. Die Ökonomie ist aber nicht wie das katholische Dispenswesen nach Art und Ausmaß rechtlich geregelt, sondern ermöglicht es der kirchlichen Autorität, aus Liebe zum Menschen in Härtefällen spontan nach einer freien Lösung zu suchen.[53] Solche Einzellösungen dürfen aber nicht als Präzedenzfälle missverstanden werden.

Da es in den westlichen Kirchen keine den beiden gegensätzlichen Verfahrensweisen „Akribie" und „Ökonomie" entsprechende Doppelmöglichkeit gibt, stoßen östliche Entscheidungen manchmal auf Unverständnis. Aber auch innerhalb der Orthodoxie besteht nicht immer Einigkeit darüber, in welcher Art und in welchem Umfang der Einsatz kirchlicher Ökonomie gerechtfertigt ist. Darum wurde 1971 ein panorthodoxes Papier zum Thema „Ökonomie" beraten und verabschiedet, das zwar keine kirchenrechtliche Verbindlichkeit beansprucht, aber doch eine in der Orthodoxie verbreitete Sicht vermittelt.[54] Darin heißt es u.a.: „Da es nur eine Kirche gibt, können alle, die ihr entfremdet sind, als solche betrachtet werden, die auf verschiedenen Sprossen ein und derselben Leiter stehen, die zu ihr zurückkehren. Noch genauer könnten wir sagen, dass der Heilige Geist in gar mannigfacher Weise auf andere Christen einwirkt, je nach dem Grad ihres Glaubens und ihrer Hoffnung. Es ist infolgedessen klar, dass Christen außerhalb der Kirche, sogar dann, wenn sie ihren Glauben nicht rein und unversehrt erhalten, trotzdem durch ihre unerschütterliche Hoffnung auf Christus

[51] Vgl. A. Basdekis, Gesetz oder Philantropia? (a.a.O.), 158-164.
[52] Vgl. D. Papandreou, Orthodoxe Kriterien kirchlicher Einheit (a.a.O.), 118.
[53] Vgl. E. Chr. Suttner, „Ökonomie" und „Akribie" als Normen kirchlichen Handelns, in: OstKSt 24 (1975) 20.
[54] Text in: US 28 (1973) 93-102.

mit ihm verbunden sind."[55] Weiterhin wird in einem geschichtlichen Überblick gezeigt, dass die orthodoxe Kirche gegenüber den von ihr getrennten Christen immer wieder auf großzügige Weise von der Ökonomie Gebrauch gemacht hat; daraus könne man ableiten, „dass dieselbe Praxis ... ebenso in Zukunft die Beziehungen der orthodoxen Kirche zu den anderen Kirchen und Konfessionen ordnen wird. Das wird solange fortdauern, bis die verschiedenen Kirchen und Konfessionen zusammenkommen und sich in der einen, heiligen, katholischen und apostolischen Kirche vereinigen; aber dann wird in ihren Beziehungen nicht mehr irgendeine Form einer Ökonomie im Sinne einer zeitweiligen Regelung für eine Ausnahmesituation in Kraft sein. Dann wird es nur die Akribie des einen Glaubens geben als Ausdruck eines unteilbaren Ganzen in der Richtigkeit von Glauben und Leben."[56] Zu den positiven Ergebnissen, die für die orthodoxe Kirche als erstrebenswert hingestellt werden, gehört auch, „in aller Ehrlichkeit die in der Vergangenheit und auch in neuerer Zeit geschaffenen Gegebenheiten in und außerhalb der Orthodoxie anzuerkennen im Blick auf eine aufgrund der Ökonomie zu erstrebende Anerkennung der Sakramente Andersgläubiger auf der Basis der kanonischen Praxis der Kirche".[57]

Auf der Grundlage der Ökonomie könnte die Orthodoxie ihre Beziehungen zu den anderen christlichen Kirchen und Gemeinschaften regeln, auch in der Frage einer gewissen *communicatio in sacris*. Dieser sowohl von der rumänischen als auch der russischen und südslawischen Orthodoxie unterstützten Auffassung ist im Zusammenhang mit dem Dokument über die Ökonomie und schon vorher vor allem griechischerseits widersprochen worden. Die Kritik richtet sich u.a. dagegen, die Ökonomie, die von Anfang an geübt worden sei, nun zu definieren bzw. „in ihr das alleinige Heilmittel für alle Übel im kirchlichen Leben" zu „sehen", so „dass diese Institution zur Hacke werden könnte, die allmählich die eigentlichen Grundlagen der Kirche untergräbt."[58] Bevor die Orthodoxie noch nicht konziliar die Frage nach dem ekklesialen Status der anderen Christen entschieden habe, sei es wenig sinnvoll, für die Beziehungen zu ihnen schon jetzt die Anwendung der Ökonomie zu verfügen. Wie bisher solle vielmehr den

---

[55] Ebd., 99f.
[56] Ebd., 101.
[57] Ebd., 101f.
[58] Vgl. E. Chr. Suttner, „Ökonomie" und „Akribie" (a.a.O.), 24f.

örtlichen Gegebenheiten entsprechend jeweils individuell eine Lösung gesucht werden.[59] Das eigentliche Problem scheint also darin zu bestehen, dass die orthodoxe Kirche die faktische Existenz aller Kirchen und Konfessionen zwar anerkennt, das Verhältnis zu den von ihr getrennten Christen aber ekklesiologisch noch nicht neu bewertet hat. Erst wenn dies geschehen ist, könnte die Ökonomie im Bemühen, die Einheit der Kirchen zu bewahren oder wiederherzustellen, ein akzeptables Prinzip werden.[60]

6. GERECHTFERTIGT?

Wenn es schon so schwierig ist, sich zu einer gewissen *communicatio* in bestimmten Notfällen durchzuringen, wie lange wird es dann erst noch dauern, bis die Eucharistie von Katholiken und Orthodoxen eventuell einmal gemeinsam gefeiert werden kann? Darum sollten beide Kirchen auch bedenken, was Metropolit Damaskinos Papandreou folgendermaßen formuliert hat: „Daher haben wir die gemeinsame Aufgabe zu prüfen, ob und inwiefern die Unterschiede zwischen Ost und West eine gegenseitige Kommunikationsverweigerung rechtfertigen ... Ich denke, man muss in der Tat auch von der anderen Seite her fragen, nicht nur: ‚Dürfen wir miteinander kommunizieren?‘, sondern auch: ‚Dürfen wir einander die Kommunion verweigern?‘ Denn auch dies darf doch nur geschehen, wenn wirklich das Wesentliche des Glaubens und der Kirchenordnung dazu zwingt. Geschieht es ohne einen derartigen zwingenden Grund, machen wir uns schuldig."[61]

---

[59] Vgl. ebd., 25.
[60] Vgl. D. Papandreou, Orthodoxe Kriterien kirchlicher Einheit (a.a.O.), 118f; A. Basdekis, Gesetz oder Philantropia? (a.a.O.), 163f.
[61] H.-J. Schulz, Eucharistiegemeinschaft (a.a.O.), 100f.

Die katholische Firmpraxis
angesichts orthodoxer Bedenken

Seit geraumer Zeit wird in der katholischen Kirche zum Teil recht kontrovers und emotional darüber diskutiert, welches wohl das geeignetste Firmalter sei, und vielfach dafür plädiert, es möglichst weit heraufzusetzen.[1] Demgegenüber tragen orthodoxe Anfragen an die katholische Firmpraxis einen ganz anderen Akzent. Das kam vor allem 1984 und in den folgenden Jahren zum Ausdruck, als die Gemeinsame Internationale Kommission für den theologischen Dialog zwischen der Römisch-katholischen und der Orthodoxen Kirche über die Initiationssakramente beriet und es orthodoxerseits als problematisch bezeichnet wurde, dass im Abendland die Firmung zeitlich von der Taufe getrennt sei, die Erstkommunion sich weithin dazwischengeschoben habe und sonderbarerweise nach der Taufe zweimal – zunächst durch den Priester und Jahre später dann durch den Bischof – mit Chrisam gesalbt werde.[2] Ausgangspunkt und Maßstab dieser Beanstandungen ist die – einst Ost wie West gemeinsame und bis heute die orthodoxe Praxis auch im Blick auf Säuglinge bestimmende – altkirchliche Auffassung von der Einheit der Initiation, wonach die Firmung die Taufe vollendet und die Eucharistie den krönenden Abschluss bildet. Unerheblich bleibt dabei, dass die Firmung einige Zeit recht unterschiedlich erfolgte: durch Handauflegung oder Ölsalbung bzw. durch beides.

Sicher erscheint es erst einmal als hilfreich zu bedenken, wie, wann und warum es wohl zu den lateinischen Besonderheiten gekommen ist.[3] Erste Anzeichen für eine Lösung der Firmung vom übrigen Taufgeschehen gibt es bereits aus dem 4. Jahrhundert. Die Sitte, auch Säuglinge zu taufen, wird – nicht ohne Einfluss der sich profilierenden

---

[1] Vgl. K. Koch, Das angemessene Firmalter: ein Schmelztiegel von Problemen. Sakramententheologische Überlegungen zu einer nicht nur pastoralen Frage, in: AnzSS 105 (1996) 223-229 u. 279-286.

[2] Vgl. A. Plamadeala, in: ROCN 14 (1984) 38-44.

[3] Vgl. dazu G. Kretschmar, Art. Firmung, in: TRE 11 (1983) 192-204; B. Neunheuser, Taufe und Firmung (HDG 4,2), Freiburg-Basel-Wien 1983; A. Heinz, Die Feier der Firmung nach römischer Tradition, in: LJ 39 (1989) 67-88; B. Kleinheyer, Sakramentliche Feiern I. Die Feiern der Eingliederung in die Kirche (GDK 7,1), Regensburg 1989.

Erbsündenlehre – immer mehr zur Regel. Jeder soll so früh wie möglich „gerettet" werden und nicht erst bis zum allgemeinen Tauftermin warten müssen. Zugleich entstehen im Umfeld der Bischofskirchen zahlreiche Filialgemeinden, denen „nur" ein Priester vorsteht. Dort kann nun auch getauft – und im Osten sogar anschließend durch diesen weiterhin gefirmt – werden; im Westen jedoch bleibt die Handauflegung oder Salbung dem zuständigen Bischof als dem Garanten für die Einheit der Ortskirche vorbehalten und rückt damit in einen zeitlichen Abstand zur ersten Stufe der Initiation. Der Kontakt jedes Einzelnen zum Bischof wurde für wichtiger gehalten als der ursprüngliche Zusammenhang des ganzen Aufnahmevorgangs. Die Anerkennung von durch Laien in Notsituationen oder durch Häretiker außerhalb der kirchlichen Gemeinschaft gespendeten Taufen als gültig hat diese Entwicklung noch verstärkt; zur vollständigen Eingliederung war in diesen Fällen meist nur noch die bischöfliche Handauflegung nötig. Bereits im Jahre 416 grenzte Papst Innozenz I. ausdrücklich die Vollmacht des Bischofs zu firmen von der Zuständigkeit des Priesters für die Taufe ab.[4] Wenn jahrhundertelang auch noch – wie die liturgischen Bücher zeigen – die Zugehörigkeit der Firmung zum Taufvorgang im Bewusstsein blieb, so nahm die Verselbständigung und Ausprägung dieses Sakraments doch immer mehr zu. Ein Beispiel dafür sind die seit dem 12. Jahrhundert aufkommenden eigenständigen Firmritualien. Versuche, die Firmung bis zum „Unterscheidungsalter" aufzuschieben, setzten am Ende des 13. Jahrhunderts ein und führten schließlich zur nachtridentinischen Festlegung auf das 7. bis 12. Lebensjahr.[5] Dennoch wurde mancherorts auch weiterhin unterhalb dieses Alters gefirmt. Infolge aufklärerischer Ideen hat dann in den letzten zwei Jahrhunderten der Trend zugenommen, das Firmalter noch mehr heraufzusetzen. Damit soll denen, die als Säuglinge getauft wurden, ermöglicht werden, eine bewusste Glaubensentscheidung nachzuholen.

Mit der zeitlichen Trennung der Firmung von der Taufe kam es allmählich auch dazu, dass die ursprüngliche Reihenfolge der Initia-

---

[4] Vgl. DH 215; PL 20,554f.
[5] Vgl. B. Kleinheyer, Sakramentliche Feiern, 209 u. 218f.; A. Adam / R. Berger, Pastoralliturgisches Handlexikon, Leipzig 1982, 148; P. Fransen, Art. Firmung. VI. Firmungsalter, in: LThK² 4 (1960) 151. – Irrtümlich verlagern einige Autoren die Vorschrift eines Mindestalters von 7 Jahren bereits ins 3. Jahrhundert: z.B. K. Koch, Das angemessene Firmalter (a.a.O.), 224; T. Schneider, Zeichen der Nähe Gottes. Grundriß der Sakramententheologie, Leipzig 1982, 109.

tionssakramente durcheinandergeriet. So heißt es bereits im Anhang eines frühmittelalterlichen Sakramentars, dass bei Abwesenheit des Bischofs der Priester einem Getauften sofort auch die Kommunion reichen möge.[6] Zur selben Zeit drängte man aber ebenso noch dazu, die Firmung möglichst bald nach der Taufe zu empfangen. Die Entwicklung des 13. Jahrhunderts, sowohl Erstkommunion als auch Firmung an ein Mindestalter zu binden, brachte interessanterweise zugleich wieder eine Besinnung auf die eigentliche Abfolge dieser Sakramente. Noch 1873 oder 1932 mahnte die Römische Kurie, die Erstkommunion nicht vor der Firmung zu spenden.[7] Das muss man sich auch als unausgesprochene Voraussetzung der Bemühungen Pius' X. um eine Frühkommunion der Kinder denken.[8] Obwohl derartige disziplinäre Anweisungen zur Einhaltung der traditionellen Reihenfolge der Initiationssakramente „niemals außer Kraft gesetzt" wurden,[9] breitete sich jedoch durch die seit dem 19. Jahrhundert anwachsende Forderung nach einem höheren Firmalter die „verkehrte" Praxis immer mehr aus.

Im Gegensatz zur Entwicklung dieser abendländischen Eigentümlichkeiten ist der Brauch zweier postbaptismaler Salbungen schon in der bislang Hippolyt von Rom zugewiesenen *Traditio apostolica* aus dem frühen 3. Jahrhundert bezeugt: Zuerst werden die Getauften durch den Presbyter vermutlich am ganzen Körper und dann durch den Bischof an der Stirn gesalbt.[10] Da in beiden Fällen dasselbe Öl, über das der Bischof vorher ein Dankgebet gesprochen hat, Verwendung findet, die Aufteilung diesen offenbar angesichts größerer Katechumenenzahlen entlasten soll und Tertullian sowie Cyprian nur eine postbaptismale Salbung kennen,[11] scheint es neuerer Forschung vertretbar zu sein, den presbyteralen und den episkopalen Ölritus als zwei Stufen einer Doppel-Salbung zu verstehen.[12] Wann im Ablauf des Initiationsgeschehens nun exakt die Firmung beginnt, ist im 3. Jahrhundert noch nicht von Interesse. Im Laufe der Verselbständigung des Firmsakraments scheint die Trennlinie zur eigentlichen Taufe jedoch

[6] Vgl. B. Kleinheyer, Sakramentliche Feiern, 196.
[7] Vgl. ebd., 219f.
[8] Vgl. ebd., 219.
[9] Vgl. H. Meyer u.a. (Hg.), Dokumente wachsender Übereinstimmung, Bd. II, Paderborn-Frankfurt a. M. 1992, 551.
[10] Vgl. Hippolyt, Trad. ap. 21.
[11] Vgl. Tertullian, De resurr. mort. 8,3; De bapt. 7,1; Cyprian, Ep. 70,2.
[12] Vgl. B. Kleinheyer, Sakramentliche Feiern, 52.

allmählich zwischen den beiden postbaptismalen Salbungen gezogen worden zu sein. Dabei hat man aber nicht aufgegeben, die bald auf den Scheitel reduzierte Salbung durch den Presbyter auch weiterhin als Symbol für die grundlegende „Anfangsmitteilung des Geistes" in der Taufe anzusehen.[13] Für den Fall, dass ein Getaufter noch vor der bischöflichen Firmung starb, deutete man sie mindestens seit Ende des 5. Jahrhunderts in Rom bis ins hohe Mittelalter hinein als einen gewissen „Firm-Ersatz".[14] Heutzutage wäre es sicher angebracht, katholischerseits zu klären, in welchem Verhältnis die unmittelbar der Taufe folgende Chrisamsalbung zur Firmung gesehen wird.[15] Bemerkenswert ist jedenfalls, dass nach der jüngsten Reform der Erwachseneninitiation die sonst vorgeschriebene erste postbaptismale Salbung im Blick auf die sich hier sofort anschließende Firmsalbung entfällt.[16]

Die liturgische Erneuerung in der Römisch-katholischen Kirche nach dem Zweiten Vaticanum hat auch – durch östliche Traditionen beeinflusst – das Ideal von der Einheit der Initiation wiederbelebt und zu einigen Änderungen in der Firmpraxis geführt.[17] So folgt nunmehr gewöhnlich einer Taufe von Erwachsenen oder Kindern im Alter der Glaubensunterweisung in derselben Feier sofort in traditioneller Reihenfolge die Firmung, die jeder Priester – mit bischöflichem Auftrag – spenden kann, und die Erstkommunion. Außerdem ist die Salbungsformel des *Pontificale Romanum* durch die aus der antiochenischen Liturgie vom Ende des 4. Jahrhundert stammende und bis heute im byzantinischen Ritus übliche ersetzt worden: „Sei besiegelt durch die Gabe Gottes, den Hl. Geist." Hinsichtlich der Eingliederung kleinerer Kinder ist es freilich bei der Reglung geblieben, die Firmung allgemein – d.h. Ausnahmen sind möglich – bis zum siebten Lebensjahr aufzu-

---

[13] Vgl. B. Neunheuser, Taufe und Firmung, 135f.

[14] Vgl. G. Kretschmar, Firmung (a.a.O.), 197, mit Hinweis auf Johannes Diac., C. 14; Liber pontificalis I,171; Hrabanus Maurus, Cleric. inst. 1,28. Vgl. auch B. Kleinheyer, Sakramentliche Feiern, 208.

[15] Von einer klaren Bezogenheit sprechen z.B. A. Adam / R. Berger, Pastoralliturgisches Handlexikon, 467; E. Theodorou, in: E.C. Suttner (Hg.), Taufe und Firmung, Regensburg 1971, 145.

[16] Vgl. H. Rennings / M. Klöckener (Hg.), Dokumente zur Erneuerung der Liturgie I. Dokumente des Apostolischen Stuhls 1963-1973, Kevelaer 1983, 1125.

[17] Vgl. die Liturgische Ordnung der Firmung u. die der Eingliederung Erwachsener in die Kirche, in: H. Rennings / M. Klöckener, Dokumente zur Erneuerung der Liturgie I, 1090-1098; 1113-1154; außerdem B. Kleinheyer, Sakramentliche Feiern, 223-236 u. 247-264.

schieben. Als verbindendes Zeichen wird jedoch empfohlen, hierbei möglichst denselben Paten zu nehmen wie bei der Taufe.

Trotz weiterhin bestehender Unterschiede in der Initiationspraxis haben sich die Mitglieder der orthodox-katholischen Dialogkommission 1987 darauf verständigt, dass dies nicht kirchentrennend sein muss.[18] Dabei war auch die Besinnung hilfreich, dass schon im ersten Jahrtausend praktische oder pastorale Gründe auf beiden Seiten zu gegenseitig bekannten Veränderungen geführt haben, ohne die Communio in Frage zu stellen. Mit der erfreulichen Anerkennung der jeweils anderen Gewohnheiten sollte man sich aber noch nicht ganz zufriedengeben.[19] Die Einsicht, dass verschiedene Entwicklungen sich einfach ergaben und erst nachträglich reflektiert und gedeutet wurden, dass die pastorale Praxis sich immer wieder auch an der ursprünglichen Überlieferung und Lehre zu überprüfen hat und dass „die Firmung zu den theologisch am wenigsten geklärten Sakramenten gehört",[20] ist zugleich eine bleibende Herausforderung. Katholischerseits müsste ganz sicher überdacht werden, in welchem Verhältnis die Firmung zur Eucharistie steht und ob es nicht doch Möglichkeiten gäbe, auch nach einer Kindertaufe wenigstens wieder die richtige Reihenfolge beim Empfang dieser Sakramente anzustreben. Außerdem wäre – trotz der Tatsache, dass die Firmung im Westen nicht als heilsnotwendig angesehen wird – der Frage nachzugehen, wie eigentlich die kirchliche Stellung getaufter, aber nicht gefirmter Christen zu betrachten sei. Von der Orthodoxie hingegen wünschte man sich für die sakramental voll eingegliederten Kinder eine vielleicht noch bessere Ermöglichung dessen, was in der frühen Kirche der Taufe von Erwachsenen im Katechumenat vorausging.

[18] Vgl. das Dokument von Bari, in: Dokumente wachsender Übereinstimmung, Bd. II, 549-551.
[19] Vgl. M. Kunzler, Ist die Praxis der Spätfirmung ein Irrweg? Anmerkungen zum Firmsakrament aus ostkirchlicher Sicht, in: LJ 40 (1990) 91.
[20] K. Koch, Das angemessene Firmalter (a.a.O.), 226, mit Hinweis auf J. Daniélou, Liturgie und Bibel, München 1963, 118.

Die katholische Kirche in der Ukraine
1938–1998

Nach dem Niedergang der Kiever Rus' – jenem ostslawischen Reich des 10. bis 13. Jahrhunderts, das auch den Russen und Weißrussen als Wiege gilt – befanden sich deren ukrainische Erben bis ins 20. Jahrhundert fast immer unter fremder Herrschaft; seit dem 17. Jahrhundert waren sie sogar auf verschiedene Macht- und Kulturräume aufgeteilt.[1] In dieser wechselvollen und komplizierten geopolitischen Geschichte gehörte die Ukraine ganz oder teilweise mal zu Litauen, Polen bzw. dem vereinten Polen-Litauen, mal zu Russland, Österreich-Ungarn, Rumänien oder der Sowjetunion. Auch die 1918 ausgerufene Ukrainische Nationalrepublik hatte nur kurzen Bestand. Schon bald war die Ukraine wieder aufgeteilt: Die Zentral- und Ostukraine wurde durch die Rote Armee besetzt und geriet als „Sozialistische Sowjetrepublik" 1922 in den neugegründeten Staatsverband der UdSSR; die Westukraine mit Galizien, Wolhynien und einigen anderen Gebieten kam unter polnische Herrschaft; die Karpaten-Ukraine fiel an die Tschechoslowakei und die Nordbukowina an Rumänien. 1939 setzte noch einmal eine dramatische Umverteilung der Machtbereiche ein. Zunächst marschierten ungarische Truppen im März in der einige Monate zuvor autonom gewordenen Karpaten-Ukraine ein, und sowjetische Truppen okkupierten nach Beginn des Zweiten Weltkrieges im September die Westukraine sowie im April des folgenden Jahres die Nordbukowina. Als Deutschland 1941 jedoch die Sowjetunion angriff, bekam die Ukraine mit ihm eine neue Besatzungsmacht. Diesen Wechsel nutzten die Ukrainer, um am 30.6.1941 wiederum einen selbständigen Staat zu proklamieren. Solche Autonomiebestrebungen wurden aber auch von den Deutschen entschieden bekämpft. Ab 1943 kam es schließlich zur Rückeroberung der Ukraine durch die Sowjetarmee. Dabei gerieten 1944 die Westukraine zum zweiten Mal und die Karpaten-Ukraine erstmals unter sowjetische Herrschaft. Damit waren seitdem – paradoxerweise infolge Stalinscher Expansionspolitik – fast alle ukrainischen Gebiete wieder vereinigt, aber nicht in einem freien und souveränen Staat.

[1] Vgl. dazu bes. A. Kappeler, Kleine Geschichte der Ukraine, München 1994; F. Golczewski (Hg.), Geschichte der Ukraine, Göttingen 1993; ferner V. Kubijovyc, Art. Ukrainer, in: LThK² 10 (1965) 449-451.

Kirchengeschichtlich bedeutsam wurde, dass die Ukraine immer am geographischen Schnittpunkt zwischen Ost und West lag und sowohl byzantinische wie lateinische Einflüsse in sich aufnahm und verarbeitete.² Jahrhundertelang unter der Jurisdiktion Konstantinopels, seit 1686 dem Moskauer Patriarchat unterstellt und kurzzeitig ab 1918 sowie noch einmal ab 1942 im selbsterklärten Status kirchlicher Autokephalie, gehörte sie zwar weitgehend der Orthodoxie an, behielt aber auch Rom im Blick und hatte manche Beziehungen dorthin. Diese wurden besonders 1595/96 intensiviert, als es zwischen einem Teil der ukrainisch-weißrussischen Christen im Königreich Polen-Litauen und Rom zum Abschluss der sog. Union von Brest-Litovsk, der zweifellos wichtigsten aller derartigen Unionen, kam.³ Die daraus hervorgegangene Griechisch-Katholische Kirche setzte sich bis zum Anfang des 18. Jahrhunderts im ganzen polnischen Staat durch, verlor die meisten ihrer Gläubigen jedoch wieder durch dessen Teilungen 1772, 1793 und 1795. In allen Gebieten, die an Russland fielen, folgte schon bald ihre Unterdrückung und – spätestens 1839 und 1875 – ihre Eingliederung in die Orthodoxie; nur in Galizien, das an Österreich geraten war und 1919 von Polen erobert wurde, konnte sie sich noch weiterentwickeln und halten.⁴ Dort wurde 1807 die alte Metropolie Halyč – mit Sitz in Lemberg (L'viv) – wiedererrichtet und eine neue Kirchenstruktur geschaffen. Einen besonderen Aufschwung erfuhren die Unierten durch ihren Metropoliten Andrej Graf Šeptyc'kyj von 1900 bis 1944; seine Bedeutung als Seelsorger, Organisator, Patriot, Mäzen und Kirchenpolitiker ist kaum zu überschätzen.⁵ Eine weitere

² Vgl. den kirchengeschichtlichen Überblick in: Ukraine. Ihre christlichen Kirchen vor dem Hintergrund der Geschichte in Hoffnung und Spannung, hg. v. Kirche in Not/Ostpriesterhilfe (Christentum in Osteuropa 3), München 1993, 39–60.

³ Sämtliche Dokumente bei G. Welykyi (Hg.), Documenta Unionis Berestensis eiusque auctorum, Roma 1970. Zum Zustandekommen der Union und ihrer Folgegeschichte vgl. J. Madey, Kirche zwischen Ost und West. Beiträge zur Geschichte der Ukrainischen und Weißruthenischen Kirche, München 1969; zur aktuellen Diskussion über us O. Turij / G. Stricker, Die Union von Brest 1595/96. Entstehung und Historische Hintergründe, in: G2W 25 (1997) Nr. 4, 11-16.

⁴ Vgl. z.B. E.C. Suttner, Österreichs Politik gegenüber der griechisch-katholischen Kirche Galiziens, in: ders., Kirche und Nationen. Beiträge zur Frage nach dem Verhältnis der Kirche zu den Völkern und der Völker zur Religion (ÖC 46, 1+2),Würzburg 1997, 333-346.

⁵ Vgl. bes. G. Prokoptschuk, Metropolit Andreas Graf Scheptyćkyj. Leben und Wirken des großen Förderers der Kirchenunion, München ²1967; J. Madey, Kirche zwischen Ost und West, 174-199.

griechisch-katholische Tradition, die auch von Einfluss auf die Ukraine war und vor allem das Karpatengebiet mitgeprägt hat, geht auf die 1646 zustande gekommene Union von Užhorod zurück.[6] Seit dem 17. Jahrhundert wurde das unierte Spektrum schließlich noch durch eine Gruppe von Armeniern ergänzt, die ihr Zentrum in Lemberg hatten. Die Anfänge lateinischer Seelsorge in der Ukraine reichen bis ins 13. Jahrhundert zurück, als bereits zahlreiche deutsche und polnische Siedler in Galizien und Wolhynien eingewandert waren und Religionsfreiheit gewährt bekamen. Für diese konnten im 14. und 15. Jahrhundert einige lateinische Bistümer mit Halyč als Erzbistum und Metropolie an der Spitze – 1412 nach Lemberg verlegt – errichtet werden. Aufgrund verschiedener Veränderungen wurde diese Kirchenprovinz dann 1925 noch einmal neu geordnet.[7]

Im Vorfeld (1938) der sowjetischen Annektionen war die Ukrainische Griechisch-Katholische Kirche Galiziens in das Erzbistum Lemberg mit den Suffraganbistümern Stanislaviv und Przemyśl sowie die Apostolische Administratur des Lemkenlandes gegliedert. Sie verfügte über 2.387 Pfarreien, 31 Klöster sowie 121 Konvente und religiöse Häuser und hatte 8 Bischöfe, 2.352 Welt- und 143 Ordenspriester, 480 Seminaristen sowie 315 männliche und 932 weibliche Ordensmitglieder. Dabei gehörten ihr (1943) insgesamt 3.587.000 Gläubige an.[8] Die Lateiner hingegen, die sich vor allem aus Polen und teilweise auch Litauern zusammensetzten, besaßen (1939) das Erzbistum Lemberg mit den Suffraganbistümern Luck und Przemyśl, verfügten über 416 Pfarreien und hatten bei 987.000 Gläubigen 795 Welt- und 279 Ordenspriester. Das armenisch-unierte Erzbistum Lemberg schließlich zählte 5.200 Gläubige, 8 Pfarreien und 24 Priester.[9] Außerdem ist noch das Gebiet der Karpaten-Ukraine, das dann ebenfalls an die Sowjetunion fiel, von Interesse. Auf ihm befand sich das griechisch-katholische Bis-

---

[6] Zu ihrer Geschichte vgl. M. Lacko, Die Union von Užhorod (1646), in: W. de Vries, Rom und die Patriarchate des Ostens, Freiburg-München 1963, 114-131; in Ergänzung dazu auch G. Adriányi, Geschichte der Kirche Osteuropas im 20. Jahrhundert, Paderborn u.a. 1992, 43f.

[7] Vgl. J. Kopiec, Art. Lemberg, in: LThK³ 6 (1997) 807-809; J. Madey, Kirche zwischen Ost und West, 16-18.

[8] Vgl. dazu mit noch detaillierteren Angaben B.R. Bociurkiw, The Ukrainian Greek Catholic Church and the Soviet State (1939-1950), Edmonton-Toronto 1996, 28-30.

[9] Vgl. B. Stasiewski, Art. Lemberg, in: LThK² 6 (1961) 940f.

tum Mukačevo mit 461.000 Gläubigen und 354 Priestern in 281 Pfarreien, 85 männlichen und weiblichen Ordensleuten in 8 Klöstern sowie 2.360 Schülern in 31 Schulen und 85 Alumnen. Daneben lebten dort u.a. auch 81.412 Katholiken des lateinischen Ritus.[10]

1. DIE UNMITTELBAREN KIRCHENPOLITISCHEN AUSWIRKUNGEN DES ZWEITEN WELTKRIEGES

Als die Westukraine am 28.9.1939 zum ersten Mal und für eine Zeit von 22 Monaten unter sowjetische Herrschaft kam, hatte die katholische Kirche bereits – nach Riten verschieden – unter einigen einschneidenden Maßnahmen zu leiden.[11] Diese richteten sich – nationalitätenpolitisch bedingt – zunächst gegen die Nicht-Ukrainer dieses Gebietes: Der lateinische Erzbischof von Lemberg, ein Pole, wurde sofort ausgewiesen und der armenische Bischofssitz verwüstet. Bis zum Juni 1941 folgten fünf große Deportationswellen von zu Staatsfeinden erklärten oder infolge der Kriegswirren zugewanderten Polen – und das heißt: lateinischen Katholiken – in die Sowjetunion. Gegenüber den unierten Ukrainern mit ihrem Metropoliten Šeptyc'kyj an der Spitze, der im ganzen Volk großes Ansehen genoss, verhielten sich die neuen Machthaber jedoch noch zurückhaltend. In Anwendung der sowjetischen Religionsgesetzgebung verboten sie aber allgemein den Religionsunterricht an Schulen, hoben alle Klöster und Seminare auf und enteigneten die Kirchen ihrer Publikationsmöglichkeiten sowie sämtlicher Güter. Einerseits blieb Metropolit Šeptyc'kyj gegenüber den Besatzern loyal, andererseits protestierte er immer wieder energisch gegen deren Schikanen und ermunterte seine Gläubigen, vor allem die Priester, zu Standhaftigkeit und außergewöhnlichem Einsatz. Die Folge davon war, dass auch eine größere Zahl unierter Priester inhaftiert, verschleppt oder ermordet wurde. Da der Lemberger Weihbischof Ivan Bucko nach Kriegsausbruch von einer Reise nach Südamerika nicht mehr in die Ukraine zurückkehren konnte, weihte der Metropolit nach Ersuchen Roms und Beauftragung durch Papst Pius XII. am 22.12.1939

---

[10] Vgl. A. Galter, Rotbuch der verfolgten Kirche, Recklinghausen 1957, 106.
[11] Vgl. bes. B.R. Bociurkiw, The Ukrainian Greek Catholic Church and the Soviet State, 32-61; A. Galter, Rotbuch der verfolgten Kirche, 89-95; J. Madey, Kirche zwischen Ost und West, 192-196; E.C. Suttner, Die katholische Kirche in der Sowjetunion, Würzburg 1992, 38f.

im Geheimen den langjährigen Rektor der Theologischen Akademie Josyf Slipyj zu seinem Koadjutor mit dem Recht der Nachfolge. Als die Deportationen ins bisherige sowjetische Gebiet zunahmen, gründete er 1940 auch einige Pfarreien in der Zentral- und Ostukraine (z.B. in Kiev, Odessa und Charkiv) und bemühte sich um Seelsorger, die den unierten Gläubigen bis nach Russland nachzogen. Um seinen Einfluss zu schwächen, versuchte der Geheimdienst schon 1941 mit erpresserischen Methoden, den Lemberger Geistlichen Havrylo Kostel'nyk in die Spalterrolle eines Gegenmetropoliten zu drängen. Doch die deutsche Besetzung der Ukraine unterbrach derartige Bestrebungen noch einmal.[12] Insgesamt hatte die Bevölkerung durch Massenverhaftungen, Erschießungen und Judenpogrome auch jetzt unsagbar zu leiden, und der Metropolit, der sich nunmehr sogar für die Juden mit engagierte und selbst zahlreiche von ihnen in seiner Residenz versteckte, prangerte erneut alles Unrecht an. Aus politischer Berechnung heraus wurde seine Autorität jedoch respektiert; man gestattete wieder Klöster und schulischen Religionsunterricht und verhinderte nicht eine eigene Seelsorge für die zu Zwangsarbeiten nach Deutschland deportierten Ukrainer.

Nachdem die Rote Armee auf ihrem siegreichen Vormarsch gegen die Deutschen im Juli 1944 in die Ukraine zurückgekehrt war und auch deren westliche Gebiete wiederum annektiert hatte, verhielten sich die sowjetischen Behörden zunächst toleranter als einige Jahre zuvor, und es schien so, als ob man – dem kriegsbedingten Kurswechsel Stalins gegenüber der russischen Orthodoxie entsprechend – die Griechischkatholische Kirche nunmehr ähnlich – statt brutal zu verfolgen – kontrolliert in den Dienst staatlicher Innen- und Außenpolitik nehmen wollte.[13] Als Metropolit Šeptyc'kyj am 1.11.1944 starb, tolerierten die staatlichen Behörden ein öffentliches Begräbnis. Ebenso konnte Josyf Slipyj noch problemlos als neuer Metropolit inthronisiert werden. Doch schon zum Jahreswechsel 1944/45 änderte sich alles grundlegend. Von da an versuchte Stalin, die Unierte Kirche möglichst schnell zu zerschlagen.[14] Den Anlass dazu hatte ihm offensichtlich die päpstliche Weihnachtsansprache mit ihrer Betonung der wahren Demokratie in Freiheit und Gerechtigkeit geboten. Bei dieser Vernichtungsaktion,

---

[12] Vgl. zu dieser Phase J. Madey, Kirche zwischen Ost und West, 196f.
[13] Vgl. B.R. Bociurkiw, The Ukrainian Greek Catholic Church and the Soviet State, 62-100.
[14] Zu den ersten Attacken vgl. ebd., 102-147.

die aus Effektivitätsgründen als kirchlicher Vorgang erscheinen sollte, konnte Stalin auch auf Kleriker setzen, die einen Anschluss an die Orthodoxie aus ehrenwerten Motiven wünschten oder sich durch Angst, Opportunismus und Erpressung dafür einnehmen ließen. Nachdem die Behörden schon in regionalen Pflichtveranstaltungen für die Geistlichen sowie in Presse und Rundfunk den Papst und die Katholische Kirche heftig attackiert und diffamiert hatten, wurden im April 1945 alle unierten Bischöfe der annektierten Westukraine verhaftet und zugleich die Wahl von Kapitularvikaren als deren Vertreter verhindert.[15] Daraufhin gründeten dann im Mai desselben Jahres drei Priester einen „Initiativausschuss zur Wiedervereinigung der Griechisch-Katholischen Kirche mit der Russischen Orthodoxen Kirche": der schon bekannte Havrylo Kostel'nyk, den man zuvor ebenfalls inhaftiert, aber nach wenigen Tagen wieder freigelassen hatte, sowie Mychajlo Mel'nyk und Antonij Pel'vec'kyj. Schon bald wurde diesem Gremium staatlicherseits versichert, dass man es als alleiniges Leitungsorgan der unierten Gemeinden in der Ukraine anerkenne und seinem Engagement voll zustimme. Mit Unterstützung der Polizei versuchte der Initiativausschuss nun mit einer großangelegten Propagandaaktion, die unierten Priester in ganz Galizien zur Mitarbeit und Konversion zu überreden. Wer sich weigerte, seinen „freiwilligen" Beitritt zu erklären, wurde größtenteils verhaftet.[16] Als dann Papst Pius XII. anlässlich des 350. Jahrestages der Brester Union in der Enzyklika „Orientales omnes" vom 23.12.1945 die antikatholische Zersetzungskampagne in der Westukraine offen beim Namen nannte und aller Welt Beweise für die Religionsverfolgung durch die sowjetischen Machthaber vorlegte,[17] eskalierte deren Hass und Vorgehen vollends.

Nachdem 13 Mitglieder des Initiativausschusses bereits am 22.2.1946 in Kiev in die Russische Orthodoxe Kirche aufgenommen sowie die Priester Mychajlo Mel'nyk und Antonij Pel'vec'kyj zwei bzw. drei Tage

[15] Vgl. ebd., 113-117. Außer den Metropoliten Josyf Slipyj betraf es die Bischöfe Hryhoryj Chomyšyn u. Nykola Čarneckyj sowie die Weihbischöfe Nykyta Budka u. Ivan Latyševskyj. Im September 1945 bzw. Januar 1946 folgten auch noch – durch die polnische Polizei an den sowjetischen Sicherheitsdienst ausgeliefert – der Bischof von Przemyśl Josafat Kocylovskyj u. sein Weihbischof Hryhoryj Lakota.

[16] Zur Rolle und Arbeit des „Initiativausschusses" vgl. I. Hrynioch, Die Zerstörung der Ukrainisch-Katholischen Kirche in der Sowjetunion, in: OstKSt 12 (1963) 3-38, hier 13-24.

[17] Der Text findet sich in AAS 38 (1946) 33-63. Vgl. dazu auch E.C. Suttner, Die katholische Kirche in der Sowjetunion, 70f.

später zu Bischöfen geweiht worden waren (als Verheirateter schied Havrylo Kostel'nik dafür aus), kam es vom 8. bis 10.3.1946 in Lemberg zur geheimdienstlich überwachten Inszenierung einer sogenannten Synode.[18] Die offiziell 214, in Wirklichkeit aber wohl nur etwa 140 Delegierten annullierten die Brester Union sowie jegliche Bindung an Rom und erklärten die Rückkehr zum orthodoxen Glauben sowie zur Russischen Kirche.[19] Dabei waren sie jedoch in der ekklesiologischen Aporie, gar keine rechtmäßige Synode der Griechisch-Katholischen Kirche zu sein, da die legitime Hierarchie ausgeschaltet war und die Hauptinitiatoren – was bis zur entscheidenden Abstimmung geheim gehalten wurde – bereits zur Orthodoxie übergetreten waren bzw. von dort die Bischofsweihe erhalten hatten. Inwieweit das Moskauer Patriarchat diese ganze Tragödie aktiv gefördert hat, ist umstritten.[20] Auf jeden Fall scheint Patriarch Aleksij über die Ereignisse in Lemberg, obwohl er dort offensichtlich in Erwartung größerer Gläubigenzahlen gleich 1945 eine neue orthodoxe Metropolie eingerichtet hatte, nicht sonderlich erfreut gewesen zu sein, denn offiziell hat erst das russische Landeskonzil von 1971 davon gesprochen, diesen „historischen" Vorgang zur Kenntnis zu nehmen.[21] Nur wenige Wochen nach der Lemberger Pseudo-Synode machte man den unierten Oberhirten in Kiev den Prozess. Dabei wurden sie der Kollaboration mit den deutschen Besatzern sowie antisowjetischer Aktivitäten beschuldigt und zu langjähriger Haft und Zwangsarbeit verurteilt.[22] Die meisten von ihnen kehrten nicht mehr lebend zurück. Sonderbarerweise starben auch die drei Gründungsmitglieder des Initiativausschusses in den folgenden Jahren (1948, 1955 und 1956) jeweils auf eigenartige Weise; Kostel'nyk wurde sogar auf offener Straße durch einen Unbekannten erschossen.[23] Um den aktiven und

[18] Vgl. dazu bes. B.R. Bociurkiw, The Ukrainian Greek Catholic Church and the Soviet State, 148-188; I. Hrynioch, Die Zerstörung der Ukrainisch-Katholischen Kirche in der Sowjetunion (a.a.O.), 24-34; E.C. Suttner, Die katholische Kirche in der Sowjetunion, 72-75.

[19] Den Text bietet in dt. Übersetzung N. Thon, Quellenbuch zur Geschichte der Orthodoxen Kirche (Sophia 23), Trier 1983, 396f.

[20] Vgl. dazu bes. E.C. Suttner, Die katholische Kirche in der Sowjetunion, 57-67 u. 75-80 (in Absetzung von I. Hrynioch [a.a.O.], 9-13); auch B.R. Bociurkiw, The Ukrainian Greek Catholic Church and the Soviet State, 117-120.

[21] Vgl. E.C. Suttner, Die katholische Kirche in der Sowjetunion, 76.

[22] Vgl. J. Madey, Kirche zwischen Ost und West, 202.

[23] Vgl. I. Hrynioch, Die Zerstörung der Ukrainisch-Katholischen Kirche in der Sowjetunion (a.a.O.), 15.

passiven Widerstand gegen die Umsetzung der Lemberger Beschlüsse zu brechen, gingen die Behörden auch gegen unzählige Geistliche und Laien mit Verhaftungen, Deportationen und anderen Zwangsmaßnahmen vor. Wie viele dabei umkamen oder in östliche Gebiete der UdSSR verschleppt wurden, bleibt unbekannt. Schon bald existierte offiziell keine griechisch-katholische Gemeinde und Einrichtung mehr. Alles wurde verstaatlicht und größtenteils der Russischen Orthodoxen Kirche übergeben. Infolge der Ausweisung vieler armenischer Gläubigen nach Westpolen und der Verbannung ihres Kapitelvikars hörte auch deren kleine Erzdiözese Lemberg auf zu existieren.[24]

In der Karpaten-Ukraine, die im Herbst 1944 ebenfalls durch die Rote Armee besetzt worden war, nahmen die Dinge – nur etwas später – einen ähnlichen Verlauf.[25] Da der in Užhorod residierende junge und agile Bischof von Mukačevo sich einer administrativen Angliederung seines Bistums an die Russische Orthodoxe Kirche widersetzte, wurde er Ende Oktober 1947 mittels eines inszenierten Verkehrsunfalls und einer mysteriösen medizinischen Nachbehandlung gewaltsam beseitigt. Nachdem die Behörden dem vom Moskauer Patriarchat in Lemberg eingesetzten und seit 1948 auch für die Karpaten-Ukraine zuständigen Bischof Makarij im Februar 1949 die Užhoroder Kathedrale zugesprochen hatten, ließ dieser bei einem Festgottesdienst im August desselben Jahres die kirchliche Union mit Rom als beendet erklären. Zuvor waren schon alle griechisch-katholischen Kirchen geschlossen worden. Viele Geistliche, die sich nicht den neuen Verhältnissen anpassten, wurden durch Orthodoxe ersetzt und mit zahlreichen anderen Unierten verschleppt.

2. DIE FOLGEZEIT UNTER SOWJETISCHER HERRSCHAFT

Nach außen hin als völlig liquidiert erscheinend lebte die Griechisch-Katholische Kirche der Ukraine doch im Untergrund weiter.[26] Die Ge-

[24] Vgl. E.C. Suttner, Die katholische Kirche in der Sowjetunion, 85.
[25] Vgl. dazu B.R. Bociurkiw, The Ukrainian Greek Catholic Church and the Soviet State, 213-228; A. Galter, Rotbuch der verfolgten Kirche, 107-116; E.C. Suttner, Die katholische Kirche in der Sowjetunion, 81-85.
[26] Vgl. z.B. G. Stricker, Griechisch-Katholische Kirche – Union von Brest, in: B. Mensen (Hg.), Russland – Politik und Religion in Geschichte und Gegenwart, St. Augustin 1995, 127-129.

meinden gehörten nunmehr zwar zur Russischen Orthodoxen Kirche, blieben aber vielfach – wenn der zuständige Bischof und Priester das nicht ausdrücklich zu ändern versuchte – mehr oder weniger uniert geprägt. Dies nahm jedoch ab, als immer mehr ehemals katholische Geistliche aus Altersgründen durch jüngere orthodoxe und die Russifizierung fördernde Amtsträger ersetzt wurden. Für das Moskauer Patriarchat, das schon jahrzehntelang infolge der sowjetischen Religionspolitik schwerste Verluste hatte hinnehmen müssen, gewann die Westukraine eine enorme Bedeutung; zum einen stellte sie jetzt über ein Viertel seiner noch geöffneten Kirchen, und zum anderen kam künftig über die Hälfte seines Priesternachwuchses von dort. Neben der „krypto-unierten" Form des Überlebens in orthodoxen Gemeinden entwickelte sich auch eine regelrechte Untergrundkirche mit Geheimbischöfen, -priestern und -ordensleuten. Andere Unierte suchten lateinische Gemeinden auf. Manche wechselten auch zwischen den verschiedenen Möglichkeiten. Römisch-katholische Gemeinden gab es weiterhin; sie hatten aber keine Bischöfe mehr und nur wenige Priester, die z.T. aus der Ukraine stammten, meistens aber aus Weißrussland, Lettland und Litauen, und im Laufe der Zeit überalterten. Eine Ausbildung von Alumnen war lediglich in Riga möglich. Viele lateinische Kirchen wurden zweckentfremdet oder zerstört. Mitte der achtziger Jahre rechnete man insgesamt etwa noch mit weniger als 500.000 römischen Katholiken, 93 Gemeinden, 49 Priestern und 15-20 Theologiestudenten.[27] Dazu gehörten in der eigentlichen Ukraine überwiegend Polen, im Karpatengebiet hingegen vor allem Ungarn.

Als einziger Überlebender der 1945 verhafteten ukrainisch-katholischen Bischöfe wurde Metropolit Josyf Slipyj nach mehrmaligen Verurteilungen und fast 18 Jahren Freiheitsentzug, Arbeitslager und Verbannung auf Intervention Papst Johannes' XXIII. Ende Januar 1963 begnadigt. Obwohl er die Ukraine eigentlich nicht verlassen wollte, beugte er sich doch den zwischen Vatikan und Kreml ausgehandelten Bedingungen und reiste einige Tage später in Begleitung von Monsignore Jan Willebrands, dem damaligen Sekretär des Sekretariats zur Förderung der Einheit der Christen, aus Moskau – an Lemberg vorbei

---

[27] Vgl. Die römisch-katholische Kirche in der Sowjetunion, hg. v. Kirche in Not/ Ostpriesterhilfe (Beiträge zur Religions- und Glaubensfreiheit 2), München ²1990, 28f (= Auflistung der einzelnen Gemeinden) u. 77; W. Kralewski, Zur Lage der Katholischen Kirche in der UdSSR, 271f.

– nach Rom aus.²⁸ Dort nahm er am Zweiten Vatikanischen Konzil teil und erlebte die Entwicklung der neuen vatikanischen Ostpolitik, deren Anliegen es war, durch Kompromisse wenigstens noch einige pastorale Möglichkeiten vor Ort zu retten. Seine immer wieder erhobene und 1969 auch durch eine Synode aller ukrainisch-katholischen Exilsbischöfe bekräftigte Forderung, die Lemberger Metropolie in den Rang eines Patriarchats „von Kiev, Halyč und der ganzen Rus'" zu erheben, wurde päpstlicherseits aus ökumenischer Rücksichtnahme gegenüber dem Moskauer Patriarchat und politisch-taktischen Erwägungen nicht erfüllt. Stattdessen erhielt er 1963 aber die Würde eines als patriarchenähnlich hingestellten Großerzbischofs und 1965 die eines Kardinals. Von seinem römischen Exil aus mühte er sich auf vielfältige Weise um die etwa 1,5 Millionen ukrainischen Emigranten in aller Welt.²⁹ Seiner Initiative ist auch die 1967 am Rande Roms errichtete Katholische Ukrainische Universität sowie die unweit davon 1969 eingeweihte Sophienkathedrale zu verdanken. Ungeachtet vatikanischer Einwände zeichnete er seit 1975 selbstbewusst als „Patriarch". Als er 1984 im Alter von 92 Jahren starb, wurde er in der Hoffnung, eines Tages vielleicht seinem Wunsch, in die Heimat überführt zu werden, entsprechen zu können, einbalsamiert und in einem gläsernen Sarg in der Krypta der römischen Sophienkathedrale beigesetzt. Schon 1980 hatte er im Metropoliten von Philadelphia Myroslav Ivan Ljubačivs'kyj einen Koadjutor mit dem Recht der Nachfolge erhalten; 1985 wurde dieser dann auch zum Kardinal ernannt.³⁰

Infolge einer gewissen allgemeinen Entkrampfung des Ost-West-Gegensatzes kam es seit 1967 auch zwischen Rom und Moskau zu verschiedenen Begegnungen und tastenden Gesprächen auf höchster Ebene; eine wirkliche Verbesserung für die Katholiken in der Ukra-

---

28 Zu seiner Ausreise nach Rom u. dortigen Wirksamkeit vgl. z.B. J. Madey, Kirche zwischen Ost und West, 206f; H. Stehle, Geheimdiplomatie im Vatikan. Die Päpste und die Kommunisten, Zürich 1993, 290f; W. Rood, Rom und Moskau. Der Heilige Stuhl und Russland beziehungsweise die Sowjetunion von der Oktoberrevolution 1917 bis zum 1. Dezember 1989, Münster 1993, 266-273.
29 Vgl. dazu auch das Vermächtnis Seiner Seligkeit Patriarch Josyf, in: G2W 12/11 (1984) 17-24; u. J. Madey, „Intrepido Pastori". Zum literarischen Lebenswerk von Josef Slipyj, in: ThGl 75 (1985) 204-211. – Eine statistische Übersicht über die Ukrainische Griechisch-Katholische Kirche außerhalb der Ukraine im Jahr 1969 findet sich bei J. Madey, Kirche zwischen Ost und West, 209f.
30 Vgl. COst 35 (1980) 75-80 u. 109; 39 (1984) 137f; 40 (1985) 125.

ine war aber noch nicht in Sicht.³¹ Eher verstärkte sich die staatliche Repression wieder, als nach der KSZE-Konferenz von Helsinki 1975 immer mehr Unierte aus dem Untergrund hervortraten und eine Zulassung ihrer Gemeinden beantragten. Da die Aktionen der 1983 gegründeten „Initiativgruppe zur Verteidigung der Rechte der Gläubigen der Kirche in der Ukraine" immer weitere Kreise zogen, versuchten die Behörden, mit ihr ins Gespräch zu kommen. Als die Führer des Widerstandes, zu denen Josyf Terelja gehörte, das Angebot, Zulassung und Restitution nur als von Rom getrennte „autokephale" Kirche zu bekommen, jedoch ablehnten, wurden sie 1984 wegen nationalistischer und antisowjetischer Umtriebe zu langjähriger Lagerhaft verurteilt und erst 1987 aufgrund einer Amnestie wieder freigelassen.³²

Nachdem Michail Gorbatschov im Frühjahr 1985 zum Generalsekretär der KPdSU gewählt worden war und „Glasnost" sowie „Perestroika" sich allmählich auch in der Religions- und Kirchenpolitik bemerkbar machten, wurden die Bemühungen um Wiederzulassung der Ukrainisch-Katholischen Kirche immer intensiver und öffentlicher.³³ Ein neuer Antrag – 1987 an Gorbatschov gerichtet – trug nunmehr auch Namen von geheim geweihten Bischöfen und Priestern; und tausende weiterer Bittgesuche um Legalisierung folgten. Im Laufe des Jahres 1988 erhielt diese Entwicklung noch zusätzliche Impulse durch das Millennium der Taufe der Kiever Rus'. Zum einen richtete Papst Johannes Paul II. aus diesem Anlass eine eigene Botschaft an die ukrainischen Katholiken;³⁴ zum anderen gelang es am Rande der offiziellen Feierlichkeiten des Moskauer Patriarchats einer hochrangigen Vatikan-Delegation mit Kardinalstaatssekretär Agostino Casaroli an der Spitze, das Unierten-Problem mit führenden Politikern zu erörtern und sogar eine Abordnung der ukrainischen Katholiken zu empfangen; und schließlich kam es in der Ukraine auch zu öffentlichen griechisch-katholischen Jubiläumsgottesdiensten und Prozessionen, die, obwohl sie illegal waren, behördlicherseits toleriert wurden. Nachdem das Moskauer Patriarchat – vor allem in Gestalt seines Kiever Metropoliten Fi-

---

³¹ Vgl. z.B. H. Stehle, Geheimdiplomatie im Vatikan, 337-347.
³² Vgl. G. Stricker, Griechisch-Katholische Kirche – Union von Brest (a.a.O.), 129f.
³³ Vgl. z.B. G. Adriányi, Geschichte der Kirche Osteuropas im 20. Jahrhundert, 50-53.
³⁴ Vgl. Botschaft „Magnum baptismi donum" von Papst Johannes Paul II. an die ukrainischen Katholiken zur Tausendjahrfeier der Taufe der Rus' von Kiew (VApS 83 A), Bonn 1988.

laret – die lebendige Untergrundexistenz Unierter bis zuletzt ignoriert und geleugnet hatte, tat es sich nunmehr sehr schwer, diese Gläubigen loszulassen. Einige seiner Vertreter bezeichneten die Liquidierung von 1946 immer noch als freiwillige Selbstauflösung und diffamierten die Bestrebungen nach „Wiederbelebung" der Ukrainisch-Katholischen Kirche als vom Ausland gesteuert, rein nationalistisch und in Feindschaft und Hass gegen die anderen Religionsgemeinschaften gerichtet.[35] Die Entwicklung war aber nicht mehr aufzuhalten. Unterstützt von der „Volksbewegung für die Umgestaltung der Ukraine" (Ruch) demonstrierten am 17.9.1989 in Lemberg weit über 100.000 Menschen für die Legalisierung der Unierten Kirche. Am 29.10. wechselte dort einer der orthodoxen Priester der Christi-Verklärungs-Kirche, gefolgt vom größten Teil seiner Gemeinde, öffentlich zu ihr über. Orthodoxe Versuche, das Kirchengebäude wieder zurückzubekommen, scheiterten am Widerstand der Gläubigen und an der Zurückhaltung der staatlichen Behörden.[36]

Am 1. Dezember 1989 folgte der historische Besuch Michail Gorbatschovs bei Papst Johannes Paul II. Dabei sicherte der sowjetische Parteichef „allen" Gläubigen wirkliche Religionsfreiheit zu.[37] Fast zeitgleich wurde durch den Rat für Religionsangelegenheiten in der Ukraine bekanntgegeben, dass sich die griechisch-katholischen Gemeinden ab sofort registrieren lassen könnten. Eine Anerkennung der ganzen Kirche als solcher war nach den Vorschriften der alten Religionsgesetzgebung noch nicht möglich und eine neue erst in Aussicht gestellt. Binnen kurzem wurde hunderten von Anträgen stattgegeben. Da die Gemeinden, die aus dem Untergrund kamen, oftmals keine Kirchen erhielten, und andere, die bislang orthodox gewesen waren, nicht immer zusammen mit ihren Priestern oder diese auch ohne ihre Gemeinden konvertierten, blieben Konflikte um die Nutzung vieler Gotteshäuser nicht aus. Gelegentlich kam es auch zu Kirchenbesetzungen und sogar Handgreiflichkeiten. Noch komplizierter wurde die Situation dadurch, dass sich inzwischen – ausgelöst durch ukrainische „Autokephalisten", die auf Distanz zum Moskauer Patriarchat gingen – auch eine Spaltung innerhalb der Orthodoxie anbahnte. Nachdem Delegationen Roms

---

35 Vgl. z.B. W. Rood, Rom und Moskau, 328f.
36 Vgl. Ukraine. Ihre christlichen Kirchen, hg. v. Kirche in Not/Ostpriesterhilfe, 58f.
37 Vgl. W. Rood, Rom und Moskau, 369-371.

und der Russischen Orthodoxen Kirche bereits im Januar 1990 in Moskau zusammengetroffen waren und die orthodoxe Seite den ukrainischen Katholiken endlich ein Existenzrecht zugebilligt hatte, mühte sich zwei Monate später in Kiev eine sogenannte Viererkommission aus Vertretern des Moskauer Patriarchats, der – diesem angehörenden, aber kurz zuvor eigenständiger gewordenen – Ukrainischen Orthodoxen Kirche, des Vatikans und der Ukrainischen Griechisch-Katholischen Kirche um eine weitere Verständigung, jedoch ohne großen Erfolg.[38]

Am 15. März 1990 nahmen – wie zwischen Papst und Gorbatschov in Rom vereinbart – der Heilige Stuhl und der Kreml offizielle Beziehungen in der Form „ständiger Arbeitskontakte" auf; der Vatikan entsandte dazu Erzbischof Francesco Colasuonno im Rang eines Apostolischen Nuntius mit Sondervollmachten.[39] Aufgrund dieser diplomatischen Weichenstellung konnte im Juni in Rom erstmals seit dem Zweiten Weltkrieg wieder eine gemeinsame Synode der gesamten Hierarchie der Ukrainischen Griechisch-Katholischen Kirche stattfinden. Dabei berieten die 10 Bischöfe aus dem Heimatland[40] mit ihren 18 Amtsbrüdern aus dem Exil vor allem die Frage der endgültigen Legalisierung ihrer Kirche und des Verhältnisses zum Apostolischen Stuhl, zur Orthodoxie und zur sowjetischen Regierung.[41] Nach Verordnungen des Lemberger Stadt- und Gebietsrates, dass der Gebäudekomplex mit der St.-Georgs-Kathedrale und der erzbischöflichen Residenz durch die Orthodoxen zu räumen und den Unierten zu übergeben sei, und dem erfolgten Rückzug des betreffenden Bischofs konnte Metropolit Volodymyr Sternjuk als „locum tenens" des noch in Rom weilenden Großerzbischofs mit einer überwältigenden Zahl

---

[38] Vgl. Informationsdienst Osteuropäisches Christentum 2/5f. (1990) 4-6; I. Dacko / M. Tomashek, Die ukrainisch-katholische Kirche heute. Begegnung vor Ort, in: Katholische Kirche in Osteuropa. Verfolgung, Freiheit und Wiedergeburt, hg. v. Kirche in Not/Ostpriesterhilfe, Königstein 1990, 53-68, hier 62-66. – Zur Position des Moskauer Patriarchats gegenüber seinem ukrainischen Exarchat u. den „Katholiken des östlichen Ritus" vgl. SOrth, April 1990, 6-8. – Eine orthodoxe Darstellung der betreffenden Vorgänge bei G. Sjablizew, Die Maßnahmen des Moskauer Patriarchats 1990-1992 zur Beilegung des interkonfessionellen Konflikts in der Westukraine, in: Conc (D) 32 (1996) 551-558.

[39] Vgl. Informationsdienst Osteuropäisches Christentum 2/5f (1990) 2f.

[40] Die Autobiographien von fünf dieser Bischöfe finden sich ebd. Nr. 2/12f (1990) 15-26.

[41] Vgl. ebd. 2f. Das Schlusskommuniqué ist publiziert in: OR(D) 20/27 (1990) 7.

von Gläubigen am 19. August 1990 in dieser Kirche erstmals nach 44 Jahren wieder einen katholischen Gottesdienst feiern.[42] Am 1. Oktober desselben Jahres wurde schließlich vom Obersten Sowjet der UdSSR ein neues Gesetz „über die Gewissensfreiheit und religiöse Organisationen" verabschiedet, das den Kirchen zwar immer noch nicht die Möglichkeit bot, über ihre einzelnen Gemeinden und Einrichtungen hinaus als ganze einen juristischen Status zu erlangen, ihren Handlungsrahmen aber doch beträchtlich erweiterte.[43] Daraufhin reorganisierte der Papst schon am 16. Januar 1991 die gesamte römisch- und griechisch-katholische Hierarchie der Ukraine.[44] Die lateinische Kirche erhielt für Lemberg Marian Jaworski als Erzbischof sowie zwei Weihbischöfe und für die Diözesen Žytomyr und Kam'janec' je einen Bischof. Aufgrund dessen, dass alle ausschließlich polnischer Nationalität waren, kam es nach ihrer Ernennung zu Protesten ukrainischer Behörden; auch die Unierten meldeten Bedenken an und kritisierten diese Entscheidung als verfrüht und zahlenmäßig überzogen.[45] Die Weihen fanden am 4. März statt. Für die Griechisch-Katholische Kirche bestätigte der Papst Metropolit Volodymyr Sternjuk als „Statthalter" des Großerzbischofs von Lemberg sowie Sofron Dmyterko als Bischof von Ivano-Frankivs'k (Stanislaviv) und Ivan Semedij als Bischof von Mukačevo (Užhorod); außerdem ernannte er sieben zu Weihbischöfen. Alle zehn unierten Bischöfe waren bereits im Untergrund geheim geweiht worden. Diese Reglung wurde dann Anfang Februar bekanntgegeben, als auf Einladung des Papstes hin noch einmal eine Synode der Ukrainisch-Katholischen Kirche in Rom zusammenkam.[46] Dabei ging es vor allem um die Nachfolge einiger Bischöfe, die Rückkehr von Großerzbischof Ljubačivs'kyj in die Heimat, jurisdiktionelle und territoriale Klärungen sowie liturgische und pastorale Fragen. Erstmals lag auch eine umfangreiche Statistik vor. Danach soll es zu dieser Zeit in der Westukraine bei 6,8 Millionen Einwoh-

[42] Vgl. Informationsdienst Osteuropäisches Christentum 2/8 (1990) 14; 2/14f. (1990) 2-4; 3/1f. (1991) 30f.
[43] Der Text findet sich ebd. Nr. 2/18f. (1990) 31-36. Vgl. außerdem ebd., 5f. u. G. Adriányi, Geschichte der Kirche Osteuropas im 20. Jahrhundert, 56-58.
[44] Vgl. Ukraine. Ihre christlichen Kirchen, hg. v. Kirche in Not/Ostpriesterhilfe, 79 (mit allen Namen).
[45] Vgl. Informationsdienst Osteuropäisches Christentum 3/5f. (1991) 25f.; 3/9f. (1991) 4 u.7.
[46] Vgl. ebd. Nr. 3/3f. (1991), 2f. u. 35f.

nern bereits 4,2 Millionen Unierte in 1.737 Gemeinden mit 954 Priestern, 946 Seminaristen, 244 Ordensmännern und 706 Ordensfrauen gegeben haben.[47] Am 30. März traf Großerzbischof Ljubačivs'kyj in Begleitung engster Mitarbeiter aus Rom nach 52-jähriger Exilszeit erstmals wieder in Lemberg ein und wurde von zehntausenden Gläubigen sowie Vertretern des kirchlichen, politischen und kulturellen Lebens begeistert empfangen. Nachdem er ein umfangreiches Bild über die Situation gewonnen hatte, entschloss er sich, ganz nach Lemberg umzusiedeln.[48] Am 23. April verabschiedete das Parlament in Kiev ein eigenes Religionsgesetz, das sich von dem der UdSSR oder der RSFSR z.B. darin abhebt, dass die Reglung kirchlich-staatlicher Beziehungen allein ukrainischen Organen vorbehalten wird; es wurde am 5. Juni bekanntgegeben.[49] Bis zum Juli waren die verschiedenen griechisch-katholischen Institutionen weitgehend registriert und die Unierte Kirche somit wieder vollkommen legalisiert und öffentlich anerkannt, nicht aber rehabilitiert.[50]

3. DIE ENTWICKLUNG SEIT DER EIGENSTAATLICHKEIT (1991)

Nach dem in Moskau gescheiterten Putschversuch erklärte das ukrainische Parlament am 24. August 1991 die Ukraine für unabhängig und als eigenen Staat. Diese Entscheidung wurde durch eine Volksabstimmung am 1. Dezember mit überwältigender Mehrheit bestätigt. Am 8. Dezember kam es dann zur Auflösung der Sowjetunion und zur durch die Ukraine mitgetragenen Gründung der lockeren Gemeinschaft Un-

---

[47] Vgl. ebd. Nr. 3/1f. (1991) 25; auch G. Adriányj, Geschichte der Kirche Osteuropas im 20. Jahrhundert, 59. Soziologische Umfrageergebnisse über die konfessionellen Beziehungen in diesem Gebiet finden sich in: Informationsdienst Osteuropäisches Christentum 2/24f. (1990) 2-10; weitere Angaben über registrierte Gemeinden in der Ukraine ebd. 39f. (1991) 31-33.

[48] Vgl. Informationsdienst Osteuropäisches Christentum 3/5f. (1991) 2f. u. 25-27 (Interview mit Metropolit Sternjuk über die Bilanz der bisherigen Entwicklung).

[49] Vgl. ebd. Nr. 3/11f. (1991) 24f. Der Text sowie spätere Änderungen finden sich ebd. 35-42, u. 4/6f. (1992) 42.

[50] Vgl. Ukraine. Ihre christlichen Kirchen, hg. v. Kirche in Not/Ostpriesterhilfe, 82.

abhängiger Staaten (GUS).[51] Nur zwei Monate später – am 8. Februar 1992 – unterzeichneten Vertreter des Vatikans und des neuen ukrainischen Staates ein Abkommen über die Aufnahme voller diplomatischer Beziehungen.[52] Nuntius wurde Erzbischof Antonio Francesco. Er nahm auch schon an der nächsten, vom 16. bis 31. Mai stattfindenden Synode der Ukrainischen Griechisch-Katholischen Kirche teil, der ersten, die seit 1946 wieder auf heimatlichem Boden in Lemberg zusammenkam. Auf ihr wurden vor allem die Beschlüsse der Pseudosynode von 1946 aufgehoben und in Umsetzung des römischen Codex Canonum Ecclesiarum Orientalium von 1990 Normen für die eigene Kirchenstruktur aufgestellt; außerdem ging es um eine Neugliederung der Diözesen, die Wahl von Bischöfen und die Beziehungen zur ukrainisch-katholischen Diaspora.[53] Nur einen Tag danach legte Rom, um die Spannungen zwischen Orthodoxen und Katholiken, die sich infolge der gesellschaftlichen Veränderungen mit der Reorganisation der katholischen Kirche in Ost- und Südosteuropa ergeben hatten, etwas zu entschärfen, einige Richtlinien zur Evangelisierung und zum ökumenischen Engagement vor.[54]

Ein beeindruckendes Ereignis war 1992 schließlich noch die – einst testamentarisch „auf Hoffnung hin" verfügte – Überführung des 1984 verstorbenen Kardinals Josyf Slipyj am 27. August von Rom nach Lemberg. Nachdem ihm über eine Million nicht nur unierter Gläubigen sowie auch orthodoxe Bischöfe und Staatspräsident Kravčuk die letzte Ehre gegeben hatten, wurde er am 7. September in der Krypta der St.-Georgs-Kathedrale neben seinem Vorgänger Metropolit Andrej Šeptyc'kyj beigesetzt.[55] Während der Vatikan nicht auf die schon mehrfach vorgetragene und durch die letzte Synode zum Beschluss erhobene Forderung nach der Erhebung der Ukrainischen Griechisch-Katholischen Kirche in den Rang eines Patriarchats einging und sich hinsichtlich einer Erweiterung der Lemberger Jurisdiktion auf die

[51] Vgl. A. Kappeler, Kleine Geschichte der Ukraine, München 1994, 245-253.
[52] Vgl. Informationsdienst Osteuropäisches Christentum 4/3 (1992) 7.
[53] Vgl. Ukraine. Ihre christlichen Kirchen, hg. v. Kirche in Not/Ostpriesterhilfe, 80.
[54] Text in: Allgemeine Prinzipien und praktische Normen für die Koordinierung der Evangelisierung und des ökumenischen Engagements der katholischen Kirche in Russland und in den anderen Ländern der GUS (VApS 109), Bonn 1992, 15-26.
[55] Vgl. Informationsdienst Osteuropäisches Christentum 4/8-10 (1992) 17.

Mittel- und Ostukraine immer noch bedeckt hielt, errichtete er im Juli 1993 wunschgemäß die vier neuen Diözesen Drohobyč (ukrainischer Teil des in Polen liegenden Bistums Przemyśl), Zboriv und Ternopil' (beide vom Lemberger Erzbistum abgetrennt) sowie Kolomyja-Černivci (vorher zu Ivano-Frankivs'k gehörig) und bestätigte die dafür vorgeschlagenen Bischöfe.[56] Außerdem wurde einen Monat später für die römisch-katholischen Gemeinden der Karpaten-Ukraine eine neue Apostolische Administratur gegründet und der Nuntius in Kiev, Erzbischof Franco, zusätzlich mit ihrer Leitung betraut.[57]

Vom 20. bis 27. Februar 1994 versammelten sich die ukrainischen griechisch-katholischen Bischöfe aus aller Welt nunmehr schon zum zweiten Mal zu einer Synode in Lemberg. Als Gäste waren auch zwei der römisch-katholischen Bischöfe sowie Vertreter der in mehrere Kirchen gespaltenen Orthodoxie der Ukraine anwesend. Diesmal beschäftigte man sich vor allem mit pastoralen Fragen und verfasste zum Schluss eine programmatische Erklärung an das ukrainische Volk.[58] Die nächste Synode hingegen, die im November 1995 auf päpstliche Einladung hin wieder in Rom tagte, stand ganz im Zeichen der letzten Vorbereitungen für die Vierhundertjahrfeier der Union von Brest. Zu diesem Anlass erschien auch ein „Apostolisches Schreiben", in dem der Papst einerseits voll des Lobes die Verdienste und die Treue der durch diese Union geprägten und durch das Martyrium gegangenen Kirche würdigte, andererseits aber eindringlich dazu aufrief, das Verhältnis zur Orthodoxie im Geist des Zweiten Vatikanischen Konzils zu verbessern.[59] Nachdem Rom am 30. Dezember 1995 endlich die Lemberger großerzbischöfliche Jurisdiktion für die ganze Ukraine anerkannt hatte, errichtete der Papst im April 1996 ein Exarchat von Kiev-Vyšhorod und ernannte zu dessen Leiter den 1977 in Rom geheim zum Bischof geweihten und nach 1989 wieder in die Ukraine heimgekehrten Archimandriten Ljubomyr Husar; am 2. Juni erfolgte seine Amtseinführung.[60] Schon einige Monate später wurde der 63-jährige

---

[56] Vgl. Ukraine. Ihre christlichen Kirchen, hg. v. Kirche in Not/Ostpriesterhilfe, 80 (mit Namen).

[57] Vgl. Informationsdienst Osteuropäisches Christentum 5/15f. (1993) 9.

[58] Vgl. A.-H. Horbatsch, in: Informationen und Berichte. Digest des Ostens, hg. v. Albertus-Magnus-Kolleg Königstein, 6/1994, 1-6.

[59] Apostolisches Schreiben von Papst Johannes Paul II. zur Vierhundertjahrfeier der Union in Brest, in: OR(D) 25/50 (1995) 9-11.

[60] Vgl. KNA vom 3.04.1996.

Bischof Husar jedoch durch die vom 14. bis 21. Oktober 1996 in Lemberg tagende Bischofssynode auf Bitten des schon im 83. Lebensjahr stehenden und erkrankten Großerzbischofs Ljubačivs'kyj zu dessen Auxiliarbischof mit delegierten Befugnissen gewählt und umgehend durch den Papst bestätigt; die Verantwortung für das Kiever Exarchat ging an Bischof Mychajlo Koltun über, der zunächst auch noch für sein Bistum Zboriv zuständig blieb. Vor dieser Synode, bei der außerdem noch andere Personalveränderungen entschieden und weitere Probleme behandelt wurden, hatte vom 4. bis 10. Oktober schon eine – in dieser Form erstmals in der Geschichte der Ukrainischen Griechisch-Katholischen Kirche einberufene – große Kirchenversammlung (Sobor, Conventus Patriarchalis) stattgefunden.[61] Auf ihr erarbeiteten die 226 Vertreter aller Diözesen der Ukraine und der Diaspora (Bischöfe, Priester, Ordensleute und Laien) vor allem ein Programm zur künftigen Priesterausbildung, Familienseelsorge, Katechese und Jugendarbeit. Im Blick auf die 400 Jahre der Brester und die 350 Jahre der Užhoroder Union bekannte man selbstkritisch auch historisches und gegenwärtiges Versagen, bat um Vergebung, erklärte sie selbst und rief zur „Neu-Evangelisierung" in Liebe und Eintracht auf.

Anlässlich der beiden Unionsjubiläen hat die Griechisch-Katholische Kirche 1996 außerdem an verschiedenen Orten der Ukraine mehrere wissenschaftliche Konferenzen – sogenannte Brester Lesungen – veranstaltet. Organisator dieser Symposien war das „Institut für Kirchengeschichte der Lemberger Theologischen Akademie", das als deren „Keimzelle" bereits 1992 seine Arbeit mit der Erfassung von Quellen über das katholische Leben in der Zeit der kommunistischen Unterdrückung begonnen hatte, während der theologische Lehrbetrieb erst im Herbst 1994 aufgenommen werden konnte.[62] Anfang Oktober 1997 büßte es durch einen Einbruch unersetzliche Dokumente ein.[63] Auf staatliche Anregung hin unterzeichneten die führenden Geistlichen der wichtigsten Kirchen in der Ukraine am 22. Juli 1997 in Anwesenheit von Präsident Kučma in Kiev ein „Memorandum über die Nichtanwendung von Gewalt" bei strittigen interkonfessionellen

---

[61] Vgl. C. Weise, in: COst 52 (1997) 48f.; I. Dacko / G. Stricker, Im Spannungsfeld zwischen Ost und West. Die Griechisch-katholische (unierte) Kirche in der Ukraine nach fünf Jahren Eigenstaatlichkeit, in: G2W 25 (1997) Nr. 4, 18 u. 21.
[62] Vgl. I. Dacko / G. Stricker, Im Spannungsfeld zwischen Ost und West (a.a.O.), 20f.; Kirchen der Union, in: G2W 24 (1996) Nr. 9, 16.
[63] Vgl. G2W 25 (1997) Nr. 11, 10.

Problemen.⁶⁴ Schließlich hatte die Ukrainische Griechisch-Katholische Kirche 1997 noch von einer der zentralen Gestalten ihrer Untergrundzeit und ihres Wiedererstehens Abschied zu nehmen. Am 30. September verstarb im Alter von 90 Jahren der Lemberger Metropolit Volodymyr Sternjuk, der auch nach 1991, als die Kirchenleitung vor Ort ganz an Großerzbischof Ljubačivs'kyj überging, im Volk äußerst populär geblieben war. Wie seine beiden „geistigen Väter" und Vorgänger Metropolit Šeptyc'ky und Großerzbischof Slipyj wurde er ebenfalls in der Krypta der St. Georgs-Kathedrale beigesetzt.⁶⁵

Acht Jahre nach dem Ende ihres „Katakombendaseins" nimmt die Ukrainische Griechisch-Katholische Kirche den Zahlen nach im Allgemeinen fast wieder die Position ein, in der sie sich vor dem Zweiten Weltkrieg befand.⁶⁶ Nach der Ukrainischen Orthodoxen Kirche des Moskauer Patriarchats, die als einzige in der Gesamtorthodoxie kanonische Anerkennung genießt, stellt sie noch vor der Ukrainischen Orthodoxen Kirche des Kiever Patriarchats und der Ukrainischen Autokephalen Orthodoxen Kirche die zweitstärkste Religionsgemeinschaft des Landes dar; und in den drei westlichsten Verwaltungsbezirken, wo sich fast 90% ihrer Gemeinden befinden, übertrifft sie zahlenmäßig sogar alle anderen Konfessionen zusammengenommen.⁶⁷ Neben der Theologischen Akademie verfügt sie über vier Priesterseminare und einige weitere Bildungseinrichtungen, auch mehrere Verlage und z.b. die Organisation „Ukrainische Jugend für Christus".

Die Situation der Römisch-Katholischen Kirche hingegen wird sehr widersprüchlich eingeschätzt. Auf jeden Fall bleibt ihre gegenwärtige Gläubigenzahl weit unter der von 2,6 Millionen am Vorabend des Zweiten Weltkrieges. Selbst im ukrainischen Westen, ihrem traditionellen Verbreitungsgebiet, gehören ihr höchstens drei bis vier Prozent der Gesamtbevölkerung an; dafür ist sie mit ihren Gemeinden aber stärker über die ganze Ukraine verbreitet.⁶⁸ Während nach Einschät-

---

⁶⁴ Vgl. KNA vom 26.07.1997.
⁶⁵ Vgl. G2W 25 (1997) Nr. 11, 9f.
⁶⁶ Vgl. I. Dacko / G. Stricker, Im Spannungsfeld zwischen Ost und West (a.a.O.), 17-21.
⁶⁷ Vgl. A. Krindač, Kirchenlandschaft Ukraine – Probleme, Kämpfe, Entwicklungen, in: Osteuropa 47 (1997), 1076-1078. – Zur Situation der Orthodoxie in der Ukraine vgl. ebd. 1079-1087; auch B. Salmon, „Die Orthodoxie frisst sich selber auf", in: G2W 25 (1997) Nr. 11, 20-26.
⁶⁸ Vgl. A. Krindač, Kirchenlandschaft Ukraine – Probleme, Kämpfe, Entwick-

zung des römisch-katholischen Episkopats inzwischen bis zu 50% der lateinischen Gläubigen Ukrainer sein sollen und bei den Gottesdiensten heute sowohl die polnische wie die ukrainische Sprache verwendet wird, gilt die Römisch-Katholische Kirche in der Ukraine beim größten Teil der Bevölkerung immer noch als polnisch. Nach wie vor sind die meisten ihrer Geistlichen keine „Einheimischen", und auch die junge Theologengeneration wird nicht nur an den drei wieder bestehenden inländischen Priesterseminaren – das neueste davon ist im November 1997 in Lemberg eingeweiht worden – ausgebildet, sondern ebenfalls an Studieneinrichtungen in Polen.[69] Bei manchen Schikanen gegenüber den lateinischen Christen – z.b. wenn die Rückgabe von Gebäuden erschwert oder gänzlich verweigert wird – spielen antipolnische Vorbehalte mindestens untergründig eine Rolle. In der Karpaten-Ukraine sind hingegen die meisten der römisch-katholischen Gläubigen und fast alle ihrer Seelsorger Ungarn; dazu kommen noch Slowaken, Deutsche und nur wenige Ukrainer. Nachdem seit 1993 Nuntius Franco für sie mit zuständig war, haben sie im Oktober 1997 in Antal Majnek einen neuen Apostolischen Administrator erhalten.[70]

Manche Probleme sind besonders schwierig. Dazu gehören z.b. die Spannungen, die sich aus der sehr unterschiedlichen Zusammensetzung der griechisch-katholischen Priester ergeben. Etwa 550 von ihnen kommen aus dem ehemaligen Untergrund und besitzen nur geringe – größtenteils vorkonziliare – theologische Kenntnisse; weitere 400-450 haben an Lehranstalten des Moskauer Patriarchats studiert und waren bis 1989 formal orthodox; ca. 600 sind erst in den letzten Jahren – vielfach noch, weil man sie dringend brauchte, ohne hinreichende Ausbildung, einige jedoch auch schon im Besitz eines vollen Theologiestudiums – geweiht worden; ungefähr 40 Priester und Ordensleute stammen schließlich aus dem Ausland und nehmen – qualifikationsbedingt, in den örtlichen Lebensumständen aber oft unerfahren und nicht immer sensibel genug – zumeist Verwaltungs- und Lehraufgaben wahr. Zusätzlich gibt es auch noch eine Polarisierung in „Westler" und „Ostler", d.h. Gruppierungen, die entweder mehr vom lateinischen Ritus beeinflusst sind oder sich stärker an der byzantinischen Spiritualität orientieren; bei den Mönchen zeigt sich diese unterschiedliche

lungen (a.a.O.), 1087-1091.
[69] Vgl. G2W 26 (1998) Nr. 1, 12.
[70] Vgl. KNA vom 7.10.1997.

Ausrichtung z.B. deutlich zwischen Basilianern und Studiten.⁷¹ Jurisdiktionelle Spannungen belasten das Verhältnis zwischen dem griechisch-katholischen Bistum Mukačevo in der Karpaten-Ukraine und der großerzbischöflichen Lemberger Kirche. Da es von einer anderen Tradition – Užhoroder Union, jahrhundertelange Zugehörigkeit zu Ungarn, ethnische Vielfalt – geprägt ist, hat sich sein Bischof gewehrt, in die galizische Metropolie eingebunden zu werden, und damit einige Turbulenzen ausgelöst.⁷² Infolgedessen hat Rom dieses Bistum bis heute in einer mehr oder weniger großen Eigenständigkeit gelassen. Besonders belastend sind die schon jahrelang andauernden Auseinandersetzungen zwischen Unierten und Orthodoxen um die Nutzung und den Besitz ehemals griechisch-katholischer Gebäude. Manche Gemeinden feiern ihre Liturgien immer noch unter freiem Himmel. Zu gütlichen Regelungen ist es bisher nur an wenigen Orten gekommen. Trotz vatikanischer und anderer Vermittlungsversuche, verschiedener Bereitschaftserklärungen zur Verständigung und zaghafter oder mutiger Ansätze ökumenischen Denkens sind Verbitterung, Misstrauen, Unkenntnis über- und Desinteresse aneinander sowie Intoleranz noch weit verbreitet. Nach wie vor wird der katholischen Seite „Proselytismus" vorgeworfen. Dennoch scheinen – wie manche Signale und konkrete Beispiele der Annäherung zeigen – die uniert-orthodoxen Spannungen abgenommen zu haben.⁷³ Dabei spielt außer dem gemeinsamen ostkirchlichen Erbe vor allem die nationale Eigenständigkeit der Ukraine eine wichtige Rolle.

Problematisch ist auch das innerkatholische Verhältnis zwischen Unierten und Lateinern. Dies hat sowohl historische als auch aktuelle Gründe und ist Ausdruck ukrainisch-polnischer Animosität. Während die griechisch-katholische Seite aufgrund der Zunahme missionarischer Aktivitäten polnischer Priester den Vorwurf der Latinisierung

---

[71] Vgl. I. Dacko / G. Stricker, Im Spannungsfeld zwischen Ost und West (a.a.O.), 18f.

[72] Vgl. Kirchen der Union, in: G2W 24 (1996) Nr. 9, 18-23; G. Adriányi, Geschichte der Kirche Osteuropas im 20. Jahrhundert, 59-61; Informationsdienst Osteuropäisches Christentum 3/5f. (1991) 27-29; 5/11 (1993) 16-18.

[73] Vgl. z.B. I. Dacko / G. Stricker, Im Spannungsfeld zwischen Ost und West (a.a.O.), 19-21; Der griechisch-katholische Groß-Erzbischof von Lemberg, Kardinal M. I. Lubaschewsky, zum Balamand-Dokument der kath./orth. Dialogkommission, in: US 49 (1994) 68-72 u. 75; N. Kočan, Die Union von Brest und die Ukrainische Katholische Kirche in ökumenischer Perspektive, in: Religion und Gesellschaft im postsowjetischen Raum, Würzburg 1996, 140-177.

erhebt und manche Ukrainer ihre nationale Identität bedroht fühlen, ist von römisch-katholischer Seite der Verdacht zu hören, dass die Unierten mehr der Orthodoxie zuneigten als Rom. Dabei schauen die Ukrainer freilich auch nach Polen, wo ihre Minderheit ebenfalls auf keine große Gegenliebe stößt, 1991 zwar endlich eine eigene griechisch-katholische Diözese erhielt, aber infolge massiven Widerstands römisch-katholischer Polen trotz persönlicher Intervention des Papstes nicht wieder die frühere Kathedrale in Przemyśl in Besitz nehmen konnte.[74] Schließlich steht die Ukrainische Griechisch-Katholische Kirche zwar in durch Leid geprüfter und ungebrochen gebliebener Treue zum Apostolischen Stuhl in Rom, wünschte sich jedoch etwas mehr Entgegenkommen und Unterstützung. Vor allem ist man über den Eindruck befremdet, der Annäherung zwischen Rom und der Orthodoxie im Wege zu sein und darum auch nicht – trotz permanenter Bemühungen – als eigenes Patriarchat anerkannt zu werden.[75] Ungeachtet dessen wird der Großerzbischof aber schon heute selbstbewusst als „Patriarch" kommemoriert. Der kirchlichen Identität nach versteht man sich als orthodox und katholisch zugleich und möchte an der Einheit zwischen Ost und West als Verbindungsglied ernsthaft mitwirken.

Quellen und Literatur (in chronologischer Reihenfolge, bis 1997)

A. Galter, Rotbuch der verfolgten Kirche, Recklinghausen 1957, 89-116. – I. Hrynioch, Die Zerstörung der Ukrainisch-Katholischen Kirche in der Sowjetunion, in: OstKSt 12 (1963) 3-38. – V. Kubijovyc, Art. Ukrainer, in: LThK² 10 (1965) 449-451. – G. Prokoptschuk, Metropolit Andreas Graf Scheptyckyj. Leben und Wirken des großen Förderers der Kirchenunion, München ²1967. – J. Madey, Kirche zwischen Ost und West. Beiträge zur Geschichte der Ukrainischen und Weißruthenischen Kirche, München 1969. – M. Labunka (Hg.), The Ukrainian Catholic Church 1945-1975, Philadelphia 1976. – O. Luchterhand, Die Religionsgesetzgebung der Sowjetunion, Berlin 1978. – D. Zlepko, Die Vernichtung der ukrainischen katholischen Kirche und die Auflösung ihrer Hierarchie in Galizien, in: G. Adriányj (Hg.), Die Führung der Kirche

[74] Vgl. G. Stricker, Griechisch-Katholische Kirche – Union von Brest (a.a.O.), 135-137; Informationsdienst Osteuropäisches Christentum 3/9f. (1991) 4-7 (mit Dokumenten zum Konflikt in Przemyśl); 5/3f. (1993) 17f. u. 25f.
[75] Vgl. z.B. Informationsdienst Osteuropäisches Christentum 5/3f. (1993) 7f.

in den sozialistischen Staaten Europas, München 1979, 25-39. – N. Thon, Quellenbuch zur Geschichte der Orthodoxen Kirche (Sophia 23), Trier 1983. – Vermächtnis Seiner Seligkeit Patriarch Josyf, in: G2W 12 (1984) Nr. 11, 17-24. – J. Madey, „Intrepido Pastori". Zum literarischen Lebenswerk von Josef Slipyj, in: ThGl 75 (1985) 204-211. – Botschaft „Magnum baptismi donum" von Papst Johannes Paul II. an die ukrainischen Katholiken zur Tausendjahrfeier der Taufe der Rus' von Kiew (VApS 83 A), Bonn 1988. – A.-H. Horbatsch, Tausend Jahre Christentum in der Ukraine, in: COst 43 (1988) 77-86. – W. Kralewski, Zur Lage der Katholischen Kirche in der UdSSR, in: COst 43 (1988) 268-273. – O. Baran / O.V. Gerus (Hg.), Millennium of Christianity in Ukraine 988-1988, Winnipeg 1989. – J. Madey, Untergang und Wiederentstehung der Griechisch-Katholischen Kirche in der Polnischen Volksrepublik, in: OstKSt 38 (1989) 3-22. – I. Dacko / M. Tomashek, Die ukrainisch-katholische Kirche heute. Begegnung vor Ort, in: Katholische Kirche in Osteuropa. Verfolgung, Freiheit und Wiedergeburt, hg. v. Kirche in Not/Ostpriesterhilfe, Königstein 1990, 53-68. – Die ukrainische katholische Kirche, hg. v. Kirche in Not/Ostpriesterhilfe (Beiträge zur Religions- und Glaubensfreiheit 1), München ³1990. – Empfehlungen zur Normalisierung der Beziehungen zwischen Orthodoxen und Katholiken des östlichen Ritus in der Westukraine, in: US 45 (1990) 173-176. – Informationsdienst Osteuropäisches Christentum 2-5 (1990-1993). – G. Adriányi, Geschichte der Kirche Osteuropas im 20. Jahrhundert, Paderborn u.a. 1992, 43-61. – Allgemeine Prinzipien und praktische Normen für die Koordinierung der Evangelisierung und des ökumenischen Engagements der katholischen Kirche in Russland und in den anderen Ländern der GUS (VApS 109), Bonn 1992. – E.C. Suttner, Die katholische Kirche in der Sowjetunion, Würzburg 1992. – Der Uniatismus – eine überholte Unionsmethode – und die derzeitige Suche nach der vollen Gemeinschaft. Erklärung der 7. Vollversammlung der Internationalen Gemischten Kommission für den Theologischen Dialog zwischen der Römisch-Katholischen Kirche und der Orthodoxen Kirche, Balamand (Libanon), in: US 48 (1993) 256-264; auch: OFo (1994) 97-104. – F. Golczewski (Hg.), Geschichte der Ukraine, Göttingen 1993. – G. Hausmann / A. Kappeler (Hg.), Ukraine. Gegenwart und Geschichte eines neuen Staates (Nationen und Nationalitäten in Osteuropa 1), Baden-Baden 1993. – W. Rood, Rom und Moskau. Der Heilige Stuhl und Russland beziehungsweise die Sowjetunion von der Oktoberrevolution 1917 bis zum 1. Dezember 1989, Münster 1993. – H. Stehle, Geheimdiplomatie im Vatikan. Die Päpste und die Kommunisten, Zürich 1993. – E.C. Suttner, Die ukrainische Christenheit auf dem Weg ins dritte Jahrtausend, in: Kanon 11 (1993) 25-66. – Ders., Die Unterdrückung der Ukrainischen Unierten Kirche unter Stalin und das Moskauer Patriarchat, in: StZ 211 (1993) 560-572. – Ukraine. Ihre christlichen Kirchen vor dem Hintergrund der Geschichte in Hoffnung und Spannung, hg. v. Kirche in Not/Ostpriesterhilfe (Christentum in Osteuropa 3), München 1993. – Der griechisch-katholische Groß-Erzbischof von Lemberg, Kardinal M.I. Lubaschewsky, zum Balamand-Dokument der kath./orth. Dialogkommission, in: US 49 (1994) 68-72; 75. – A. Kappeler, Kleine Geschichte der Ukraine, München 1994. – Apostolisches Schreiben von Papst Johannes Paul II. zur Vierhundertjahrfeier der Union von Brest, in: OR(D) 25 (1995) Nr. 50, 9-11. – E. Lüdemann, Ukraine, München 1995. – G. Stricker, Griechisch-Katholische Kirche – Union von Brest, in: B. Mensen (Hg.), Russland – Politik und Religion in Geschichte und Gegenwart, St. Augustin 1995, 120-137. – B.R. Bociurkiw, The Ukrainian Greek Catholic Church and the Soviet State (1939-1950), Edmonton-Toronto 1996. – T. Bremer, Art. Kiev, in: LThK³ 5 (1996) 1425-1427. – Kirchen der Union, in: G2W 24 (1996) Nr. 9. – W. Kasack (Hg.), Kirchen und Gläubige im postsowjetischen Osteuropa (ATSl 63), München 1996. – Religion und Gesellschaft im postsowjetischen Raum, Würzburg 1996. – E.C. Suttner, Der Auftrag der katholischen Kirche für Russland und die anderen Länder der GUS, in: US 51 (1996) 139-155. – 400 Lecie Unii Brzeskiej (400 Jahre Brester Union), Czestochowa 1996. – I. Dacko / G. Stricker, Im Spannungsfeld zwischen Ost und West. Die Griechisch-katholische (unierte) Kirche in der Ukraine nach fünf Jahren Eigenstaatlichkeit, in: G2W 25 (1997) Nr. 4, 17-21. – J. Kopiec, Art. Lemberg, in: LThK³ 6 (1997) 807-809. – A. Krindac, Kirchenlandschaft Ukraine – Probleme, Kämpfe, Entwicklungen, in: Osteuropa 47 (1997) 1066-1092. – E.C. Suttner, Kirche und Nationen. Beiträge zur Frage nach dem Verhältnis der Kirche zu den Völkern und der Völker zur Religion (ÖC 46, 1+2), Würzburg 1997.

Der Uniatismus –
ein kirchliches Einigungsmodell in der Krise

Zu den zahlreichen Versuchen, Spaltungen innerhalb der Christenheit zu überwinden, gehören auch die Unionen, die im Laufe der Kirchengeschichte zwischen orthodoxen bzw. altorientalischen Christen und Rom zustande gekommen sind. Phasenbedingt verbinden sich mit ihnen recht unterschiedliche Vorstellungen. Ging es zunächst – wie zum Beispiel auf den großen Konzilien 1274 in Lyon und 1438/39 in Florenz – noch darum, die ganze Christenheit zu versöhnen, kam es seit dem 16. Jahrhundert nur noch zu Teilunionen mit mehr oder weniger großen ostkirchlichen Gruppen. Vom 18. bis ins 20. Jahrhundert hinein war schließlich von katholischer Seite die Praxis verbreitet, einzelne nichtkatholische Gläubige zur Konversion zu bewegen und neben den verschiedenen orthodoxen und altorientalischen Kirchen eigene mit Rom verbundene Kirchen der jeweils gleichen rituellen und nationalen Tradition einzurichten. Die meisten der heute 21 sogenannten unierten bzw. katholischen Ostkirchen mit ihren insgesamt nur etwa 15 Millionen Gläubigen sind aus solchen Teilunionen oder Einzelkonversionen hervorgegangen. Ihre Entstehung verdanken sie jedoch zumeist nicht nur theologischen Gründen, sondern auch politischen, nationalen und sozialen Interessen. So erhofften sich beispielsweise die orthodoxen Ruthenen im polnisch-litauischen Staat, als sie 1596 die berühmte Union von Brest eingingen, dadurch auch zivilrechtlich den herrschenden Katholiken gleichgestellt zu werden und ihre nationale Identität bewahren zu können. Und in der Tat wurde die so entstandene – heute als ukrainisch-katholisch bezeichnete – Kirche über Jahrhunderte zum Garanten des ruthenisch-ukrainischen Volkstums und zur wirksamen Hilfe gegenüber allen Germanisierungs-, Polonisierungs- und Russifizierungsversuchen.

Kam manche Union auch unter der Vorstellung zustande, danach der westlichen wie der östlichen Christenheit verbunden zu sein, so zeigte sich doch bald, dass die Grenze nur verschoben und der neue Status nicht sehr befriedigend war: Den Orthodoxen galten die Unierten als abgefallen und den Lateinern als nicht richtig katholisch. Lösten die einen sie wieder auf, wenn sie in deren politischen Machtbereich zurückfielen, so beschränkten die anderen ihre rechtliche Selbständigkeit immer mehr. Das Überlegenheitsbewusstsein und erdrückende Vorbild der westlichen Kirche ließ es zudem oftmals als ideal erscheinen, östliche Gebräuche nicht so gut wie möglich zu bewahren, sondern sie vielmehr an den lateinischen Ritus und abendländische Frömmigkeitsformen anzupassen. Die Ungleichheit der Unionspartner zeigte sich von Anfang an. Eine wirkliche Hochschätzung innerhalb der katholischen Christenheit fanden die unierten Ostkirchen erst auf dem Zweiten Vatikanischen Konzil, das ihnen ein eigenes Dekret widmete und eine neue Blüte wünschte. Doch schon bald wurde ihre weitere Existenz durch die ökumenische Öffnung der katholischen Kirche immer mehr infrage gestellt. Je intensiver sich die Beziehungen zwischen Rom und der Orthodoxie gestalteten und diese Partner sich gegenseitig wieder als „Schwesterkirchen" akzeptierten, umso deutlicher wuchs die Erkenntnis, dass der Uniatismus künftig kein ekklesiologisch verantwortbares Einigungsmodell mehr sei. Statt sich zu entfalten, schien den Unierten nun das Schicksal bestimmt zu sein, sich zugunsten einer vollkommeneren Einheit auf die Selbstauflösung vorzubereiten. Einige Bischöfe katholischer Ostkirchen könnten sich das durchaus vorstellen. So erklärte zum Beispiel der melkitische Patriarch Maximos V. Hakim 1975: „Wir fürchten uns nicht vor einer Einheit. Wir sind auch bereit, unsere Resignation einzureichen, wenn dies nötig ist. Wir sind auf dem Weg der Aussöhnung ... Wir bereiten unser Kirchenvolk auf die Einigungsbestrebungen für eine einzige Kirche vor."

Die gesellschaftspolitischen Veränderungen in Mittel- und Osteuropa zu Beginn der 1990er-Jahre haben jedoch zu einer gegenteiligen Entwicklung geführt. In verschiedenen Gebieten (vor allem in der Westukraine und in Rumänien, aber auch in der Ostslowakei) war die unierte Kirche nach dem Zweiten Weltkrieg unter kommunistischer Herrschaft offiziell aufgelöst und zwangsweise der Orthodoxie eingegliedert worden. Im Untergrund und im westlichen Exil lebte sie aber weiter. In die heimatliche Öffentlichkeit zurückgekehrt, fordern die Unierten nun nach über vierzig Jahren Unterdrückung vehement nicht nur ihre Legalisierung, sondern eine volle Rehabilitierung. Massive Konflikte mit der Orthodoxie sind die Folge. Der Streit um kirchliche Gebäude hat mancherorts sogar zu tätlichen Auseinandersetzungen geführt. Anwendung direkter Gewalt, Missbrauch gesetzgebender Prozesse und Manipulierung staatlicher Institutionen werden den Unierten zum Vorwurf gemacht. Für das Moskauer Patriarchat ist die Entwicklung in der Ukraine besonders schmerzlich, weil sich dort bislang 60 Prozent seiner Gemeinden und die meisten der in letzter Zeit wiedereröffneten Kirchen befanden. In diesem Gebiet sollen ganze Gemeinden oder einzelne Priester aus der russisch-orthodoxen in die ukrainisch-katholische Jurisdiktion übergewechselt sein. Die ausgebrochenen Konflikte scheinen zeitlich und inhaltlich dort wieder einzusetzen, wo die stalinistische Unterdrückung begann, und sind sehr stark durch nichttheologische Faktoren (emotionale, ethnische, politische) bestimmt. Die nationalen Unabhängigkeitsbestrebungen der Ukrainer und die nicht unbelastete Vergangenheit des Moskauer Patriarchats, das vielfach als kirchliches „Russifizierungsinstrument" empfunden wurde, spielen dabei eine wesentliche Rolle. Es ist zu befürchten, dass ein solcher „Rückfall" in alte Probleme, bzw. deren jahrzehntelang verhinderte Aufarbeitung – ein in Osteuropa variationsreich verbreitetes Phänomen – die ökumenische und europäische Integration ernsthaft behindern wird.

Bisherige Vermittlungsversuche Roms haben kaum Erfolg gehabt. Einerseits ist das Unionsmodell aus ekklesiologischen Gründen nicht mehr vertretbar, andererseits ist die Religions- und Gewissensfreiheit derer zu sichern, die in Kirchen solcher Tradition beheimatet sind und sich weder als römisch-katholisch noch als orthodox verstehen. In dieser zwiespältigen Situation sind die vatikanischen „Balanceakte" nicht unumstritten: Trotz Wiederherstellung der gesamten Hierarchie und zahlreicher diplomatischer Aktivitäten geht den Unierten das römische Engagement für sie nicht weit genug; einige Orthodoxe und Nichtkatholiken hingegen sehen darin ein weiteres Anzeichen dafür, dass Rom mit der erwünschten Re-Evangelisierung Europas eine Re-Katholisierung meine, und deuten das Uniatentum als kirchliche Form im neuerlichen Machtkampf des Westens um die europäische Vorherrschaft. Das Verhältnis zwischen Rom und der Gesamtorthodoxie ist durch das Wiederaufleben östlicher Unionskirchen belastet und der seit 1980 recht hoffnungsvoll geführte theologische Dialog ernsthaft gefährdet. Dennoch konnte sich die mit diesem Dialog beauftragte Kommission bei ihrer Vollversammlung im Juni 1990 in Freising zu einer gemeinsamen Erklärung durchringen, in der es sogar heißt: „Die Rückkehr ausgedehnter Regionen zur Religionsfreiheit ist sowohl für Orthodoxe als auch für römische Katholiken, die jahrzehntelang soziale Verfolgungen erdulden mussten, ein Grund tiefen Dankes an Gott, der einmal mehr zeigt, dass er der Herr der Geschichte ist." Dann aber werden auch die leidvollen Auswirkungen des Uniatismus zur Sprache gebracht, seine Methode als ekklesiologisch überholt zurückgewiesen und praktische Maßnahmen zur Lösung örtlicher Spannungen empfohlen. Am wichtigsten ist aber wohl das Bekenntnis zur Weiterführung des Dialogs als bestem Mittel, um auf dem Weg zur Einheit voranzukommen, und die Einsicht, das Problem des Uniatismus vorerst allen anderen Themen vorzuziehen.

Eine Verständigung kann und wird es nicht auf Kosten der Unierten oder an ihnen vorbei geben. Andererseits ist eine bewusste Schwächung orthodoxer Schwesterkirchen durch Rom nicht mehr guten Gewissens denkbar; vielmehr müsste deren Unterstützung katholisches Anliegen sein. Also ist es notwendig, um nicht in die Zeiten des „kalten Konfessionskrieges" zurückzufallen, eine sensible Lösung des Problems zu finden. Dabei kann aber nicht darauf verzichtet werden, das Unrecht erst einmal zu beseitigen und den Unierten wieder voll und ganz die freie Religionsausübung zu ermöglichen. Erst wenn diese Voraussetzung erfüllt ist, könnten – ohne Zwang und Nötigung – Überlegungen darüber beginnen, wie man aus dem ekklesiologischen Dilemma herauskommt. Den zweiten Schritt vor oder ohne den ersten gehen zu wollen, wäre verhängnisvoll. Man kann, wie es orthodoxerseits von einigen gefordert wird, die Auflösung der unierten Kirchen nicht zur Vorbedingung jedes weiteren Dialoges der Orthodoxie mit Rom machen. Auch wenn manche Verbitterung über erlittenes oder vermeintlich neues Unrecht nur allzu verständlich ist, müssten die beteiligten Kirchen und Gläubigen doch darauf bedacht sein, zu einer größeren Sachlichkeit zu kommen, alles ungesetzliche Handeln und jede Gewaltanwendung zu vermeiden und Konflikte friedlich zu regeln. Am schwierigsten wird es jedoch sein, nationale Gegensätze auszugleichen und neueren ökumenischen Einsichten zum Durchbruch zu verhelfen. Solange der Dialog aber weitergeht oder immer wieder von neuem gesucht wird, besteht die Hoffnung, dass aus dem ehemaligen Gegeneinander der verschiedenen christlichen Traditionen ein erträgliches Nebeneinander und vielleicht sogar einmal ein geschwisterliches Miteinander werden könnte.

Erscheinen die meisten Unionen aus heutiger Perspektive auch als ein „vorläufiges Verzweifeln an der Möglichkeit einer allgemeinen umfassenden Wiedervereinigung" und als „Sackgassen der Kirchengeschichte", so darf doch nicht übersehen werden, dass die Aufgeschlossenheit, die in der katholischen Kirche allmählich für die östlichen Traditionen herangewachsen ist und nach dem Zweiten Vatikanischen

Konzil zum Dialog mit dem orthodoxen Osten geführt hat, durch die Unierten – und nicht durch Begegnungen mit Orthodoxen – angeregt worden ist. Durch diesen segensreichen Einfluss sind sie sogar ökumenisch bedeutsam geworden. Einige trauen ihnen eine solche Wirkung auch heute noch zu. So erklärt selbst die Bischofssynode des Moskauer Patriarchats in einem Beschluss vom 31. Januar 1990: „Die theologische Verwerfung der Union bedeutet keine Verwerfung der Menschen noch einen Mangel an Toleranz gegenüber anderen Überzeugungen. Wir meinen im Gegenteil, dass die Katholiken des östlichen Ritus ihren positiven Beitrag zur Entwicklung guter Beziehungen und der Beförderung des Dialogs zwischen Orthodoxen und Katholiken leisten können und müssen." Diese Chance gilt es zu nutzen. Auch wenn der Uniatismus als kirchliches Einigungsmodell nicht mehr zu empfehlen ist, so muss die bedrohliche Krise, die sich gegenwärtig mit ihm verbindet, das ehrliche Ringen der Kirchen um eine größere Gemeinsamkeit nicht unbedingt zurückwerfen, sie könnte diesen Prozess auch klärend vorantreiben.

„Schwesterkirchen"?
Probleme und Chancen des orthodox-katholischen Dialogs

Als Papst Pius XII. 1958 starb und Johannes XXIII. sein Nachfolger wurde, gab es zwischen Konstantinopel und Rom noch keinen „heißen Draht". Zu diesem Zeitpunkt war es dem Ökumenischen Patriarchen Athenagoras nur möglich, seine Anteilnahme und Verbundenheit indirekt über die Presse zum Ausdruck zu bringen.[1] Doch schon bald entkrampfte sich das Verhältnis zwischen Rom und der ganzen Orthodoxie immer mehr; zahlreiche Beziehungen entwickelten sich, dramatische Versöhnungsgesten wurden ausgetauscht und ein hoffnungsvoller Dialog begann. Manchmal schien es sogar, als ob die Wiederaufnahme vollkommener Gemeinschaft zwischen beiden Kirchen nicht mehr sehr fern sei. Schon seit längerem ist ein solcher Optimismus jedoch wieder zunehmender Skepsis und Wehmut gewichen. Unerwartete Schwierigkeiten belasten das beiderseitige Verhältnis, Vorwürfe und Missverständnisse häufen sich, und der Dialog durchleidet seine bisher schwerste Krise. Angesichts dieser Umstände soll hier eine kleine Bestandsaufnahme versucht werden. Dabei erscheint es mir angebracht, zunächst die positiven Auswirkungen der nun schon jahrzehntelangen Annäherungsversuche zwischen der Orthodoxen und der Römisch-Katholischen Kirche in Erinnerung zu rufen, dann die entscheidenden Spannungsfelder zu beleuchten und schließlich danach zu fragen, wie es weitergehen könnte

1. POSITIVE ERGEBNISSE

Ohne Zweifel hat sich in den Beziehungen zwischen Orthodoxen und Katholiken nach einer über tausendjährigen Entfremdung seit etwa 40 Jahren ein beträchtlicher Wandel vollzogen.[2] Der Anstoß dazu kam vor

---

[1] Vgl. Tomos Agapis. Dokumentation zum Dialog der Liebe zwischen dem Hl. Stuhl und dem Ökumenischen Patriarchat 1958-1976. Deutsche Übersetzung des Dokumentationsbandes über den Austausch von Besuchen, Dokumenten und Botschaften zwischen dem Vatikan und dem Phanar samt einem Anhang über das 10-Jahres-Jubiläum der Aufhebung der Anathemata, hg. v. Pro Oriente, Innsbruck 1978, Nr. 1-3.

[2] Zusammenfassende Darstellungen bieten z.B. H.-J. Schulz, in: Handbuch der

allem von den unvergessenen charismatischen „Erstbischöfen" beider Kirchen, dem Ökumenischen Patriarchen Athenagoras und Papst Johannes XXIII. Die katholischerseits erfolgte Einladung an die anderen Kirchen, Beobachter zum Zweiten Vatikanischen Konzil zu entsenden, sowie der Beschluss der 2. Panorthodoxen Konferenz von 1963, die Entscheidung darüber jeder einzelnen autokephalen Kirche selbst zu überlassen und orthodoxerseits Rom einen Dialog vorzuschlagen, signalisierten bereits, dass sich ein Klimawechsel anbahnte. Einen wirklichen Durchbruch brachte jedoch erst die symbolträchtige Begegnung zwischen Papst Paul VI. und Patriarch Athenagoras 1964 in Jerusalem, bei der beide den Friedenskuss austauschten, miteinander Joh 17 lasen und gemeinsam das Vaterunser beteten. Damit begann ein „Dialog der Liebe", der in vielfältiger Weise die historischen Belastungen aufarbeiten, das Vertrauen fördern und die Aufnahme theologischer Gespräche vorbereiten sollte.[3] Besonders bedeutsam war dafür die feierliche „Aufhebung" der Anathemata von 1054 durch eine gemeinsame Erklärung des Papstes und des Patriarchen am 7.12.1965.[4] Dieser Versöhnungsakt stellte zwar nicht – wie manche fälschlich meinten – die Einheit zwischen der Kirche von Rom und der von Konstantinopel bzw. sogar mit der ganzen Orthodoxie wieder her, schuf aber durch die Missbilligung und das Bedauern jener unseligen und folgenreichen Vorgänge von einst sowie die Erklärung, sie aus dem Gedächtnis und der Mitte der Kirche zu tilgen, eine notwendige Voraussetzung für alle weiteren Schritte.[5]

Auf unterschiedlichen Ebenen kam es jetzt zu vertrauensbildenden Begegnungen, informativem Austausch und konstruktiven Aktionen.

Ostkirchenkunde III, hg. v. W. Nyssen u.a., Düsseldorf 1997, 211-233; F.R. Gahbauer, Der orthodox-katholische Dialog (KKSMI 21), Paderborn 1997, 140-185.

[3] Zu dieser Phase vgl. vor allem Tomos Agapis (Anm. 1) sowie A. Kallis, „Tomos Agapes". Vergangenheitsbewältigung in den Beziehungen zwischen der katholischen und der orthodoxen Kirche, in: US 33 (1978) 336–351; H.M. Biedermann, Orthodoxe und Katholische Kirche heute. Etappen des Gesprächs in den letzten 20 Jahren, in: Catholica 33 (1979) 9-29. – Zu den ersten Veränderungen im Sprachgebrauch Papst Pauls VI. über orthodox-katholische Einheit vgl. D. Hintner, Zurück nach Rom oder gemeinsam hin zu Christus?, in: Dienst der Vermittlung. FS zum 25jährigen Bestehen des Philosophisch-Theologischen Studiums Erfurt (EThSt 37), Leipzig 1977, 543-552.

[4] Vgl. Tomos Agapis, 86-91 (Nr. 126-130).

[5] Vgl. auch J. Ratzinger, Das Ende der Bannflüche von 1054. Folgen für Rom und die Ostkirchen, in: IKaZ 3 (1974) 289-303.

Dabei erwachte immer mehr das Bewusstsein einer großen Nähe und ekklesialen Gemeinschaft. Besonderen Ausdruck fand das schon 1967, als der Papst den Ökumenischen Patriarchen im Phanar besuchte und diesen dann einige Monate später auch im Vatikan begrüßen konnte. Einen Papst hatte Konstantinopel zuletzt vor über zwölfeinhalb Jahrhunderten gesehen und einen Ökumenischen Patriarchen Rom bis dahin noch nie. Zeichen gegenseitiger geistlicher, episkopaler und patriarchaler Anerkennung und Wertschätzung wurden ausgetauscht. Von grundsätzlicher Bedeutung war in diesem Zusammenhang vor allem das Breve „Anno ineunte", das Papst Paul VI. am 25.6.1967 Patriarch Athenagoras in der lateinischen Heilig-Geist-Kirche in Konstantinopel überreichte.[6] Darin wird in Anlehnung an entsprechende Aussagen des Zweiten Vatikanischen Konzils im Dekret über den Ökumenismus „Unitatis redintegratio" (Art. 14-18) offiziell das Verhältnis der Katholischen zur Orthodoxen Kirche beschrieben und dessen weitere Verbesserung eindringlich ans Herz gelegt. Steht die recht absolut klingende Selbstbezeichnung des Papstes als „Bischof der Römischen Kirche und Haupt der Katholischen Kirche" nach orthodoxem Empfinden auch in einem Kontrast zur differenzierteren Anrede des „geliebtesten Bruders" Athenagoras als „orthodoxer Erzbischof von Konstantinopel und Ökumenischer Patriarch", so greift der Text andererseits doch deutlich Vorstellungen orthodoxer Ekklesiologie auf. Davon ausgehend, dass der Begriff „Schwesterkirchen" aufgrund der im dreieinen Gott verankerten geheimnisvollen Gemeinschaft von Ortskirchen, in deren jeder sich das „Mysterium der göttlichen Liebe ereignet", in Gebrauch kam, wird dann hervorgehoben: „Dieses Leben von Schwesterkirchen haben wir jahrhundertelang gelebt und miteinander die Ökumenischen Konzilien gefeiert, die das Glaubensgut gegen jede Veränderung verteidigten. Nun schenkt uns nach langen Meinungsverschiedenheiten und Zwistigkeiten Gott die Gnade, dass unsere Kirchen sich wiederum als Schwesterkirchen erkennen trotz der Schwierigkeiten, die in früheren Zeiten zwischen uns entstanden sind."[7] Da man nach wie vor in den grundlegenden trinitätstheologischen und christologischen Dogmen, dem sakramentalen Leben und der apostolischen Sukzession des Priestertums übereinstimme, müsse es nun beiderseitiges Anliegen sein, „die bereits bestehende, wenn

---

[6] Der Text findet sich in Tomos Agapis, 117f. (Nr. 176).
[7] Ebd., 117.

auch noch unvollkommene Gemeinschaft zu fördern und in die Tat umzusetzen".[8] Der im Ökumenismusdekret von 1964 fast nur historisch betrachtete Begriff „Schwesterkirchen" wurde nunmehr zum Programm. Interessanterweise war er orthodoxerseits sogar schon vorher verwendet worden: 1962 in einem Brief des Patriarchen Athenagoras an Kardinal Bea und 1963 im offiziellen Organ des Ökumenischen Patriarchats als Überschrift über die Veröffentlichung des ersten Briefes, den Papst Paul VI. persönlich und eigenhändig an Patriarch Athenagoras verfasst hatte.[9] Die Beschreibung der orthodox-katholischen Nähe steigerte sich zum Teil noch, indem Patriarch Athenagoras am 26.10.1967 davon sprach, „dass es mehr einende als trennende Elemente gibt"[10], und Papst Paul VI. am 8.2.1971 erklärte, dass „bereits eine fast totale, wenn auch noch nicht vollkommene Gemeinschaft besteht aufgrund unserer gemeinsamen Teilhabe am Mysterium Christi und seiner Kirche"[11]. Eine der Früchte dieses Aufbruchs waren auch die Regensburger Symposien von 1969 bis 1992, die als internationales und interkonfessionelles Gesprächsforum von Bischöfen und Theologen den offiziellen Dialog indirekt mit vorbereiteten und dann begleiteten.[12]

Einen weiteren Höhepunkt und Fortschritt brachte der 10. Jahrestag der „Bannaufhebung". In einem Schreiben vom 7.12.1975 bezeichnete der neue Patriarch Demetrios, der die ökumenische Linie seines 1972 verstorbenen Vorgängers Athenagoras fortsetzte, den Bischof von Rom als denjenigen, der „im System der Pentarchie ... der einen, heiligen, katholischen und apostolischen Kirche ... als der Vorsitzende der Liebe und der Ehre bestimmt ist", und teilte ihm den panorthodoxen Beschluss mit, dass man jetzt den theologischen Dialog konkret vorbereiten wolle.[13] Und Papst Paul VI. setzte im Rahmen der Feierlichkeiten am 14.12.1975 ein bewegendes und vielbeachtetes Zeichen der Demut und Bitte um Vergebung historischer Schuld, indem er vor dem Leiter

[8] Ebd., 118.
[9] Auf den Brief an Kardinal Bea – Text ebd., 16 (Nr. 10) – verweist H.-J. Schulz, in: Handbuch der Ostkirchenkunde III, 223; auf die Patriarchatsveröffentlichung A. Kallis, „Tomos Agapes" (a.a.O.), 345.
[10] Tomos Agapis, 124 (Nr. 189).
[11] Ebd., 176 (Nr. 283).
[12] Vgl. F.R. Gahbauer, Die Regensburger Ökumenischen Symposien und der nachkonziliare ost-westliche Dialog (KKSMI 18), Paderborn 1995.
[13] Tomos Agapis, 195f (Nr. 287).

der orthodoxen Delegation, dem Metropoliten Meliton, niederkniete und ihm die Füße küsste. Zugleich vertrat er in seiner Ansprache offener als je zuvor die Überzeugung, „dass die katholische und die orthodoxe Kirche durch eine so tiefe Gemeinschaft vereint sind, dass nur wenig fehlt, um die Fülle zu erreichen, die eine gemeinsame Feier der Eucharistie des Herrn erlaubt, welche die Einheit der Kirche bezeichnet und bewirkt"[14]. 1979 war es dann endlich soweit, dass Patriarch Demetrios und sein ab 1978 neuer „älterer Bruder", Papst Johannes Paul II., bei ihrer ersten Begegnung in Konstantinopel offiziell den Beginn des theologischen Dialogs und damit die Vervollständigung des weiterhin notwendigen und noch zu intensivierenden „Dialogs der Liebe" durch einen „Dialog der Wahrheit" ankündigen konnten. In ihrer Erklärung vom 30.11.1979 beteuerten sie, mit allen Kräften die volle kirchliche und eucharistische Gemeinschaft anzustreben, dadurch aber auch der ganzen christlichen Welt auf der Suche nach Einheit zu dienen.[15] Nachdem zu vorangegangenen Treffen auch schon gemeinsame Gebete und Wortgottesdienste gehört hatten, waren diesmal Patriarch und Papst darüber hinaus sogar bei einer eucharistischen Liturgiefeier der jeweils anderen Kirche anwesend.

In der nun anlaufenden theologischen Arbeit bestand Einigkeit, methodisch zunächst vom fundamental Gemeinsamen in Dogma und Liturgie auszugehen und erst später die eigentlichen Kontroversthemen – wie vor allem den päpstlichen Jurisdiktionsprimat – zu erörtern und nach Lösungen zu suchen. Insgesamt hat die aus 56 Mitgliedern bestehende orthodox-katholische Theologenkommission bis 1988 drei Dokumente verabschieden können.[16] Erstaunlicherweise einigte man sich auf das erste schon bei der 2. Vollversammlung 1982 in München; es trägt den Titel: „Das Geheimnis der Kirche und der Eucharistie im Licht des Geheimnisses der Heiligen Dreifaltigkeit" und ist im We-

[14] Ebd., 197 (Nr. 288).
[15] Zum Text vgl. COst 35 (1980) 6f.
[16] Alle drei Texte finden sich in dt. Übers. u.a. in: Dokumente wachsender Übereinstimmung. Sämtliche Berichte und Konsenstexte interkonfessioneller Gespräche auf Weltebene, Bd. II: 1982-1990, hg. v. H. Meyer u.a., Paderborn-Frankfurt 1992, 526-553.556-567; OFo 3 (1989) 218-250; Die Eucharistie der einen Kirche. Dokumente des katholisch-orthodoxen Dialogs auf deutscher und auf internationaler Ebene, hg. v. Sekretariat der Deutschen Bischofskonferenz, Bonn 1989, 25-58. – Eine ausführliche Analyse bietet M.M. Garijo-Guembe, Die Dokumente der internationalen Dialogkommission der römisch-katholischen und der orthodoxen Kirche, in: US 45 (1990) 305-320.

sentlichen von zwei Sichtweisen geprägt, die im orthodoxen wie katholischen Raum seit einiger Zeit größeren Einfluss gewonnen haben: der eucharistischen Ekklesiologie und dem trinitarischen Verständnis von Kirche. Danach wird die Kirche als Gemeinschaft (Koinonia/ Communio) von Ortskirchen verstanden, eine universelle Ekklesiologie jedoch nicht grundsätzlich abgelehnt.[17] Auf das zweite Dokument, das dem Thema „Glaube, Sakramente und Einheit der Kirche" gewidmet ist, musste man aufgrund unerwarteter inhaltlicher Auseinandersetzungen und anderer Irritationen bis zur 4. Vollversammlung 1987 in Bari warten. Während im ersten Teil deutlich herausgestellt wird, dass sakramentale Gemeinschaft die volle Einheit im Glauben – nicht aber unbedingt in derselben Formulierung – voraussetzt, widmet sich der zweite Teil dem Verständnis und dem Vollzug der drei Initiationssakramente Taufe, Firmung (Myronsalbung) und Eucharistie mit dem Resümee, dass die unterschiedlichen liturgisch-praktischen Gewohnheiten, wie sie sich seit altkirchlicher Zeit in Ost und West herausgebildet haben,[18] nicht kirchentrennend sein müssen. Das dritte Dokument wurde schließlich von der 5. Vollversammlung 1988 in Valamo beschlossen und erörtert das Thema: „Das Weihesakrament in der sakramentalen Struktur der Kirche, insbesondere die Bedeutung der Apostolischen Sukzession für die Heiligung und die Einheit des Volkes Gottes". In großer Einmütigkeit sieht man das dreigestufte Dienstamt – mit dem Bischof als Träger der Fülle des Priestertums an der Spitze – in Kontinuität mit dem Wirken der Apostel unter christologischer und pneumatologischer Perspektive und erinnert auch an die vor allem im synodalen und konziliaren Leben zum Ausdruck gekommene bischöfliche Verantwortung über die eigene Ortskirche hinaus. Am Ende heißt es (§ 55): „Unter dieser Blickrichtung auf die Gemeinschaft der Ortskirchen könnte das Thema des Primates im Gesamt der Kirche und vor allem das des Primates des Bischofs von Rom angegangen werden, welches einen schwerwiegenden Unterschied zwischen uns darstellt und später erörtert werden wird."

Statt aber nun – wie schon geplant – an dieser Problematik weiterzuarbeiten, musste der bis 1989 recht fruchtbar verlaufene Dialog erst einmal darum bangen, überhaupt fortgesetzt zu werden. Ausge-

---

[17] Vgl. M.M. Garijo-Guembe, Die Dokumente der internationalen Dialogkommission (a.a.O.), 312-316.

[18] Zur Entwicklung im lateinischen Ritus vgl. G. Feige, Die katholische Firmpraxis angesichts orthodoxer Bedenken, in: SOrth 3/1996, 13f.

löst wurde diese Krise vor allem durch die gravierenden gesellschaftlichen Veränderungen in Ost- und Südosteuropa, in deren Folge die unierten Kirchen wiedererstanden, der Papst die römisch- und griechisch-katholischen Verhältnisse in den betreffenden Gebieten neu ordnete, missionarische Aktivitäten aufgenommen wurden und die Orthodoxen Kirchen daraufhin den Katholiken vorwarfen, trotz aller „schwesterkirchlichen" Beteuerungen unbrüderlich zu handeln und dem Dialog der Liebe und Wahrheit schwer geschadet zu haben.[19] Tröstlicherweise gelang es durch innerorthodoxe Vermittlung des neuen Ökumenischen Patriarchen Bartholomaios, der 1991 zum Nachfolger des verstorbenen Patriarchen Demetrios gewählt worden war, und durch verschiedene katholische Befriedungsversuche dann doch, den Dialog wenigstens in der Weise fortzuführen, dass man sich – wie schon bei der 6. Vollversammlung 1990 in Freising – ausschließlich mit dem Problem des sogenannten Uniatismus auseinandersetzte. Das dazu von der 7. Vollversammlung 1993 in Balamand verabschiedete Dokument mit dem Titel „Der Uniatismus – eine überholte Unionsmethode – und die derzeitige Suche nach der vollen Gemeinschaft" gilt seitdem als Grundlage für alle ernsthaften Bemühungen in dieser Frage.[20] Darin wird einerseits der Uniatismus aus historischen und ekklesiologischen Gründen als Methode verworfen, andererseits aber – über eine bereits in Freising zu diesem Thema verfasste Erklärung[21] hinaus – den katholischen Ostkirchen ausdrücklich das Existenzrecht zuerkannt und schließlich aufgezeigt, welche praktischen Regeln man zur Vermeidung oder Lösung von Konflikten beachten sollte.

Bei allen Problemen, die den orthodox-katholischen Dialog seit einiger Zeit auf eine harte Probe stellen, ist doch als positiv anzusehen, dass man sich zugleich auf verschiedenen Ebenen bemüht hat und weiterhin bemüht, den Schaden zu begrenzen, die Verhältnisse zu klären und die Beziehungen wieder zu verbessern. Als besondere Beispiele sind dafür die seit 1990 nicht abgebrochenen Kontaktgespräche zwi-

---

[19] Vgl. z.B. G. Feige, Evangelisierungsprobleme in Osteuropa, in: H. Keul / W. Kraning (Hg.), Um der Menschen willen. Evangelisierung – eine Herausforderung der säkularen Welt, Leipzig 1999, 300-317.

[20] Der Text findet sich in: US 48 (1993) 256-264; auch in: OFo 8 (1994) 97-104. – Eine ausführliche Besprechung bietet H.M. Biedermann, Orthodoxie und Unia. Das Dokument von Balamand (17.-24.6.1993), in: OstKSt 43 (1994) 11-32.

[21] Der Text findet sich in: US 45 (1990) 327-329; auch in: OFo 4 (1990) 293-295.

schen hochrangigen Delegationen des Heiligen Stuhls und des Moskauer Patriarchats,[22] die von der Päpstlichen Kommission „Pro Russia" 1992 veröffentlichten Richtlinien „Allgemeine Prinzipien und praktische Normen für die Koordinierung der Evangelisierung und des ökumenischen Engagements der katholischen Kirche in Russland und in den anderen Ländern der GUS"[23] oder der Besuch des Patriarchen Bartholomaios 1995 in Rom[24] zu nennen. Bemerkenswert ist auch, mit welcher Deutlichkeit und Sympathie katholischerseits immer wieder zum Ausdruck gebracht wird, dass man sich keinen anderen Kirchen so nahe und verbunden weiß wie den Orthodoxen. Solche Bekundungen enthalten z.b. das Konzilsdekret „Unitatis redintegratio" von 1964 (Art. 14-18), die Ökumenischen Direktorien von 1967 (Art. 39-54) und 1993 (Art. 122-128 u.a.) sowie besonders die Enzyklika „Ut unum sint" (Art. 50-61 bzw. 63) und das Apostolische Schreiben „Orientale Lumen" von 1995.[25] Eine beliebte Formulierung, die Papst Johannes Paul II. in diesem Zusammenhang fast beschwörend gebraucht, ist, dass „die Kirche mit ihren beiden Lungen atmen" müsse.[26] Außerdem sind von ihm auch insofern Barrieren abgetragen worden, als er schon mehrfach zu bestimmten Anlässen (z.b. 1981 oder 1995) das Ost wie West gemeinsame Glaubensbekenntnis von Nizäa und Konstantinopel ohne das später in der lateinischen Version eingefügte und bis heute das orthodox-katholische Verhältnis belastende „Filioque" rezitierte und darüber hinaus den römischen Einheitsrat beauftragte, dazu eine

---

[22] Vgl. G. Sjablizew, Die Maßnahmen des Moskauer Patriarchats 1990-1992 zur Beilegung des interkonfessionellen Konflikts in der Westukraine, in: Conc (D) 32 (1996) 551-558; SOrth 1/1997, 19f.; 2/1997, 21f.; 1/1998, 16.

[23] Der Text findet sich in: Verlautbarungen des Apostolischen Stuhls Nr. 109, Bonn 1992, 15-26. – Als Kommentar vgl. dazu E.C. Suttner, Der Auftrag der katholischen Kirche für Russland und die anderen Länder der GUS, in: US 51 (1996) 139-155.

[24] Vgl. OFo 9 (1995) 243-249.

[25] Die aufgeführten Texte finden sich an folgenden Orten: Decretum de Oecumenismo, in: LThK. Das Zweite Vatikanische Konzil. Dokumente und Kommentare II (^{2}1967) 9-126; Ökumenisches Direktorium. Erster Teil (KKSMI 8), Paderborn 1967; Päpstlicher Rat zur Förderung der Einheit der Christen, Direktorium zur Ausführung der Prinzipien und Normen über den Ökumenismus (VApS 110), Bonn 1993; Enzyklika „Ut unum sint" und Apostolisches Schreiben „Orientale Lumen" von Papst Johannes Paul II. (VApS 121), Bonn 1995. – Zur Bewertung von „Ut unum sint" aus orthodoxer Sicht vgl. A. Basdekis in: KNA-ÖKI 50/1995, 5-10; 51/1995, 5-9; 4/1996, 15-17.

[26] Z.B. „Ut unum sint" Nr. 54.

Klarstellung zu erarbeiten. Diese liegt bereits seit 1995 vor und vermittelt den Eindruck ernsthafter Verständigungsmöglichkeiten.[27] Alle Hoffnungszeichen können jedoch nicht darüber hinwegtäuschen, dass es im „Dialog der Liebe und der Wahrheit" auch gravierende Schwierigkeiten gibt. Welches sind die grundsätzlichen?

2. KRITISCHE PUNKTE

Als der Ökumenische Patriarch Athenagoras 1964 von einem Journalisten gefragt wurde: „Glauben Sie, dass es bald zu einer Wiedervereinigung mit der römischen Kirche kommt?", lautete seine Antwort: „Wir waren nie vereint! Wir haben miteinander in Gemeinschaft gelebt, und wir werden wieder in Gemeinschaft leben!"[28] Hier klingt an, was man orthodoxerseits mit dem Begriff „Schwesterkirchen" verbindet: eine im Glauben geeinte, sakramentale und kanonische Gemeinschaft von selbständigen und gleichberechtigten Ortskirchen, in deren Eucharistiefeiern sich jeweils die eine, heilige, katholische und apostolische Kirche verwirklicht. Dem entspricht auch die alte Bitte der byzantinischen Liturgie „um die rechte Standhaftigkeit der heiligen Kirchen Gottes und die Einigung aller"[29]. Katholischerseits hat man eine solche ekklesiologische Denkweise inzwischen zwar integriert, betont jedoch weiterhin die Gesamtkirche vor den Orts- bzw. Teilkirchen. Ein markantes Beispiel dafür ist das „Communio-Schreiben" der Kongregation für die Glaubenslehre von 1992, in dem die Gesamtkirche als „eine jeder einzelnen Teilkirche ontologisch und zeitlich vorausliegende Wirklichkeit" bezeichnet wird und dann heißt: „Daher ist die Formel des Zweiten Vatikanischen Konzils: die Kirche in und aus den Kirchen (Ecclesia in et ex Ecclesiis) untrennbar verbunden mit dieser anderen: die Kirchen in und aus der Kirche (Ecclesiae in et ex Ecclesia)."[30] Da

---

[27] Vgl. Päpstlicher Rat zur Förderung der Einheit der Christen, Die griechische und die lateinische Überlieferung über den Ausgang des Heiligen Geistes, in: US 50 (1995) 316-324.

[28] Zitiert nach A. Kallis (Hg.), Dialog der Wahrheit. Perspektiven für die Einheit zwischen der katholischen und der orthodoxen Kirche, Freiburg u.a. 1981, 31f.

[29] A. Kallis (Hg.), Liturgie. Die Göttliche Liturgie der Orthodoxen Kirche. Deutsch-Griechisch-Kirchenslawisch, Mainz 1989, 46.

[30] Kongregation für die Glaubenslehre, Schreiben an die Bischöfe der katholischen Kirche über einige Aspekte der Kirche als Communio (VApS 107),

nach katholischem Verständnis die Einheit „mit und unter Petrus" wesentlich zum Kirchesein dazugehört, erscheinen auch die Orthodoxen Kirchen trotz weitgehender Verbundenheit als „verwundet".[31] Unterscheiden sich beide Seiten grundsätzlich schon durch ihre lokal bzw. universal ausgerichtete Ekklesiologie, so wird dies noch dadurch verstärkt, dass jede offiziell bekundet, die eine wahre Kirche Jesu Christi – wenn zwar nicht mehr unbedingt ausschließlich zu verkörpern, so doch – am vollkommensten zu verwirklichen. Seit dem Zweiten Vatikanischen Konzil mit seinen katholischen Prinzipien des Ökumenismus wird ein ekklesiologischer Inklusivismus vertreten, der es möglich macht, die Treue zur eigenen Kirche mit einer Offenheit für andere Kirchen und kirchliche Gemeinschaften zu verbinden.[32] Ebenso deutet die Bezeichnung des „Heiligen und Großen Konzils", das die Orthodoxen Kirchen vorbereiten, als „panorthodoxes" und nicht als „ökumenisches" (d.h. mit gesamtkirchlichem Anspruch) auf eine ähnliche Haltung hin,[33] aufgrund derer man z.b. sagen kann: „Auf jeden Fall wissen wir, wo die Kirche ist; wir wissen aber nicht, wo die Kirche nicht ist."[34] Dennoch ist das Selbstbewusstsein beider Ekklesiologien kaum zu überbieten. Wie soll aber auf diesem Hintergrund die gegenseitige Bezeichnung als „Schwesterkirchen" verstanden werden? Spiegelt sie schon irgendeine ekklesiale Wirklichkeit wider, oder steht sie mindestens als Symbol für ein Programm bzw. Ziel, oder verbirgt sich dahinter nur eine ökumenische Höflichkeitsformel?[35] Letzteres hat

Bonn 1992, 11 (Nr. 9). – Vgl. dazu M.M. Garijo-Guembe, Communio-Ekklesiologie. Zum Schreiben der römischen Glaubenskongregation über einige Aspekte der Kirche als Communio, in: US 47 (1992) 323-329.352; den offiziösen Artikel: Die Kirche als Gemeinschaft. Zum ersten Jahrestag der Veröffentlichung des Schreibens der Kongregation für die Glaubenslehre Communionis Notio, in: OR-D 23 (1993) Nr. 27, 7f; sowie J. Freitag, Vorrang der Universalkirche? Zum Streit um den Communio-Charakter der Kirche aus der Sicht einer eucharistischen Ekklesiologie, in: ÖR 44 (1995) 74-92.

[31] Vgl. Kongregation für die Glaubenslehre, Schreiben an die Bischöfe (a.a.O., Anm. 30), 18 (Nr. 17).

[32] Vgl. Dogmatische Konstitution „Lumen Gentium" 1f u. 8; u. Dekret „Unitatis Redintegratio" 2–4.

[33] Vgl. A. Kallis (Hg.), Dialog der Wahrheit, 66.

[34] G. Galitis, Der Dialog zwischen der Orthodoxen und der Römisch-katholischen Kirche unter Berücksichtigung der gemeinsamen Erklärungen, in: OFo 3 (1989) 165-176, hier 170.

[35] Vgl. dazu J. Meyendorff, Schwesterkirchen. Ekklesiologische Implikationen im „Tomos Agapes", in: IKaZ 3 (1974) 308-322; E. Lanne, Schwesterkirchen

Papst Johannes Paul II. ausdrücklich ausgeschlossen und betont, dass es sich bei diesem Ausdruck um eine „wirkliche ökumenische Kategorie der Ekklesiologie" handle, auf der alle weiteren zwischenkirchlichen Beziehungen aufbauen müssten.[36] Das würde also heißen, dass dieser Begriff zwar nicht im strengen Sinn als Kennzeichen einer eigentlich damit gemeinten vollständigen Gemeinschaft verwendet wird, wohl aber die anderen aufgrund ihrer apostolischen und sakramentalen Verfassung als authentische Verwirklichung der einzigen Kirche Jesu Christi anerkennt und dazu einlädt, die schon bestehende brüderliche Verbundenheit durch Überwindung der noch trennenden dogmatischen, rechtlichen und praktischen Hürden zu vervollkommnen. Dabei ist es freilich Ansichtssache, ob man den erreichten Beziehungsstand als „schon fast" oder als „noch nicht" vollkommen bezeichnet.

Reicht dieser Status schon aus, um wenigstens in Notfällen unter bestimmten Bedingungen bereits sakramental kommunizieren zu können? Katholischerseits wird dies erstaunlicherweise bejaht und behutsam – d.h. mit der Aufforderung, keinerlei Anstoß und Misstrauen zu erregen sowie unbedingt gegenteilige orthodoxe Entscheidungen zu respektieren – geregelt.[37] Orthodoxerseits hingegen wird die bisherige Gemeinsamkeit als dafür noch nicht ausreichend angesehen. Ähnlich wie in dieser Frage scheint auch insgesamt die katholische Bewertung der wiederentdeckten Nähe, Übereinstimmung und Zugehörigkeit positiver zu sein als die orthodoxe. Auf jeden Fall hat die kühne Rede von „Schwesterkirchen" und der brüderliche Umgangsstil zwischen Päpsten und Patriarchen seit Paul VI. und Athenagoras etwas ins Rol-

– Ekklesiologische Aspekte des Tomos Agapis, in: Auf dem Weg zur Einheit des Glaubens, hg. v. Pro Oriente, Innsbruck 1976, 54-82; E.C. Suttner, „Schwesterkirchen in fast vollendeter Gemeinschaft": Eine ekklesiologische Aussage oder eine ökumenische Höflichkeitsformel?, in: COst 47 (1992) 278-287; M.M. Garijo-Guembe, Schwesterkirchen im Dialog. Überlegungen eines römisch-katholischen Theologen, in: Catholica 48 (1994) 279-293.

[36] Zur diesbezüglichen Ansprache am 5.6.1991 in der orthodoxen Kathedrale von Bialystok vgl. E.C. Suttner, „Schwesterkirchen in fast vollendeter Gemeinschaft" (a.a.O.), 278 u. 286.

[37] Entsprechende offizielle Äußerungen finden sich in den Dekreten „Unitatis Redintegratio" 15; „Orientalium Ecclesiarum" 26-29; Päpstlicher Rat zur Förderung der Einheit der Christen, Ökumenisches Direktorium, Nr. 122-128. – Vgl. dazu auch G. Feige, Ermöglichung und Schwierigkeiten einer gewissen communicatio in sacris zwischen katholischen und orthodoxen Christen, in: In fide et veritate. FS für Bischof Johannes Braun, Magdeburg 1990, 52-63.

len gebracht, das erst noch theologisch aufgearbeitet und nicht nur der Basis beider Kirchen bewusst gemacht werden muss.

Der Abschied von der erst in den letzten Jahrhunderten aufgekommenen Überzeugung, dass jeweils die andere Kirche zur eigenen als früherer und alleinseligmachender „Mutterkirche" zurückzukehren habe, und die Vorstellung, dass man sich auf der Suche nach einem tragfähigen Einheitsmodell selbstverständlich an der „schwesterkirchlichen" Praxis des ersten Jahrtausends orientieren müsse, wirft vor allem die Frage auf, welcher Stellenwert dann dem römischen Verständnis vom universellen Jurisdiktionsprimat und der „Unfehlbarkeit" des Papstes, den Paul VI. selbst als „das größte Hindernis auf dem Weg des Ökumenismus" bezeichnet hat,[38] zukommt, und welche Bedeutung man künftig auch anderen von den Orthodoxen traditionell zurückgewiesenen wichtigen lateinischen Definitionen und z.T. feierlich proklamierten Dogmen – wie z.b. dem von der „Unbefleckten Empfängnis Mariens" – beimisst. Sollen sie – entgegen ihrem allgemeinen Wahrheitsanspruch – nur noch für die Katholiken in einer patriarchal konzipierten abendländischen Weltkirche gelten, nicht jedoch darüber hinaus? Das aber hieße, dass es also nicht unbedingt zum Heil notwendig sei, sich daran zu halten, und würde unweigerlich auch zu innerkatholischen Erschütterungen führen. Oftmals wird in diesem Zusammenhang Kardinal Joseph Ratzinger mit seiner frühen Äußerung zitiert: „Rom muss vom Osten nicht mehr an Primatslehre fordern, als auch im ersten Jahrtausend formuliert und gelebt wurde."[39] Auf welches gesamtkirchliche Autoritätsmodell soll man sich da jedoch einlassen, da der Vorrang Roms in dieser Phase sowohl von Ost und West als auch im Laufe der Entwicklung recht unterschiedlich verstanden wurde und heute ebenfalls von Orthodoxen und Katholiken keine einheitliche Beurteilung erfährt? Ist es nicht vielleicht ein romantischer, aber aussichtsloser Verständigungsversuch, hinter bestimmte Entwicklungen zurückgehen oder umstrittene Lehren derart einschränken zu wollen?[40] Wie aber könnten dann die beiden Ekklesiologien versöhnt werden? Und wie groß dürfte darü-

---

[38] AAS 59 (1967) 498.

[39] J. Ratzinger, Theologische Prinzipienlehre. Bausteine zur Fundamentaltheologie, München 1982, 209.

[40] Vgl. W. Beinert, „Endchrist oder Zeichen der Barmherzigkeit?". Die Möglichkeit einer ekklesiologischen Konvergenz zwischen Lutheranern und Katholiken über das Papsttum, in: Catholica 50 (1996) 121-143, hier 134f.

ber hinaus die sonstige theologische, liturgische oder spirituelle Vielfalt, die jahrhundertelang als legitim toleriert wurde und sich nach der Trennung noch fortentwickelt hat, sein, ohne verdächtigt zu werden, die Einheit im Glauben zu beeinträchtigen oder sogar auszuschließen? Während die katholische Seite mindestens seit dem Zweiten Vatikanischen Konzil bekundet, auch die ostkirchlichen Traditionen hochzuschätzen, und deren andersartigen Glaubensausdruck größtenteils als kompatibel oder ergänzend ansieht, tut sich die orthodoxe Seite z.T. weiterhin schwer damit, westkirchliche Eigenheiten ebenfalls als rechtgläubig anzusehen. Bis zu einer Wiederaufnahme voller kirchlicher Gemeinschaft bedarf es also trotz der schon erzielten Fortschritte noch entscheidender theologischer – vor allem ekklesiologischer – und hermeneutischer Klärungen.

Als besonders kompliziert erweist sich das beiderseitige Verhältnis dadurch, dass die Verständigung insgesamt viel stärker durch historisch-psychologische Empfindlichkeiten beeinträchtigt zu werden scheint als durch irgendwelche Kontroverspunkte in Glaubenslehre und -praxis. Wie kann man es sonst verstehen, dass manchmal nur geringfügige Anlässe ausreichen, um das mühsam erworbene Vertrauen wieder zu erschüttern und die Sinnhaftigkeit weiteren Dialogs grundsätzlich infrage zu stellen? Nach wie vor sind die zum Teil leidvollen Erfahrungen, die beide Kirchen in der Vergangenheit an- und miteinander gemacht haben, nicht oder nur oberflächlich bewältigt. Solche Traumata und Komplexe verbinden sich z.B. mit den Unionsversuchen, die die Spaltung letztlich nicht behoben, sondern eher vertieft haben, mit der erzwungenen Auflösung und Rückgliederung derart entstandener Gruppen bzw. Kirchen, mit parteilichen Einbindungen und Handlangerdiensten in politischen, nationalen und ethnischen Konflikten, mit der Übervorteilung oder Diskriminierung in einer Minderheiten- bzw. Notsituation sowie mit einer Fülle polemischer Attacken. Auf diesem Hintergrund kann dann ohne Weiteres z.B. eine Ausstellung mazedonischer – d.h. einer nicht panorthodox anerkannten Kirche entstammender – Ikonen im Vatikan, die Aufnahme diplomatischer Kontakte eines mehrheitlich orthodoxen Staates wie Griechenland mit dem Heiligen Stuhl, das römische Versäumnis, hierarchische Veränderungen in Russland, der Ukraine und in Rumänien mit der anderen kirchlichen Seite rechtzeitig abzusprechen oder die Zugehörigkeit zu verschiedenen Völkern im auseinanderbrechenden Jugoslawien zu beträchtlichen Verstimmungen führen.

Vielfach ergeben sich Spannungen zwischen Ost und West auch – ohne dies wertend zu meinen – durch eine gewisse „Ungleichzeitigkeit" der Anteilnahme an bestimmten Erfahrungen, Einsichten und Entwicklungen. Es ist eben ein Unterschied, ob jemand aus einem bislang immer noch recht homogen byzantinisch-nationalkirchlichen Kontext stammt oder aber in einer schon seit Jahrhunderten zerspaltenen abendländisch-multikonfessionellen Gesellschaft aufgewachsen ist, ob er durch kommunistische Repressalien – wie in Ostmittel-, Ost- und Südosteuropa – von der Wahrnehmung theologischer Veränderungen und ökumenischer Aufbrüche weitgehend abgeschnitten war oder aber genügend Kommunikations- und Publikationsmöglichkeiten hatte, um mit neuen Denk- und Verhaltensmustern langsam vertraut zu werden, und ob die zwischenkirchlichen Probleme jahrzehntelang aufgrund staatlicher Vorgaben und notvoller Verhältnisse unterdrückt bzw. „eingefroren" werden mussten oder aber besprochen und zum Teil gelöst werden konnten. Derartige „Ungleichzeitigkeiten" sind auch innerhalb der Kirchen anzutreffen und nicht weniger belastend für den orthodox-katholischen Dialog. Auf beiden Seiten gibt es Auseinandersetzungen um den richtigen Kurs in der modernen Welt und dabei durch alle Schichten hindurch sowohl Kreise mit ökumenischer Gesinnung als auch solche, die fundamentalistisch und konfessionalistisch borniert immer noch jegliche Annäherung der Kirchen bekämpfen. Selbst wenn antikatholische, antiorthodoxe und antiökumenische Hetzreden oder Schmähschriften Ausnahmen bleiben und ein ernstzunehmendes Niveau vermissen lassen, darf man ihren Einfluss doch nicht unterschätzen. Die Gefahr, dass alte Feindbilder weiterwirken oder neue entstehen, ist mancherorts angesichts zunehmender gesellschaftlicher Verunsicherungen groß.

In Mitleidenschaft gezogen werden die orthodox-katholischen Beziehungen jedoch auch durch solche innerkirchlichen Querelen wie z.B. die inzwischen beigelegte jurisdiktionelle Auseinandersetzung zwischen dem Ökumenischen und dem Moskauer Patriarchat um Estland, die Zerstrittenheit bzw. Spaltung der Orthodoxie in Georgien, Bulgarien und der Ukraine oder das nicht ganz spannungsfreie Verhältnis einiger katholischer Ortskirchen zu Rom und seiner als zu proorthodox angesehenen Haltung.

Eine der größten Schwierigkeiten besteht aber wohl in dem Eindruck, dass der zentralistische Weltkatholizismus und die aus autokephalen Ortskirchen synodal geeinte Orthodoxie zwei sehr unterschiedliche Partner sind: institutionell, disziplinär und organisatorisch sowie zahlen- und kräftemäßig. Bei einer solchen faktischen Disparität erscheine es – so hat Metropolit Stylianos Harkianakis einmal gesagt – „lächerlich, wenn nicht sogar tragisch", die für den Dialog erforderliche „Gleichberechtigung" (par cum pari) als „prinzipiell" und nicht nur als „methodologisch" zu verstehen.[41] Dem katholischen „Hochmut der Macht" hätte aber – was die Situation freilich nicht besser mache – die Orthodoxie den „Hochmut der Wahrheit" entgegenzusetzen.[42] Tatsächlich scheinen manche Spannungen wenigstens untergründig von dem orthodoxen Empfinden beeinflusst zu sein, als „Leidensdulder" einem „Moloch" zu begegnen. Dazu könnte auch gehören, wenn der katholischen Seite ziemlich pauschal und schon fast kehrversartig und ritualisiert immer wieder vorgehalten wird, in den östlichen Ländern aggressiv Proselytismus zu betreiben. Bei allem Verständnis für berechtigten Zorn über Strategen und Zeloten, deren Aktivitäten diesen Vorwurf bestätigen, wünschte man sich doch hinsichtlich dieser Problematik mehr Sachlichkeit. Einem Katholiken stellen sich dabei z.B. solche Fragen: Wie sollten die katholischen Christen in Russland, die aufgrund der Stalinschen Deportationen schon jahrzehntelang über ihre ursprünglichen Siedlungsgebiete hinaus verstreut leben, mit einem Anteil an der Gesamtbevölkerung von immer noch nur etwa 0,9% das Moskauer Patriarchat wirklich ernsthaft beunruhigen? Steht es ihnen nicht ebenso wie den Orthodoxen, die sich auf traditionell westkirchlichen Territorien befinden, zu, hinreichende Strukturen aufzubauen und genügend Seelsorger zu haben? Kann man darüber hinaus einfach jede evangelisierende und missionierende Bemühung oder jeden Konfessionswechsel bzw. Eintritt in eine „andere" Glaubensgemeinschaft undifferenziert als Proselytismus ansehen? Stehen dahinter nicht oftmals recht komplizierte Gratwanderungen und Gewissensentscheidungen? Ist es außerdem etwas grundsätzlich anderes, wenn einzelne Osteuropäer katholisch, als wenn einzelne Westeuropäer orthodox werden? Ignoriert man vielleicht manchmal eigene Defizite, die Gläubige veranlassen, sich der anderen Seite zuzuwenden? Soll eine konkrete Suppenküche oder Arzneistelle – im Wissen darum, dass momentan noch niemand anderes in der Lage ist, der-

---

[41] S. Harkianakis, Der offizielle Dialog zwischen der Römisch-katholischen und der Orthodoxen Kirche, in: OFo 3 (1989) 149-164, hier 155.

[42] Ebd., 162.

art zu helfen – schließen, nur weil der Verdacht aufkommen könnte, damit solle abgeworben werden? Legen aber auch die katholischen Geistlichen, Orden und Hilfswerke in der äußerst schwierigen Situation mancher östlicher Länder immer die nötige Sensibilität an den Tag? Ist schließlich die eindeutige Absage Roms an die Methode des Proselytismus Heuchelei, nur weil es noch nicht gelungen ist und auch kaum erreicht werden kann, alle, die davon abweichen, zu disziplinieren? Fragen über Fragen, die erahnen lassen, wie kompliziert vieles ist und dass Klischees und Parolen dabei nicht weiterhelfen.

Das gilt vor allem für das wohl heikelste Problem der orthodox-katholischen Beziehungen, den sogenannten Uniatismus. In ihm sind theologische und nichttheologische Faktoren fast unlösbar miteinander verknüpft. Darum reicht es auch nicht aus, wenn diese Methode früherer Vereinigungen unterschiedlich großer ostkirchlicher Gruppen mit Rom als ekklesiologisch nicht mehr vertretbar erklärt wird, weil Katholiken und Orthodoxe sich wieder als „Schwesterkirchen" erkannt hätten. Zum einen gibt es – und das muss nüchtern zur Kenntnis genommen werden – trotz des hohen Grades an Gemeinschaft noch keine Kircheneinheit, so dass die aus Unionen hervorgegangenen Ortskirchen, die zu ihrer Identität sowohl die Zugehörigkeit zu einem östlichen Ritus als auch die Einheit mit dem römischen Papst zählen, schon aus theoretischen Gründen berechtigt erscheinen, erst einmal weiterhin in der Katholischen Kirche zu verbleiben. Zum anderen kann man es den unierten Christen, die sich weder als römisch-katholisch noch als orthodox verstehen und dafür unter kommunistischer Herrschaft ein schweres Schicksal zu ertragen hatten, nicht verdenken, wenn sie nach der Wiedergeburt ihrer Kirchen zunächst kein Verständnis dafür aufbringen, sich nunmehr vielleicht erneut – nur diesmal freiwillig – beschränken zu sollen, sondern ihr Recht auf Gewissens- und Religionsfreiheit öffentlich und in lebendiger Weise ausüben wollen. Ehe nicht vergangenes Unrecht wenigstens teilweise wiedergutgemacht ist, die schlimmsten Wunden geheilt sind und eine gegenseitige Akzeptanz der betroffenen Gruppen einzieht, dürfte es auch in der Praxis kaum gelingen, das ekklesiologische Dilemma zu überwinden. Wichtig wäre also zunächst, die örtliche Situation möglichst realistisch zu sehen und atmosphärisch zu verbessern. Dazu gehört auch, dass das Moskauer Patriarchat nicht weiterhin durch selektive Wiedergabe der Wirklichkeit den Eindruck erweckt, als habe es die meisten seiner ehemaligen Gemeinden in der Westukraine ausschließlich durch die Unierten verloren und nicht auch entscheidend durch die von ihm abgespaltenen Ukrainischen Orthodoxen Kirchen, der des Kiever Patriarchats und der Autokephalen.[43] Wie kompliziert die Verhältnisse sind, zeigt sich auch daran, dass z.b. Vertreter des panorthodox nicht anerkannten Kiever Patriarchats sich aufgrund ihrer nationalen Rolle und westukrainischen Dominanz als die eigentlichen Ansprechpartner der Unierten zur Lösung örtlicher Konflikte ansehen und verärgert sind, wenn diese auch mit russisch-orthodoxen Bischöfen reden. Selbst Rom ist überfordert und hin- und hergerissen zwischen den Unierten, die noch ein größeres Engagement für sich erwarteten, und den Orthodoxen, denen man als inkonsequent erscheint. Um in dieser schwierigen Lage zu einer orthodox-katholischen Verständigung und Versöhnung zu kommen, wird es auf allen Ebenen – d.h. natürlich auch vonseiten der Unierten und unter deren voller Einbeziehung – noch großer Anstrengungen bedürfen.

3. UNGEWISSE AUSSICHTEN

Es ist schon sonderbar, dass Orthodoxe und Katholiken einerseits wiederentdeckt haben, sich in wesentlichen Dingen sehr nahe zu sein, andererseits aber Fremdheit und Misstrauen nur schwer überwinden können und äußerst empfindlich aufeinander reagieren. Momentan dominieren im Dialog zwischen beiden Kirchen sogar die Schwierigkeiten. Dennoch halten ihn einige – wie z.B. der Wiener Metropolit Michail Staikos – weiterhin für den Dialog, „der die meisten Aussichten hat".[44] Dafür sprechen die zahlreichen und grundlegenden Gemeinsamkeiten auf dem Weg durch das erste Jahrtausend, in der bewahrten und entfalteten Theologie, Ekklesiologie, Sakramentenlehre, Tradition und Liturgie, in der positiven Erfahrung des Annäherungsprozesses der letzten Jahrzehnte sowie in der Einstellung zu aktuellen Fragen von Ethik, Moral und Sitte. Diesen Eindruck kann man auch angesichts des Unbehagens bekommen, das die Orthodoxie jüngst sehr massiv – unter Androhung drastischer Distanzierungsschritte –

[43] Vgl. z.B. die Erklärung des Hl. Synods der Russischen Orthodoxen Kirche zur Absage des Treffens von Papst und Moskauer Patriarchen, in: KNA-ÖKI, Dokumentation Nr. 15 vom 13.6.1997.
[44] Christ in der Gegenwart 50 (1998) 258.

an der Verfassung, Arbeit und Ausrichtung des Ökumenischen Rates der Kirchen geäußert hat, die ihrer Meinung nach zu einseitig protestantisch bzw. weltlich geprägt sind.[45] Hier sähe man die Katholische Kirche ganz gern als Bundesgenossen und Mitstreiter. Andererseits ist sie jedoch von der allgemeinen antiökumenischen Kritik breiter orthodoxer Kreise, die ihre Kirchenleitungen damit unter Druck setzen, ebenfalls nicht ausgenommen.

Wichtig wird sein, dass zunächst diejenigen, denen – gemäß der flehentlichen Bitte Jesu an den Vater – die Einheit der Christen am Herzen liegt, „damit die Welt glaubt" (Joh 17,21), nicht nachlassen, sich darum im Vertrauen auf Gottes Geist trotz aller Widerstände zu mühen. Dazu gehört in erster Linie, dass der Dialog der Liebe und der Wahrheit nicht abgebrochen oder eingefroren, sondern weitergeführt und sogar noch verstärkt wird. Wirklich ehrlich kann dieser aber nur stattfinden, wenn keine ultimativen Vorbedingungen gestellt werden. So ist es schon einmal hilfreich, wenn entgegen der anfänglichen Forderung von einigen, dass die Unierten sich zuvor auflösen und entweder der Orthodoxie oder dem lateinischen Ritus anschließen müssten, stattdessen seit Balamand deren Existenzberechtigung – als sogar am Dialog zu beteiligende Repräsentanten der katholischen Schwesterkirche – anerkannt wird.[46] Es wäre illusionär und auch gegen eigene ekklesiologische Grundsätze gewesen, von Rom zu erwarten, mit zentralistischen Methoden eine wiederauflebende Ortskirche besonderer Prägung zu liquidieren. Außerdem hätte ein solcher Versuch z.B. in der Ukraine eher dazu geführt, sich dann den panorthodox nicht anerkannten nationalen Kirchen des Kiever Patriarchats oder der Autokephalen zuzuwenden als der kanonischen des Moskauer Patriarchats. So aber besteht nunmehr die Möglichkeit, mit diesen Christen

---

[45] Vgl. das Abschlussdokument des Interorthodoxen Treffens „Bewertung neuer Fakten in den Beziehungen zwischen der Orthodoxie und der ökumenischen Bewegung" in Thessaloniki vom 1.5.1998, in: Orthodoxie aktuell 2 (1998) Nr. 5, 20-22; dazu die kritischen Kommentare von A. Kallis, „Trennung von Arbeitstisch und Gebet" und von N. Thon, Von Thessaloniki nach Damaskus – und wohin weiter?, in: ebd. Nr. 6, 2-8. – Vgl. auch die Memoranden des Ökumenischen Patriarchats, der Russischen und der Rumänischen Orthodoxen Kirche zum ÖRK, in: COst 53 (1998) 308-325; sowie A. Kallis, Von Canberra nach Harare. Die Entwicklung der Beziehungen zwischen dem ÖRK und den orthodoxen Kirchen, in: ebd., 326-334.

[46] Vgl. die Nummern 14 und 16 des dort verabschiedeten Dokuments, z.B. in: US 48 (1993) 259.

gemeinsam und für sie „ein neues Konzept der Kircheneinheit" zu suchen, das sich vom alten – ursprünglich auch nicht so angestrebten – Modell des Uniatismus abhebt und dennoch „die Hauptlinien sowohl der katholischen wie der orthodoxen Tradition respektiert".[47]
Selbstverständlich wird es dabei nicht schon von heute auf morgen ein Patentrezept geben. Dieses Problem ist nämlich kaum zu lösen, ohne sich zugleich über die grundsätzlichen ekklesiologischen Unterschiede einschließlich der Haltung zum päpstlichen Primat zu verständigen. Der von den Ereignissen in Osteuropa diktierte Methodenwechsel, sich im Dialog anstatt den verbindenden Gemeinsamkeiten den trennenden Unterschieden zuzuwenden, muss noch intensiver aufgegriffen werden, wenn man wirklich vorankommen will. Erfreulicherweise gibt es da gerade hinsichtlich des schwierigsten Hindernisses – der Bedeutung und Rolle des Papstes – von Rom her in jüngster Zeit einige Signale ernsthafter Gesprächs- und vielleicht sogar Veränderungsbereitschaft. So wurde schon 1987 von Kardinal Joseph Ratzinger zugestanden: „Die alte Kirche hat zwar keine römische Primatsausübung im Sinn der römisch-katholischen Theologie des 2. Jahrtausends gekannt, aber sie kannte sehr wohl Lebensformen der universalkirchlichen Einheit, die nicht nur Manifestationscharakter hatten, sondern konstitutiv für das Kirche-Sein der Einzelkirchen waren ... Solche Überlegungen müssen keineswegs zu einer einseitigen Bestätigung des ‚Römischen' führen. Sie verweisen auf das Prinzip eines Amtes der Einheit, aber sie fordern auch eine Selbstkritik der römisch-katholischen Theologie heraus, in der die Fehlentwicklungen der Primatstheologie und -praxis, die es unstreitig gegeben hat, genauso wach und unbefangen aufgedeckt werden, wie Meyendorff die Fehlentwicklungen einer bloß auf die Lokalkirche abzielenden Theologie und Praxis dargestellt hat."[48] Und in der Enzyklika „Ut unum sint" von 1995 lädt Papst Johannes Paul II. ausdrücklich dazu ein, mit ihm über dieses Thema „einen brüderlichen, geduldigen Dialog aufzunehmen, bei dem wir jenseits fruchtloser Polemiken einander anhören können, wobei wir einzig und allein den Willen Christi für seine Kirche im Sinne haben".[49] Orthodoxerseits dürfte es durchaus möglich sein,

---

[47] „Den Dialog verstärken" Ein Gespräch mit Ivan Dacko von der ukrainisch-katholischen Kirche, in: HerKorr 52 (1998) 505-510, hier 508f.
[48] J. Ratzinger, Kirche, Ökumene und Politik, Einsiedeln 1987, 77.
[49] Enzyklika „Ut unum sint" (VApS 121), 68 (Nr. 96).

darauf einzugehen, da man selbst z.b. sagen kann: „Die Orthodoxe Kirche insgesamt hat ein ... Ehrenprimat und einen Vorsitz in der Liebe in der Person des Bischofs von Rom für die Gesamtkirche immer anerkannt, sie hat ihn nie in Frage gestellt und wäre auch heute bereit, diesen Vorsitz in der Liebe dem Bischof von Rom als dem ersten unter gleichen zuzuerkennen."[50] Sicher müssten beide Kirchen sich ekklesiologisch öffnen, und – wenn sie dabei zur Erkenntnis kämen, dass das synodale und das primatiale Element zusammengehören – auch den Mut haben, das jeweils fehlende oder nur unvollkommen vorhandene in ihrer Praxis zu reaktivieren.

Bemerkenswerterweise ist der orthodox-katholische Dialog gewissermaßen „von oben nach unten" initiiert und durch schwerwiegende Äußerungen und Symbolhandlungen der „Erstbischöfe" zur theologischen Aufarbeitung und praktischen Umsetzung beauftragt bzw. sogar gedrängt worden, während bei anderen zwischenkirchlichen Dialogen oftmals beklagt wird, dass die für Basis und Theologen schon längst denkbare Gemeinsamkeit immer noch nicht kirchenamtlich rezipiert sei. Bei den nächsten orthodox-katholischen Schritten müsste man sich nun darum bemühen, nicht nur weitere theologisch verantwortbare Lösungen zu finden und diese verbindlich umzusetzen, sondern auch die bereits wiederentdeckte Gemeinschaft möglichst vielen Gläubigen als Gabe und Aufgabe des Heiligen Geistes nahezubringen. Nur in einer solchen spirituellen Grundhaltung und mit viel Geduld – da die Zeit noch manche Wunden heilen muss – könnte es gelingen, die zahlreichen kirchenrechtlichen, politischen, nationalen, ethnischen oder psychologischen Störfaktoren zu überwinden. Wie der orthodox-katholische Dialog weitergehen und ob er in naher Zukunft – man sollte dabei nicht unbedingt auf das Millennium des als schicksalsträchtig angesehenen Jahres 1054 warten – zu einer vollkommenen Gemeinschaft von Schwesterkirchen führen wird, bleibt ungewiss, d.h. aber auch – wie manche kurz zuvor noch für völlig undenkbar gehaltenen erfreulichen Entwicklungen unseres Jahrhunderts lehren – für positive Überraschungen offen.

---

[50] A. Basdekis, Das Papsttum aus der Sicht der orthodoxen Theologie und Kirche, in: OFo 9 (1995) 65-85, hier 85.

Bereichert und herausgefordert
Katholische Erfahrungen mit dem christlichen Osten

Einleitung: Biographisch motiviert

Ohne einer biographischen Selbstbespiegelung verfallen zu wollen, kann ich doch nicht umhin, mich diesem Thema sehr persönlich zu nähern. Hätte ich nämlich keinen – nun schon jahrzehntelangen – existenziellen Bezug dazu, stünde ich heute nicht hier. „Wie sind Sie eigentlich zu Ihrem Interesse für die Ostkirche gekommen?", so werde ich manchmal gefragt. Das lässt sich nicht monokausal begründen; viele Faktoren haben dabei eine Rolle gespielt. Sicher bekam ich die ersten Anstöße dazu wohl schon als Jugendlicher durch meinen Heimatpfarrer in Halle an der Saale. Dieser hatte bereits 1938 an der halleschen Martin-Luther-Universität in Slawistik promoviert[1] und ließ auch sonst seine Sympathie für den christlichen Osten und dessen Liturgien immer wieder durchblicken. Während meines Theologiestudiums in Erfurt war es ein ostkirchlich versierter und engagierter Präfekt im Priesterseminar, dem ich weitere Anregungen und durch gezielte Vermittlung von hilfreichen Kontakten meine ersten praktischen Erfahrungen mit der Orthodoxie auf mehreren Reisen durch Rumänien und Bulgarien verdanke.[2] Außerdem animierte er mich, die Leitung des damals noch so genannten „Russenchores" zu übernehmen, der im Rahmen eines „Dies orientalis" hin und wieder im Seminar oder in einer unserer römisch-katholischen Gemeinden die Feier einer Göttlichen Liturgie mit bestritt.

Von da an nahmen mein Interesse für die östlichen Kirchen sowie meine wissenschaftliche und praktische Beschäftigung mit ihrer Geschichte und Gegenwart, ihrer Theologie und Spiritualität immer mehr zu. Schritt für Schritt wurden mein Horizont weiter, meine Kenntnisse reicher und mein Verständnis tiefer. Dazu verhalf mir anfangs auch die Teilnahme an einem ostkirchlichen Arbeitskreis evangelischer Theologen. Wesentlich waren für mich dann meine jahrelangen Stu-

---

[1] J. Langsch, Die Predigten der „Večera duševnaja" von Simeon Polockij, vom literarischen Standpunkt aus beurteilt (Ms.), Halle 1938.

[2] Vgl. G. Feige, Zum Gedenken an Dietmar Hintner (gest. 1976) und seine Untersuchung über „Die Ungarn und das byzantinische Christentum der Bulgaren im Spiegel der Register Papst Innozenz' III.", in: Ungarn und das Christentum Südosteuropas. Historische Referate des VIII. Theologischen Südosteuropaseminares in Budapest (24.-31.8.1986), hg. v. A.M. Ritter, Heidelberg 1987, 9-14.

dien zur Theologie- und Dogmengeschichte des 4. Jahrhunderts und nach der Wende die Möglichkeit, bei zahlreichen Begegnungen und in verschiedenen Gremien auf deutscher und seit einiger Zeit auch auf internationaler Ebene noch intensiver und vielfältiger mit Vertretern orthodoxer, altorientalischer und unierter Kirchen ins Gespräch zu kommen und weiterzudenken. Durch die Erlaubnis, die Liturgie gelegentlich auch selbst im byzantinischen Ritus zelebrieren zu können, eröffnete sich mir noch eine weitere sehr dichte Zugangsweise. Für all diese Erfahrungen bin ich sehr dankbar. Sie haben mich als Mensch und Christ, als Priester und Bischof enorm bereichert, sensibler werden lassen, mit Respekt erfüllt und geistig wie geistlich herausgefordert. Dabei bin ich im Laufe der Zeit auch von manchem Klischee zu einer differenzierteren Sicht und von mancher naiven Euphorie zu einer größeren Nüchternheit gelangt. Interessanterweise kann die Begegnung und Beschäftigung mit dem östlichen Christentum nicht nur Einseitigkeiten oder Defizite in der eigenen Tradition und Praxis offenbaren, sondern auch manches darin besser verstehen lassen und zu neuer Selbsterkenntnis führen. Ähnlich können katholisch-evangelische Gegensätze unter Einbeziehung orthodoxer Aspekte auf einmal in einem neuen Licht erscheinen und sich merklich entkrampfen.[3] Es gibt – so schon meine ganz persönliche Erkenntnis – viele Gründe, warum es hilfreich und empfehlenswert ist, sich vom christlichen Osten anregen zu lassen. Mit dieser Überzeugung bewege ich mich in einem katholischen Lernprozess, dessen Vorgeschichte ins 19. Jahrhundert zurückreicht, der aber erst im 20. Jahrhundert – vor allem durch das Zweite Vatikanische Konzil – so richtig ausgelöst worden ist.

1. EINE NEUE „ORIENTIERUNG"

Herrschte in der Katholischen Kirche über Jahrhunderte die Auffassung von der „praestantia" des lateinischen Ritus über alle anderen, kam mit Papst Pius IX. (1846-1878) eine entscheidende Wendung zugunsten der östlichen Riten und ihrer grundsätzlichen Gleichheit.[4] Doch erst mit

---

[3] Vgl. K.Chr. Felmy, Warum und zu welchem Behufe treiben wir Ostkirchenkunde?, in: Erfurter Vorträge zur Kulturgeschichte des Orthodoxen Christentums 3, Universität Erfurt 2003, bes. 13-15.

[4] Zur Haltung Roms gegenüber der Eigenart des Ostens im 2. Jahrtausend vgl. W. de Vries, Rom und die Patriarchate des Ostens, Freiburg/München 1963, 183-392; hier 218f.

Papst Leo XIII. (1878-1903) setzte eine Entwicklung ein, die die östlichen Riten zunehmend nicht nur aus bloßen Nützlichkeitserwägungen gelten ließ, sondern diese immer mehr in ihrem Eigenwert als Zierde für die ganze Kirche und als einen Ausdruck ihrer Katholizität schätzte.[5] Im vergangenen Jahrhundert war es zunächst Papst Pius XI. (1922-1939), der der Öffnung gegenüber den östlichen Riten neue Impulse gab. So forderte er die abendländischen Orden auf, Abteilungen von Mönchen und Nonnen zu errichten, die das Klosterleben nach dem byzantinischen Ritus gestalten sollten. Gefolgt sind diesem Ruf vor allem die Benediktiner; die Klöster in Chevetogne und Niederaltaich zeugen noch heute davon.[6] Aber auch andere Orden – wie die Augustiner oder die Jesuiten – gingen darauf ein und beauftragten einige ihrer Mitglieder, sich dem ostkirchlichen Studium und dem byzantinischen Ritus zu widmen. Das 1929 in Rom gegründete „Russicum" bildete dazu eines der wichtigsten Experimentierfelder. Im selben Jahr ordnete auch die Kongregation für die Universitäten und die Seminare an, den theologischen Studien des christlichen Ostens eine größere Aufmerksamkeit zuzuwenden und an den römisch-katholischen Priesterseminaren jährlich einen ostkirchlichen Tag durchzuführen.[7]

Auf diesem Hintergrund ist es verständlich, dass auch die Liturgische Bewegung des letzten Jahrhunderts von Anfang an mit großem Interesse, ja mit einer ausgesprochenen Lernbereitschaft nach dem christlichen Osten geschaut hat. Nichts ist bezeichnender dafür, als dass Lambert Beauduin, einer ihrer wichtigsten Initiatoren, 1926 dem ersten Aufsatz in der Eröffnungsnummer seiner Zeitschrift „Irénikon" den Obertitel gab: „Der Westen in der Schule des Ostens".[8] Bedeutungsvoll für die weitere Entwicklung war auch, dass sich westliche Liturgiewissenschaftler wie z.B. Anton Baumstark, Hieronymus Engberding und Bernard Botte wieder viel mehr mit den östlichen Liturgien beschäftigten. Zwischen den beiden Weltkriegen kam es außerdem im katholischen Raum zu einer verstärkten Rückbesinnung

[5] Vgl. ebd., 220.
[6] Vgl. G. Hohmann, Sechzig Jahre Catholica Unio, in: COst 39 (1984) 80f.; G. Voss, Gelebte Vermittlung des liturgischen Reichtums der Ostkirche, in: COst 41 (1986) 218f.
[7] Vgl. J. Madey, Orientalische Katholiken in lateinischen Diözesen, in: COst 41 (1986) 245.
[8] Vgl. B. Fischer, Östliches Erbe in der jüngsten Liturgiereform des Westens, in: LJ 27 (1977) 94.

auf die alten Kirchenväter und einer auffälligen Wiederentdeckung östlicher Theologie; dafür stehen Namen wie Odo Casel, Hugo Rahner, Henri de Lubac und Jean Danielou.[9] So vorbereitet konnte es dann zu jenen Äußerungen des Zweiten Vatikanischen Konzils kommen, die eine deutliche Öffnung und ein großes Wohlwollen gegenüber dem östlichen Erbe erkennen lassen. Nicht zuletzt hat dies seinen Grund bei den etwa 100 Konzilsvätern aus den katholischen Ostkirchen, die zwar nur 4% aller Konzilsteilnehmer ausmachten, aber dennoch recht einflussreich waren.[10] Aber auch die offiziellen Beobachter aus den Orthodoxen Kirchen und manche römisch-katholischen Fachleute der „Ostkirchenkunde" dürften von Einfluss gewesen sein.[11]

Denkwürdig ist schon Artikel 4 der Liturgiekonstitution von 1963, der mit konziliarer Verbindlichkeit „allen rechtlich anerkannten Riten gleiches Recht und gleiche Ehre zuerkennt". Gegenüber früherer Latinisierung bedeutete dies gewissermaßen nunmehr eine „Re-Orientalisierung".[12] Im Dekret über die katholischen Ostkirchen von 1964 wird darüber hinaus hervorgehoben, dass man dem kirchlichen und geistigen Erbgut des Ostens nicht nur Achtung und Lob entgegenbringt, sondern es unmissverständlich als „echtes Erbgut der gesamten Kirche" betrachtet.[13]

Was darunter im Einzelnen gemeint sein könnte, wird im Dekret über den Ökumenismus, das im selben Jahr verkündet wurde, entfaltet. Da heißt es bei der besonderen Betrachtung der orientalischen Kirchen in Artikel 14, nachdem zunächst die gelebte Communio-Ekklesiologie des ersten Jahrtausends bis zum Begriff der „Schwesterkirchen" vor Augen gestellt worden ist: „Es darf ebenfalls nicht unerwähnt bleiben, dass die Kirchen des Orients von Anfang an einen Schatz besitzen, aus dem die Kirche des Abendlandes in den Dingen der Liturgie, in ihrer geistlichen Tradition und in der rechtlichen Ordnung vielfach geschöpft hat. Auch das darf in seiner Bedeutung nicht un-

---

[9] Vgl. J. Ratzinger, Die Bedeutung der Väter für die gegenwärtige Theologie, in: ThQ 148 (1968) 257f.

[10] Vgl. R. Hotz, Sakramente im Wechselspiel zwischen Ost und West (Ökumenische Theologie 2), Zürich-Köln und Gütersloh 1979, 287f.

[11] B. J. Hilberath, Theologischer Kommentar zum Dekret über den Ökumenismus Unitatis redintegratio, in: Herders Theologischer Kommentar zum Zweiten Vatikanischen Konzil, Bd. 3, Freiburg i.Br. 2005, 69-223; hier: 166.

[12] E. J. Lengeling. Vgl. B. Fischer, Östliches Erbe in der jüngsten Liturgiereform (a.a.O.), 94.

[13] OE 5; vgl. 1 und 3.

terschätzt werden, dass die Grunddogmen des christlichen Glaubens von der Dreifaltigkeit und von dem Wort Gottes, das aus der Jungfrau Maria Fleisch angenommen hat, auf ökumenischen Konzilien definiert worden sind, die im Orient stattgefunden haben."[14] Neben liturgischen, geistlichen und rechtlichen Erbstücken werden hier also auch das trinitätstheologische und das christologische Bekenntnis genannt.

Artikel 15 setzt schon voraus, dass allgemein bekannt sei, welche Bedeutung im Osten besonders der Eucharistiefeier für das Leben der Kirche zukomme: für ihren Aufbau, ihr Wachstum und die Bezeugung ihrer Einheit. Indem die Einheit mit dem jeweiligen Bischof erwähnt wird, erscheint die eucharistische Ekklesiologie hier eindeutig als eine Theologie der bischöflichen Ortskirche. Am Ende des Artikels, der noch weitere geistliche Reichtümer des Ostens in den Blick nimmt, heißt es schließlich: „Alle sollen um die große Bedeutung wissen, die der Kenntnis, Verehrung, Erhaltung und Pflege des überreichen liturgischen und geistlichen Erbes der Orientalen zukommt, damit die Fülle der christlichen Tradition in Treue gewahrt und die völlige Wiederversöhnung der orientalischen und der abendländischen Christen herbeigeführt werde."[15]

Artikel 17 geht noch einen Schritt weiter und verweist im Blick auf die Verkündigung darauf, „dass von der einen und von der anderen Seite bestimmte Aspekte des offenbarten Mysteriums manchmal besser verstanden und deutlicher ins Licht gestellt wurden, und zwar so, dass man bei jenen verschiedenartigen theologischen Formeln oft mehr von einer gegenseitigen Ergänzung als von einer Gegensätzlichkeit sprechen muss."[16] Bereicherung kann demnach auch bedeuten, „im Fremden Eigenes und im Eigenen Fremdes zu entdecken"[17]. Dies gilt vor allem dann, wenn es sich um ein Erbe wie das östliche handelt, das – so die abschließende Würdigung des Textes – „zur vollen Katholizität und Apostolizität der Kirche gehört"[18].

Etwa 30 Jahre waren vergangen, als Papst Johannes Paul II. zum hundertsten Jahrestag des Apostolischen Schreibens „Orientalium dignitas" von Papst Leo XIII. 1995 die neue „Orientierung" der westlichen Kirche durch sein Apostolisches Schreiben „Orientale lumen" fast über-

---

[14] UR 14,2.
[15] UR 15,4.
[16] UR 17,1.
[17] B. J. Hilberath, Theologischer Kommentar (a.a.O.), 173.
[18] UR 17,2.

schwänglich bekräftigte und in manchem noch verstärkte und weiterführte.[19] „Das Licht aus dem Osten hat die Gesamtkirche erleuchtet, seitdem über uns ‚ein aus der Höhe aufstrahlendes Licht' …, Jesus Christus, unser Herr, erschienen ist …", so beginnt der Text programmatisch; und im Rückblick auf die Zeit nach dem Konzil heißt es: „Seit damals ist ein langer Weg im gegenseitigen Kennenlernen zurückgelegt worden. Es hat die Wertschätzung füreinander verstärkt und uns oft erlaubt, auf einem Weg der Liebe, der bereits eine Pilgerschaft zur Einheit hin ist, gemeinsam zu dem einen Herrn und auch füreinander zu beten."[20]

Welche überaus große Bedeutung der Papst dem östlichen Christentum beimisst, lässt schon der Satz erahnen: „Im Vergleich zu jeder anderen Kultur fällt … dem christlichen Osten als ursprünglichem Rahmen für die entstehende Kirche eine einzigartige und privilegierte Rolle zu."[21] Als unterscheidende und zugleich beeindruckende Beispiele aus der östlichen Überlieferung wird auf die „Haltung der Anbetung" verwiesen, auf die „wunderbare Vielfalt", die „Teilnahme an der göttlichen Natur" bzw. die „Vergöttlichung" als Ziel des Christseins, den Glauben an die „Unerkennbarkeit des göttlichen Wesens" und den Stellenwert der „monastischen Spiritualität".[22]

Dass im christlichen Osten Völker und ihre Kulturen geachtet werden und das Wort Gottes und sein Lobpreis in jeder Sprache erklingen können, findet seine Wertschätzung „als ein glaubwürdiges Beispiel gelungener Inkulturation".[23] Und der in den Ostkirchen ausgeprägte „Sinn für Kontinuität …, der in den Begriffen Überlieferung und eschatologische Erwartung Ausdruck findet" und sich sowohl mit dem alten Erbe als auch mit der Zukunft Gottes verbunden sieht, wird als vorbildhaft gewürdigt.[24] In diesem Zusammenhang heißt es auch: „Jede Kirche muss gegen die Versuchung ankämpfen, das, was sie vollbringt, zu verabsolutieren und sich so entweder dem Selbstruhm oder der Betrübnis hinzugeben."[25] Intensiv widmet sich der Text auch dem Mönchtum, das im Osten „nicht nur als eine Art Ausnahmesituation

---

[19] Der Text findet sich in: Verlautbarungen des Apostolischen Stuhls 121, hg. v. Sekretariat der Deutschen Bischofskonferenz, Bonn 1995, 81-118.
[20] Orientale lumen, Nr. 1 u. 17 (a.a.O., S. 85 u. 104).
[21] Ebd., Nr. 5 (88).
[22] Vgl. ebd., Nr. 5f. (88-90).
[23] Ebd., Nr. 7 (91).
[24] Vgl. ebd., Nr. 8 (92).
[25] Ebd.

angesehen" wird, „die nur eine Kategorie von Christen betrifft, sondern eigentlich als Bezugspunkt für alle Getauften".²⁶ Nachdem nunmehr entscheidende Äußerungen, die in der jüngsten Vergangenheit eine Öffnung der Katholischen Kirche gegenüber dem östlichen Christentum und dessen erneute Wertschätzung beschworen und ermöglicht haben, zu Gehör gebracht worden sind, sollen im Folgenden einige „Früchte" dieser Entwicklung etwas ausführlicher herausgestellt und beleuchtet werden.

2. KONKRETE AUSWIRKUNGEN

Erstaunlicherweise lässt sich, wie Balthasar Fischer schon 1977 in einem Aufsatz anhand charakteristischer Beispiele belegt hat, in beträchtlichem Ausmaß „Östliches Erbe in der jüngsten westlichen Liturgiereform" entdecken.²⁷ Dabei sieht er zwei Weisen, eine indirekte und eine direkte. Indirekt habe östliches Erbe entweder negativ in dem Sinne eingewirkt, dass man nicht geändert habe, wenn eine Verstimmung des Ostens zu befürchten gewesen wäre, oder positiv in dem Sinne, dass man Veränderungen gegenüber aufgeschlossener war, wenn auf eine noch erhaltene Praxis des als traditionstreuer geltenden Ostens hingewiesen werden konnte. Darüber hinaus hätte man aus dem östlichen Erbe aber auch vieles ausdrücklich übernommen oder entlehnt. Robert Hotz sieht darin in Verbindung mit einer starken Betonung des Mysteriums sogar eine „östliche Korrektur" gegenüber der – wie er sagt – „sicherlich nicht ohne einen gewissen protestantischen Einfluss" erfolgten Aufwertung des bis dahin in der lateinischen Kirche eher etwas vernachlässigten Wortes.²⁸

Indirekt beeinflusst mit Rücksichtnahme auf den Osten erscheint etwa die Beibehaltung des Embolismus nach dem Vaterunser in der Eucharistiefeier. Ein solches „Nachgebet" findet sich in allen östlichen Liturgien außer der byzantinischen. Zu erwähnen ist hier auch das unhistorische, aber östlicherseits recht populäre Fest der Einführung Mariens in den Tempel (Praesentatio Beatae Mariae Virginis, auch „Mariä Opferung" genannt). Trotz ernsthafter Versuche hat man es nicht zu tilgen gewagt, sondern nur den Titel im Hinblick auf ein ent-

---

²⁶ Vgl. ebd., Nr. 9-16; hier: 9 (93-103; hier: 93f).
²⁷ Vgl. zu den folgenden Ausführungen vor allem B. Fischer, Östliches Erbe in der jüngsten Liturgiereform (a.a.O.), 92-106.
²⁸ Vgl. R. Hotz, Sakramente im Wechselspiel zwischen Ost und West, 287.

sprechendes Kirchweihfest in „Gedenktag Unserer Lieben Frau in Jerusalem" verändert. Bei anderen Entscheidungen hat sich die östliche Praxis positiv als beispielhaft und bestärkend erwiesen. Dazu gehören die Einführung der Muttersprache, die Wiederbelebung der Konzelebration, die Erweiterung der Kelchkommunion oder die Rückkehr zu Fürbitten in Eucharistiefeier und Vesper.

Als direkte Übernahme östlichen Brauchs und sogar als spektakulär kann die konzeptionelle Entscheidung für mehrere Hochgebetsformulare und die Einfügung einer Volksakklamation nach dem Einsetzungsbericht angesehen werden. Noch bedeutsamer ist jedoch die inhaltliche Beeinflussung durch das östliche Erbe.[29] Eine solche zeigt sich z.b. bei verschiedenen Präfationen, die – entgegen bisher im römischen Ritus üblicher Praxis – das Gesamt des Erlösungsgeschehens von der Geburt Jesu bis zu seiner Verherrlichung in den Blick nehmen. Während die römische Liturgie sich außerdem seit jeher in ihrem Kanon auf den Dank für die Erlösung beschränkt hat, werden in den neuen Hochgebeten auch wieder die urchristlichen Motive Dank für die Schöpfung, Bitte um die Herabkunft des Geistes und Ausblick auf die Wiederkunft zur Sprache gebracht. Das II. und das IV. Hochgebet oder die anamnetische Volksakklamation nach dem Einsetzungsbericht weisen zudem deutlich auf östliche Ursprünge hin und enthalten sogar wörtliche Anleihen. Auf östlichen Einfluss geht schließlich auch der schon im Vorfeld des Konzils zustande gekommene Entschluss zurück, das Herrengebet nicht mehr allein dem Vorsteher zu überlassen, sondern als gemeinsames Tischgebet der gesamten Gemeinde zuzuweisen.

Auch in der erneuerten Sakramentenliturgie finden sich konzeptionell-inhaltliche Beeinflussungen und wörtliche Anleihen. So hat man sich bei der Firmung gegenüber der Formel des Pontificale Romanum für eine Spendeformel entschieden, die erstmals am Ende des 4. Jahrhunderts im antiochenischen Ritus bezeugt ist und im byzantinischen Ritus bis heute gebraucht wird. Statt der wahrhaft blassen Worte „Signo te signo crucis, et confirmo te chrismate salutis in nomine Patris et Filii et Spiritus Sancti" heißt es nun kraftvoller: „Sphragis doreas pneumatos hagiou" bzw. „Accipe signaculum doni Spiritus Sancti" und ins Deutsche – eventuell nicht so geschickt – übersetzt: „N., sei besiegelt durch die Gabe Gottes, den Heiligen Geist."[30] Damit verband sich vor

---

[29] Vgl. dazu ebd., 290-292.
[30] Vgl. B. Fischer, Östliches Erbe in der jüngsten Liturgiereform (a.a.O.), 101.

allem das Ziel, den inneren Zusammenhang dieses Sakraments mit der gesamten christlichen Initiation wieder besser aufscheinen zu lassen.[31] Östlich beeinflusst ist dann auch nach entsprechenden Reformen das Ideal des sakramentalen Eingliederungsprozesses in die Kirche wenigstens teilweise wiederbelebt worden. So folgt nunmehr gewöhnlich einer Taufe von Erwachsenen oder Kindern im Alter der Glaubensunterweisung in derselben Feier sofort in traditioneller Reihenfolge die Firmung, die jeder Priester – mit bischöflichem Auftrag – spenden kann, und die Erstkommunion.

Wörtlich aus östlichem Formelgut übernommen ist auch das Weihegebet zur Bischofskonsekration. Aus der Traditio Apostolica Hippolyts stammend und leicht abgewandelt bis heute bei Ostsyrern und Kopten in Gebrauch bezeugt es damit zugleich das gemeinsame orthodox-katholische Bischofsbild.[32]

Inwieweit bei der vom Konzil gewünschten Reform des siebten Sakramentes von der als „Letzte Ölung" Sterbender verstandenen Fehlform zu einer Hervorhebung als wirkliche „Krankensalbung" hin die östliche Tradition mit berücksichtigt wurde, sei dahingestellt; auf jeden Fall sind auch hierbei Annäherungen auszumachen.[33]

Schließlich gehört zu den nachkonziliaren Erneuerungen, die sich in der einen oder anderen Hinsicht vom östlichen Christentum anregen oder begründen ließen, auch die Wiedereinführung des Ständigen Diakonats.[34]

Konkrete Auswirkungen der westlichen Öffnung nach Osten hin – einer im wahrsten Sinn neuen „Orientierung" – ließen sich auch noch in weiteren Bereichen aufzeigen, ob nun in einer stärkeren Beachtung östlicher Kirchenväter, Theologie und Spiritualität oder auch auf kultureller, sozial-karitativer und menschlich-praktischer Ebene. Im „Dialog der Liebe" ist es zu vertrauensbildenden Begegnungen, informativem Austausch und konstruktiven Aktionen gekommen. Dabei ist manchen unter uns wohl erst so richtig bewusst geworden, wie groß Bedrängnis, Leid und Verfolgung in den östlichen Kirchen gewesen sind und was es bedeutet, trotz allem am christlichen Glauben festgehalten zu haben und oftmals durch nichts anderes als die Feier der Liturgie gestärkt worden zu sein. Symbolträchtig ist in den vergangenen Jahrzehnten so manches

[31] Vgl. dazu auch R. Hotz, Sakramente im Wechselspiel zwischen Ost und West, 292-296.
[32] Vgl. B. Fischer, Östliches Erbe in der jüngsten Liturgiereform (a.a.O.), 101f.
[33] Vgl. R. Hotz, Sakramente im Wechselspiel zwischen Ost und West, 296f.
[34] Vgl. ebd., 297f.

Mal aufgeleuchtet, wie sehr orthodoxe und katholische Christen doch zusammengehören. Ohne Zweifel hat es auch schwerwiegende Irritationen gegeben, die gelegentlich alles wieder in Frage stellten, vor allem nach den gesellschaftspolitischen Umbrüchen im Osten Europas. Erfreulicherweise ist aber die Kommunikation nie gänzlich abgebrochen, sind Konflikte entschärft oder sogar gelöst worden, hat es neue Aufbrüche gegeben. Auch der orthodox-katholische „Dialog der Wahrheit", der sowohl regional und national als auch überregional und auf Weltebene schon zu bemerkenswerten theologischen Einsichten und Gemeinsamkeiten geführt hat,[35] geht weiter. Dennoch ist nicht zu übersehen, dass die Rezeption seiner Ergebnisse auf beiden Seiten noch viel zu wünschen übrig lässt. Was könnte uns Katholiken eventuell noch mehr zu denken geben und veranlassen, unser Verständnis und unsere Praxis zu überprüfen, ggf. auch zu ändern? Aus der Fülle möglicher Anregungen seien einige Beispiele genannt, die dem internationalen orthodox-katholischen Dialog entstammen.

3. WEITERFÜHRENDE HERAUSFORDERUNGEN

Im ersten Dokument, das 1982 in München verabschiedet wurde, geht es unter der programmatischen Überschrift „Das Geheimnis der Kirche und der Eucharistie im Licht des Geheimnisses der Heiligen Dreifaltigkeit" vor allem um ekklesiologische Fragen.[36] Ausgehend von dem engen Zusammenhang, der zwischen Eucharistie und Kirche besteht, wird eine Ekklesiologie der Ortskirche als eucharistische Gemeinschaft unter Vorsitz des Bischofs entfaltet. Unter universaler Perspektive wird die eine Kirche Christi schließlich als Koinonia von Ortskirchen beschrieben, deren Einheit und Vielfalt nach dem Vorbild der göttlichen Trinität zu verstehen sei. Dass die Eucharistie die Kirche stiftet und aufbaut, dass überall, wo sie gefeiert wird, die Kirche – durch den Geist bewirkt – als Leib Christi ganz da ist und der Himmel die Erde berührt, ist eine Vorstellung, die unter römisch-katholischen Christen noch bewusster aufge-

---

[35] Vgl. Orthodoxie im Dialog. Bilaterale Dialoge der orthodoxen und der orientalisch-orthodoxen Kirchen 1945-1997. Eine Dokumentensammlung (Sophia 32), hg. v. Th. Bremer, J. Oeldemann u. D. Stoltmann, Trier 1999, 24-186; auch J. Oeldemann, Orthodoxe Kirchen im ökumenischen Dialog. Positionen, Probleme, Perspektiven, Paderborn 2004, 58-65.

[36] Der Text findet sich z.b. in: US 37 (1982) 334-340, COst 37 (1982) 172-178 oder OFo 3 (1989) 219-228.

nommen werden könnte und sollte. Gleiches ist von ihrem Verständnis als „Vorgeschmack des ewigen Lebens", als „Arznei der Unsterblichkeit" und als „Zeichen des zukünftigen Reiches" zu sagen.

Außerdem ist zu beobachten, dass die Überzeugung von der konsekratorischen Wirkung und epikletischen Grunddimension der gesamten Anaphora bzw. des ganzen Hochgebetes in der katholischen Volksfrömmigkeit oftmals noch keinen spürbaren Widerhall gefunden hat. Was ist damit gemeint? Zu früheren Kontroversen gehörte auch, dass katholischerseits den Einsetzungsworten und orthodoxerseits der Epiklese die entscheidende Bedeutung für die Wandlung von Brot und Wein in Leib und Blut Christi beigemessen wurde. Vor allem nachtridentinisch und gegenreformatorisch geprägt ist unter römischen Katholiken immer noch eine starke Fixierung auf die Einsetzungsworte anzutreffen; viele gehen erst kurz vorher in die Knie und stehen auch gleich danach wieder auf. Nach den Aussagen des Münchener Dokumentes jedoch „vollzieht sich das eucharistische Geheimnis in dem Gebet, welches die Worte, durch die das fleischgewordene Wort das Sakrament eingesetzt hat, und die Epiklese miteinander verbindet, in welcher die Kirche, erfüllt vom Glauben, durch den Sohn den Vater bittet, den Heiligen Geist zu senden, damit in der einzigen Darbringung des fleischgewordenen Sohnes alles in der Einheit vollendet werde."[37] Noch weiter gehen pastorale Richtlinien zwischen der Chaldäischen Kirche und der Assyrischen Kirche des Orients, in denen der Päpstliche Einheitsrat 2001 erstaunlicherweise sogar ein Hochgebet – die Anaphora von Addai und Mari – anerkannt hat, das kein wörtliches Zitat des Einsetzungsberichtes enthält.[38] Begründet wurde dies damit, dass dieses Hochgebet eines der ältesten ist, seine Gültigkeit offiziell nie in Frage gestellt wurde und dass es von einer Kirche gebraucht wird, die sowohl in der apostolischen Nachfolge steht als auch den eucharistischen Glauben voll bewahrt hat. Von einer Fixierung auf wenige Worte sich zu lösen und dem ganzen Hochgebet als konsekratorisches und epikletisches Geschehen seine ungeteilte Aufmerksamkeit und Frömmigkeit zu schenken, wäre sicher kein Verlust, sondern eher ein Gewinn.

Einer weiteren Klärung harrt auch noch der Begriff „Schwesterkirchen", an den das Münchener Dokument erinnert und der schon vom

---

[37] Münchener Dokument, I 6.
[38] Der Text findet sich in: Dokumente wachsender Übereinstimmung. Sämtliche Berichte und Konsenstexte interkonfessioneller Gespräche auf Weltebene, Bd. III: 1990-2001, hg. v. H. Meyer, D. Papandreou, H.J. Urban u. L. Vischer, Paderborn – Frankfurt a.M. 2003, 599-601.

Ökumenischen Patriarchen Athenagoras und Papst Paul VI. verwandt wurde; seitdem spielt er in den Beziehungen zwischen der Katholischen und der Orthodoxen Kirche eine bedeutsame Rolle. Spiegelt er schon irgendeine ekklesiale Wirklichkeit wider, oder steht er mindestens als Metapher für ein Programm bzw. Ziel, oder verbirgt sich dahinter nur eine ökumenische Höflichkeitsformel?[39] Letzteres hat Papst Johannes Paul II. ausdrücklich ausgeschlossen und betont, dass es sich bei diesem Ausdruck um eine „wirkliche ökumenische Kategorie der Ekklesiologie" handle, auf der alle weiteren zwischenkirchlichen Beziehungen aufbauen müssten.[40] Die kühne Rede von „Schwesterkirchen" und der brüderliche Umgangsstil zwischen Päpsten und Patriarchen seit Paul VI. und Athenagoras hat etwas ins Rollen gebracht, das theologisch noch tiefer und präziser durchdrungen und breitenwirksamer bewusst gemacht werden müsste.

Während der zweiten Phase des orthodox-katholischen Dialogs auf Weltebene war es von Seiten der Orthodoxie zu massiven Anfragen an die römisch-katholische Praxis hinsichtlich der Initiationssakramente gekommen.[41] Man bemängelte, dass im Abendland die Firmung zeitlich von der Taufe getrennt sei, die Erstkommunion sich weithin dazwischen geschoben habe und sonderbarerweise nach der Taufe zweimal – zunächst durch den Priester und Jahre später dann durch den Bischof – mit Chrisam gesalbt werde. Ausgangspunkt und Maßstab dieser Beanstandungen war die – einst Ost wie West gemeinsame und bis heute die orthodoxe Praxis auch im Blick auf Säuglinge bestimmende – altkirchliche Auffassung von der Einheit der Initiation. Danach vollendet die Firmung die Taufe, während die Kommunion den krönenden Abschluss bildet. Im Dokument „Glaube, Sakramente und die Einheit der Kirche", das nach langen Diskussionen 1987 in Bari dann doch noch zustande kam, wird dies auch als das gemeinsame

---

[39] Vgl. G. Feige, „Schwesterkirchen"? Probleme und Chancen des orthodox-katholischen Dialogs, in: Die Orthodoxe Kirche. Eine Standortbestimmung an der Jahrtausendwende. FS für Anastasios Kallis, Frankfurt a.M. 1999, 225 u. 229-232; Th. Bremer, Schwesterkirchen – im Dialog? Erfolge und Rückschritte in den orthodox-katholischen Beziehungen seit 1965, in: Die Wiederentdeckung der Communio, hg. v. J. Oeldemann, Würzburg 2006, 64-70.

[40] Vgl. E.Chr. Suttner, „Schwesterkirchen in fast vollendeter Gemeinschaft": Eine ekklesiologische Aussage oder eine ökumenische Höflichkeitsformel?, in: COst 47 (1992) 278-287; hier 278.

[41] Vgl. G. Feige, Die katholische Firmpraxis angesichts orthodoxer Bedenken, in: FS Konrad Onasch = SOrth 3/1996, 13f.

Ideal beschrieben.[42] Hinsichtlich der in der Initiationspraxis jedoch weiterhin bestehenden Unterschiede hatte man sich verständigt, dass diese aus seelsorglichen Gründen gerechtfertigt werden könnten und nicht kirchentrennend sein müssten.

Mit der erfreulichen Anerkennung der jeweils anderen Gewohnheiten sollte man sich – so meine Meinung – doch noch nicht ganz zufrieden geben. Die historische Einsicht, dass verschiedene Entwicklungen sich einfach ergaben und erst nachträglich reflektiert und gedeutet wurden, dass die pastorale Praxis sich immer wieder auch an der ursprünglichen Überlieferung und Lehre zu überprüfen hat und dass die Firmung zu den theologisch am wenigsten geklärten Sakramenten gehört, ist zugleich eine bleibende Herausforderung. Katholischerseits müsste ganz sicher überdacht werden, in welchem Verhältnis die Firmung zur Eucharistie steht und ob es nicht doch die Möglichkeit gäbe, auch nach einer Kindertaufe wenigstens wieder die richtige Reihenfolge beim Empfang dieser Sakramente anzustreben. Außerdem wäre – trotz der Tatsache, dass die Firmung im Westen nicht als heilsnotwendig angesehen wird – der Frage nachzugehen, wie eigentlich die kirchliche Stellung getaufter, aber nicht gefirmter Christen zu betrachten sei.

Im dritten Dokument des internationalen orthodox-katholischen Dialogs, das 1988 in Valamo verabschiedet wurde, geht es um „Das Weihesakrament in der sakramentalen Struktur der Kirche, insbesondere die Bedeutung der apostolischen Sukzession für die Heiligung und die Einheit des Volkes Gottes".[43] In großer Einmütigkeit sieht man das dreigestufte Dienstamt – mit dem Bischof als Träger der Fülle des Priestertums an der Spitze – in Kontinuität mit dem Wirken der Apostel unter christologischer und pneumatologischer Perspektive und erinnert auch an die vor allem im synodalen bzw. konziliaren Leben zum Ausdruck gekommene bischöfliche Verantwortung über die eigene Ortskirche hinaus. Dabei wird gegen Ende auch auf Kanon 34 der Apostolischen Kanones Bezug genommen, der wörtlich lautet: „Die Bischöfe eines jeden Volkes sollen einen als den Ersten unter sich anerkennen, und ihn als ihr Haupt betrachten und nichts ohne sein Urteil tun. Jeder von ihnen darf nur tun, was sich seiner Diözese und den von ihm abhängigen Territorien aufdrängt. Aber auch der Erste tut nichts ohne das Urteil der

---

[42] Der Text findet sich z.b. in: US 42 (1987) 262-270 u. OFo 3 (1989) 229-239.
[43] Der Text findet sich z.B. in: US 43 (1988) 343-352 u. OFo 3 (1989) 241-250.

anderen ..."⁴⁴ Eine Wechselbeziehung von Autorität und Synodalität klingt hier an. Dieser Kanon könnte mit seinen Aussagen über einen „Protos", einen „Ersten" unter sonst gleichen Bischöfen, ein Schlüssel sein, um vom „Primat" des Ortsbischofs in seinem Bistum über den des Metropoliten oder Patriarchen in seiner Region zu dem des Papstes für die ganze Kirche zu kommen. Ebenso könnte er den Gegensatz, der zwischen einem „Ehrenprimat" und einem „Jurisdiktionsprimat" gesehen wird, in einem anderen Licht erscheinen lassen. Darum spielt dieser Kanon auch im Verhandlungstext des jüngst – mit der Vollversammlung in Belgrad im September 2006 – wieder in Gang gekommenen orthodox-katholischen Dialogs auf Weltebene eine wichtige Rolle. Wie sieht es in der Katholischen Kirche mit einem solchen „Protos" auf regionaler Ebene und entsprechenden Synoden aber aus? In der lateinischen Kirche ist davon nicht viel übrig geblieben oder noch nicht wieder so richtig belebt worden. Nationale Bischofskonferenzen und ihre Vorsitzenden sind jedenfalls nicht in dieser ekklesiologischen oder kanonischen Position. Anders dagegen sieht es bei den katholischen Ostkirchen aus. In ihnen gibt es Strukturen und Praktiken von Autorität und Synodalität, die eher altkirchlichen und orthodoxen Traditionen und Reglungen entsprechen. Aufgrund dessen könnten sie in dieser Frage eine vermittelnde Rolle spielen und der lateinischen Kirche wertvolle Anregungen geben.

Abschluss

Wie sich zeigt und ich an einigen Beispielen verdeutlicht habe, macht die Öffnung gegenüber dem östlichen Christentum, die historisch zunächst den Unierten Kirchen galt und sich dann immer mehr auf die Orthodoxen Kirchen erweiterte, die Katholische Kirche insgesamt nicht nur reicher, sondern fordert sie auch heraus: zu Respekt und Wohlwollen, Prüfung und Anerkennung, Umkehr und Erneuerung. Damit es gelingt, „die bereits bestehende, wenn auch noch unvollkommene Gemeinschaft" zwischen der Katholischen und der Orthodoxen Kirche „zu fördern und in die Tat umzusetzen"⁴⁵, muss der „Dialog der Liebe und der Wahrheit" als vielfältiger und heilsamer Lern- und Rezeptionsprozess weitergehen.

⁴⁴ Der Text findet sich in: Orthodoxie im Dialog (a.a.O., Anm. 35), 134.
⁴⁵ Tomos Agapis. Dokumentation zum Dialog der Liebe zwischen dem Hl. Stuhl und dem Ökumenischen Patriarchat 1958-1976, hg. v. Pro Oriente, Innsbruck 1978, 118.

ÖKUMENISCH

IM LANDE LUTHERS

Neuer Mut zur Ökumene
Offenherzige Überlegungen angesichts unerwarteter Entwicklungen

1. GEGENWÄRTIGE PROBLEME

In der letzten Zeit scheint es mit der christlichen Ökumene, die sich jahrzehntelang recht hoffnungsvoll entwickelt hat, merklich schwieriger geworden zu sein. Von Stagnation, Irritationen und Rückschlägen ist die Rede. Sie wird als „verwelkend", „ohnmächtig" und „gelähmt" charakterisiert; ja es kommt sogar die Frage auf – so der Titel eines vor wenigen Jahren erschienenen Buches –, ob eine „neue ökumenische Eiszeit" bevorstehe.[1] Vielfältige Probleme haben zu diesem Unbehagen geführt.

Da ist zunächst einmal das Phänomen zu beklagen, dass es inzwischen zwar eine schon fast nicht mehr zu überschauende Fülle interkonfessioneller Dokumente aus bi- und multilateralen Dialogen gibt,[2] die in theologischen Fragen eine wachsende Übereinstimmung zum Ausdruck bringen, dass diese Papiere in den Kirchen aber kaum bekannt sind und nur wenig bewegen. Eine kritische Auseinandersetzung mit deren Aussagen und auch Anfragen bleibt weithin aus, und die Kirchenleitungen tun sich schwer, die Gesprächs- und Arbeitsergebnisse ihrer hochoffiziell beauftragten und zumeist seriösen Theologen als verbindlich zu erklären und in die eigene Praxis umzusetzen. Stattdessen müssen sich die Verhandlungsführer sogar gelegentlich den Vorwurf anhören, die eigene Tradition verraten und nur ihre diplomatische Kompromissbereitschaft unter Beweis gestellt zu haben. Nicht selten wird eine Rezeption theologischer Übereinstimmungen aufgeschoben oder manchmal – wie jüngst im anglikanisch-katho-

---

[1] H. Halter (Hg.), Neue ökumenische Eiszeit?, Zürich 1989. – Aus der Fülle sonstiger Publikationen vgl. z.B. auch K. Koch, Gelähmte Ökumene. Was jetzt zu tun ist, Freiburg 1991; Heft 4 von US 46 (1991), das dem Hauptthema „Krise der Ökumene" gewidmet ist; R. Frieling, Wider die ökumenische Gleichgültigkeit, in: US 47 (1992) 289-297.

[2] Vgl. vor allem Dokumente wachsender Übereinstimmung. Sämtliche Berichte und Konsenstexte interkonfessioneller Gespräche auf Weltebene 1931-1982, hg. von H. Meyer / H. J. Urban / L. Vischer, Paderborn – Frankfurt a.M. 1983; Bd. 2: 1982-1990, hg. von H. Meyer / D. Papandreou / H. J. Urban / L. Vischer, Paderborn – Frankfurt a.M. 1992.

lischen Dialog durch Rom – schlichtweg verweigert.³ Dazu kommt die fundamentalistisch anmutende neuerliche Behauptung einiger Theologen, dass die bisher erzielten Übereinstimmungen selbst in wichtigen Einzelfragen wertlos seien und in der Luft hingen, da es einen bis an die Wurzeln der jeweiligen Kirche reichenden konfessionellen Gegensatz gäbe, eine „Grunddifferenz" bzw. einen „Grunddissens".⁴ Damit wird die im Dialog der vergangenen Jahrzehnte neu gewonnene Überzeugung infrage gestellt, dass die Christen wesentlich mehr und tiefer miteinander verbunden als voneinander getrennt sind und alle weiteren Schritte darauf aufbauen könnten. Ihr Extrem erfährt diese Tendenz im rigorosen Antiökumenismus traditionalistisch bzw. fundamentalistisch gesinnter Kreise aller Konfessionen.⁵

Ökumenisches Ärgernis erregen bisweilen auch theologisch relevante Stellungnahmen, Verlautbarungen oder Entscheidungen, mit denen eine einzelne Kirche zunächst einmal nur – oder wenigstens vor allem – Herausforderungen im eigenen Raum Rechnung tragen will. Besondere Entrüstung hat da in jüngster Zeit das „Schreiben" der Kongregation für die Glaubenslehre „an die Bischöfe der katholischen Kirche über einige Aspekte der Kirche als Communio" ausgelöst; manche werten es sogar als Ausdruck einer „antiökumenischen Wende" Roms.⁶ Ähnlich hoch gingen die Wellen des Unmuts – nun aber ka-

---

3 Vgl. z.B. E. Geldbach, Wichtige Unterschiede bleiben. Rom antwortet auf den anglikanisch/römisch-katholischen Abschlussbericht von ARCIC I, in: MdKI 43 (1992) 72-74; E. Kardinal Cassidy, Der Päpstliche Rat zur Förderung der Einheit der Christen im Jahre 1991, in: Catholica 46 (1992) 183; M.M. Garijo-Guembe, Die Antwort der Glaubenskongregation auf die Dokumente der anglikanisch/römisch-katholischen internationalen Kommission. Eine Bewertung, in: ÖR 42 (1993) 32-51.

4 Vgl. bes. Grundkonsens – Grunddifferenz. Studie des Straßburger Instituts für ökumenische Forschung. Ergebnisse und Dokumente, eingel. und hg. von A. Birmelé und H. Meyer, Paderborn – Frankfurt a.M. 1992. – Zu einer Erstinformation vgl. P. Neuner, Kleines Handbuch der Ökumene, Düsseldorf ²1987, 166-170. 190f; oder (etwas ausführlicher) Handbuch der Ökumenik III/1, hg. von H. J. Urban und H. Wagner, Paderborn 1987, 195-260.

5 Vgl. z.B. H. Kochanek (Hg.), Die verdrängte Freiheit. Fundamentalismus in den Kirchen, Freiburg 1991; Heft 1 von US 47 (1992), das unter dem Hauptthema „Verrat am Erbe?" steht; oder Heft 3 von Conc (D) 28 (1992) mit dem Hauptthema „Fundamentalismus als ökumenische Herausforderung".

6 Eine dt. Übers. dieses Schreibens vom 28. Mai 1992 findet sich u.a. in: OR-D 22 (1992) Nr. 25, 7-9, bzw. in Verlautbarungen des Apostolischen Stuhls 107, hg. vom Sekretariat der Deutschen Bischofskonferenz, Bonn 1992. – Zur

tholischer- und orthodoxerseits – über die Entscheidung der Kirche von England, künftig auch Frauen zum priesterlichen Dienst zuzulassen.[7] Darüber hinaus bieten manche Äußerungen zu ethischen Fragen wie zum Sexualverhalten oder zum Umgang mit Macht und Gewalt immer wieder Ansatzpunkte für neue Verstimmungen.[8] Aber es sind nicht nur theologische Probleme, die den Kirchen zu schaffen machen. Viel dramatischer erweisen sich oftmals ganz andere Faktoren. Wie wäre es sonst zu verstehen, dass nach den befreienden gesellschaftspolitischen Veränderungen der letzten Jahre die Ökumene im Gebiet der ehemaligen DDR, in den übrigen Ländern des einstigen Ostblocks, ja in ganz Europa auf einmal z.T. harte Bewährungsproben zu durchlaufen hat? Im Osten Deutschlands kamen ziemlich bald nach der „Wende" sonderbare Verdächtigungen und Klischees auf, die die ökumenische Atmosphäre gelegentlich noch bis zum heutigen Tag belasten. So wurde die „Wende" von manchen als „protestantische Revolution" vereinnahmt und den Katholiken vorgeworfen, als „Trittbrettfahrer" dieser Entwicklung in gezielter Aktion die Gunst der Stunde zu nutzen und überproportional stark in politische Ämter und Funktionen vorzudringen. Man ereiferte sich über die unterschiedliche Kirchenpolitik des evangelischen Kirchenbundes und der katholischen Kirche in den Zeiten zuvor: das gesellschaftliche Arrangement der einen, das sich mit der Formel „Kirche im Sozialismus" verbindet, und die „Wagenburg-Mentalität" der anderen, die die DDR scheinbar unbefleckt überstanden haben. Es kam und kommt zu manchen Spannungen, weil die katholische Kirche weitgehend als der CDU verbunden gilt und auf die neuen Verhältnisse positiver einzugeben scheint

Diskussion vgl. z.B. H. Vorster, Geht es wirklich nur so? – Die Glaubenskongregation zur Kirche als Communio (mit Nachbemerkungen katholischer Theologen), in: ÖR 41 (1992) 464-478; M.M. Garijo-Guembe, Communio-Ekklesiologie. Zum Schreiben der römischen Glaubenskongregation über einige Aspekte der Kirche als Communio, in: US 47 (1992) 323-329.352; E. Castro, Ein Ruf zur Umkehr. Bericht des ÖRK-Generalsekretärs bei der Zentralausschusssitzung vom 21.-28.8.1992, in: Materialdienst der Ökumenischen Centrale 1992/IV, 27; Römisch-katholische, orthodoxe und evangelische Anmerkungen: ebd. 1993/I, 33-43.

7 Vgl. z.B. E. Geldbach; Frauenordination: Dienst an der Ökumene?, in: MdKI 43 (1992) 103-107.
8 Vgl. Ökumenischer Rat der Kirchen. Kommission für Glauben und Kirchenverfassung, Auf dem Weg zur Koinonia in Glauben, Leben und Zeugnis. Entwurf eines Arbeitspapiers („Dublin-Text"), Genf 1992, 25f.

als die evangelische Seite, deren führende Köpfe mehr in der SPD oder im Bündnis 90 beheimatet sind und den Eindruck erwecken, als könnten sie sich mit dem neuen Staats- und Wirtschaftssystem nicht so recht anfreunden.⁹ Gelegentlich sind auch historisch geprägte – aber anachronistisch anmutende – Vorbehalte zu hören, so wenn z.B. hinter den Aktivitäten katholischer Verbände gegenreformatorische Absichten befürchtet werden oder wenn die mögliche Errichtung einer katholisch-theologischen Fakultät an der Berliner Humboldt-Universität als deren protestantischer Tradition nicht angemessen hingestellt wird.¹⁰ Zweifellos ist im Gebiet der früheren DDR eine zunehmende Konfessionalisierung festzustellen. Verursacht haben dürften dies auch die strukturelle Einbindung der östlichen Kirchengebilde in die ihrer Konfession entsprechenden Institutionen der alten Bundesrepublik sowie damit verbundene neue rechtliche und finanzielle Vorgaben.

Schaut man nach Ost- und Südosteuropa, so ist das „ökumenische Wehgeschrei" dort noch viel größer. Die orthodoxen Kirchen beklagen sich bitter, dass ihre Stammlande durch extreme Missionare anderer Kirchen und Gemeinschaften heimgesucht werden, die – finanziell potent – die neue Freiheit oder das ausgebrochene Chaos unbrüderlich dazu nutzten, die Menschen zu verwirren und „Proselyten zu machen".¹¹ Dabei wird auch Rom vorgeworfen, mit der Ernennung einiger Bischöfe des lateinischen Ritus für Gebiete der ehemaligen Sowjetunion „parallele kanonische Strukturen" geschaffen zu haben.¹² Als noch belastender erweisen sich die Auseinandersetzungen um die mit Rom verbundenen griechisch-katholischen Christen vor allem in der Ukraine und in Rumänien. Nach über 40-jähriger Unterdrü-

---

[9] Vgl. z.B. G. Rein, Ökumene in Ostdeutschland: Neue alte Fronten. Die katholische Kirche betreibt die Gegenreformation, in: Publik-Forum 1991, Nr. 11, 35f, H. Kirchner, Probleme mit der Ökumene in den neuen Bundesländern, in: MdKI 42 (1991) 94f, M. Ulrich, Ökumenische Chancen und Belastungen im Gebiet der neuen Bundesländer, in: LS 42 (1991) 293-297; K. Feiereis, Ansätze zur Bewältigung konfessioneller und nationaler Konflikte, unter dem Aspekt der Ökumenischen Versammlungen, in: Materialdienst der Ökumenischen Centrale in Frankfurt/M., 1992/III, 20.

[10] Vgl. z.B. HerKorr 46 (1992) 561.

[11] Vgl. u.a. die Botschaft der Vorsteher der Heiligen Orthodoxen Kirchen von ihrem Treffen im Phanar (15.3.1992), in: OFo 6 (1992) 262, oder ÖR 41(1992) 367.

[12] Vgl. z.B. R. Thöle, Ein neues Kapitel vatikanischer Ostpolitik. Zur Einsetzung katholischer Bischöfe für Moskau, Weißrussland, Sibirien und Mittelasien, in: MdKI 42 (1991) 75f.

ckung bilden sie inzwischen wieder recht lebendige Gemeinschaften. Ihr konfliktreiches und die Orthodoxen verärgerndes Wiederaufleben hat dazu geführt, dass der seit 1980 recht hoffnungsvoll verlaufende theologische Dialog zwischen Rom und der Gesamtorthodoxie an einen Tiefpunkt gelangt ist.[13] Neben der Orthodoxie sind es auch andere christliche Kirchen und Gemeinschaften, die als Minderheiten in verschiedenen östlichen Ländern ein deutliches Machtstreben katholischer Kreise wahrzunehmen meinen.[14] Meistens sind bei solchen Spannungen nicht in erster Linie Fragen des Glaubens, sondern vielmehr nationale bis nationalistische, ethnische, politische, soziale und emotionale Faktoren ausschlaggebend. Das zeigt auch der Jugoslawienkonflikt, in dem die Konfessions- oder Religionszugehörigkeit der darin verwickelten Parteien zwar eine Rolle spielt, der aber durchaus nicht als ein Glaubenskrieg angesehen werden kann. Dennoch stellt er die orthodox-katholischen Beziehungen vor zusätzliche Belastungen und animiert auch nicht direkt davon betroffene Christen, der einen oder anderen Seite gegenüber misstrauisch zu sein.[15]

Im Zusammenhang mit all diesen Entwicklungen und dem in Gang gekommenen Integrationsprozess Europas hat die Initiative der katholischen Kirche, Europa neu zu evangelisieren, vielfach Befürchtungen ausgelöst, dass damit eine Art von „Re-Katholisierung" gemeint sein könnte. Nicht zuletzt wurden diese Überlegungen auch durch die Er-

[13] Vgl. Erklärung der 6. Vollversammlung der Internationalen Gemischten Kommission für den Theologischen Dialog der Römisch-Katholischen Kirche und der Orthodoxen Kirche, Freising 6.-15.6.1990, in: OFo 4 (1990) 293-295; Erklärung der Zwischenorthodoxen Kommission für den Theologischen Dialog zwischen der Orthodoxen Kirche und der Römisch-Katholischen Kirche vom 11./12.12.1990, in: Informationsdienst Osteuropäisches Christentum (= ID-OCHR) 2 (1990) Nr. 24-25, 14f. – Zu jüngsten Vermittlungsbemühungen Roms vgl. bes. E. Kardinal Cassidy, Der Päpstliche Rat (a.a.O.), 174-179; Päpstliche Kommission für Russland, Allgemeine Prinzipien und praktische Normen für die Koordinierung der Evangelisierung und des ökumenischen Engagements der katholischen Kirche in Russland und in den anderen Ländern der GUS (1.6.1992), in: ID-OCHR 4 (1992) Nr. 8-10, 44-48; E. Kardinal Cassidy, Ökumenische Richtlinien für die Unterstützung der Kirchen in Mittel- und Osteuropa, in: US 47 (1992) 341-343.
[14] Vgl. z.B. R. Frieling, Die Verantwortung der Kirchen im europäischen Einigungsprozess, in: B. Brenner (Hg.), Europa und der Protestantismus (BenshH 73), Göttingen 1993, 20f.
[15] Vgl. z.B. H. Goltz, Ökumenische Versöhnungsbemühungen und die Presse. Anzeige eines Problems, in: US 47 (1992) 347-351.

kenntnis beeinflusst, dass ein einiges Europa vor allem durch die romanischen Länder ein prozentual deutlich katholisches Übergewicht haben wird.[16] Interessanterweise war im Vorfeld der deutschen Einigung umgekehrt auch katholischerseits die bange Feststellung zu vernehmen, dass Deutschland nun protestantischer würde. Zweifellos gibt es in allen Kirchen Kreise und Bewegungen, die solchen Ressentiments Nahrung bieten. Wie die verschiedenen konfessionellen oder ökumenischen Zusammenkünfte, die sich in der letzten Zeit mit der Europaproblematik beschäftigt haben, zeigen, dürfte jedoch keine Kirche die ausdrückliche Absicht haben, sich auf Kosten der anderen zu profilieren. Vielmehr deutet sich an, dass die unterschiedlichen Traditionen ihren spezifischen Beitrag zwar für unersetzlich halten, dass ihnen aber eine Neu-Evangelisierung ohne ökumenischen Frieden – d.h. ohne Dialog und Zusammenarbeit – unmöglich erscheint.[17]

[16] Nach B. Brenner (Hg.), Europa, 284, sieht das gesamteuropäische Zahlenverhältnis für die Christen folgendermaßen aus: Von 520 Mill. Einwohnern sollen 255 Mill. (= 49,04 %) katholisch, 99 Mill. (= 19,04 %) orthodox und 83 Mill. (= 15,96 %) protestantisch sein; 83 Mill. (= 15,96 %) gehörten einer anderen oder keiner Konfession an. Zur Verteilung auf einzelne Gebiete und Länder (aber unvollständig) vgl. ebd., 285f.

[17] Die wichtigsten diesbezüglichen Versammlungen in jüngster Zeit waren: a) 5. Europäische Ökumenische Begegnung der Konferenz Europäischer Kirchen (KEK) und des Rates der Europäischen Bischofskonferenzen (CCEE) vom 13.-17.11.1991 in Santiago de Compostela. – Vgl. dazu „Auf Dein Wort" – Mission und Evangelisierung in Europa heute, Genf und St. Gallen 1992; US 47 (1992) 239-246; H. Goltz, Tauwetter in europäisch-ökumenischer Eiszeit?, in: ÖR 41 (1992) 66-75. b) Sonderversammlung der katholischen Bischofssynode für Europa vom 28.11.-14.12.1991 in Rom. – Deren Erklärung „Damit wir Zeugen Christi sind, der uns befreit hat" findet sich in: Verlautbarungen des Apostolischen Stuhls Nr. 103, hg. vom Sekretariat der Deutschen Bischofskonferenz, Bonn 1992. Vgl. auch L. Ullrich, „Allen Europäern beharrlich das Evangelium verkünden". Europa und die Kirchen – aus katholischer Sicht, in: B. Brenner (Hg.), Europa, 59-83, bes. 63-68 (mit Hinweisen auf weitere Kommentare). c) Panorthodoxes Treffen vom 13.-15.3.1992 im Phanar. – Die Abschlussbotschaft findet sich u.a. in: OFo 6 (1992) 259-264, und (mit einem Kommentar von A. Kallis versehen) in: ÖR 41 (1992) 361-369. d) Europäische Evangelische Versammlung vom 24.-30.3.1992 in Budapest. – Vgl. dazu epd-Dokumentation 1992, Nr. 17. e) 10. Vollversammlung der Konferenz Europäischer Kirchen (KEK) vom 1.-11.9.1992 in Prag. – Vgl. epd-Dokumentation 1992, Nr. 42; sowie die wertenden Berichte von P. Filipi, E. Raiser und M. Weinrich in: ÖR 42 (1993) 5-31. – Eine theologische Reflexion über das kirchliche Europa-Engagement des Protestantismus, aber auch der katholischen Seite, sowie bedeutsame Dokumente oder Auszüge daraus bietet B. Brenner (Hg.), Europa.

Abgesehen von dieser letzten Einsicht, klingt alles andere nicht unbedingt ermutigend. Es wäre aber verfehlt, vorschnell ein Klagelied anzustimmen oder sich maßlos zu erregen. Sinnvoller ist es, zunächst einmal nach möglichen Ursachen zu fragen, die eine solche Entwicklung begünstigt haben.

2. BEDENKENSWERTE HINTERGRÜNDE

Dass es mit der Ökumene nur langsam oder gar nicht vorwärts geht, dafür machen viele vor allem die zögerlichen Kirchenleitungen oder die komplizierten Theologen verantwortlich, die immer noch problematisierten, während der christlichen Einheit vor Ort angeblich kaum noch etwas entgegenstünde und es doch eigentlich längst zu handeln gelte. Dieser Vorwurf ist nicht ganz unberechtigt; wenn er Ausschließlichkeit beansprucht, jedoch mehr als fragwürdig. Tatsächlich gestalten sich manche Gespräche und Entscheidungsfindungen schwierig; tatsächlich droht die Gefahr, in einer Fülle schwer verständlicher Papiere zu ersticken, die letztlich nicht mehr umsetzbar sind; tatsächlich erwecken einige Expertentagungen den Eindruck unverbindlichen Selbstzwecks; tatsächlich tun sich Amtsträger mit Veränderungen schwerer als Einzelne an der Basis, weil sie eben nicht nur für die Aufgeschlossenen in ihrer Kirche Verantwortung tragen, sondern auch für die vielen anderen. Dennoch ist es ungerecht, ihnen allein den „Schwarzen Peter" zuzuschieben.

Antiökumenische Vorbehalte gibt es auf allen Ebenen, in Gemeinden manchmal noch viel krasser als in Leitungs- und Theologenkreisen. Ökumenisches Denken und Handeln ist weithin trotz aller beschwörenden Worte noch keine Selbstverständlichkeit geworden. Die Zahl der Theologen, die als offizielle Vertreter ihrer Kirchen an Dialogen teilgenommen oder sich anderweitig ökumenisch engagiert haben, ist nicht besonders groß. Heute spricht man von einem Generationenwechsel, in dessen Folge es sogar noch weniger würden.[18] Darüber hinaus sind sie zumeist auch bezüglich einer bestimmten Tradition irgendwie vorgeprägt, so dass in Dialoge mit protestantischen Kirchen die einen und in solche mit katholischen oder orthodoxen Kirchen die anderen geschickt werden. Nicht immer ist es leicht – wie sich vor allem

---

[18] Vgl. Christ in der Gegenwart 45 (1993) 11.

bei den Anglikanern zeigt –, die möglicherweise daraus entstehenden innerkirchlichen Spannungen auszugleichen.[19] Ein großes Problem besteht darin, dass es den Ökumene-Experten nur wenig gelungen ist, ihre Erkenntnisfortschritte der Basis zu vermitteln. Schaut man z.B. in den östlichen Teil Mitteleuropas oder nach Ost- und Südosteuropa, so war es dort jahrzehntelang auch fast gar nicht möglich. Christen aller Kirchen waren durch die Repressalien der kommunistischen Diktatur mehr oder weniger von der theologischen Entwicklung abgeschnitten; es fehlte an Kommunikations- und Publikationsmöglichkeiten. Kein Wunder also, wenn in diesen Gebieten zwischenkirchliche Beziehungen manchmal den Eindruck erwecken, als sei alles noch so wie vor 50 Jahren oder davor.[20] Dazu kommt heute im gesamten ehemaligen Ostblock die große Verunsicherung, die die veränderten gesellschaftlichen Verhältnisse mit sich bringen. In diesem Prozess müssen sich auch die christlichen Kirchen neu finden. Das kommunistische Feindbild, das ein Stück ihrer Identität war, ist weggefallen; nun gilt es, positiv damit fertig zu werden und nicht neue Feindbilder zu schaffen. Unterdrückte Probleme entladen sich, irrationale Ängste machen sich breit. Viele zwischenkirchliche Schwierigkeiten sind nicht theologischer Art und keineswegs konfessionsspezifisch. Meistens geht es um die Frage, wie eine Mehrheit mit einer Minderheit umgeht. Und da gibt es weltweit in fast allen Kirchen belastende Beispiele.[21] Hinzu kommt noch, dass traditionalistisch gesinnte Kreise Westeuropas den theologischen Rückstand des Ostens gern konserviert hätten, um ihren restaurativen Bemühungen dadurch Stärkung zu verschaffen.

Aber auch in Ländern freiheitlich-demokratischer Prägung ist trotz vielfältiger Möglichkeiten die Vermittlung ökumenischen Gedankenguts nicht sehr erfolgreich verlaufen. Eines der größten Hindernisse für die Ökumene scheint der Mangel an existenzieller Betroffenheit zu sein. Der Skandal einer gespaltenen Christenheit dringt nur wenigen ins Bewusst-

[19] Vgl. z.B. P. Oestreicher, Art. Die anglikanische Gemeinschaft, in: Ökumene-Lexikon, hg. von H. Krüger u.a., Frankfurt a.M. ²1987, 62f.

[20] Vgl. H. Goltz, Zwischen Pharao und gelobtem Land. Europäische Perspektiven, in: ÖR 40 (1991) 55-63.

[21] Vgl. Punkt 9a der Botschaft der 5. Europäischen Ökumenischen Begegnung von KEK und CCEE in Santiago de Compostela, in: US 47 (1992) 242: „Die Christen, die Minderheitskirchen angehören, haben feststellen können, dass sie alle unter ganz ähnlichen Schwierigkeiten zu leiden haben, gleichgültig, zu welcher Konfession sie gehören oder welche Konfession in ihrem Land dominiert."

sein, geschweige denn unter die Haut. Viele Völker erfahren sich konfessionell immer noch recht homogen und rechnen dies – wie z.b. die Polen, die Griechen oder die Schweden – zu ihrer Identität. Selbstgenügsamkeit und Desinteresse an anderen Christen sind oft die Folgen fehlender Erfahrungsräume. Wer keine oder kaum Berührungspunkte zu einer anderen christlichen Tradition als der eigenen hat, dem wird auch die ökumenische Annäherung der Kirchen normalerweise weniger zu einem Anliegen werden als demjenigen, der in einem konfessionell gemischten Volk oder in einer konfessionsverschiedenen Ehe lebt, der sich mit anderen Christen in der Schule, bei der Armee oder im Beruf gemeinsam gegenüber einem religionsfeindlichen System zur Wehr setzen musste, der persönlich die tiefe Gläubigkeit und das eindrucksvolle Engagement anderer Christen erlebt hat oder dem vielleicht die Tragödie christlicher Spaltung angesichts der Zustände in der Jerusalemer Grabeskirche bewusst geworden ist. Das aber muss man im Blick behalten: Die Zahl derer, die nicht merken, dass ihrer Gemeinschaft zur vollen Katholizität sehr viele Schwestern und Brüder fehlen, ist groß. Auch in Rom könnte man angesichts der eindrucksvollen monumentalen und internationalen Verkörperung des Katholizismus leicht zu einem solchen Vergessen verführt werden.

Ein weiterer Gesichtspunkt sollte ebenfalls nicht unterschätzt werden: Jede Kirche oder Konfession stellt gewissermaßen eine eigene „Lebenswelt" mit typischen Frömmigkeitsformen, Denkweisen und Verhaltensmustern sowie einer spezifischen Binnensprache dar.[22] Gläubige, die in einem solchen emotionalen Erfahrungsraum aufgewachsen und heimisch sind, erkennen sich am selben „Stallgeruch" und finden häufig andere Arten des Christseins nicht unbedingt (gleich) sympathisch. Derlei unbewusste oder bewusste Hemmungen und Vorbehalte sind zumeist gravierender als irgendwelche Lehrschwierigkeiten.

Oftmals verhindern ganz einfach auch pragmatische Gründe die Aufnahme oder Entfaltung ökumenischer Beziehungen. Es erscheint unkomplizierter, alles in den üblichen Bahnen weiterlaufen zu lassen, als neue Wege zu beschreiten. Die Aufgaben in der eigenen Gemeinde und Kirche erfordern schon so viel Zeit und Kraft, dass für ökumenische Initiativen – als zusätzliche Belastung oder entbehrlicher Luxus angesehen – kaum noch etwas übrig bleibt. Wird der Ökumene in Gemeinden

---

[22] Vgl. z.B. W Müller, Ökumene als Sprachproblem, in: Materialdienst der Ökumenischen Centrale 1992/III, 36-40.

jedoch eine große Bedeutung beigemessen, so tun sich schon bald – spätestens bei der vor Ort zumeist heikelsten Frage nach Möglichkeiten eucharistischer Gemeinschaft – Schwierigkeiten und Grenzen auf, die viel Elan wieder erlahmen und manchen seiner Kirche gegenüber gleichgültig werden lassen. Enttäuschung und Resignation, begleitet von einem zunehmenden Subjektivismus und Individualismus, führen vielfach zu konfessioneller Entwurzelung und einem Auswahlchristentum. Die Institution Kirche verliert an Bedeutung oder wird gänzlich abgelehnt; das Verständnis dafür, warum es verschiedene Kirchen gibt und warum eine Einigung nicht so einfach ist, schwindet. Eigene Empfindungen und Vorstellungen werden über alles gestellt. Verschiedene Kreise wähnen sich bereits in einer „postkonfessionellen" Zeit.[23]

Der Versuch, einige der Ursachen und Hintergründe ökumenischer Probleme unserer Zeit zu beleuchten, tröstet noch nicht, aber er relativiert wohl so manche einseitige und zu einfache Vorstellung. Was könnte uns nun aber neuen Mut machen?

3. HILFREICHE ERINNERUNGEN

Von Michelangelo soll der Ausspruch stammen: „Gott hat der Hoffnung einen Bruder gegeben – er heißt Erinnerung!" In der deutschen Sprache würde man – dem grammatischen Geschlecht des Wortes „Erinnerung" gemäß – freilich richtiger von einer Schwester sprechen. Für die Sache selbst ist dies jedoch unerheblich.

Der Rückblick auf einige Ereignisse und Entwicklungen der ökumenischen Bewegung soll nicht zur Nostalgie verleiten, sondern manches ins Bewusstsein heben, was schon wieder vergessen ist oder heutzutage als selbstverständlich erscheint. Wer denkt z.B. noch daran, dass es erst 35 Jahre her ist, dass der Ökumenische Patriarch Athenagoras dem neugewählten Papst Johannes XXIII. nur indirekt über die Presse gratulieren konnte, weil zwischen Konstantinopel und Rom

---

[23] Vgl. z.B. R. Frieling, Wider die ökumenische Gleichgültigkeit (a.a.O.), 289f, auch E. Castro, Ein Ruf zur Umkehr (a.a.O.), 28, der folgenden Trend in den USA beschreibt: „Die Gemeinden werden wichtiger als die Konfessionen. Dies ist jedoch selten ein Anzeichen für wachsendes ökumenisches Bewusstsein in diesen Gemeinden, sondern hat eher mit einer mehr individualistischen Ausübung der religiösen Praxis zu tun: Die Gemeinde, die meinen Bedürfnissen entspricht, ist meine Konfession."

noch kein „heißer Draht" bestand?[24] Oder wem ist in Erinnerung, dass zur selben Zeit etwa ein Katholik noch gehalten war, die gottesdienstlichen Handlungen Andersgläubiger möglichst zu meiden, auf keinen Fall jedoch sich irgendwie damit zu identifizieren?[25] Gemessen an der über tausendjährigen Entfremdung zwischen Ost- und Westkirche und den seit über 450 Jahren sich abspielenden abendländischen Rivalitäten infolge der Reformation, kann man eigentlich nur staunen, welche positive Wandlung die zwischenkirchlichen Beziehungen in dem relativ kurzen Zeitraum der letzten Jahrzehnte genommen haben.

Ohne Zweifel hat die vielfältige Arbeit des Ökumenischen Rates der Kirchen seit 1948 durch alle Krisen hindurch der Annäherung und Zusammenarbeit der meisten Kirchen einen unschätzbaren Dienst erwiesen. Für die Römisch-katholische Kirche bildete das Zweite Vatikanische Konzil, zu dem erstmals Vertreter anderer Kirchen als Beobachter geladen waren, den imposanten Auftakt ihrer ökumenischen Öffnung. Das Dekret über den Ökumenismus und verschiedene nachkonziliare Ausführungsbestimmungen ermunterten und ermahnten die katholischen Gläubigen zu einem respekt- und liebevollen Umgang mit den anderen Christen.[26] Kontakte wurden aufgenommen, zwischenkirchliche Dialoge kamen in Gang, und schon bald zeigte sich, dass in vielen vermeintlich kontroversen Themen Missverständnisse ausgeräumt und weitgehende Übereinstimmungen erzielt werden konnten. Dies war und ist eine wertvolle Erfahrung. In den katholisch-orthodoxen Beziehungen legte sich sogar zeitweise der Eindruck nahe, dass die Aufnahme eucharistischer Gemeinschaft nicht mehr allzu lange auf sich warten lassen würde. Katholischerseits war es besonders Paul VI., der im Verhältnis zur Orthodoxie „Steine ins Rollen gebracht" hat. Ohne dass dies theologisch schon bis ins Letzte durchdacht gewesen wäre, sprach er seit 1967 von Konstantinopel als einer „Schwesterkirche" und von einer „nahezu vollständigen Communio", die zwischen Katholiken und Orthodoxen bereits bestehe.[27]

[24] Vgl. H.M. Biedermann, Orthodoxe und Katholische Kirche heute. Etappen des Gesprächs in den letzten 20 Jahren, in: Catholica 33 (1979) 9-12.
[25] Vgl. H. Schauf, Art. Communicatio in sacris, in: LThK² 3 (1959) 24-26.
[26] Vgl. z.B. H. Petri, Die römisch-katholische Kirche und die Ökumene, in: Handbuch der Ökumenik, hg. von H. J. Urban und H. Wagner, Bd. II, Paderborn 1986, 136-168.
[27] Vgl. z.B. H.-J. Schulz, Der katholisch-orthodoxe Dialog, in: Handbuch der Ökumenik II, 192-205.

Bedeutsam für die ganze Christenheit waren sodann die Konvergenzerklärungen von Lima, ein multilaterales Dokument zu Fragen von Taufe, Eucharistie und Amt, das 1982 als Frucht einer mehr als 55-jährigen Geschichte durch die Kommission für Glauben und Kirchenverfassung verabschiedet werden konnte und in den Kirchen einen z.T. regen Diskussionsprozess auslöste.[28]

Eine ganz neue Qualität bekam die Ökumenische Bewegung schließlich seit 1988 durch den sogenannten „Konziliaren Prozess für Gerechtigkeit, Frieden und Bewahrung der Schöpfung", der bei seinen Vollversammlungen in beiden Teilen des damals noch getrennten Deutschlands und auf europäischer Ebene in Basel eine noch nie dagewesene Handlungseinheit so vieler Kirchen und kirchlichen Gemeinschaften zum Ausdruck gebracht hat. Die als Höhepunkt gedachte Weltversammlung in Seoul blieb jedoch hinter den Erwartungen zurück.[29]

Was die Verhältnisse in der ehemaligen DDR betrifft, so hatte sich dort in zunehmender säkularer Diaspora eine von der Basis herkommende Ökumene der wenigen Katholiken (ihr Anteil wird heute in diesem Gebiet auf 5% geschätzt) mit den etwas zahlreicheren Protestanten (heute könnten es ca. 25% sein) entwickelt. Schon seit dem Zweiten Weltkrieg erlebten Katholiken an vielen Orten die selbstverständliche Gastfreundschaft in evangelischen Kirchen und Gemeinderäumen. Einprägsam waren die ersten ökumenischen Gottesdienste in den 1960er-Jahren; unvergesslich wird mir jener in der überfüllten Marktkirche zu Halle an der Saale bleiben, bei dem keine Stecknadel zu hören war, als Vertreter aller anwesenden Konfessionen die anderen um Vergebung für das von ihren Gemeinschaften in der Vergangenheit begangene Unrecht baten. In den

---

[28] Vgl. Ökumenischer Rat der Kirchen. Kommission für Glauben und Kirchenverfassung, Die Diskussion über Taufe, Eucharistie und Amt 1982-1990. Stellungnahmen, Auswirkungen, Weiterarbeit, Frankfurt a.M. – Paderborn 1990.

[29] Gute Einblicke in den bisherigen Verlauf dieses Prozesses und seine Ergebnisse bieten K. Raiser, „Eine Hoffnung lernt gehen". Zwischenbilanz des konziliaren Prozesses für Gerechtigkeit, Frieden und Bewahrung der Schöpfung, in: ÖR 39 (1990) 77-94; E. Geldbach, Wider die Resignation im konziliaren Prozess für Gerechtigkeit, Frieden und Bewahrung der Schöpfung, in: US 45 (1990) 238-258; K.-H. Ducke, Weltverantwortung. Zu einigen pastoralen Konsequenzen der Ökumenischen Versammlung für Gerechtigkeit, Frieden und Bewahrung der Schöpfung heute, in: W. Ernst / K. Feiereis (Hg.), Denkender Glaube in Geschichte und Gegenwart. FS aus Anlass der Gründung der Universität Erfurt vor 600 Jahren und aus Anlass des 40-jährigen Bestehens des Philosophisch-Theologischen Studiums Erfurt (EThSt 63), Leipzig 1992, 401-414.

Schulklassen gab es nur wenige Christen, und da zählte nicht in erster Linie die Konfessionszugehörigkeit, sondern dass man überhaupt „gläubig" war. Auch ich hatte in den Jahren vor dem Abitur gute Kontakte zu evangelischen Jugendlichen; und das nicht nur, weil die Tochter des evangelischen Propstes in derselben Klasse war wie ich. Junge Katholiken, die den Dienst mit der Waffe oder jeglichen Einsatz in der Armee verweigern wollten, wurden von manchen katholischen Geistlichen an evangelische Kreise weiterverwiesen, die sich auf diesem Gebiet mehr engagierten und darum über reichere Erfahrungen verfügten. Als im Verlauf der Pastoralsynode der Katholischen Kirche in der DDR (1972-1975) ein Beschluss über „Ökumene im Bereich der Gemeinde" verabschiedet wurde, war darin auch die Aufforderung an die katholischen Christen und ihre Amtsträger enthalten, jegliche Möglichkeit ökumenischer Zusammenarbeit zu nutzen.[30] Schon vorher gab es in verschiedenen Neubaugebieten ökumenische Besuchsaktionen, bei denen jeder Helfer zugleich auch die anderen Konfessionen mit vertrat. Während meiner Vikarszeit nahmen evangelische und katholische Jugendliche oftmals wechselseitig an den Veranstaltungen der jeweils anderen Seite teil. Katholische Theologen, die an ostkirchlichen Fragen interessiert waren, nutzten manche Möglichkeiten, die ihnen entsprechende evangelische Arbeitskreise boten. Das Philosophisch-Theologische Studium in Erfurt, die einzige katholische Hochschule im Gebiet der früheren DDR, stand in gutem Kontakt zu den evangelischen kirchlichen Hochschulen in Naumburg, Leipzig und Berlin. Ökumenische Theologie gehörte und gehört auch weiterhin zum Pflichtprogramm seiner Ausbildung. Dabei ist es schon lange üblich, dass evangelische Professoren eingeladen werden, um selbst Einblicke in Theologie und Kirchlichkeit ihrer Tradition zu vermitteln. Auch evangelische Studenten haben gelegentlich ein oder zwei Semester an dieser katholischen Einrichtung verbracht. Nicht vergessen möchte ich schließlich auch, dass der Johannes-Chrysostomus-Chor des Erfurter Priesterseminars einige Male sogar in orthodoxen Kirchen die Liturgie gesungen hat. All das – und noch viel mehr – sind für mich und zahlreiche andere Christen aus dem Gebiet der ehemaligen DDR unverzichtbare Erfahrungen, die Mut machen, im Ringen um mehr ökumenische Gemeinsamkeit trotz mancher Enttäuschungen nicht nachzulassen.[31]

[30] Vgl. Konzil und Diaspora. Die Beschlüsse der Pastoralsynode der katholischen Kirche in der DDR, hg. im Auftrag der Berliner Bischofskonferenz, Leipzig 1977, 134-154.

[31] Zu der zurückliegenden Situation vgl. z.B. H. Kirchner (Hg.), Kirchen, Freikir-

Will man die positive Bilanz der bisherigen ökumenischen Bewegung in wenigen Worten zusammenfassen, so ließe sich mit Reinhard Frieling sagen: Diese Entwicklung hat den Christen geholfen, „1. gemeinsam glauben zu lernen, 2. gemeinsam den Glauben zu lehren" und „3. gemeinsam den Glauben zu leben".[32]

4. NEUE HERAUSFORDERUNGEN

Wie dramatisch sich der gegenwärtige „Gärungsprozess" in Europa gestaltet, hat Wolfgang Lienemann jüngst recht eindrucksvoll beschrieben. U.a. sagt er: „Mit dem Ende der kommunistischen Parteidiktaturen ist fast über Nacht der Vorhang von der europäischen Bühne zerrissen. Auf der Szene liegen die in Jahrzehnten aufgetürmten Opfer und Trümmer, und zugleich beginnt das ehedem distanzierte und unbeteiligte Publikum zu ahnen, dass der Zuschauerraum selbst Teil der Bühne geworden ist. Die Festaufführung ist zu Ende, aber der Kater des Morgens danach beginnt erst jetzt seine Krallen auszustrecken. Täter und Opfer sind weder auf der Bühne noch im Publikum immer deutlich zu unterscheiden ... Auf der Bühne wird genauso randaliert und erbittert gekämpft wie im Publikum. Viele würden am liebsten den Eisernen Vorhang fallen lassen, damit die Brände vom Bühnenhaus nicht auf den Zuschauerraum übergreifen können – allein die Technik versagt ihren Dienst ... Lähmung und Entsetzen hat viele Christen und Kirchen gepackt, die den rapiden Zerstörungen des ‚europäischen Hauses' hilflos und ratlos zusehen müssen und dabei wissen, dass die Auswirkungen dieses Chaos mitnichten auf Europa beschränkt bleiben werden. Es geht keineswegs nur um finanzielle Probleme, weil jede Mark oder jeder Franken, die in Osteuropa investiert werden, in Uganda, Birma oder Peru fehlen werden. Es geht auch nicht nur darum, dass in Mittel- oder Osteuropa beziehungsweise im ehemaligen kommunistischen Machtbereich weithin demokratisches Bewusstsein, Achtung vor Recht und Gesetz und das Ethos einer diszi-

chen und Religionsgemeinschaften in der DDR. Eine ökumenische Bilanz aus evangelischer Sicht, Berlin 1989; M. Sens / R. Bodenstein (Hg.), Über Grenzen hinweg zu wachsender Gemeinschaft. Ökumene in der DDR in den achtziger Jahren (ÖR.B 62), Frankfurt a.M. 1991.

[32] R. Frieling, Der Weg des ökumenischen Gedankens. Eine Ökumenekunde (Zugänge zur Kirchengeschichte 10), Göttingen 1992, 352.

plinierten, gemeinwohlorientierten Administration nur in schwachen Ansätzen und in Gestalt weniger moralisch integrer Leitfiguren existieren. Es geht vor allem auch um den Zusammenbruch der kulturellen und rechtlichen Grundlagen einer freiheitlichen Rechtsordnung im Bewusstsein der Bürger, und zwar inzwischen auf beiden Seiten des früheren ‚eisernen Vorhanges‘, welche national ein zwar nicht konfliktfreies, aber doch ziviles Miteinander von Nationalitäten, Ethnien, Religionen, Überzeugungen, Bräuchen, Sprachen und auch Klassen oder Schichten ermöglicht und welche international wechselseitige Anerkennung und Abhängigkeit nach Maßgabe eines Völkerrechtes regelt, das in seinem Kern dem Schutz der Menschenrechte verpflichtet ist."[33]

In all diesem Durcheinander ist fast überall auch ein enormer Glaubens-, Werte- und Sinnverlust zu beklagen. Nicht dass es irgendwo katholischer, protestantischer oder orthodoxer würde, ist doch das Problem, sondern dass die geistige Säkularisierung immer weiter voranschreitet. Auch da, wo sich noch eine durch Tradition und Milieu getragene Volkskirche gehalten hat, bahnt sich ein Wandel an. Neue Sekten, Religionen und Weltanschauungen versuchen, diese Entwicklung auszunutzen und werden zu einer nicht zu unterschätzenden Gefahr. Und das sind nur die Probleme Europas. Weitet man den Blick, kämen noch andere hinzu: Auch in Lateinamerika, Asien und Afrika werden repressive politische Systeme bekämpft oder zu Fall gebracht. Das soziale und wirtschaftliche Gefälle zwischen Nord und Süd wächst, nationalistische Tendenzen stoßen aufeinander, die natürlichen Ressourcen werden knapper, die Umweltzerstörung nimmt zu, und Phänomene wie dem Bevölkerungswachstum oder der zunehmenden Migration ist kaum beizukommen.

Neben solchen teilweise verheerenden Entwicklungen weisen andere Herausforderungen manchmal sogar fast positive Züge auf. Das Ende des „kalten Krieges" zwischen Ost und West und die Entkrampfung des Verhältnisses zwischen den Supermächten hat wichtige Voraussetzungen dafür geschaffen, dass die Menschheit einiger werden könnte. Die Deutschen sind nach der errungenen politischen Einheit auf dem mühsamen Weg, nun auch untereinander zu einer größeren Zusammengehörigkeit zu finden. Der Prozess der europäischen Einigung schreitet voran, wobei immer deutlicher wird, dass die bisherige

---

[33] W. Lienemann, Zur Rolle der Kirchen im europäischen Chaos, in: US 47 (1992) 275f.

Konzeption Europas als eines nur auf die EG-Staaten begrenzten Wirtschaftsraumes nicht mehr zu halten ist. Europa ist weiter – geographisch und geistig! Auch außereuropäische Kulturen – wie vor allem der Islam – gehören heutzutage vielerorts schon fast selbstverständlich dazu. Die aufeinander gerückten Weltreligionen und Kulturen bedürfen dringend des gemeinsamen konstruktiven Gesprächs. Weite Felder tun sich überall auf, in denen das Zeugnis und der Dienst der Christen hilfreich und heilsam sein könnten.[34]

Und in dieser Situation heizen Kirchen nicht selten politische und ethnische Konflikte sogar noch an oder konzentrieren ihre Energien auf Lehr- und Disziplinarfragen. Hätten sie sich gemeinsam nicht dringenderen Aufgaben zuzuwenden oder angesichts dieser Herausforderungen ihre Einigung entschlossener voranzutreiben – wenigstens nicht gegeneinander zu handeln? Sicher wäre es übertrieben zu meinen, ein geeinigtes Christentum könnte die meisten Probleme lösen oder diese seien hauptsächlich Folgen der christlichen Zerwürfnisse. Ein gewisser Zusammenhang ist jedoch nicht zu leugnen: Vereint wäre die Christenheit ohne Zweifel glaubwürdiger und wirksamer als in ihrem jetzigen Zustand. Das bringt auch Johannes Paul II. zum Ausdruck, wenn er den Bischöfen der neuen deutschen Bundesländer anlässlich ihres „Ad-limina-Besuches" am 14.10.1992 u.a. sagte: „Euer Engagement im sozialen Bereich wie auch in der Militärseelsorge und auf dem schulischen Sektor sollte immer im Rahmen einer wünschenswerten Zusammenarbeit mit den evangelischen Kirchen gesehen werden. Im Bewusstsein, dass sich die katholische Kirche ebenso wie die evangelischen kirchlichen Gemeinschaften in einer Minderheitensituation befindet, müsst ihr gemeinsam die Bereitschaft zeigen, christliche Wertvorstellungen einzubringen. Die Gründung von katholischen Schulen darf nicht als ein Versuch der Konfessionalisierung betrachtet werden; das Ziel ist vielmehr, das Christentum in einer weitgehend atheistischen Umwelt erneut präsent zu machen. Im Übrigen sind katholische Schulen keineswegs anti-ökumenisch, sondern auch für sie gelten die im Dekret des II. Vatikanischen Konzils über den Ökumenismus aufgestellten Grundsätze. Haltet fest an der

---

[34] Wichtigen Herausforderungen sind z.B. folgende Publikationen gewidmet: Heft 1 des MdKI 43 (1992): „Europa und die Kirchen"; Heft 2 von Conc (D) 28 (1992): „Das neue Europa – eine Herausforderung für die Christen"; Heft 6 von Conc (D) 28 (1992): „Die Moderne auf dem Prüfstand"; Heft 4 von US 47 (1992): „Ökumene im Gärungsprozess Europas".

ökumenischen Zusammenarbeit! Die gemeinsamen Anliegen sind es wert, über momentane und lokal begrenzte Schwierigkeiten hinwegzusehen und die großen gemeinsamen Aufgaben im Auge zu behalten."[35]

5. KONKRETE ANREGUNGEN

Ökumene kann und darf nicht das Betätigungsfeld einiger weniger bleiben oder dazu werden. Alle Ebenen der Kirchen sind herausgefordert. Was könnte dabei von allgemeiner und konkreter Wichtigkeit sein? Welche Schritte wären gangbar? Welche Regeln sollte man beachten und beherzigen?[36]

1. Zunächst einmal erscheint es dringend notwendig, die schon erzielten Übereinstimmungen theologisch und kirchlich zu rezipieren, d.h. in Lehre und Leben der Kirchen umzusetzen. Da hierin kaum Erfahrungen vorhanden sind, bedarf es neuer Wege und Versuche. Vielfach sind die Dialogergebnisse auch erst in die spezifische Situation eines Landes oder Sprachraumes zu übersetzen und für breite Kreise verständlich zu machen. Das wird in manchen Gebieten Jahrzehnte in Anspruch nehmen. Man braucht sich innerkatholisch da nur die Wirkungsgeschichte des Zweiten Vatikanischen Konzils vor Augen zu halten. Neben diesen Bemühungen ist es aber auch genauso wichtig, dass die kirchlichen Verhandlungsführer und Entscheidungsträger noch stärker zur Kenntnis nehmen, was vielerorts schon möglich ist oder leidenschaftlich ersehnt wird. Auf jeden Fall muss die wachsende Kluft zwischen hochoffizieller und basisnaher Ökumene überbrückt werden.

2. Wichtig wäre sodann, möglichst viele Gläubige von der Notwendigkeit und Dringlichkeit ökumenischer Annäherung zu überzeugen. Es gibt – und da sollte man keine Illusionen haben – unter vielen Christen auch große antiökumenische Vorbehalte. Theologische Verhandlungen und Einigungsversuche hängen jedoch in der Luft oder sind zum Scheitern verurteilt, wenn die

---

[35] OR-D 22 (1992) Nr. 47, 4.
[36] Interessante Anregungen bieten z.B. P.M Gazzaniga, Sieben Grundregeln für jede Kontroverstheologie (1783), in: US 39 (1984) 2f; K. Koch, Gelähmte Ökumene, 50-54; H.-A. Raem, Sieben Schritte auf dem Weg zur Einheit der Christen. Plädoyer für einen neuen ökumenischen Optimismus, in: US 47 (1992) 177-182; B. Steinriede, Zehn Gebote für die Ökumene, in: Tag des Herrn 43 (1993) Nr. 6, 8.

Basis nicht dahintersteht. Die Unionsabschlüsse auf den Konzilien von Lyon (1274) oder von Ferrara/Florenz (1438/39) bieten dafür eindringliche Beispiele.[37] Am ehesten wird Ökumene lebendig, wenn es gelingt, auf allen Ebenen gute Kontakte herzustellen oder bestehende zu intensivieren. Noch immer kennt man sich viel zu wenig. Informationen sollten ausgetauscht und gemeinsame Veranstaltungen organisiert werden. Eigentlich müsste man – so ist es mehrfach auch schon prinzipiell erklärt worden – so viel wie möglich gemeinsam tun; davon ausgenommen sollten nur die Dinge sein, die aus Lehr- und Zweckmäßigkeitsgründen einen Alleingang erfordern.[38] Die Durchführung einer solchen Praxis wird nicht immer einfach, sondern organisatorisch sogar meistens aufwändiger sein; dazu sollte man aber bedenken, dass alles, was Christen gemeinsam tun, eine ekklesiologische Bedeutung hat. Anzustreben wäre, dass man nicht nur an der Freude, sondern auch am Leid, an Schwierigkeiten und Krisen der anderen äußerlich und innerlich Anteil nimmt. Daran würde sich eine wahrhaft ökumenische Gesinnung zeigen. Das hätte beispielsweise zur Folge, dass sich Katholiken nicht etwa selbstgefällig über angebliche Stasi-Verstrickungen der evangelischen Kirche in DDR-Zeiten oder über deren geringeren Gottesdienstbesuch äußerten und dass andererseits evangelische Christen auch nicht versuchten, aus den oft unsachlichen Mediendiskussionen um Papst, Lehramt und Zölibat konfessionellen Gewinn zu schlagen.[39] Ebenso würden manche abendländischen Christen ihre Arroganz gegenüber den angeblich so „rückständigen" Orthodoxen sicher ablegen.

3. Ökumenischen Beziehungen hilft es aber auch nicht weiter, wenn aus Höflichkeitsgründen Probleme verschleiert oder verschwiegen

[37] Vgl. z.B. H.-J. Schulz, Das Zerbrechen der Kircheneinheit zwischen Ost und West und die Versuche der Heilung, in: Handbuch der Ökumenik, hg. von H.J. Urban und H. Wagner, Bd. I, Paderborn 1985, 140-150.

[38] Dieses sogenannte „Lund-Prinzip", das 1951 bei der Weltkonferenz für Glauben und Kirchenverfassung in Lund formuliert wurde, ist 1975 auch durch die katholische Würzburger Synode aufgegriffen worden. Vgl. R. Frieling, Europa braucht Gott. Zum evangelischen Beitrag in Europa, in: B. Brenner (Hg.), Europa, 102; H.-J. Urban, Prinzipien und Betätigungsfelder, in: Handbuch der Ökumenik, hg. von H.J. Urban und H. Wagner, Bd. III/2, Paderborn 1987, 269-275. Vgl. auch den Beschluss der katholischen Dresdner Synode „Ökumene im Bereich der Gemeinde" (s. Anm. 30).

[39] Vgl. z.B. Christ in der Gegenwart 44 (1992) 387.

werden. So muss es nachdenklich stimmen, wenn Ökumene bei manchen die Assoziation von „oberflächlicher, verschwommener, harmonisierender Redeweise" auslöst. Es geht letztlich ja um die Suche nach der Wahrheit, und das erfordert eine engagierte und offene Auseinandersetzung. Dabei sollte freilich das Prinzip Geltung haben: „Einheit im Notwendigen, Freiheit im Zweifelhaften und Liebe in allem."[40] Zu einer Kultur ökumenischer Ehrlichkeit gehört außerdem – wie die Arbeitsgemeinschaft Christlicher Kirchen in Bayern jüngst in einer Erklärung formuliert hat – „vor allem, den anderen mit Achtung und Ehrfurcht zu begegnen. Es gibt eine Weise, Betroffenheit über andere und Leiden an ihnen zum Ausdruck zu bringen, dass diese von vornherein ins Unrecht gesetzt und diffamiert werden. Ökumenische Ehrlichkeit macht die eigene Position nicht zum ökumenischen Maßstab. Ökumenische Ehrlichkeit nimmt kritische Anfragen nicht zum Anlass einer Selbstprofilierung. Ökumenische Ehrlichkeit unterstellt den anderen Kirchen nicht von vornherein unlautere Motive und bedient sich auch nicht – gewollt oder ungewollt – des Beifalls der Öffentlichkeit."[41] Auch bei schwerwiegenden Spannungen sollte keine Seite den Dialog völlig abbrechen. So lange noch miteinander gesprochen wird, besteht Hoffnung, dass man sich nicht den Kopf einschlägt und vielleicht sogar eine Lösung findet. Selbst ein Streit ist, wenn er „geschwisterlich" ausgetragen wird, einem Abbruch sämtlicher Beziehungen mit eisigem Schweigen oder polemischen Verunglimpfungen vorzuziehen. Wenn Probleme auftauchen, sollte man darüber reden. Erfreulicherweise gibt es zahlreiche Beispiele, die zeigen, dass das möglich ist. Manchmal ist es auch hilfreich, wenn ein dritter – nicht direkt betroffener – Partner eine Vermittlungsrolle wahrnimmt. Letzteres hat beispielsweise die katholische Kirche in Deutschland zwischen dem Moskauer Patriarchat und den russischen Katholiken des lateinischen Ritus versucht oder die katholische Kirche in Österreich zwischen den orthodoxen und unierten Christen Rumäniens.[42] Sollte das Gespräch auch nur mit wenigen möglich sein, ist es doch

---

[40] K. Koch, Gelähmte Ökumene, 50, nennt diesen Grundsatz das „ökumenische Fundamentalprinzip".

[41] US 47 (1992) 263.

[42] Vgl. COst 47 (1992) 198; ID-OCHR 4 (1992) Nr. 8-10, 42-44.

wichtig, den Kontakt zu diesen nicht abbrechen zu lassen, um sie in ihrer Haltung zu bestärken.

4. Bedenkenswert ist schließlich auch die Vision, die Vladimir Solov'ev im Jahre 1900 in seiner Erzählung vom Antichrist entwickelt hat. Darin realisiert sich die Einheit der Christen in der Verfolgung.[43] Ebenso neigt der ökumenische Altmeister Heinrich Fries im Blick auf die Situation der Christen unter kommunistischer Herrschaft dem Wort zu: „Wo Christen leiden, wächst die Ökumene."[44] Ist dann – so legt sich die Frage nahe – in Zeiten, wo Geld und Beziehungen vorhanden sind, nicht die Selbstprofilierung der einzelnen Kirchen wahrscheinlicher oder vielleicht sogar – rein innerweltlich betrachtet – fast zwangsläufig? Aber auch solche Verhältnisse werden nicht ohne Heilschancen sein. Dabei bleibt von grundlegender Bedeutung für alle ökumenischen Bemühungen, ob sie von der Bereitschaft zu Umkehr und Buße und von einem großen Vertrauen auf die Wirksamkeit des Hl. Geistes getragen sind. „Es gibt keinen echten Ökumenismus ohne innere Bekehrung", so hat es schon das Dekret über den Ökumenismus formuliert.[45] Nur wer in der ökumenischen Bewegung auch Gott am Werk glaubt, wird Ängste verlieren und sich voller Hoffnung darin einbringen. Es wäre gut, wenn wir uns dessen öfter erinnern würden und das Gebet füreinander und für die Einigung der Christenheit (wieder) einen größeren Stellenwert bekäme.[46] Manch einer bliebe dadurch von Resignation und Verbitterung bewahrt und schöpfte neuen Mut. Und den scheint die ökumenische Bewegung unserer Tage mehr denn je zu brauchen. Allen sollte letztlich bewusst sein, dass es eigentlich gar nicht in unser Belieben gestellt ist, sich für die Einheit der Christen einzusetzen oder sich davon zu dispensieren; schließlich war es das Anliegen Jesu Christi selbst, dass alle, die an ihn glauben, eins sind.[47]

[43] Vgl. Vladimir Solov'ev, Kurze Erzählung vom Antichrist, übers. und erl. von L. Müller (Quellen und Studien zur russischen Geistesgeschichte 1), München 1986.

[44] H. Fries, Das neue Europa und die christlichen Kirchen, in: StZ 117 (1992) 746.

[45] UR 7.

[46] Vgl. J. Wanke, Ökumenisches Gebet – nur eine Verlegenheit? Überlegungen zum theologischen und pastoralen Stellenwert ökumenischer Gebetsinitiativen, in: Theologisches Jahrbuch 1990, hg. von W. Ernst u.a., Leipzig 1990, 439-448.

[47] Vgl. Joh 17,20f.

Gemeinsam von Luther lernen
Zum „Luther-Jahr" 1996

Am 18. Februar 1996 jährt sich zum 450. Mal der Todestag Martin Luthers. Aus diesem Anlass wird vielerorts seine Bedeutung für die Kirchen-, Sozial- und Geistesgeschichte gewürdigt werden. Zahlreiche Veranstalter haben ein bundesweites „Luther-Jahr" geplant. Besonders große Hoffnungen macht sich die Tourismusbranche in Sachsen-Anhalt und Thüringen. In Verbindung mit politischen und gesellschaftlichen Entscheidungsträgern versuchen Fremdenverkehrsverbände, die Erinnerung an den Reformator bestmöglich zu vermarkten. Dabei wird aus strategischen Gründen Sachsen-Anhalt regelrecht zum „Luther-Land" hochstilisiert.

Demgegenüber sind die Vorstellungen der evangelischen Kirche verhaltener. Statt von einem „Luther-Jahr" spricht sie lediglich von einem „Luther-Gedenken". Der Reformator soll nicht so sehr als „Held" gefeiert, sondern vielmehr konstruktiv und auch kritisch gewürdigt werden. Die zentralen Gedenkfeiern der EKD sind für den 16. bis 18. Februar in Eisleben geplant. Darüber hinaus wird das Todesjahr Luthers innerkirchlich, aber auch noch anderweitig vielfältige Beachtung finden. Manche Veranstaltungen sollen auch in ökumenischer Gemeinsamkeit durchgeführt werden. Dazu gehört vor allem ein für den 21. bis 23. Juni geplanter Kirchentag in Eisleben, der sowohl von der Evangelischen Kirchenprovinz Sachsen und der Evangelischen Landeskirche Anhalts als auch vom katholischen Bistum Magdeburg vorbereitet und getragen wird. Freikirchen und Juden werden ebenfalls mitwirken.

Nicht alles erfreut sich ungeteilter Zustimmung. So wird evangelischerseits durchaus die Gefahr gesehen, dass dieses Erinnerungsjahr von nichtkirchlichen Veranstaltern zu sehr vereinnahmt wird und sich darum vorwiegend in Äußerlichkeiten erschöpfen könnte. Manche Katholiken wundern oder ärgern sich darüber, wenn das Land, in dem auch sie wohnen und Verantwortung wahrnehmen, das schon Jahrhunderte vor der Reformation christlich geprägt war und heute insgesamt keine 30 Prozent Christen mehr hat, lautstark von einigen als „Luther-Land" ausgerufen wird. Andere hingegen stellen die Frage, wie es möglich sei, einen Mann wie Martin Luther, dem über Jahrhunderte vorgeworfen wurde, die abendländische Kirchenspaltung verursacht zu haben, nunmehr vielleicht auch katholischerseits zu würdigen.

1. DER WANDEL IM „LUTHER-BILD"

Verständlicherweise haben evangelische und katholische Christen bis in unsere Zeit hinein Luther fast entgegengesetzt beurteilt. Glorifizierten ihn die einen häufig als „Glaubenshelden", „Heiligen der Nation" oder „neuen Kirchenstifter", sahen die anderen in ihm den „abgefallenen Mönch" und „halsstarrigen Häretiker". Zugleich beschuldigte man sich gegenseitig, vom rechten Glauben und der wahren Kirche abgefallen zu sein. Bisweilen aber wurde Luther selbst im Protestantismus fast vergessen oder verdrängt.

Mit Beginn unseres Jahrhunderts bahnte sich zunächst im reformatorischen Raum eine neue Sicht Luthers an. Trotz aller Verehrung wurden seine Person und sein Werk jetzt realistischer bewertet und auch in ihren Grenzen und negativen Auswirkungen bedacht. Bald kamen auch katholische Forscher zu einer differenzierteren und zum Teil sogar positiven Deutung des Reformators und seiner Anliegen. Entgegen früherer Polemik setzte sich immer mehr die Erkenntnis durch, dass Luthers ursprüngliche Intention nicht die Spaltung der Kirche gewesen war, sondern deren tiefgreifende Reform an Haupt und Gliedern. Dass es dann aber doch zu jener unheilvollen Entwicklung kam, dafür tragen wohl beide Seiten die Verantwortung. Inzwischen ist die Situation eine andere. Nicht nur die Kirchen haben sich seitdem verändert, auch das gesellschaftliche Umfeld drängt zu neuen Überlegungen.

Die ökumenische Bewegung der letzten Jahrzehnte mit ihren theologischen Gesprächen und praktischen Annäherungen hat es schließlich möglich werden lassen, Luther evangelischer- wie katholischerseits gemeinsam als „Zeugen des Evangeliums, Lehrer im Glauben und Rufer zur geistlichen Erneuerung" sehen zu können. So bringt es jedenfalls schon ein Dokument zum Ausdruck, das von der Gemeinsamen Römisch-katholischen/Evangelisch-lutherischen Kommission auf Weltebene anlässlich der 500. Wiederkehr des Geburtstags von Martin Luther 1983 verfasst und von allen Mitgliedern unterzeichnet wurde.[1] Damit ist Luther für Katholiken nicht etwa sprunghaft vom Ketzer zum Heiligen geworden; er stellt aber inzwischen auch für sie eine geistliche und theologische Herausforderung

---

[1] Martin Luther – Zeuge Jesu Christi, in: Dokumente wachsender Übereinstimmung. Sämtliche Berichte und Konsenstexte interkonfessioneller Gespräche auf Weltebene, Bd. II: 1982-1990, hg. v. H. Meyer, D. Papandreou, H.J. Urban u. L. Vischer, Paderborn – Frankfurt a.M. 1992, 444-451.

dar, an der man auf dem Weg zur Einheit der getrennten Christen nicht vorbeikommt.

2. REFORMATORISCHE ANLIEGEN

Lassen sich die geschichtlichen Vorgänge auch nicht rückgängig und ungeschehen machen, so können wir die negativen Folgen der Kirchenspaltung doch wenigstens dadurch zu heilen versuchen, dass wir als katholische und evangelische Christen die positiven Anliegen der Reformation in unserer Zeit gemeinsam zum Tragen bringen.

In seiner Kritik an manchen theologischen Vorstellungen und kirchlichen Lebensformen verstand Luther sich immer als „unseres Herrn Jesu Christi unwürdiger Evangelist". Die Heilige Schrift ging ihm über alles; und auch das altkirchliche Bekenntnis zum dreieinigen Gott und zu Christi Person und Werk verstand er als verbindlichen Ausdruck der biblischen Botschaft. Inmitten der Ängste und Ungewissheiten seiner Zeit und einer persönlichen Glaubenskrise führte ihn die intensive Beschäftigung mit dem Römerbrief des Apostels Paulus zu der Erkenntnis, die als „reformatorische Entdeckung" bezeichnet wird: Die Gerechtigkeit Gottes besteht nicht darin, dass er den Sünder verurteilt, sondern dass er ihm durch Christus Barmherzigkeit schenkt. Darum brauche sich niemand mehr angesichts seines Versagens gegenüber Vorschriften und Gesetzen in Sorge um das ewige Heil zu ängstigen. Diese befreiende Botschaft von der „Rechtfertigung des Sünders durch den Glauben allein" hat fortan Luthers ganzes Denken und Handeln bestimmt und den Widerspruch seiner Gegner hervorgerufen. Heute hingegen heißt es in einer gemeinsamen katholisch-lutherischen Erklärung von 1980 („Alle unter einem Christus"): „Allein aus Gnade und im Glauben an die Heilstat Christi, nicht aufgrund unseres Verdienstes, werden wir von Gott angenommen und empfangen den Heiligen Geist, der unsere Herzen erneuert und uns befähigt und aufruft zu guten Werken."[2] Leider wurden damals Luthers geistliche Anliegen katholischerseits weder in Deutschland noch in Rom verstanden. Stattdessen verlagerten sich die Auseinandersetzungen immer mehr auf Probleme der kirch-

---

[2] Alle unter einem Christus, in: Dokumente wachsender Übereinstimmung, Bd. I: 1931-1982, Paderborn – Frankfurt a.M. ²1991, 323-328; hier: 326.

lichen Autorität und schließlich politischer Macht. Schon bald gab es kein Zurück mehr und das Unheil der Spaltung nahm seinen Lauf.

Waren die lutherischen Kirchen auch darum bemüht, Luthers theologisches und geistliches Erbe zu bewahren, so kam es im Laufe der Geschichte doch zu manchen Verkürzungen und Verzerrungen. So gab man seinen polemischen Äußerungen oft mehr Gewicht als seinem pastoralen Schrifttum, vernachlässigte infolge der Aufklärung und des Pietismus seine Hochschätzung des sakramentalen Lebens oder ignorierte auf lange Zeit seine Vorbehalte gegenüber einer Führung der Kirche durch politische Machthaber. Die römisch-katholische Kirche hingegen grenzte sich von reformatorischen Tendenzen ab und verfiel entgegengesetzten Einseitigkeiten, verwirklichte im Anschluss an das Trienter Konzil aber dennoch einiges von dem, was Luther für dringend notwendig gehalten hatte, wie die Erneuerung von Predigt und Katechese. Das Zweite Vatikanische Konzil hat schließlich noch mehr Akzente gesetzt, in denen auch Anliegen Luthers zum Ausdruck kommen; so zum Beispiel die Hervorhebung der Heiligen Schrift für die ganze Kirche, die Sicht der Kirche als „Volk Gottes", die ständige Erneuerungsbedürftigkeit der Kirche in ihrer geschichtlichen Existenz, die Heilsbedeutung des Kreuzes Jesu Christi für jeden einzelnen Christen und die ganze Kirche, das Verständnis der kirchlichen Ämter als Dienst und die Betonung des allgemeinen Priestertums. Andere Forderungen Luthers, die damals als spektakulär empfunden wurden, sind für heutige Theologie und Praxis der katholischen Kirche kein Problem mehr, wie zum Beispiel die Volkssprache im Gottesdienst oder die Möglichkeit, unter beiderlei Gestalt – Brot und Wein – zu kommunizieren.

3. ÖKUMENISCHE HERAUSFORDERUNGEN

Fast programmatisch ist das, was Kardinal Willebrands auf der Fünften Vollversammlung des Lutherischen Weltbundes über Luther gesagt hat: „Wer vermöchte heute zu leugnen, dass Martin Luther eine tief religiöse Persönlichkeit war, dass er in Ehrlichkeit und Hingabe nach der Botschaft des Evangelium forschte? Wer vermöchte zu verneinen, dass er, obwohl er die römisch-katholische Kirche und den Apostolischen Stuhl bedrängte – man darf es der Wahrheit wegen nicht verschweigen –, einen bemerkenswerten Besitz des alten katholischen Glaubens

beibehalten hat? Ja, hat nicht das Zweite Vatikanische Konzil selbst Forderungen eingelöst, die unter anderem von Martin Luther ausgesprochen worden sind und durch die nun manche Aspekte des christlichen Glaubens und Lebens besser zum Ausdruck kommen? Dies trotz aller Unterschiede auszusprechen, ist ein Grund großer Freude und Hoffnung."[3]
Bei gutem Willen wäre es evangelischen und katholischen Christen also heute möglich, gemeinsam von Luther zu lernen. Er könnte uns aufs Neue bewusst machen, dass – wie Kardinal Willebrands es auch formuliert hat – „Gott stets Herr bleiben muss und dass unsere wichtigste menschliche Antwort absolutes Vertrauen und die Anbetung Gottes zu bleiben hat".[4] Konkret hieße das, zum Beispiel Folgendes zu bedenken:

- Worum geht es uns eigentlich in all unseren Äußerungen und Aktivitäten? Wirklich um Gottes Wort? Verfallen wir – als einzelne Christen oder als Kirchen – dabei nicht manchmal auch zu sehr dem Trend der Zeit, sich selbst verwirklichen und darstellen zu wollen? Unterscheiden wir uns noch in irgendeiner Weise von anderen „Sinn- und Wohltätigkeitsanbietern"? Wo ist unsere Mitte und unser Kraftquell? Müsste Gott in unserem Denken und Tun nicht wieder deutlicher den obersten Rang bekommen?

- Angesichts der weiterhin zunehmenden Säkularisierung und Entchristlichung unseres Gebietes fragt sich mancher, wie es hier mit der Kirche überhaupt noch weitergehen wird. Kurzschlüssig könnte man darauf mit falscher Anpassung, ängstlicher Absicherung oder krampfhafter Behauptung reagieren. Die biblische Botschaft dagegen lädt uns ein, auch weiterhin alles auf Gott zu setzen und ihm unbändig zu vertrauen. Das entbindet nicht von persönlichem Engagement und notwendigen Reformen, könnte aber befreiend wirken und gelassener machen. Das Heil kommt von Gott und nicht von den Menschen.

- Auf dem Weg zur Einheit im Glauben gibt es trotz erfreulicher Fortschritte manchmal auch Irritationen durch unsachliche Verdächtigungen, selbstgerechte Intoleranz und diskriminierendes Verhalten. Die Angst, etwas zu verlieren, zu kurz zu kommen

---

[3] J. Kardinal Willebrands, Mandatum unitatis. Beiträge zur Ökumene, Paderborn 1989, 122 f.
[4] Ebd., 124.

oder übervorteilt zu werden, ist gerade in Umbruchzeiten besonders groß. Wir sollten uns davon aber nicht abschrecken lassen, sondern beharrlich und fair die Suche nach größerer Gemeinsamkeit fortsetzen. Von grundlegender Bedeutung wird aber sein, ob alle ökumenischen Bemühungen von der Bereitschaft zu Umkehr und Buße und von einem großen Vertrauen auf die Wirksamkeit des Heiligen Geistes getragen sind. „Es gibt keinen echten Ökumenismus ohne innere Bekehrung", so hat es auch das Zweite Vatikanische Konzil formuliert (UR 7).

Das „Luther-Gedenken" des Jahres 1996 sollte also kein Grund sein, die konfessionellen Spannungen zu bekräftigen oder zu vertiefen. Stattdessen könnte es uns vielmehr dazu herausfordern, diese gemeinsam ein Stück zu überwinden. Es wäre gut, wenn dabei auch das Gebet füreinander und für die Einigung der Christenheit (wieder) einen größeren Stellenwert bekäme. Manch einer bliebe dadurch von Resignation und Verbitterung bewahrt und schöpfte neuen Mut. Und den scheint die ökumenische Bewegung unserer Tage mehr denn je zu brauchen.

Für mehr Einheit unter den Christen

„Aber ich bitte nicht nur für diese hier, sondern auch für alle, die durch ihr Wort an mich glauben. Alle sollen eins sein: Wie du, Vater, in mir bist und ich in dir bin, sollen auch sie in uns sein, damit die Welt glaubt, dass du mich gesandt hast. Und ich habe ihnen die Herrlichkeit gegeben, die du mir gegeben hast; denn sie sollen eins sein, wie wir eins sind, ich in ihnen und du in mir. So sollen sie vollendet sein in der Einheit, damit die Welt erkennt, dass du mich gesandt hast und die Meinen ebenso geliebt hast wie mich." (Joh 17,20-23)

1. ERFAHRUNGEN

Am 10. und 11. März 1998 habe ich in Kassel das 50-jährige Jubiläum der ACK mitgefeiert. Vermutlich kann kaum jemand von Ihnen mit dieser Abkürzung etwas anfangen. Dahinter verbirgt sich die „Arbeitsgemeinschaft Christlicher Kirchen" in Deutschland – das ist so etwas wie ein Nationaler Christenrat. Er dient der gegenseitigen Information, der Klärung von Problemen, der Unterstützung besonderer Anliegen und vor allem dem gemeinsamen christlichen Zeugnis vor der Öffentlichkeit. Ihm gehören zur Zeit 16 Kirchen bzw. Kirchliche Gemeinschaften als Vollmitglieder an; dazu kommen noch einige Gastmitglieder und Beobachter.

Es war ein schönes Jubiläum; und doch meine ich, dass einige seiner Begleiterscheinungen ein bezeichnendes Licht auf die gesamte ökumenische Situation werfen:
- Am Festgottesdienst haben die Gemeinden der Stadt kaum Anteil genommen. Auf diesem Hintergrund kam in mir die Erinnerung an die ersten ökumenischen Gottesdienste hoch, die ich als Jugendlicher in den 1960er-Jahren – kurz nach dem Zweiten Vatikanischen Konzil – in Halle erlebt habe. Brechend volle Kirchen – Christen in Aufbruchstimmung – , und als die Vertreter der verschiedenen Konfessionen Schuldbekenntnisse als Ausdruck der Mitverantwortung für die Trennung der Christenheit ablegten, da konnte man eine Stecknadel zu Boden fallen hören. Heute hingegen sind ökumenische Gottesdienst schon so selbstverständlich geworden, dass vielerorts kaum noch jemand hingeht.

- Beim anschließenden Festakt bemerkte jemand etwas ironisch, dass die meisten Anwesenden über 50 Jahre alt seien und viele sich wahrscheinlich an diesen Geburtstag schon gar nicht mehr erinnern können. Sicher ist es so einem Jubiläum eigen, dass vor allem diejenigen eingeladen werden, die in der Vergangenheit einer solchen Gemeinschaft verbunden waren und sie geprägt haben. Und doch ist es auch ein Ausdruck dafür, dass jene Vorkämpfer und Altmeister ökumenischer Bewegung nur wenige Nachfolger gefunden haben und dass die Leidenschaft und Begeisterung des Aufbruchs einer Ermüdung und manchmal auch Resignation gewichen ist.
- Eine Rednerin warb besonders leidenschaftlich dafür, nicht im Elfenbeinturm traditioneller Ökumene zu bleiben, sondern auf die jungen Leute zuzugehen und sich noch mehr den friedensethisch, sozial und ökologisch engagierten Basisgruppen zu öffnen. Hier kommt zum Ausdruck, dass Ökumene auf sehr verschiedenen Ebenen Bedeutung haben und auch recht vielfältig sein kann: auf Kirchenleitungsebene (Begegnungen und Gespräche), auf Theologenebene (Dialoge), auf Gemeindeebene und im gesellschaftlichen Engagement bestimmter Gruppen.
- Manchmal gibt es Spannungen zwischen diesen Ebenen, weil eine der anderen voraus ist oder als Hindernis angesehen wird. Vor allem wird den Kirchenleitungen und Theologen häufig vorgehalten, dass sie immer noch problematisierten, während man an der Basis angeblich schon längst einig sei. Andererseits gibt es aber auch genügend gegenteilige Beobachtungen über Gemeinden und Gruppierungen, die sich gegen ökumenische Annäherungen sträuben und darin einen Verrat an ihrem Glauben sehen.

Schaut man auf die ökumenische Bewegung unseres Jahrhunderts und unserer Zeit, so lassen sich höchst erstaunliche und erfreuliche Entwicklungen feststellen. Gegenüber dem jahrhundertelangen Über-, Unter- und Gegeneinander der Konfessionen ist binnen kurzem ein Nebeneinander und schließlich sogar ein Miteinander geworden, das heute den meisten schon als selbstverständlich erscheint. Und doch ist noch nichts ideal; immer noch gibt es gravierende Probleme, und manchmal – vor allem bei gesellschaftlichen Veränderungen – tauchen auch neue auf. Ökumenische Erfolge bleiben ein gefährdetes Gut.
- Das zeigt sich z.B. an der sogenannten Gemeinsamen Erklärung zur Rechtfertigungslehre, die am 31. Oktober 1999 in Augsburg

unterzeichnet wurde, zuvor aber die Gemüter von Theologen und Synoden enorm bewegt hat. In dieser zentralen Kontroversfrage der Reformation war man nach 30 Jahren endlich so weit, auf kirchenamtlicher Ebene zwischen Lutherischem Weltbund und Katholischer Kirche eine Einigung zum Ausdruck zu bringen, und in diesem Moment regte sich auf einmal vor allem unter evangelischen Theologen massiver Widerstand mit antikatholischem Misstrauen.

- Das zeigt sich aber auch vor Ort in manchen Gegenden und Ländern. So glaubten wir in der DDR eigentlich recht gute Beziehungen zu den evangelischen Christen zu haben und waren erstaunt, als auf einmal infolge der Wende sonderbare Verdächtigungen und Klischees wieder auftauchten, die die ökumenische Atmosphäre gelegentlich noch bis heute belasten. So wurde die „Wende" von manchen als „protestantische Revolution" vereinnahmt und den Katholiken vorgeworfen, als „Trittbrettfahrer" dieser Entwicklung gezielt die Gunst der Stunde zu nutzen und überproportional stark in politische Ämter vorzudringen. Spannungen kamen auf, weil die Kirchen offensichtlich unterschiedlichen Parteien zuneigten. Und gelegentlich waren auch wieder historisch geprägte, aber anachronistisch anmutende Vorbehalte zu hören, so wenn z.B. irrational befürchtet wurde, dass „lutherisches Land" nunmehr von der katholischen Gegenreformation überrollt werde. Noch viel dramatischer scheint es in Ost- und Südosteuropa zu sein, wo die orthodoxen Kirchen sich bitter beklagen, dass ihre Stammlande durch extreme Missionare anderer Kirchen und Gemeinschaften heimgesucht und ihre Gläubigen angeblich abgeworben würden.
- Und schließlich scheint in Deutschland an der Basis den Kirchen manches zu entgleiten. Viele junge Leute sind ihren Konfessionen bereits entfremdet und praktizieren Einheit auf ihre Weise. Da interessiert sie wenig, was sich auf theologischer und kirchenleitender Ebene bewegt oder auch nicht. Da setzt man sich über Vorschriften und Regeln hinweg und „stimmt" – wie es heißt – „mit den Füßen ab".

Ohne diese Probleme zu bagatellisieren, könnte man das ökumenische Miteinander der Christen in unserem Land und auch darüber hinaus in einer heiteren Geschichte beschrieben sehen, die von Arthur Schopenhauer stammen soll und von Präses Kock, dem Ratsvorsitzenden der EKD beim Jubiläum in Kassel zum besten gegeben wurde: „Eine große Kälte zwang eines Tages die Stachelschweine, näher zusammenzurücken. Und sie kamen so nahe wie möglich in einem Stall zusammen, um sich gegenseitig, so gut es ging, zu wärmen. Doch je näher sie einander kamen, umso stärker spürten sie plötzlich auch ihre Stacheln. Um dem Schmerz auszuweichen, rückten sie daraufhin wieder ein Stück auseinander. Doch die erneut spürbare Kälte zwang sie, sogleich wieder die wärmende Nähe zu suchen. Sie merkten, dass sie sich gegenseitig zum Überleben brauchten. Und so ging das hin und her. Einige brachen sich dabei die Stacheln weitgehend ab und kamen sich wirklich sehr nahe. Andere versuchten trotz ihrer Stacheln, den richtigen Abstand zu finden, um sich so nah wie möglich zu sein, sich dabei aber doch nicht weh zu tun. Und so blieben sie in ständiger Bewegung, lernten sich in vielfältiger Weise hautnah kennen. Scheuerte sich hier Borstiges ab, musste doch da und dort Trennendes und Schmerzendes unter den Stachelschweinen akzeptiert werden. Mit der Zeit aber lernten sie auch manche typische Stacheligkeit achten als etwas, was zum anderen unverwechselbar dazugehörte. Und manchmal stachen sie sich sogar wach! Und manchmal war die Widerborstigkeit der einen ein hilfreicher Schutz für die, die ihre Stacheln ersatzlos abgelegt hatten und so leicht verwundbar geworden waren. Aber was die Stachelschweine auch immer gegen die Kälte unternahmen, sie taten es in einem Stall, und sie tun es bis heute liebevoll, weil sie wissen, dass der Besitzer des Stalles auf einen liebevollen Umgang miteinander großen Wert legt..."[1]

Ganz so wohlwollend wird Ökumene aber auch nicht von allen wahrgenommen. Das bringt Clemens Wilken sehr treffend zum Ausdruck, wenn er formuliert:

„Ökumene:

ein Fremdwort	— für die Gleichgültigen
ein Reizwort	— für die Festgelegten
ein Hauptwort	— für die Begeisterten
ein Zukunftswort	— für die noch nicht Resignierten
ein Phantasiewort	— für die Pragmatiker
ein Fragewort	— das Strukturen erschüttert

---

[1] Zitiert nach dem Manuskript; vgl. auch epd-Dokumentation Nr. 24/98, 14.

ein Füllwort — das als Alibi gebraucht wird
ein Trostwort — für die Verletzten
ein Leitwort — für die Suchenden
ein Kennwort — für die Eingeweihten
und eins der letzten Worte unseres Herrn: Seid eins!"[2]

2. BEGRÜNDUNGEN

Warum und wozu soll Ökumene eigentlich gut sein? Kann man nicht einfach so weiterleben wie bisher? Ist es wirklich notwendig, sich noch mehr auf die anderen Christen zuzubewegen und eine größere Einheit zu suchen? Angesichts der Bitte Jesu im Hohenpriesterlichen Gebet des Johannesevangeliums um Einheit der Glaubenden (Joh 17,22f) müssten uns diese Fragen eigentlich im Halse stecken bleiben.

Nun muss man aber ehrlich sagen, dass es in diesem Gebet nicht um die Wiedervereinigung getrennter Gruppen geht, ja dass das ganze Neue Testament uns kein Rezept für die Krankheit und die schwärende Wunde der heutigen Christenheit gibt. Dort wird uns eher vor Augen geführt, dass die Gemeinden gegenüber Irrlehrern und deren Anhängern einen klaren Trennungsstrich zogen.

Und doch setzt dieser Text für alles Suchen nach christlicher Einheit ein unübersehbares Signal. Es ist ein bewegendes Gebet Jesu in der Stunde des Abschieds, das uns besonders anspricht, weil hier auch die Einheit der Glaubenden mit der noch ungläubigen Welt in Beziehung gesetzt wird.

Welche konkreten Probleme im Hintergrund dieses Textes stehen, sind nicht zu ermitteln. Offensichtlich gab es in den betreffenden Gemeinden um die erste Jahrhundertwende Gläubige verschiedener Herkunft, konkurrierende Gruppen und innere Spannungen, durch die die Einheit infrage gestellt war. Eine neue Situation forderte ein neues Nachdenken. Und in dieser Situation greift der Evangelist ein Gebet des irdischen Jesus auf, das zugleich nachösterliche Züge trägt. In ihm sieht er Ansätze für die Bewältigung der neuen Lage. Interessanterweise werden die Glaubenden nicht moralisch zurechtgewiesen. Wenn Jesus den Vater im Himmel um Einheit bittet, dann heißt das doch schon einmal, dass deren Verwirklichung nicht in der Hand der Jünger

---

[2] Zitiert nach: Tag des Herrn 35/2 (1985) 9.

allein liegt, sondern zuerst Gabe und Geschenk von oben ist. Dieses Gebet lädt zur gläubigen Besinnung auf den tragenden Untergrund christlicher Einheit ein. Wie wird diese Einheit hier gesehen?

- Jesus bringt sie in enge Verbindung mit der Einheit zwischen dem Vater und ihm: „Sie sollen eins sein wie wir eins sind". Das Verhältnis zwischen Sohn und Vater wird hier zum Ur- und Vorbild für die Einheit der Glaubenden. So wie beide zwar verschieden, aber in gegenseitiger Liebe einander zugetan und ihrem Wesen nach eins sind, so sollte auch die Einheit der Glaubenden sein: nicht uniform, sondern vielfältig, und nicht in Über- und Unterordnung, sondern von Liebe durchdrungen.
- Und um ein zweites bittet Jesus: „Wie du, Vater, in mir bist und ich in dir bin, sollen auch sie in uns sein..." D.h. da der Vater „im Sohn" ist, werden die Glaubenden allein durch ihre Verbindung mit Christus auch in die Gemeinschaft des Vaters aufgenommen. Es geht also nicht um eine äußerliche Eintracht, sondern um eine Einheit, die in Gott gründet, aus seiner Liebe lebt und in uns „von oben" eingesenkt ist.
- Und ein drittes ist für Jesus ganz entscheidend: Die Verankerung der Glaubenden in Gott und ihre Einheit ist wichtig, „damit die Welt glaubt... (und) erkennt, dass du mich gesandt hast und die Meinen ebenso geliebt hast wie mich". Die ungläubige und Gott abgewandte Welt soll also durch die Einheit und Liebe der Glaubenden zur Erkenntnis Jesu gelangen.

Alles Bemühen um Einheit und Überzeugungskraft bleibt jedoch menschlich und unzulänglich, solange nicht die Einheit in der Gemeinschaft mit Gott und Christus erstrebt wird. In diesem Sinn ist Einheit zuallererst ein göttliches Geschenk, um das man beten muss. Sie lässt sich nicht „von unten" organisieren, sondern muss sich „von oben" einsenken – freilich in aufnahmebereite Herzen, die sich dem göttlichen Aufruf nicht verschließen.

Die Notwendigkeit tieferer christlicher Gemeinschaft ergibt sich auch aus Einsichten, die im Laufe der Zeit herangewachsen sind.

- So ist die moderne ökumenische Bewegung aus der Erfahrung entstanden, dass Mission wenig Erfolg hat, wenn Vertreter verschiedener Kirchen nebeneinander oder gegeneinander versuchen, Menschen von ihrer Richtung zu überzeugen. Die Glaubwürdigkeit der christlichen Botschaft ist durch die Spaltung zutiefst beeinträchtigt. Und das gilt nicht nur für die Missionsländer,

sondern ebenso auch für die kirchliche Situation in Europa und Nordamerika. Die konfessionelle Spaltung ist sogar zu einem großen Teil dafür mitverantwortlich, dass das Christliche und Kirchliche in unserer Gesellschaft an Bedeutung und Glaubwürdigkeit verloren haben. Für viele unserer Zeitgenossen ist es inzwischen überhaupt nicht mehr verständlich, wieso es eine gespaltene Christenheit gibt.
- Eine weitere Erkenntnis ist, dass die Spaltungen zwangsläufig zu Einseitigkeiten geführt haben. Jede der christlichen Traditionen stellte bestimmte Elemente als das für sie Spezifische heraus und distanzierte sich entsprechend von den charakteristischen Merkmalen der anderen. Um zur Fülle des christlichen Zeugnisses zurückzufinden, bedürfen die Kirchen heute der jeweils anderen Tradition. Patriarch Athenagoras soll dazu einmal gesagt haben: Er sei jederzeit bereit, nach Rom zu gehen und aus dem Kelch des Papstes die Kommunion zu empfangen. Er halte nämlich den Papst für orthodox, ebenso wie er sich selbst als katholisch verstehe, und das deswegen, weil beide evangelisch seien. Grundmerkmale von Kirche (katholisch, evangelisch und orthodox) wurden zu Begriffen, die jeweils eine Konfession für sich allein beanspruchte, um sie damit der anderen abzusprechen. Ökumene ist notwendig, damit wir unsere konfessionellen Einseitigkeiten überwinden und uns gegenseitig vermitteln, was wir in unserer jeweiligen Tradition nicht entsprechend haben festhalten können.
- Und schließlich sei auch an die vielen konfessionell gemischten Ehen erinnert, die oftmals mit ihren Problemen und Schwierigkeiten zwischen den Kirchen stehen, aber auch an manche gesellschaftliche Tragödie, die sich aus konfessionellen Gegensätzen ergibt oder mit solchen in Verbindung steht (z.B. in Nordirland, Jugoslawien oder in der Ukraine).

Aus all diesen Gründen hat sich auch unsere Kirche mit dem Zweiten Vatikanischen Konzil „unumkehrbar dazu verpflichtet, den Weg der Suche nach Ökumene einzuschlagen und damit auf den Geist des Herrn zu hören, der uns lehrt, aufmerksam die ‚Zeichen der Zeit' zu lesen"[3]. Seitdem ist immer deutlicher bewusst geworden, was uns alles mit den anderen Christen verbindet, ja dass wir im Glauben an den

3   Johannes Paul II., Enzyklika „Ut unum sint", Nr. 3.

dreifaltigen Gott und Jesus Christus, unseren Herrn und Erlöser, sowie durch die Taufe auf einem gemeinsamen Fundament stehen. Uns verbindet mehr, als was uns trennt. Das was uns trennt, geht nicht bis in die Fundamente – und reicht auch nicht bis in den Himmel, belastet aber immer noch sehr und ist nicht von heute auf morgen einfach abzuschütteln. Schließlich ist man in der Vergangenheit nicht im Streit um Bagatellen auseinandergegangen, sondern in Auseinandersetzungen um den wahren Glauben und dessen treue Weitergabe. Trotz mancher Aporien gilt es also, um die Einheit mit allen Kräften weiterzuringen. So erklärt unsere Kirche auch, „dass der Ökumenismus ... nicht bloß irgendein ‚Anhängsel' ist, das der traditionellen Tätigkeit der Kirche angefügt wird", sondern „im Gegenteil ... organisch zu ihrem Leben und Wirken" gehöre.[4]

3. ANREGUNGEN

„Gleicht euch nicht dieser Welt an, sondern wandelt euch und erneuert euer Denken, damit ihr prüfen und erkennen könnt, was der Wille Gottes ist" (Röm 12,2) Was könnte dieser Aufruf des Paulus im Blick auf die gespaltene Christenheit für uns bedeuten? Welche weltlichen Versuchungen gibt es angesichts dieser Situation?

Da gibt es zunächst die Versuchung, sich zu verschanzen und jegliche ökumenische Annäherungen abzulehnen. Man hält seine Konfession für die allein wahre Kirche und alle anderen nur für Häretiker und Schismatiker. Der einzige Weg zur Einheit wäre, dass die anderen zurückkehren. Die ökumenische Bewegung aber hält man für die größte Häresie aller Zeiten und die Glaubensdialoge für eine Aufweichung der wahren Lehre. Ökumeniker seien nur harmoniebedürftig und hätten kein Rückgrat. Oftmals verbirgt sich hinter einer solchen Haltung ein mangelndes Selbstbewusstsein. Man möchte sich nicht verunsichern lassen und hat Angst um seine Identität. Darum soll es keine Veränderung geben und alles so bleiben, wie es angeblich einmal war.

Eine zweite Versuchung ist wohl die Gleichgültigkeit. Man genügt sich selbst und merkt oftmals gar nicht mehr, wie skandalös unsere Situation ist. Das muss nicht immer schuldhaft sein. Vielen fehlen ganz einfach existenzielle Erfahrungen mit anderen Christen. Einige Völ-

[4] Ebd., Nr. 20.

ker sind konfessionell immer noch recht homogen und rechnen dies zu ihrer Identität. Wann erlebt ein katholischer Pole oder orthodoxer Grieche schon einen evangelischen Christen? Wie viele Katholiken kennt ein schwedischer Lutheraner? Ganz anders sieht es da schon für denjenigen aus, der in einem konfessionell gemischten Volk oder sogar einer konfessionsverschiedenen Ehe lebt. Oftmals verhindern einfach auch pragmatische Gründe die Aufnahme oder Entfaltung ökumenischer Beziehungen. Es erscheint unkomplizierter, alles in den üblichen Bahnen weiterlaufen zu lassen, als neue Wege zu beschreiten. Die Aufgaben in der eigenen Gemeinde und Kirche erfordern schon so viel Zeit und Kraft, dass für ökumenische Initiativen kaum noch etwas übrigbleibt. Sie werden als zusätzliche Belastung oder entbehrlicher Luxus angesehen.

Eine weitere Versuchung wäre die Resignation. Vielen erscheinen die gewaltigen Fortschritte kleiner als die immer wieder zu ertragenden Rückschläge. Mancher hat sich vielleicht engagiert, wird aber nicht damit fertig, dass eucharistische Gemeinschaft immer noch nicht möglich ist. Enttäuschung und Verbitterung, begleitet von einem zunehmenden Subjektivismus und Individualismus, führen vielfach zu konfessioneller Entwurzelung und einem Auswahlchristentum. Die Institution Kirche verliert an Bedeutung oder wird gänzlich abgelehnt; das Verständnis dafür, warum es verschiedene Kirchen gibt und warum eine Einigung nicht so einfach ist, schwindet. Eigene Empfindungen und Vorstellungen werden über alles gestellt. Andere bleiben in ihrer Kirche beheimatet, geben der Ökumene aber keine große Chance mehr. Angesichts des z.T. irrationalen Widerstandes evangelischer Theologen gegen die Gemeinsame Erklärung zur Rechtfertigungslehre frage auch ich mich manchmal, ob es überhaupt noch einen Sinn hat, sich für Ökumene zu engagieren.

Eine andere Versuchung wäre die billige Einheitslösung. Medard Kehl, ein Frankfurter Jesuit und Dogmatiker, hat das Motto eines solchen Weges jüngst einmal etwas bissig so formuliert: „Wir glauben eh so wenig; das können wir auch ruhig gemeinsam tun."[5] Hier wird die Wahrheitsfrage ausgeklammert, hier setzt man nicht mehr voraus, dass Jesus gewisse Ansprüche an seine Jünger gestellt hat, hier genügt eine diffuse Religiosität, hier reicht der banale Spruch: „Wir haben ja alle

---

[5] M. Kehl, Wohin geht die Kirche? Eine Zeitdiagnose, Freiburg – Basel – Wien 1996, 78.

nur einen Gott." Eine solche Grundlage reicht aber wohl kaum für eine Einheit von Glaubenden aus, wie Jesus sie vom Vater erbeten hat. Würde ein so vereinter Haufen die Welt zur Erkenntnis Jesu Christi führen? Was bleibt da für uns noch als positiver Weg?

- Den eigenen Glauben vertiefen und katholischer werden. Bei einem Podium wurden Ökumeniker gefragt, was ihnen ihr Engagement gebracht habe. Die meisten antworteten, sie seien jetzt bessere Lutheraner, Orthodoxe oder Katholiken geworden. Damit meinten sie nicht, enger, sondern vielmehr weiter und tiefer geworden zu sein. Ich bin davon überzeugt, dass wir den christlichen Glauben wirkungsvoll und auf Dauer in dieser Welt nur in konfessioneller Gestalt weitergeben können. Anderes hat keinen Bestand und wird nicht überleben. Es wäre aber durchaus denkbar, dass diese Lebenswelten eines Tages einmal versöhnt sind und das Christentum sich als eine Kirche in legitimer Vielfalt versteht.

- Und darauf gilt es mit allen Kräften zuzugehen und nicht nachzulassen. Dazu gehören Nüchternheit und Realismus, aber vor allem ein großes Vertrauen darauf, dass Gott uns diese Einheit schenkt. Wer sein ökumenisches Engagement lediglich auf Gefühle setzt, kann manchmal schnell am Ende sein. Wer sich aber immer wieder vor Augen hält, dass die Spaltung kein Schönheitsfehler, sondern ein Skandal ist, und die Anhänger Jesu einig sein sollten, damit die Welt glaubt, dem wird ökumenisches Bemühen in Fleisch und Blut übergehen. Eine gewisse Aporie besteht darin, dass es eigentlich dabei kein Zurück mehr gibt, dass andererseits aber auch nicht klar ist, worauf wir zugehen und wie diese Einheit einmal konkret aussehen könnte.

- Auf dem Weg dorthin bleiben Spannungen nicht aus. Manchmal hat man den Eindruck einer Wüstenwanderung: man sehnt sich nach den Fleischtöpfen Ägyptens zurück; man ist versucht, sich irgendwo vorher schon niederzulassen und billigere Lösungen zu suchen; man macht sich eigene Götter. Hier gilt es, sein Vertrauen ganz auf Gott zu setzen und immer wieder auch ihn zu bitten, uns auf dem Weg zur Einheit voranzubringen. Wir aber sollten das wahrnehmen, was möglich ist, und uns nicht davon frustrieren lassen, was noch nicht möglich ist. Nur wer dabei einen tiefen Glauben hat, wird nicht verbittern oder resignieren. Auf diese Weise könnten wir zu einem Hoffnungszeichen für die Welt werden.

„Pax optima rerum – Der Friede ist das Beste der Dinge"
Der Dreißigjährige Krieg und die Option
für einen konfessionellen Frieden

I. Der Verlauf des Dreißigjährigen Krieges – ein Überblick

Bekannt ist die banale Frage, wie lange der Dreißigjährige Krieg dauerte. Genau betrachtet ist sie keineswegs so banal. Eine logisch zwingende Einheit bilden die Ereignisse und Entwicklungen zwischen dem Prager Fenstersturz 1618 und dem Westfälischen Frieden 1648 nämlich nicht. Dieser Zeitraum zerfällt in mindestens 13 Kriege und 10 Friedensschlüsse. Die gegnerischen Mächte oder Mächtegruppen veränderten sich in diesen Jahren ebenso wie ihre Ziele. Zum „Dreißigjährigen Krieg" sind die verwirrend unübersichtlichen und disparaten Handlungsstränge erst durch gedankliche Verknüpfungen zeitgenössischer Beobachter und analysierender Historiker geworden.

Der Sammelbegriff „Dreißigjähriger Krieg" ist seit 1648 nachweisbar. Er bezeichnet die militärischen Konflikte, die in Mitteleuropa 1618 - 1648 nacheinander ausgetragen worden sind. Bis zum Zweiten Weltkrieg galt er als die schwerste politische Katastrophe der deutschen Geschichte. Er war jedoch in seinen Voraussetzungen, seinem Ablauf und seinen Folgen ein nicht nur mittel-, sondern gesamteuropäisches Ereignis. Im 16. und 17. Jahrhundert gab es in Europa auch andere Kriegsperioden mit ähnlich verheerenden Folgen, und es verging kaum ein Jahr ohne irgendeinen Krieg. Dennoch bleibt der Dreißigjährige Krieg in vielerlei Hinsicht sehr bedeutsam: Nie zuvor hatten so große Heere so lange Zeit hindurch miteinander gekämpft; nie zuvor waren fast alle außerdeutschen Staaten (teils gleichzeitig, teils nacheinander) in das deutsche Kriegsgeschehen direkt oder indirekt verwickelt; und die den Krieg in Deutschland beendenden Friedensschlüsse von 1648 erlangten für die europäische Staatenwelt fundamentale Bedeutung. Daher bleibt der Begriff „Dreißigjähriger Krieg" auch als europäischer Epochenbegriff nützlich. Auch die herkömmliche Einteilung in die vier Phasen 1618–1623, 1623–1629, 1630–1635, 1635–1648 behält Wert, sofern man sich des erheblichen Unterschieds der ersten drei Phasen von der vierten bewusst ist: Bis 1635 war der Krieg ein Ereignis der deutschen Geschichte – im europäischen Kontext – und ist als solcher darstellbar, danach aber nicht mehr; in der vierten Phase war das Kriegführen in Deutschland nur ein Teil der gesamteuropäischen Staatengeschichte.

Im Folgenden soll anhand der traditionellen Einteilung die Geschichte dieses Kriegsgeschehens dargestellt werden. Mehr als ein pointierter Überblick können die folgenden Ausführungen nicht sein.

1. VORGESCHICHTE

Der Dreißigjährige Krieg hat viele Ursachen, deren Schilderung rein zeitlich nicht möglich ist. Eine Vorgeschichte ist symptomatisch für die damaligen Verhältnisse, und sie beginnt bereits 1607. Im deutschen Südwesten gab es ein enges Nebeneinander verschiedenster Konfessionen. Eine Prozession aus der Abtei Heiligkreuz durch die protestantische Stadt Donauwörth wurde am Markustag 1606 gestört. Daraufhin wurde Maximilian von Bayern vom Kaiser beauftragt, die Katholiken zu schützen. Über die Stadt wurde die Reichsacht verhängt, und da sie Genugtuung verweigerte, besetzte der bayerische Herzog sie 1607 und erhielt sie vom Kaiser zum Pfand. Auf dem Reichstag zu Regensburg 1608 kamen die Vorgänge zur Sprache. Ohne eine Einigung zu erzielen, verließen die evangelischen Stände aus Protest den Reichstag.

Wenige Wochen später trafen sich der calvinistische Kurfürst von der Pfalz mit evangelischen Fürsten und 17 Reichsstädten, und es kam zum Abschluss eines Bündnisses, der sogenannten Union. Abkommen mit England, Holland und Schweden wurden geschlossen.

Ein Jahr später, 1609, wurde ein Gegenbündnis, die Liga, unter Führung des bayerischen Herzogs Maximilian zur Verteidigung des Landfriedens und zum Schutz der katholischen Religion abgeschlossen. Bayern, die meisten katholischen geistlichen und weltlichen Reichsstände Süddeutschlands, ferner die Kurfürsten von Köln, Mainz und Trier traten dem Bündnis bei. Die Liga schloss ein Bündnis mit Spanien.

Dass es anlässlich des Jülich-Cleveschen Erbfolgestreites noch nicht zur militärischen Konfrontation kam, hat zwei Ursachen: einmal lähmte der „Bruderzwist im Hause Habsburg" (Matthias und Ferdinand von Steiermark gegen Rudolf) die kaiserlich-katholische Partei, zum anderen brach der Plan eines großen antihabsburgischen Krieges, den der französische König Heinrich IV. zu entfesseln gedachte, durch seine Ermordung (1610) zusammen. So verfolgten die Parteien zunächst ihre eigenen Interessen: Matthias erreichte 1612 die Absetzung

Rudolfs und trat die Nachfolge im Kaisertum an. Der Erbstreit wurde schließlich 1614 beigelegt.

Die gefährliche Spannung blieb bestehen. Der Anlass für offene Feindseligkeiten bot sich wenige Jahre später. Die Fronten waren klar, die Bündnisse aufmarschiert und bereits zu diesem Zeitpunkt deutet sich an, wie ein Krieg verlaufen würde.

2. DER BÖHMISCH-PFÄLZISCHE KRIEG 1618–1623

Auslösender Faktor der bewaffneten Auseinandersetzung wurde die Krise in Böhmen. Die Notlage Rudolfs II. während des Bruderzwistes ausnutzend, hatten die böhmischen Stände dem Kaiser 1609 den „Majestätsbrief" abgetrotzt, der den Protestanten weitreichende Zugeständnisse machte und Gewissensfreiheit, Toleranz und Frieden zwischen den Religionsparteien begründen sollte. Stattdessen wurde er infolge unterschiedlicher Interpretationen des Textes zum eigentlichen Anlass des Krieges. Als Ferdinand von Steiermark, designierter Nachfolger Matthias' und seit 1617 König von Böhmen, gegenreformatorische Maßnahmen einleitete und auf Proteste schroff reagierte, schritten die böhmischen Stände zur offenen Rebellion, warfen einige kaiserliche Beamte aus dem Fenster der Prager Burg (23. Mai 1618), bildeten eine provisorische Revolutionsregierung, vertrieben die Jesuiten und stellten ein Heer auf. Der Gründung eines böhmischen Bundes mit ständischer Verfassung, der mit den oppositionellen Ständen Nieder- und Oberösterreichs in Verbindung trat, folgte die Absetzung Ferdinands und die Wahl des calvinistischen Friedrich V. von der Pfalz zum König von Böhmen am 27. August 1619. Ferdinand, einen Tag später in Frankfurt zum Kaiser gewählt, nahm die Herausforderung an. Er verbündete sich mit Bayern und Sachsen und erreichte eine Neutralitätserklärung der verängstigten Union.

Als am 8. November 1620 westlich von Prag am Weißen Berg die Hauptschlacht durch den Liga-Feldherrn Tilly geschlagen wurde, war das katholische Heer den böhmischen Truppen weit überlegen. Nach wenigen Stunden waren Schlacht und Feldzug mit dem Sieg der Liga entschieden. Die böhmische Armee löste sich auf. An eine Verteidigung Prags war nicht mehr zu denken.

Schließlich löste sich die Union 1621 auf und die Kurpfalz wurde erobert. Friedrich V. musste sein gewagtes Engagement in Böhmen teuer bezahlen. Er verlor die Oberpfalz und die Kurwürde an Maximilian I. von Bayern (1623) und starb geächtet im holländischen Exil. Die Pfalz wurde von den spanischen Truppen erobert und rekatholisiert.

3. DER DÄNISCH-NIEDERSÄCHSISCHE KRIEG 1623–1629

Übergriffe des Liga-Heeres auf norddeutsches Gebiet führten zur Ausweitung des Krieges und zum Eingreifen des dänischen Königs Christian IV., der aber von Tilly und dem kaiserlichen Feldherrn Wallenstein wiederholt besiegt wurde. Wallenstein unterwarf ganz Norddeutschland (außer Stralsund) und zwang Christian im Frieden von Lübeck 1629 zum Verzicht auf jede weitere Einmischung in Deutschland. Wallenstein hatte in dieser Kriegsphase das Kontributionssystem eingeführt, das für die Nachwelt das Bild des Krieges prägte. Dabei wurden feindliche, neutrale, verbündete und auch eigene Lande gezwungen, die Kriegsführung zu finanzieren.

Die politisch-konfessionellen Konsequenzen aus der militärischen Situation zog das kaiserliche Restitutionsedikt (1629): Es befahl die Herausgabe aller seit 1552 säkularisierten Gebiete (darunter zwei Erzbistümer und 12 Bistümer) und drohte militärische Sanktionen an. In eindeutiger Weise dokumentierte das Edikt den Höhepunkt der auf Wallensteins Heer gestützten kaiserlich-katholischen Machtstellung und legte in der Tat „die Axt an die Wurzeln der Reformation" (Ranke).

Die überragende Position des Kaisers rief drei Gegner auf den Plan, zuerst die deutschen Reichsfürsten, die, ob katholisch oder protestantisch, eine Reichsreform in absolutistischem Sinne befürchteten und ihre Freiheit unter allen Umständen zu verteidigen bereit waren. 1630 erzwangen die Kurfürsten unter Führung Bayerns die Entlassung Wallensteins und stellten so die militärisch-politische Abhängigkeit Ferdinands von der Liga wieder her. Zweitens nahm Richelieu, seit 1624 Minister Ludwigs XIII., die traditionelle antihabsburgische Politik Frankreichs verstärkt wieder auf. Drittens trat ein weiterer Gegner auf den Plan, König Gustav Adolf II. von Schweden, der im Sommer 1630 in Pommern gelandet war.

4. DER SCHWEDISCHE KRIEG 1630–1635

Mit der Entlassung Wallensteins trat für die Kaiserlichen der wohl bedeutendste Gegner auf den Plan, der Schwedenkönig Gustav Adolf (1611-1632). Ob Gustav Adolf überwiegend aus schwedischen Großmachtinteressen oder mehr zur Rettung des deutschen Protestantismus handelte, ist ein alter Streit. Heute liegen die Antworten mehr auf der mittleren Linie: Man betont die Bedeutung der politisch-ökonomischen Expansionstendenzen Schwedens und die nicht geringe Rolle der konfessionspolitischen Motive des Herrschers. Beide Motive scheinen so in der Person des Königs verknüpft, dass sie kaum voneinander getrennt werden können. Von Frankreich erhielt Gustav Adolf jährlich Hilfsgelder, und offiziell wurde davon gesprochen, die bedrohten evangelischen Interessen zu schützen.

Tilly, der nach der Entlassung Wallensteins als kaiserlicher Feldherr die Truppen des Kaisers und der Liga führte, eroberte am 20. Mai 1631 Magdeburg. 20.000 Menschen haben in diesem Inferno den Tod gefunden. „Magdeburgisieren" nannte man fortan sarkastisch das sinnlose Zerstören. Schon im September 1631 wurde Tilly bei Breitenfeld durch Gustav Adolf geschlagen. Damit war der Weg in die Länder der Liga für den Schweden frei. Gustav Adolf zog zunächst nach Thüringen, wo er am 2. Oktober 1631 Erfurt zur zentralen schwedischen Bastion in Deutschland machte. Tilly wurde schließlich 1632 bei Rain am Lech tödlich verwundet, und München wurde besetzt und verwüstet.

Wallenstein, der 1632 zurückgerufen wurde, konnte keine Wende herbeiführen, obwohl die Lage nach der Schlacht bei Lützen am 16. November 1632, in der Gustav Adolf fiel und die unentschieden ausging, günstig gewesen wäre. Die Nachricht vom Tod ihres Mannes erhielt Gustav Adolfs Frau in Erfurt, wo sie in der „Hohen Lilie" untergebracht war. Der Versuch Wallensteins, Geheimverhandlungen mit Schweden, Brandenburg und Sachsen wegen einer selbständigen Ausgleichspolitik zu führen, brachte ihm den Verdacht des Hochverrats ein. Wallenstein wurde am 16.11.1634 in Eger ermordet.

Im gleichen Jahr gelang den vereinigten kaiserlichen-spanischen Truppen bei Nördlingen der Sieg über die Schweden. Am 30. Mai 1635 wurde der Separatfrieden von Prag zwischen Kaiser und Sachsen geschlossen, dem sich die meisten Reichsstände anschlossen. Zwar neigten die Schweden ebenfalls zum Frieden, doch wurden sie durch Richelieu in ihrem Widerstand gegen den Kaiser bestärkt. Entgegen

5. DER EUROPÄISCHE KRIEG IN DEUTSCHLAND 1635–1648

In seinem an Ludwig XIII. gerichteten politischen Testament schrieb Richelieu: Nachdem „Sie zehn Jahre hindurch alle Kräfte der Feinde Ihres Staates durch die Ihrer Alliierten gebunden haben, indem Sie die Hand an den Geldbeutel und nicht an die Waffen legten, war nun der Augenblick gekommen, in den offenen Kampf einzutreten, als Ihre Verbündeten sich nicht mehr allein halten konnten". Frankreich hatte mit allen Gegnern Habsburgs Bündnisse geschlossen (Holland, Schweden, Savoyen, Mantua, Parma). So kam es zunächst zu Siegen der Schweden über die Kaiserlichen (1636, 1638, 1642, 1645), nach einem Sieg über die Franzosen (1645) wiederum zu einer Niederlage der Kaiserlichen durch die Franzosen (1645) und schließlich zu einem Sieg der vereinten Franzosen und Schweden über die Kaiserlichen.

Die letzten dreizehn Kriegsjahre lassen große strategische Pläne nicht mehr erkennen. Die Auseinandersetzung löste sich in zahlreiche Einzelaktionen auf. Festzuhalten bleibt lediglich, dass in dem habsburgisch-bourbonischen Ringen um die Hegemonialstellung und dem schwedischen Kampf um die Ostseemacht und Kriegsentschädigung die Reichsstände das Gesetz des Handelns fast vollständig verloren. So lässt sich wohl richtig festhalten, dass man „in Deutschland kaum noch wusste, worum es in diesem Krieg ging" (Zeeden).

Es erstaunt, mit welcher Härte die Kriegsparteien bis zum Eintreffen der Friedensnachricht kämpften. Bis zuletzt gab es kein Nachlassen der Kampfanstrengungen, ungeachtet der Erschöpfung der Menschen, zu deren Lasten gekämpft wurde. Die 1644 begonnenen Verhandlungen des Kaisers und der Reichsstände mit Frankreich in Münster und mit Schweden in Osnabrück endeten mit dem Westfälischen Frieden vom 24. Oktober 1648, der in Münster von allen Parteien unterzeichnet wurde.

II. War der Dreißigjährige Krieg ein Religionskrieg?

Mit der Frage, ob die Kriegshandlungen zwischen dem Prager Fenstersturz 1618 und dem Westfälischen Frieden von 1648 einen religiös motivierten Hintergrund hatten, stellt sich grundsätzlich die Frage nach dem Verhältnis von Religion und Politik in der frühen Neuzeit. Die Debatte um die wahren Hintergründe des Krieges begann schon im Dreißigjährigen Krieg. War es ein Wiedererstarken des Religionskrieges in Form des Heiligen Krieges, dem Kampf der Rechtgläubigen gegen Ungläubige und Häretiker unter dem Beistand Gottes oder sollten konfessionelle Bündnisse und Verpflichtungen nur die wahren Interessen einer europäischen Hegemonialpolitik kaschieren? Bezweifelt man die religiösen Motive der Kriegsgegner im Vorfeld und im Verlauf des Krieges, unterstellt man einen Säkularismus, der so noch lange nicht vorherrschte. Ebenso wird man weder der stark religiösen Komponente im Handeln der Herrscher und Volksgruppen gerecht, noch würdigt man die stützende, organisatorische und konsolidierende Rolle der Religion bei der frühneuzeitlichen Staatenentstehung.

Die Ausführungen Johannes Burkhardts machen deutlich, dass sich mit dem Fortgang des Krieges sein Charakter vom interkonfessionellen zu einem innerkonfessionellen Religionskrieg um die katholische Vormachtstellung in Europa veränderte, der auf seinem Höhepunkt als Heiliger Krieg geführt wurde. In einer vielfältig und eng verwickelten Verbindung von Religion und Politik musste nicht jeder konfessionspolitische Widerspruch rein säkularer Natur sein. Politik und Religion verbanden sich in der frühen Neuzeit zu einer symbiotischen Einheit, in der beide Seiten sich wechselseitig beeinflussten.

In der Darstellung der Ursachen des Krieges zwischen 1618 und 1648 ist eine Kriegsursache noch nicht ausreichend beachtet worden, die vom Termin her jedoch kaum zu übersehen ist. Im Oktober des Jahres 1617 wiederholte sich zum hundertsten Mal der Thesenanschlag Martin Luthers, der mit einem protestantischen Jubiläum deutschlandweit begangen werden sollte. Die katholische Antwort aus Rom ließ nicht lange auf sich warten und so feierte man in demselben Jahr ein Sonderjubiläum zur „Ausrottung der Ketzereien", dass vielerorts synchron begangen wurde. Zählt man eins und eins zusammen, verwundert es nicht, dass durch die gefeierten Jubiläen alte Feindbilder und Ressentiments zwischen den Konfessionen wieder Hochkonjunktur hatten. Flugblätter mit militanten und polemischen Bildmotiven erschienen in hoher Auflage und standen denen aus der Reformationszeit in nichts nach, teilweise fanden die alten Druckstöcke noch einmal Verwendung. In den Flugblattsammlungen gehen die Jubelblätter, die Blätter gegen die Militanz von Papsttum und Jesuitenorden und die ersten Kriegsblätter fließend ineinander über. Ein zweiter wichtiger Höhepunkt des konfessionell stilisierten Krieges wurde von einem Kirchenjubiläum gesäumt. Das Jubiläum der Confessio Augustana am 25. Juni 1630 lag nicht nur mitten im Krieg, sondern wurde auch zu einer Zeit begangen, in der die evangelische Kirche durch den Erfolg der katholischen Liga großer Bedrängnis durch die Gegenreformation ausgesetzt war. In dieser Existenzkrise wurde der in Stralsund gelandete Schwedenkönig Gustav Adolf zum evangelischen Glaubenshelden stilisiert und auf Bildern und Epitheta direkt neben Martin Luther positioniert. Wenn unter den verschiedenen Formen, in denen Gustav Adolf im Reich präsentiert wurde, die konfessionelle Lesart die größte Akzeptanz fand, dann hat das Kirchenjubiläum von 1630 zweifellos dazu beigetragen. Die Jubiläumspamphletisten beider Konfessionen bedienten sich eines Arsenals religionspolitischer Polemik, das sich seit 1517 angesammelt hatte. Diese konfessionell-militante Kultur, die weit vor dem Krieg entstanden war und ihn überdauerte, gehörte zweifellos zu den kriegsbegünstigenden und verlängernden Rahmenbedingungen.

Beginnen hatte dies schon mit der Gregorianischen Kalenderreform von 1582, die zehn Tage übersprang. Für Lutheraner und Calvinisten, die die aus Rom kommende Reform nicht anerkannten, ging der Kalender zehn Tage nach und leistete damit jeden Tag einen Beitrag, um den konfessionellen Unterschied präsent zu halten.

Neben dem Papsttum und dem wegen seiner konfessionspolitischen Absichten misstrauisch beobachteten Habsburg wurde der Jesuitenorden zum Hauptfeind der Protestanten, da er die Gegenreformation vorantrieb:

„Trau keinem Papst auf gegeben Geleit
und kei`m Spanier auf sein` Eid
kei`m Jesuiten auf sein Gewissen
Du wirst von allen dreyen beschissen."

Die Jesuiten wurden der Kriegstreiberei bezichtigt und vielerorts vertrieben, da ihre Einflussnahme an deutschen Höfen den Protestanten suspekt blieb. Ein konfessionspolitischer Aha-Effekt musste sich einstellen, als an den Höfen von Kaiser Ferdinand II. und dem Ligaführer Maximilian I., die jeweils selbst das Jesuitische Bildungswesen durchlaufen hatten, die Jesuitenpatres Lamormaini und Contzen als Beichtväter und geistliche Ratgeber wirkten. Tatsächlich trafen sich die Jesuitenpatres im Vorfeld von Verhandlungen, um die katholische Aktionseinheit zu besprechen.

Darüber hinaus ist der kriegsbegünstigende Effekt des konfessionellen Aktivismus auf beiden Seiten nicht zu übersehen. Neben demonstrativen Prozessionen mit Pauken und Trompeten gehörten Gewaltmaßnahmen, Zwangsbekehrungen und Ausrottungsforderungen zum Repertoire aller Konfessionen. Die religiöse Überhöhung des Krieges als Krieg gegen die Heiden und Konfessionsfeinde durchzog das Denken konsequent und fand sich beispielsweise in Jesuitendramen, in denen im Namen Gottes gestritten wird und die himmlischen Heerscharen in den Dreißigjährigen Krieg eingreifen. War Gustav Adolf zum von Gott gesandten evangelischen Glaubenshelden stilisiert worden, so versicherte man sich auf katholischer Seite der Hilfe der Gottesmutter. Anknüpfend an den Beistand Marias beim Krieg gegen die Türken, trugen die Soldaten der Liga in der Schlacht auf dem Weißen Berg die Marienbanner vor sich her und gewannen so unverhofft, wohl auch weil die Feldprediger sie stärker motivieren konnten.

Diese in den Alltag hineinreichende konfessionelle Komponente muss auch bei den Herrschenden in Rechnung gestellt werden. Vor allem die beiden katholischen Führer Kaiser Ferdinand II. und der Ligaführer Maximilian I., die sich beide geradezu als Personifizierung der Gegenreformation verstanden, erhofften sich von ihrer Bekämpfung des Protestantismus einen religiösen Verdienst. Der gemeinsame Glaubens- und Bildungshintergrund sowie die konfessionspolitischen Interessen haben das Bündnis von Kaiser und Ligaführer lange Zeit stabilisiert. Auch die Gegenseite verfügte über Persönlichkeiten, die sich als konfessionspolitische Vorkämpfer verstanden, im Besonderen Friedrich V. und Gustav Adolf.

Religiös-konfessionelle Anleihen sind in den persönlichen Motiven fast aller Herrscher dieses Krieges unverkennbar.

Auf diesem Hintergrund erscheinen Forderungen, den Krieg als reinen Machtkampf anstatt als Religionskrieg zu begreifen wenig überzeugend. Auch eine Unterscheidung in religiös motivierte Massen und an politischen und wirtschaftlichen Machtzuwächsen interessierte Herrscher beschreibt die Situation nicht ausreichend, steht ihr doch der zweifellos fromme und konfessionell engagierte Kaiser Ferdinand II. gegenüber. Gleichwohl hat der katholische Feldherr Tilly verschiedentlich dementiert, dass er die evangelische Religion mit Gewalt unterdrücken wolle. Der Schwedenkönig Gustav Adolf taktierte auf verschiedenen Ebenen. In Deutschland und Schweden ließ er sich als Glaubensheld feiern, im verbündeten Frankreich und in Rom propagierte er, dass er keinen Religionskrieg führe, sondern Habsburg nur aus politischen Absichten bekämpfe.

In die katholische und protestantische Geschichtsschreibung ist der Dreißigjährige Krieg als ein Krieg eingegangen, bei dem es sich nicht ausschließlich, aber doch wesentlich um einen Religionskrieg gehandelt hat. Protestantische Akzentuierungen sehen ihn als Krieg im Zeichen der Antireformation, in katholischer Sicht wird er entweder als Krieg gesehen, der den Heiligen Krieg ablöste, also ein Religionskrieg neuen Typs, wie ihn Konrad Repgen bezeichnet, oder dass der Dreißigjährige Krieg auf seinem Höhepunkt selbst noch mal als ein „Heiliger Krieg" geführt wurde in dem Bewusstsein, in Gottes Auftrag und Beistand gegen Ungläubige und Häretiker zu kämpfen. Die Überlieferung als Religionskrieg, verstärkt um Akzente des Jubiläums und der religiösen Rahmenbedingungen bleibt ein ernst zu nehmendes Interpretationsmodell.

Das Verständnis des Dreißigjährigen Krieges als Religionskrieg verwickelt sich jedoch auch in einige Probleme. Das Bündnisverhalten der Kriegsgegner ließ es an konfessioneller Folgerichtigkeit fehlen. In den Bündnissen blieben gerade der Kaiser und Kursachsen draußen und tatsächlich kämpften nicht zwei, sondern drei Konfessionen gegeneinander, so dass die reichszugelassenen Lutheraner bald mit den Calvinisten, bald mit den Katholiken Bündnisse eingingen. Gleichzeitig wurden die konfessionspolitischen Zielsetzungen von allen Parteien in beträchtlichem Umfang weiter betrieben, so dass man nicht von einer Säkularisierung des Krieges sprechen kann.

Hingegen gilt das Eingreifen des katholischen Frankreichs in den Krieg 1635 auf der konfessionell „verkehrten" Seite als eine Wende des Krieges, in der er seinen Charakter als Religionskrieg ablegte. Ebenso hatte die interkonfessionelle Lesart ihre Grenzen, wenn zum Beispiel in katholischen Gegenden oder sogar Klöstern die Tugenden der schwedischen Offiziere und selbst Gustav Adolfs gepriesen wurden und die heterogenen katholischen Truppen so enttäuschten, dass man bald nicht mehr wusste, wer Freund und wer Feind war. Festzuhalten bleibt, dass unbeschadet der religiösen Motive und Legitimationen die konfessionelle Lagerbildung im Dreißigjährigen Krieg zu keiner Zeit konsequent erscheint.

Das verweist auf den Faktor Politik zurück. Anhand der vorgelegten Argumente kann man bezweifeln, dass der Religionskrieg einfach vom Staatenkrieg überholt wurde und die Staatsräson über die Konfession triumphierte. Tatsächlich stehen sich in der frühen Neuzeit Religion und Politik nicht widersprüchlich gegenüber. Im Gegenteil, Politik und Religion, Staat und Kirche waren auf vielfältige Weise miteinander verzahnt. Die werdenden Staaten wählten aus dem Angebot an Konfessionen eine zur Identitätsverstärkung aus und betrieben mit der Kirchenverfassung die soziale Disziplinierung der Untertanen. Gerade der noch unfertige Staat der Frühen Neuzeit war zur Legitimierung und Organisation auf die Hilfe der Religion angewiesen. Nicht nur der Staat war als Konfessionsstaat angetreten, sondern auch die Herrscher. Die Verbindung der beiden Gewalten, die sich gegenseitig stützten, erreichte im Dreißigjährigen Krieg einen Höhepunkt. An den Höfen der beiden katholischen Vorkämpfer der Gegenreformation, Kaiser Ferdinand II. und Maximilian I., formte sich eine Symbiose von Staat und Kirche. Das Herrscheramt selbst war von Gott gegeben und so wurde die Politik religiös durchdrungen, was eine Priorität von politischen vor konfessionellen Motiven schwer nachweisbar macht, da auch jede Frömmigkeitsübung des Kaisers eine öffentlich-repräsentative Komponente hatte. Weit verbreitet war die Auffassung, dass aus der Standhaftigkeit in konfessionspolitischen Fragen ein irdischer politischer Erfolg resultieren müsse. So erhob beispielsweise die spanische Monarchie Religion zur Staatssache und erhoffte sich aufgrund ihrer besonderen Katholizität einen beständigen Schutz Gottes.

Das Verhältnis zwischen Religion und Politik war und blieb sehr eng und entwickelte sich weiter fort. So zeigt sich am Augsburger Kalenderstreit, dass die deutschen Herrscher sich mehr und mehr vom Papst emanzipierten und sich allein Gott und nicht seinem Stellvertreter auf Erden zu Dank verpflichtet fühlten. Ebenso war das Reformationsjubiläum kein rein religiöser Bekenntnisakt. Weder war es Ergebnis eines innerkirchlichen Willensbildungsprozesses noch ein spontaner Akt, sondern die Anordnung des Landesherrn von Kursachsen, der damit ein Vorbild für ganz Deutschland geben wollte. Gleiches gilt für eine Aktion der reformatorischen Kurpfalz, die mit einem eigenen Reformationsjubiläum die politische Aktionseinheit der Protestanten zu stärken versuchte. Am Beispiel der Jubiläen verdeutlicht sich die Möglichkeit der disziplinierenden Homogenisierung einer Volksmasse durch Konfessionalisierung. Neben der festlichen Selbstvergewisserung des Bekenntnisses war das Jubiläum auch ein Repräsentationsfest des konfessionellen Fürstenstaates. In dem Jubiläum fanden sich am Vorabend des Dreißigjährigen Krieges der Konfessions- und Staatsbildungsprozess zu einer Identitätsfeier des frühmodernen Konfessionsstaates zusammen.

Mit der wirkmächtigen Identitätsbekundung von Staat und Konfession verband sich aber ein schwer lösbares Problem. Wenn auch die entstehenden Staaten der Frühen Neuzeit auf die Legitimation und Organisation der Religion angewiesen waren, so handelten sie sich gleichzeitig das Problem der strukturellen Intoleranz ein. Was den Staat und die Religion nach innen festigte, machte ihn nach außen aggressiv. Dies war der Entstehungsgrund für den Religionskrieg. So wie einige Staaten den Anspruch hatten Universalmacht zu sein, reklamierten alle drei Konfessionen jeweils das Erbe der christlichen Kirche für sich allein. Mehrere Konfessionen schienen ebenso inakzeptabel wie mehrere Monarchen. Die universelle Verbindung von Religion und Politik hatte ihr Vorbild in der einen ursprünglichen Christenheit, die Europa politisch und konfessionell geeint hatte. Die werdenden Staaten schleppten den religiösen Universalanspruch ihrer Konfessionen als Altlast mit sich umher, der sich besonders in den außenpolitischen Feindbildern ausdrückte.

Doch nicht alles, was im Dreißigjährigen Krieg religionspolitisch widersprüchlich war, muss mit beginnender Säkularisierung gleichgesetzt werden. Vieles erweist sich als besondere Verzahnung von Religion und Politik unter den Bedingungen des staatlichen und konfessionellen Konsolidierungsprozess in der Frühen Neuzeit.

Damit der Krieg als Religionskrieg wahrgenommen wurde, ließ Papst Gregor XV. keine Gelegenheit aus, dem wahren Kriegsherrn zu danken und die irdischen Kämpfer zu segnen. In mehreren apostolischen Schreiben gratulierte der Papst dem Führer der katholischen Liga Maximilian I. zu Erfolgen gegen die konfessionellen Feinde. In den päpstlichen Breven wird deutlich, dass der eigentliche Kriegsherr Gott selbst ist, der die Feinde bestraft. Durch diese Stilisierung des Krieges zu einem Heiligen Krieg gegen Ungläubige und Häretiker wurden die kriegerischen Gräueltaten zum göttlichen Strafgericht. In dieser Lesart des Krieges wird auch deutlich, warum der Papst seine Nuntien anhielt, den Krieg und das Kriegsgeschäft zu forcieren. Der legitimierende Hintergrund war hier die Vorstellung einer vorstaatlichen Einheit von Religion und Staat, wie sie zu Zeiten der Kreuzzüge beschworen wurde. Die vielfältige Inanspruchnahme und Bekämpfung des europäisch-politischen Universalismus hatte in den Dreißigjährigen Krieg geführt. Dieser Universalismus verband sich mit religiösen Vorstellungen zu einer konfessionspolitischen Einheit, die das Reich heiligte und die Monarchie als von Gott eingesetzt postulierte. Die ausschließliche Inanspruchnahme des christlichen Universalismus von den jeweiligen Konfessionen brachte zwangsläufig eine systemlogische dogmatische Intoleranz hervor, die es ermöglichte, den Heiligen Krieg zu reaktivieren und auf die innereuropäischen Verhältnisse zu übertragen. Papsttum und Habsburg spielten als universalistische Repräsentanten eine besondere Rolle. Dieser Stellung gaben sie durch eine besondere Affinität zur Sprache des Heiligen Krieges Ausdruck.

Die zu Beginn des Krieges zu beobachtende überstaatliche konfessionell geprägte Lagerbildung hatte zwei wichtige Voraussetzungen. Die konfessionelle Frontstellung wirkte als Integrationsideologie zur Festigung der Bündnisse nach innen. Diese Solidarität gründete im religiös verstandenen Universalismus der einen Christenheit. Dies hielt nicht nur Maximilian von Bayern dauerhaft auf der Seite des Kaisers, sondern verringerte wenigstens zu Beginn die hegemoniale Frontstellung zwischen der französischen Krone und Habsburg. Die zweite wichtige Integrationsfigur war das Papsttum. Als „padre comune" vermochte es der Papst als gemeinsamer Vater, seine katholischen Fürstensöhne zu einen. Diese vermittelnde und neutrale Stellung des Stellvertreters Christi in der katholischen Christenheit wurde in der Kriegssituation besonders wichtig. Solange das Papsttum diese Stellung innehatte, konnte es auch in dem französisch-habsburgischen Bruderzwist einheitsstiftend aktiv werden. Doch der Mantuakrieg von 1628 als erster innerkatholischer Waffengang zwischen Frankreich und Spanien sowie die Unterstützung Schwedens durch die französische Krone desavouierten die päpstliche Vermittlerrolle.

Darüber hinaus wird die Abkehr vom Religionskrieg dadurch deutlich, dass Frankreich offenbar die säkular-politischen Interessen über die konfessionellen Verpflichtungen stellte. Hinzu kommt, dass das Papsttum diese französische Sonderpolitik stillschweigend unterstützte und nur mit großen Schwierigkeiten aus dem Skandal herauskam, als dieser bekannt wurde. Was durch die Politik Frankreichs offenbar wurde, ist keine Abkehr vom Religionskrieg an sich. Es ist vielmehr die Wandlung des Religionskrieges von einem inter- zu einem innerkonfessionellen Krieg. In diesem Religionskrieg zweiter Art ging es um die katholische Vorherrschaft innerhalb Europas. Der eigentliche Universalherrscher der katholischen Christenheit, der Papst, verlor gerade im Dreißigjährigen Krieg an Macht, da er als Protektor Italiens in den Hegemonialkonflikt zwischen Wien/Madrid und Paris hineingezogen wurde und aufgrund der knappen Ressourcen des Kirchenstaates kein ernst zu nehmender Gegner war. Der Wiederaufstieg Frankreichs im 17. Jahrhundert stellte klar heraus, dass es in der Frage der katholischen Universalmacht nur um Habsburg oder Frankreich gehen konnte.

Bei der Durchsetzung eines Vorranges der französischen Krone im katholischen Europa bedachte man alle geistlichen und weltlichen Mittel. Richelieu, der in seinen Gutachten für den König stets eine strenge Zweck-Mittel-Abwägung verfolgte, brachte in einem Gutachten 1632 die Option zum Ausdruck, dass sich die französische Krone mit dem Schwedenkönig Gustav Adolf verbünden solle. Dies eröffnete die Chance, Habsburg zugrunde zu richten und im Anschluss das Oberhaupt aller katholischen Fürsten der Christenheit zu werden und infolgedessen zum mächtigsten Herrscher Europas. Zweifel bestanden allein darin, ob die katholische Partei es Frankreich verzeihen würde, wenn es mit dem häretischen Schwedenkönig taktiert hätte. Der Ausweg war eine Doppelstrategie der aktiven Neutralitätspolitik. Es zeigt sich also, dass nicht Politik gegen Religion stand, sondern dass die Religion bei allen politischen Entscheidungen stets mitbedacht wurde. Die Konfessionspolitik ist dabei auch Mittel zum Zweck, wobei der Zweck in einem religiös mitbegründeten Universalismus kein rein säkularer war.

Schließlich macht sich dieser Doppelaspekt auch bei den Friedensverhandlungen deutlich. Der Kaiser verhandelt in Münster mit Frankreich und in Osnabrück mit Schweden und dessen Verbündeten. So blieben der innerkatholische und der interkonfessionelle Frieden symbolisch zwei Akte. Der Friedensvertrag mit Schweden wurde dann aber mit den gleichen religiösen Formeln stilisiert wie der zwischen den katholischen Fürsten. Dies bedeutet, dass mit dem Friedensschluss eine Ankerkennung der Konfession erfolgt war, die man auf dem Hintergrund des konfessionspolitischen Universalismus und der konfessionellen Intoleranz wenige Jahre zuvor bitter bekämpft hatte.

Diese Entwicklung wurde vom Papsttum nicht mitgetragen, das gegen Ende des Krieges die konfessionelle Interessenwahrung wiederaufnahm, die schließlich zum Protest gegen den Frieden führte. Papst Urban VIII., der im Kampf um die Universalmacht zwischen Habsburg und Frankreich an den Rand gedrängt wurde, versuchte nun seine vermittelnde Stellung wieder einzunehmen. Der „padre comune" hatte seine Legaten jedoch nur zu den innerkatholischen Verhandlungen entsandt, da der Papst, auf die Ausrottung der Ketzereien verpflichtet, nicht Anteil an Verhandlungen mit Häretikern haben konnte.

Mit der Nichtanerkennung des Westfälischen Friedens stellte sich das Papsttum außerhalb der völkerrechtlichen Grundlage der werdenden Staatengemeinschaft und versäumte es, die friedensvermittelnde Seite des Petrusamtes auszubauen. Der Macht- und Einflussverlust drückte sich ebenfalls im Graben aus, der zwischen dem Kirchenrecht und dem Reichskonfessionsrecht entstand. Dass der päpstliche Nuntius Chigi Zeit fand, ein lateinisches Gedicht über das schlechte westfälische Wetter zu verfassen, während der Rest Europas mit der Aushandlung der Friedensverträge nach 30 Jahren Krieg beschäftigt war, wurde symptomatisch für die kommende Großwetterlage für die ehemalige Universalgewalt der Christenheit.

Nach dreißig Jahren Krieg und dem Auf und Ab aller Konfessionen zeigte sich langsam eine Abnahme der dogmatischen Intoleranz. Nicht nur in den Rechtfertigungen der Parteien für den Krieg schienen die militanten konfessionellen Energien verbraucht zu sein. Infolge der ständigen Machtwechsel und den damit verbundenen Konfessionswechseln verloren auch die Heere ihre konfessionelle Identität. Nicht selten argumentierte man mit reichspatriotischem Pathos, „Du magst Katholik oder Protestant sein, so bist du doch gewiss ein Deutscher", für die Solidarität unter den Deutschen, die neben der gemeinsamen Geschichte auch die Kriegsleiden teilten. So forderten auch katholische Reichsstände, „dergleichen Religionssache für diesmal beiseite zu setzen, um das Reich zu retten".

Der Friedensvertrag von Osnabrück hatte die Parität der Religionsparteien im Reich proklamiert und so den Status quo der Konfessionsverteilung bestätigt. Fast die Hälfte der Bestimmungen betrafen allein die Religionsverhältnisse im Reich und bezeugen so nachträglich, dass es sich wenigstens um einen halben Religionskrieg gehandelt hatte. Diese Einbindung der Konfessionsfrage in die Reichsverfassung ließ einen Wettbewerb der Konfessionen zu, „aber nicht durch Gewalt und mit den Waffen, die in Glaubenssachen und zur Fortpflanzung der Ehre Gottes kein nutz seind". Nach den Erfahrungen des Dreißigjährigen Krieges war der Religionskrieg desavouiert und diente nur noch als Vorwurf an den Gegner. Der Westfälische Friede war ein Programm für eine bikonfessionell stabilisierte Reichsverfassung. Er war ein wichtiger Schritt für das Reich und Europa, jedoch blieb es noch ein langer Weg, bis sich die Religionsverschiedenheit als Konflikt treibender Faktor aus der werdenden europäischen Staatenpolitik verabschiedete.

Selbst der Zweite Weltkrieg hat weniger tief in den Bestand des deutschen Volkes eingegriffen als der Dreißigjährige Krieg: Der gesamte Bevölkerungsverlust 1618-1648 wird auf ca. 40 % geschätzt, in den Städten vielleicht 33 %. Doch so schrecklich der Tod für die Angehörigen gewesen sein mag, das massenhafte Sterben an sich kann nicht die geradezu traumatischen Erfahrungen erklären, die der Krieg ganz offensichtlich im deutschen Volk hinterlassen hat. Unstrittig ist, dass die großen Menschenverluste zur Hauptsache nicht durch direkte Kampfeinwirkungen zu erklären sind und nicht durch das Marodieren der Soldateska. Vor allem die Folgen von Flucht, von Unterernährung und von verbreiteten epidemischen Krankheiten sind die Ursachen für den Bevölkerungsverlust. Der lange Krieg wirkte aber auch dort verheerend, wo keine Soldaten auftauchten. Erhöhter Steuerdruck und die Behinderung von Gewerbe, Handel und Landwirtschaft ließen die Menschen verarmen, machten sie hungrig und krank. Ihre ausgemergelten Körper konnten einer Hungersnot nicht lange widerstehen: Alte, Kranke und Kinder starben zuerst.

Solche differenzierenden Feststellungen nehmen dem Geschehen des Dreißigjährigen Krieges nichts von dem Schrecklichen für die damals lebenden Menschen. In der Friedlosigkeit unserer Zeit hat man daher wieder viel Verständnis dafür gefunden, dass die Zeitgenossen damals den Frieden überschwänglich gepriesen haben. Ein Schautaler aus dem Jahre 1648 fasste dies in die prägnante Devise: „Pax optima rerum – Der Friede ist das Beste der Dinge"! Dem kann ich nur zustimmen.

Literatur:

Johannes Burkhardt, Der Dreißigjährige Krieg, Frankfurt a.M. 1992.
Peter Englund, Die Verwüstung Deutschlands. Eine Geschichte des Dreißigjährigen Krieges, Stuttgart 1998.
Ernst Höfer, Das Ende des Dreißigjährigen Krieges. Strategie und Kriegsbild, Köln-Weimar-Wien 1997.
Josef Polišenský / Josef Kollmann, Wallenstein. Feldherr des Dreißigjährigen Krieges, Köln-Weimar-Wien 1997.
Konrad Repgen, Dreißigjähriger Krieg und Westfälischer Friede. Studien und Quellen, Paderborn-München-Wien-Zürich 1998.
Georg Schmidt, Der Dreißigjährige Krieg, München ³1998.

Unter dem Licht Christi auf dem Weg

Ein Blick auf die Impulse der Dritten Europäischen Ökumenischen Versammlung für Deutschland

Inzwischen liegt die 3. Europäische Ökumenische Versammlung schon wieder einige Zeit zurück. Welche Eindrücke und Erfahrungen sind in Erinnerung geblieben? Was hat sie gebracht? Wie kann es ökumenisch weitergehen?
Anders als ihre Vorgängerinnen war die 3. Europäische Ökumenische Versammlung als Prozess oder Pilgerweg über mehr als anderthalb Jahre angelegt. Mehrere Stationen sollten die unterschiedlichen christlichen und spirituellen Traditionen widerspiegeln – zumindest in ihrer katholischen, evangelischen und orthodoxen Gestalt. Und so begann diese Versammlung mit Treffen von je 170 Delegierten im Januar 2006 in Rom und im Februar 2007 in Lutherstadt Wittenberg; ihren Höhepunkt erfuhr sie schließlich mit einer Veranstaltung von etwa 2500 Teilnehmern im September 2007 in Sibiu (Hermannstadt, Nagyszeben). Dazwischen sollten sich möglichst viele auch in den einzelnen Ländern an dem Prozess beteiligen und mit seinen Themen auseinandersetzen. Bedauerlicherweise kam dieses gut gemeinte Pilgerweg-Konzept, das der geistlichen Dimension und der gegenseitigen Bereicherung einen hohen Stellenwert beimaß, nicht so richtig zum Tragen und wurde außer von den direkt Beteiligten durch andere nur verhalten wahrgenommen. In Sibiu freilich, wo der Schwerpunkt auf der orthodoxen Gebets- und Frömmigkeitstradition lag, war es dann auch breiteren Kreisen möglich, bei den gemeinsamen Morgengebeten oder in den Gottesdiensten anderer Konfessionen zu erleben, wie vielfältig der liturgische Ausdruck christlichen Glaubens sein kann. Ökumene braucht solche geistlichen Begegnungen, um die Gläubigkeit der anderen Christen zu erfahren, sich davon vielleicht auch ergänzen zu lassen und um immer wieder neue Kraft für das sonstige Engagement schöpfen zu können. Wirkliche Aufbrüche und Fortschritte setzen in der Tiefe an und sind nicht oberflächlich machbar.
Es scheint auch, dass der 3. Europäischen Ökumenischen Versammlung irgendwie der Kairos gefehlt hat. Die erste Versammlung dieser Art – 1989 in Basel – fand im schon gärenden Vorfeld der sich

noch im selben Jahr vollziehenden gesellschaftlichen Umbrüche in Mittel- und Osteuropa statt; bei der zweiten – 1997 in Graz – präsentierte sich zum ersten Mal das neue Europa der nun offenen Grenzen, in dem aber auch „Haarrisse" erkennbar wurden: die Jugoslawienkriege, das neue Selbstbewusstsein der orthodoxen Kirchen. Versöhnung war deshalb ein beherrschendes Thema. Eine Frucht von Graz bildete dann die 2001 in Straßburg unterzeichnete „Charta Oecumenica" als Bezugsgröße und Referenztext der Ökumene in Europa.

War die Situation vor und in Sibiu auch nicht unbedingt von einer Aufbruchsstimmung gekennzeichnet, so gab es doch genügend Herausforderungen, die eine solche neue Versammlung rechtfertigten. Dazu gehört die Ungleichzeitigkeit der ökumenischen Gegebenheiten in ganz Europa: in den einzelnen Ländern und Regionen abhängig vom jeweiligen Mehr- oder Minderheitsstatus der betreffenden Kirchen und Gemeinschaften, ihrer konkreten Geschichte, Verfassung und Aufgeschlossenheit. Neben ökumenischen Sammlungsbewegungen gibt es auch manche antiökumenischen Kräfte und auseinanderstrebenden Gruppierungen. Zu den aktuellen Herausforderungen gehört auch die in den letzten Jahren erfolgte Erweiterung der Europäischen Union durch den Beitritt mehrerer postkommunistischer Staaten, zuletzt Rumäniens und Bulgariens, und das Problem derer, die davon noch ausgeschlossen sind und darauf warten. Dazu gehört genauso die Debatte um die geistige Herkunft Europas und seine Bedeutung als Wertegemeinschaft. Dazu gehören schließlich die Verunsicherungen, die das Votum der römischen Glaubenskongregation vom Sommer 2007 zum Kirchenverständnis ausgelöst hat. Es gab also durchaus wichtige Gründe, sich inner- und außerkirchlich wieder einmal auf europäischer Ebene der christlichen Gemeinsamkeit zu vergewissern und ökumenisch zu positionieren. Dass man dazu nach Rumänien in ein mehrheitlich orthodox geprägtes Land und speziell in eine multikonfessionelle und multiethnische Stadt gegangen ist, war ein bedeutsames Zeichen und hat unter vielen – besonders natürlich der einheimischen Bevölkerung – ein positives Echo ausgelöst. Die deutschen Medien hingegen sind auf dieses Ereignis – wenn überhaupt – nur dürftig eingegangen.

Insgesamt war die Versammlung in Sibiu ein wichtiges Begegnungsforum für Christen verschiedener Kirchen und Traditionen aus Ost und West. Auf der Tagesordnung standen nicht nur die klassischen und weltweit aktuellen Themen des konziliaren Prozesses „Frieden,

Gerechtigkeit und Bewahrung der Schöpfung", sondern auch die unmittelbar das kirchliche Leben und die Ökumene betreffenden Fragen: das Ringen um die sichtbare Einheit der Kirchen, die Erneuerung der Spiritualität und die Vertiefung des christlichen Zeugnisses. Außerdem stand die sich verändernde Gestalt unseres Kontinents zur Debatte: der europäische Einigungsprozess, die Begegnung mit anderen Religionen, vielfältige Migrationsbewegungen und die voranschreitende Globalisierung. Es gab ein großes Aufgebot namhafter Repräsentanten der Kirchen und des politischen Lebens und viele qualitätsvolle Beiträge sowohl im Plenum wie in den Foren: Vorträge, Ansprachen, Grußworte, Berichte und Einwendungen. Dennoch kam die Veranstaltungsform an deutlich erkennbare Grenzen. Eine solche Fülle von Themen war – wie man eigentlich schon vorher ahnen konnte – bei über 2000 Teilnehmern und in der Kürze der Zeit gar nicht befriedigend zu bewältigen. Den Delegierten, die ein ganz breites Spektrum kirchlicher, nationaler, sozialer und kultureller Herkunft und Kompetenz in Europa repräsentierten, fehlte es an genügend Möglichkeiten, Impulse aufzunehmen und sich selbst aktiv einzubringen. Zudem waren auf den Podien – vor allem der Plenarveranstaltungen – Frauen merklich unterrepräsentiert. Der ebenfalls insgesamt schwache Anteil der Jugend konnte durch einen eigenen Beitrag ausgeglichen werden, eine Botschaft, die schon vorher bei einer Begegnung in St. Moritz formuliert worden war und nunmehr der gemeinsamen Schlussbotschaft angefügt wurde. Obwohl die Meinungsbildungsprozesse sehr schwierig waren, gelang es doch über Interventionen und Voten, die Schlussbotschaft noch deutlich zu verbessern. Sollte man irgendwann wieder einmal eine derartige Versammlung planen, müsste unbedingt über alternative Gestaltungsformen nachgedacht werden.

Inhaltlich wurden die gegenwärtigen ökumenischen Konfliktlinien, zumal im Verständnis von Kirche und ihrer Einheit, nicht verdeckt, sondern deutlich beim Namen genannt. Zugleich wurde von allen Seiten aber auch eindringlich die Notwendigkeit weiteren ökumenischen Engagements und die Bereitschaft dazu unterstrichen. Hier schon entscheidend voranzukommen, konnte nicht die Aufgabe der Versammlung sein. In mehreren Beiträgen und in der Schlussbotschaft werden jedoch konkrete Hinweise gegeben, wie ein gemeinsamer ökumenischer Weg lebendig und geistlich gestaltet werden kann. Erfreulicherweise wurde dabei verschiedentlich auf die bereits in mehreren Ländern erfolgten zwischenkirchlichen Taufanerkennungen und deren sakramentale wie ekklesiologische Bedeutung hingewiesen, in vorsichtiger Form freilich, da hier sowohl bei einigen Orthodoxen Kirchen wie bei einigen Freikirchen Vorbehalte bestehen. Deutlich wurde auch die Notwendigkeit missionarischen Engagements unterstrichen. Bei den Themenfeldern „Europa" und „Welt" findet sich schließlich eine Reihe von Handlungsappellen und Konkretionen (u. a. die Millenniumsziele der UN, ein von CCEE und KEK initiierter Konsultativprozess zu Fragen von Klimawandel und ökologischer Gerechtigkeit sowie der Aufruf, einen gemeinsamen Tag der Schöpfung zu feiern, einen Tag des Gebets und der Anregung, seinen Lebensstil zu ändern), ohne in eine beliebige Vielfalt von wünschenswerten Zielen zu geraten. An mehreren Stellen der Schlussbotschaft wird zudem explizit die Verbindung zur „Charta Oecumenica" und die Kontinuität mit ihr betont. Das ist auch gut so, weil der „Charta Oecumenica" sicherlich mehr visionäre Kraft innewohnt als dem Ergebnistext von Sibiu.

Zweifellos kann keines der neun Einzelthemen dieser Ökumenischen Versammlung als abgearbeitet und erledigt angesehen werden. Das war auch nicht zu erwarten. Ebenso lässt sich deren Resultat nicht allein an der Schlussbotschaft messen. Der von ihr weitergeführte und neu angestoßene Lern- und Erfahrungsprozess muss weitergehen. Wir haben einen Aufgabenkatalog mitbekommen, eine Agenda. Sibiu war nicht der Abschluss, sondern die Etappe eines Weges, der den Christen und Kirchen in Europa weiterhin dringlich aufgegeben ist: diesen Kontinent möglichst gemeinsam im Geiste Jesu Christi und seiner Ideale mitzugestalten. Dass die Hauptveranstaltungen in Sibiu in einem Zelt stattfanden, war dafür ein Zeichen. Zelte sind ja Ausdruck eines Provisoriums und werden zumeist errichtet, wenn man unterwegs ist.

Zurückgekehrt nach Deutschland stellt sich die ökumenische Situation gegenwärtig etwas widersprüchlich dar. Auf der einen Seite erfreut man sich einer gewachsenen Gemeinsamkeit in persönlichen wie institutionellen Beziehungen, ist theologisch in manchem vorangekommen, arbeitet in vielen Bereichen gut zusammen und hat Grund, für diese – vor Jahrzehnten noch unvorstellbare – Entwicklung dankbar zu sein. Besonders markante Beispiele dafür waren und sind der Ökumenische Kirchentag 2003 in Berlin und die wechselseitige Taufanerkennung von elf Kirchen, die 2007 feierlich im Magdeburger Dom besiegelt wurde, aber auch die 1999 erfolgte Unterzeichnung der Gemeinsamen Erklärung zur Rechtfertigungslehre in Augsburg. Zu erwähnen sind auch die schon traditionell ökumenisch veranstaltete „Woche für das

Leben" sowie viele gemeinsame sozialethische Verlautbarungen von „Gott ist ein Freund des Lebens" (1989) bis zu „Demokratie braucht Tugenden" (2006), außerdem das schon zweimal durchgeführte „Jahr der Bibel" und noch manch andere Zusammenarbeit in der Verbreitung biblischer Kenntnisse und christlicher Überzeugungen. Darüber hinaus pflegen die Evangelische und die Katholische Kirche auch gute Kontakte mit der Orthodoxie in Deutschland und in deren Heimatländern. Schließlich ist auch auf die anregende und konstruktive Verbundenheit im Rahmen der Arbeitsgemeinschaft Christlicher Kirchen (ACK) zu verweisen. Auf allen Ebenen – von Gemeinden und anderen Basisgruppen über Forschung und Lehre bis zur Leitungsebene der Kirchen (bzw. umgekehrt!) – gibt es erfreuliche Beispiele und ermutigende Anzeichen ökumenischen Bewusstseins und Handelns.

Auf der anderen Seite sind aber auch manche Verfestigungen und Enttäuschungen zu verzeichnen, ja sogar einschneidende Rückschläge. Die Preisgabe der biblischen Einheitsübersetzung in den ökumenischen Gottesdiensten und die Absage der Evangelischen Kirche in Deutschland (EKD), sich an deren Revision zu beteiligen, ist dafür ein Beispiel, aber auch die deutliche Entfernung der EKD im Amts- und Ordinationsverständnis von schon im lutherisch-katholischen Dialog erzielten Annäherungen sowie die sich neuerdings in aller Öffentlichkeit zeigende Differenz in bioethischen Fragen. Belastend sind auch jüngste Versuche beider Kirchen (der einen aus Rom in weltkirchlicher Perspektive, der anderen lediglich im deutschen Kontext), ihre jeweilige Identität noch deutlicher herauszustellen und sich bewusst oder unbewusst damit voneinander wieder stärker abzugrenzen. Dabei müsste man sich freilich zugestehen, eigene Überzeugungen auch offen sagen zu können, ohne sofort – wenn diese als unangenehm erscheinen – moralisch abgewertet und in eine antiökumenische Ecke gestellt zu werden. Vor Ort schließlich erschweren die für Bistümer wie Landeskirchen notwendig gewordenen Umstrukturierungsprozesse und das gesellschaftliche Erfordernis einer größeren Mobilität manche vielleicht bisher möglichen und sogar gewünschten ökumenischen Beziehungen.

Dabei kann und darf es jedoch nicht bleiben. Und die kommenden Jahre bieten Möglichkeiten und Chancen, das ökumenische Verhältnis in Deutschland durchaus auch wieder mehr zu entkrampfen und zu verlebendigen. Ein neuer Ökumenischer Kirchentag steht für 2010 in München bevor; 2017 soll das 500-jährige Reformationsjubiläum gefeiert werden; und zwischen der Vereinigten Evangelisch-Lutherischen Kirche Deutschlands (VELKD) und der Deutschen Bischofskonferenz (DBK) wird über die Wiederaufnahme theologischer Gespräche beraten. Auf diesem Hintergrund hat die DBK auf ihrer Vollversammlung im Herbst 2007 angeregt, „einzelne thematische Aspekte" der Versammlung und der Schlussbotschaft von Sibiu für den geplanten Ökumenischen Kirchentag „aufzunehmen und auf diese Weise ... fruchtbar zu machen". Ihre Ökumenekommission soll sich damit befassen. Und die Kommission für gesellschaftliche und soziale Fragen mit ihrer Arbeitsgruppe für ökologische Fragen hat den Auftrag bekommen, die Empfehlung von Sibiu, „den Zeitraum zwischen dem 1. September und dem 4. Oktober dem Gebet für den Schutz der Schöpfung und die Förderung eines nachhaltigen Lebensstils als Beitrag zum Klimaschutz zu widmen", zu beraten.

Wie sich bei einem gemeinsamen Auswertungstreffen von deutschen Delegierten aus den verschiedenen Kirchen in Kassel und einer Kurzbefragung der katholischen Teilnehmer durch das Ökumenische Institut in Münster gezeigt hat, werden hierzulande jedoch von Sibiu keine besonders prägnanten Auswirkungen erwartet. Darum gilt es, auf der Grundlage der „Charta Oecumenica" selbst noch stärker initiativ zu werden, in Gruppen und Netzwerken, zwischen Gemeinden und in der Gesellschaft, im geistlichen Austausch wie im theologischen Nachdenken und im praktischen Handeln. Dabei wäre es z.B. schon einmal wichtig, noch mehr Begegnungen mit anderen Christen zu suchen und persönliche Kontakte zu knüpfen. Eines der größten Hindernisse für die Ökumene scheint ja der Mangel an existenzieller Betroffenheit zu sein. Selbstgenügsamkeit und Desinteresse an den anderen sind aber eben oft die Folge fehlender Erfahrungen. Zudem haben sich verschiedene Verwerfungen und Feindbilder der Vergangenheit als Klischees und Vorurteile – fast unausrottbar – so eingefleischt, dass sie trotz gegenteiliger theologischer Klärungen und kirchlicher Reformen in den letzten Jahrzehnten aus Unkenntnis oder anderen Motiven hartnäckig weitertradiert werden (so z.B. erst jüngst gehört: Katholiken würden nach wie vor Heilige anbeten, sich von Sünden freikaufen oder nicht den sogenannten Laienkelch erhalten). Um ökumenisch voranzukommen, sollte man da keine Mühe scheuen, sich gegenseitig noch besser auf dem jeweils neuesten Stand von Lehre und Praxis wahrzunehmen und kennenzulernen.

Das gilt besonders auch im Blick auf die Orthodoxie, über die in unseren Breiten z.T. nur verschwommene Vorstellungen kursieren und gegenüber der manche ihre Vorbehalte haben, vor allem was deren Verhältnis zur Moderne und Postmoderne betrifft. Historisch bedingt stehen im Ursprungsland der lutherischen Reformation freilich die evangelisch-katholischen Beziehungen im Vordergrund. Es wäre jedoch zu provinziell und würde der christlichen Wirklichkeit nicht gerecht, wenn man sich zu sehr auf die abendländische Konfessionsproblematik und die deutschen Verhältnisse beschränkt. Zum einen verstehen Lutheraner in Skandinavien und Amerika ihre Identität durchaus „katholischer" als ihre deutschen Glaubensgeschwister; zum anderen würde ohne die Orthodoxen und Altorientalischen Kirchen Wesentliches fehlen. Wie die Europäische Union braucht auch unser ökumenisches Bewusstsein eine „Osterweiterung", oder besser: eine Vervollständigung, um wieder stärker – wie es Papst Johannes Paul II. wiederholt ausgedrückt hat – mit ihren beiden Lungenflügeln zu atmen, d.h. den geistlichen Reichtümern der östlichen und westlichen Traditionen. Angesichts der Globalisierung muss unser Blick aber noch weiter werden und auch die Christen auf der südlichen Halbkugel einbeziehen. Darüber hinaus stellen die aufeinander gerückten Weltreligionen und Kulturen für die Kirchen eine dringliche Herausforderung dar, im Dienst des gemeinsamen Zeugnisses zu noch größerer Einheit zu gelangen. Diese aber erscheint aus katholischer Sicht anspruchsvoller als sich nur mit dem Status quo zufrieden zu geben und diesen gutzuheißen.

Kürzlich hat Harding Meyer, ein hoch verdienter Pionier und kompetenter Altmeister des evangelisch-katholischen Dialogs, einen bemerkenswerten Vorschlag gemacht, der nicht nur den ökumenisch-theologischen Bemühungen weiterhelfen könnte. Statt immer nur sein Selbstverständnis zu betonen, sollten doch „In-via-Erklärungen" erstellt werden, gewissermaßen Zwischenbilanzen auf dem Weg. Wäre es nicht tatsächlich sinnvoll und hilfreich, sich positiv des Erreichten zu vergewissern und einmal konkret festzuhalten: Was verbindet uns mehr als uns trennt? Worüber haben wir uns in den letzten Jahrzehnten schon verständigt? Welche Probleme sind noch offen? Was sollten wir möglichst gemeinsam tun? Wie könnten und müssten die nächsten Schritte aussehen?

Zur Hoffnung und Entscheidung, dass die „ökumenische Karawane" unter dem Licht Christi weiterzieht, gibt es keine ernst zu nehmende und verantwortbare Alternative. Wir sind auf keinem schlechten Weg, auch wenn er sich manchmal als beschwerlich erweist. Wir sollten ihn mutig und phantasievoll weitergehen.

Werden wir uns näher oder ferner sein?
Zur Eröffnung der Reformationsdekade 2008-2017

1617 wurde deutschlandweit das 100-jährige Jubiläum von Luthers Thesenanschlag gefeiert. Rom hatte dem ein Sonderjubiläum zur „Ausrottung der Ketzereien" entgegengesetzt. Ein Jahr später brach der 30-jährige Krieg aus. Heutzutage indes begehen mancherorts evangelische und katholische Christen den Reformationstag sogar mit einem gemeinsamen Gottesdienst. Und nun will die Evangelische Kirche in Deutschland zusammen mit staatlichen und kommunalen Partnern auf das 500-jährige Jubiläum dieses Ereignisses mit einer Dekade hinführen.

Ich gestehe, meine Gefühle sind gemischt. Selbstverständlich ist es jeder Kirche belassen, Ereignisse oder Personen, die für sie bedeutsam sind, entsprechend zu würdigen. Manchmal – wie beim 800. Geburtstag der heiligen Elisabeth – kommt man dabei auch schon zu zwischenkirchlichen Gemeinsamkeiten. Andere Anlässe hingegen erinnern zu sehr an tragische Entwicklungen und stehen zweifelsohne für konfessionalistische Abgrenzungen. Wie kann und soll man auf diese in einer Zeit ökumenischer Sensibilität eingehen? Das ist für mich auch die entscheidende Frage im Hinblick auf das kommende Reformationsjubiläum. Wird es eine Jubel- und Profilierungsfeier des Protestantismus mit antikatholischen Spitzen? Dazu reichte schon, die Reformation als „Morgenröte der Moderne" oder „Geburtsstunde der Freiheit" hinzustellen. Eine solche Interpretation wäre nicht nur historisch äußerst fragwürdig, sondern auch kaum an Kriterien des Evangeliums orientiert und außerdem noch ökumenisch kontraproduktiv. „Katholisch" zu sein, hätte demnach dann – mindestens indirekt – das Image von „unzeitgemäß" und „hinter der Aufklärung zurückgeblieben".

Vielleicht gelingt es aber in den nächsten Jahren noch, dass evangelische und katholische Theologen zu einer gemeinsamen Interpretation der Ereignisse am Beginn der Reformation und ihrer Wirkungen gelangen. Beide Seiten müssten sich darin freilich ohne Verbiegungen wiedererkennen können. Angeregt ist ein solches Vorhaben vom Kontaktgesprächskreis der Deutschen Bischofskonferenz und der Evangelischen Kirche in Deutschland. Konkrete Überlegungen und erste positive Reaktionen dazu gibt es bereits. Auf jeden Fall wäre das eine gute Grundlage für eine weiterführende ökumenische Würdigung des bevorstehenden Reformationsjubiläums. An was man da noch denken könnte, hängt wohl in erster Linie davon ab, ob evangelischerseits überhaupt eine intensivere katholische Beteiligung erwünscht ist. Bei günstigen Entwicklungen wäre eventuell sogar – ähnlich wie 1996 anlässlich des 450. Todestages von Martin Luther – so etwas wie ein ökumenischer Kirchentag möglich, mindestens der mitteldeutschen Region. Schließlich stellt Luther und sein Reformanliegen auch für viele Katholiken eine „geistliche und theologische Herausforderung" dar, an der man auf dem Weg zur Einheit der getrennten Christen nicht vorbeikommt.

Werden wir – evangelische und katholische Christen – uns nach der Dekade und dem Reformationsjubiläum näher oder ferner sein? Für mich bleibt das eine spannende Frage.

Geistgewirkte Freiheit und Weite in der katholischen Kirche

Statement beim Evangelischen Kirchentag in Bremen zur Einheit „Wie der Geist wirkt – Geist der Freiheit, Geist der Ordnung" des Podiums „Die Sache Jesu braucht BeGEISTerte" am 22. Mai 2009

„‚Evangelisch im 21. Jahrhundert'. Christliche Freiheit ist dafür das Losungswort. Als Kirche der Freiheit will sie wirken und wahrgenommen werden." So heißt es in einem Plädoyer von Bischof Wolfgang Huber für eine Ökumene der Profile; und noch weiter: „Es ist gerade diese Unterscheidung und Verbindung zwischen Grund und Gestalt der Kirche, zwischen Konzentration und Weite, zwischen göttlichem Wirken und menschlicher Verantwortung, welche die evangelische Kirche in einem spezifischen Sinn zu einer Kirche der Freiheit macht."

Und was ist dann – so frage ich mich – die katholische Kirche? Ist darin die Freiheit verlorengegangen oder unterdrückt? Wird hier alles zentralistisch und uniform nur durch Lehrentscheidungen, Gesetze und Vorschriften geregelt? Ist absoluter Gehorsam und systemgerechte Anpassung die katholische Lebensform? Sind wir eine Kirche von starrköpfigen Ideologen, lebensfremden Moralisten, kleinkarierten Schwarz-Weiß-Malern, ängstlichen Duckmäusern und verklemmten Neurotikern?

Ich muss gestehen, meine Kirche bisher in einer solchen Einseitigkeit nicht erfahren zu haben und wahrzunehmen. Vielleicht ist das ja evangelischerseits so auch nicht gemeint. Was aber dann? Billigt man der katholischen Kirche ebenfalls zu, von christlicher Freiheit geprägt zu sein – vielleicht nur etwas anders?

Ich erlebe meine Kirche in einer spannungsvollen Einheit als recht vielfältig. Es ist eine Weltkirche, in der unzählige Völker und Nationen, Rassen und Klassen, Kulturen und Parteien, Lebensweisen und Meinungen ihren Platz haben. Die katholische Kirche ist durchaus kein erratischer Block; und ich staune immer wieder darüber, wie diese Gemeinschaft überhaupt zusammengehalten werden kann. Sie ist nicht etwa nur römisch und lateinisch ausgerichtet; es gibt viele Riten in ihr, sogar recht eigenständige Ortskirchen östlicher Traditionen, deren Bischöfe nicht direkt vom Papst ernannt werden und in denen neben ehelosen Geistlichen auch verheiratete Priester selbstverständlich sind. Wie viele Orden und geistliche Bewegungen sind zudem innerhalb unserer Kirche entstanden, mit sehr unterschiedlichen Ansätzen, Motiven und Ausprägungen. Auch wenn man zum Beispiel die Volksfrömmigkeit betrachtet, die Rolle der Laien oder das Verhältnis zur Ökumene, kann deutlich werden, wie ungleich katholische Kirche doch in den verschiedenen Regionen erscheinen kann. Und dann sollte auch beachtet werden, dass das Zweite Vatikanische Konzil wieder hervorgehoben hat: „Ecclesia semper reformanda". Die Kirche muss von Zeit zu Zeit reformiert werden, um ihrem Auftrag gerecht zu bleiben. In fast allen Jahrhunderten hat es solche Aufbrüche und Erneuerungen gegeben und auch heute mühen wir uns darum. Das alles zeigt mir schon äußerlich, dass auch in der katholischen Kirche Freiheit im Spiel sein muss.

Was aber ist mit Freiheit gemeint? Heutzutage erscheint dieser Begriff als Reizwort, in dem alle menschlichen Bedürfnisse und Wünsche, Ziele und Ideale zusammenlaufen. Daher ist er auch für die theologische Auslegung der christlichen Heilsbotschaft von zentraler Bedeutung.

1. DIE KIRCHE ALS WIRKSAMES ZEICHEN DER FREIHEIT

Keine Frage, in den vergangenen Jahrhunderten ist in der katholischen Kirche mehr von Ordnung und Autorität, von Geboten und Gehorsam die Rede gewesen, als von Freiheit. Und doch hat man nicht vergessen, wovon die Bibel spricht: Gott befreit den Menschen von äußeren und inneren Zwängen, aus Nöten und Ängsten. Das bedeutet besonders: Die Liebe des Vaters, die in der Menschwerdung seines Sohnes offenbart wurde, diese „Wahrheit" macht frei (Joh 8,32), weil dort, wo sein Geist weht, die Freiheit ist (2 Kor 3,17), denn zur Freiheit hat uns Christus befreit (Gal 5,1). „Durch seine Gnade" – so formuliert es der neueste katholische Katechismus (Nr. 366) – „führt uns der Heilige Geist zur inneren Freiheit, um uns zu seinen freien Mitarbeitern in der Kirche und in der Welt zu machen." Neutestamentlich bezeugt sind glaubende und getaufte Menschen damit grundsätzlich von der Sünde (z. B. Röm 6,18-23), vom Gesetz (z. B. Röm 7,3 f.) und vom Tod (z. B. Röm 6,21 f.) befreit. Sie gehören als Kinder Gottes zu seinem Volk und nehmen an dessen Würde und Freiheit teil (vgl. Katechismus Nr. 154).

Nach katholischem Verständnis ist die Kirche als Volk Gottes, Leib Christi und Tempel des Heiligen Geistes das in der Geschichte greifbare und wirksame Zeichen wahrer Freiheit. Diese wird durch die Verkündigung des Wortes Gottes, die Spendung der Sakramente und ein Leben in Liebe zu Gott und den Menschen proklamiert und vermittelt. Nach Karl Rahner (Schriften zur Theologie II, 104) ist die Kirche – insofern der Geist Gottes in ihr wirkt – sogar der alleinige Ort, von dem gilt: Wo der Geist des Herrn, da ist die Freiheit. Damit wird die Kirche nicht nur als eine Hüterin menschlicher Freiheitsrechte verstanden, sondern darüber hinaus als eine Wirklichkeit, in der man der eigentlichen, wahren und letzten Freiheit begegnen kann.

Auch für Katholiken hat Kirche also zutiefst und unlösbar mit Freiheit zu tun.

2. DIE FREIHEIT IN DER KIRCHE

Wie sieht es aber nun mit der Freiheit aus, die ein katholischer Christ als solcher in seiner Kirche und ihr gegenüber genießt? Es ist nicht zu bezweifeln, dass die katholische Kirche die Freiheit des Menschen oftmals gegen deterministische Tendenzen verteidigt und wie ein Dogma geschützt hat (z. B. DH 3245). Einige wichtige Konsequenzen dieser Freiheit wie die Gewissens- und Religionsfreiheit sind ausdrücklich aber erst durch das Zweite Vatikanische Konzil gezogen worden (z. B. GS 26; 41; 73).

Warum erscheint die katholische Kirche manchmal als nicht freiheitlich genug? Solange die Wiederkunft Christi noch aussteht, ist diese Kirche ja auch eine Gemeinschaft von Sündern, irdisch verfasst und rechtlich geordnet. Darum lebt sie in der Spannung zwischen Freiheit und Bindung. Sie hat den Auftrag, die göttliche Offenbarung – was Glaube und sittliche Normen betrifft – treu zu bewahren, immer aufs Neue zu verkünden und verantwortungsbewusst auf die wechselnden geschichtlichen Verhältnisse anzuwenden. Darum ist sie auch – sogar der paulinischen Freiheitslehre gemäß – verpflichtet, irrige Meinungen und Verhaltensweisen abzuwehren und den subjektiv beanspruchten Freiheitsraum mancher ihrer Glieder einzuschränken. Dabei kann sie leicht nach außen und innen den Eindruck erwecken, totalitär zu handeln, aber auch der Gefahr erliegen, gegen ihre eigenen Prinzipien zu verstoßen und geistgewirkte Freiheit zu verletzen.

Zu beachten ist freilich, dass die katholische Kirche oftmals nur Grenzen zieht, ohne dem Einzelnen grundsätzlich und in jedem Fall sagen zu können und zu wollen, was genau zu tun und vor Gott richtig sei. „Damit aber" – so sagt Karl Rahner (Schriften zur Theologie II, 112) – „ist eine Zone der Freiheit gegeben, die zwar nicht die Freiheit der Willkür und des vor Gott Gleichgültigen ist, wohl aber eine Zone der Freiheit, in der der einzelne Christ von der Kirche sich, seinem Gewissen und der Führung des Heiligen Geistes ... so sehr überlassen bleibt, dass der Einzelne die Last und Verantwortung dieser Freiheit gar nicht auf die Kirche abwälzen kann." Und so verstehen sich katholische Christen auch nicht als Befehlsempfänger und Vollzieher von bis ins kleinste Detail gehenden Geboten. Ebenso ist in vielen anderen Bereichen Eigenverantwortung und Eigeninitiative gefragt: im religiösen Leben und in der persönlichen Frömmigkeit wie im innerkirchlichen und gesellschaftlichen Engagement. Niemand dürfte bezweifeln, dass es in der katholischen Kirche leidenschaftliche Diskussionen und so etwas wie eine öffentliche Meinung gibt. In der Theologie ist im Rahmen des Dogmas und verpflichtender Lehren durchaus Raum für Forschung, Schulen und Richtungen. Und auch das Charismatische und Prophetische hat Möglichkeiten, sich Gehör zu verschaffen und einiges zu bewirken.

3. KRITERIEN INNERKIRCHLICHER MEINUNGSÄUSSERUNG

Gelegentlich habe ich schon einmal in unserer Kirche sagen hören: „Inzwischen gibt es nicht nur einen Papst, sondern viele, die meinen, Unfehlbares verbreiten zu müssen." Und noch salopper ist der Spruch: „Nicht jeder Vogel, den irgendjemand hat, ist der Heilige Geist." Schon nach Paulus sind die Gaben des Geistes nicht zur „Selbstdarstellung" und „Selbstverwirklichung" gegeben, sondern um den Leib Christi, die Gemeinde der Gläubigen, aufzubauen und zu bereichern. Daran wird ihre Echtheit erkannt. Und für Karl Rahner ist von vornherein klar, dass innerkirchlich zunächst nichts zu Wort kommen darf, was dem Dogma der Kirche und ihrer Verfassung göttlichen Rechts widerspricht (Gesammelte Werke 150). Auch ein demokratischer Staat lässt Bestrebungen, die sich gegen seine Grundlagen richten, nicht zu. Seine Toleranz endet, wenn verfassungsfeindliche Tendenzen wie

z. B. Links- und Rechtsextremismus aufkommen. In der Kirche wacht das Lehr- und Hirtenamt darüber. Andererseits dürfen die Grenzen aber auch nicht zu eng gezogen werden. Es muss genügend Raum und Möglichkeiten geben, um die vielfältigen Meinungen im Gottesvolk zu hören und zu bedenken.

Sich kritisch zu äußern, kann nicht nur berechtigt, sondern unter Umständen sogar verpflichtend sein. Dabei kommt es aber darauf an, in welcher Weise das geschieht. Eine wichtige Voraussetzung dafür, sinnvoll mitzureden, besteht schon einmal darin, über entsprechende religiöse und theologische Kompetenzen zu verfügen. Zugleich gehört auch eine „gesunde" Kirchlichkeit dazu, um sich tatsächlich geist- und verantwortungsvoll einmischen zu können und sich nicht verbittert oder gehässig gegenüber anderen zu äußern. Sicher ist außerdem auf Seiten der Amtsträger wie der Laien viel Geduld erforderlich, um im Geiste Jesu Christi gemeinsam zu erkennen, wohin Gott seine Kirche führen will und welche Verantwortung jede und jeder Einzelne dafür hat.

Von Ernst Troeltsch stammt der Satz: „Die Kirchen sind Schalen, welche allmählich den Kern verholzen, den sie schützen." Das möge Gott verhüten. Und so betet die katholische Kirche am 5. Sonntag der Osterzeit nach der Eröffnung der Eucharistiefeier auch: „Gott, unser Vater, du hast uns durch deinen Sohn erlöst und als deine geliebten Kinder angenommen. Sieh voll Güte auf alle, die an Christus glauben, und schenke ihnen die wahre Freiheit und das ewige Erbe." Auch für meine Kirche bleibt die gottgewollte Freiheit ein zentrales Thema und eine prickelnde Herausforderung.

Einige katholische Thesen zur Ökumene

Veröffentlicht zum Reformationstag 2009

1.

Nicht immer wird unter „Ökumene" dasselbe verstanden. Während katholischerseits sich damit fast ausschließlich die zwischenkirchlichen Bemühungen um die Einheit der Christen und die Überwindung der Konfessionsgrenzen verbinden, gebraucht man evangelischerseits diesen Begriff auch oder sogar mehr für rein innerprotestantische Partnerschaftsbeziehungen über die Grenzen der eigenen Landeskirche hinaus und im Hinblick auf das vielfältige Engagement für die „Eine Welt". Dazu gehören dann solche Themen wie Migration und interreligiöser Dialog, Entwicklung und Umwelt sowie Friedensarbeit. So kann z. B. ein Ökumene-Zentrum eröffnet werden, ohne dass das mit anderen Kirchen irgendetwas zu tun hat. Darum unterhält man in manchen Regionen auch für die Kontakte zur katholischen Kirche ein eigenes „Catholica"-Referat. Es ist also nicht ganz unbedeutend zu wissen, was gemeint ist, wenn von „Ökumene" gesprochen wird, und welchen Stellenwert man ihr in der jeweiligen Kirche bezüglich des interkonfessionellen Verhältnisses beimisst.

2.

Meistens pflegen solche Christen ökumenische Kontakte, die schon ein Gespür für die Denk- und Lebensweise der jeweils anderen Kirche haben. Bei theologischen Gesprächen hat das manchmal zur Folge, dass man schon in relativ kurzer Zeit erfreuliche Übereinstimmungen erkennt und zu wegweisenden Ergebnissen kommt, diese aber von anderen Vertretern der beteiligten Kirchen nicht unbedingt akzeptiert werden. Dieses Dilemma divergierender Richtungen in ein und derselben Kirche verhindert manchen Fortschritt und führt gelegentlich zu regelrechten Zerreißproben. Zugleich verunsichert es die Dialogpartner und Entscheidungsträger der anderen Kirche und lässt fragen: Was gilt nun? Wer ist repräsentativ? Auf wen kann man sich noch verlassen? Andererseits gibt es neuerdings Gruppierungen aus verschiedenen Kirchen, die bislang durchaus nicht ökumenisch gesinnt waren, die aber hinsichtlich bestimmter ethischer Anliegen inzwischen über Konfessionsgrenzen hinaus mit ähnlich denkenden Kreisen Zweckbündnisse eingehen. Schon seit Längerem hingegen sehen sich auch verschiedene geistliche Bewegungen dazu herausgefordert, auf sehr persönliche Weise die christliche Einheit zum Ausdruck zu bringen und zu vertiefen. Ökumenisch bedeutsam sind außerdem so viele konfessionsverschiedene oder -verbindende Ehen und Familien, die unter der Trennung leiden, Aktionsgruppen, die sich für Frieden, Gerechtigkeit und die Bewahrung der Schöpfung einsetzen, Theologen mit einem weiten Horizont und einem Gespür für die Zeichen der Zeit, christliche Politiker, die sich den weltanschaulich veränderten Bedingungen unserer Gesellschaft zu stellen haben, soziale Einrichtungen, Schulen, Kindertagesstätten und Verbände in schon lange nicht mehr konfessionell homogener Zusammensetzung sowie die Kirchenleitungen und die Gemeinden vor Ort mit ihren unterschiedlichen zwischenmenschlichen und institutionellen Erfahrungen von Ökumene. Auf allen Ebenen findet man also Christen, die ökumenisch aufgeschlossen sind, eine größere Einheit herbeisehnen und dafür einiges bewegen. In allen Kirchen sind es aber immer noch zu wenig.

3.

Neben ökumenischen Sammlungsbewegungen gibt es fast überall auch antiökumenische Kräfte und auseinanderstrebende Gruppierungen. Für viele ist Ökumene immer noch ein Fremd-, Reiz-, Phantasie-, Füll- oder sogar Unwort. Mancherorts – wie in Jerusalem – kann man höchstens von einer „Mietshaus-Ökumene" sprechen, einem notdürftig pragmatisch geregeltem, aber oberflächlich bleibendem Nebeneinander. Im Bild gesprochen ist geklärt, wer zu welcher Zeit den Hausflur reinigt und die Tür abschließt, und es gibt auch kurze Treppengespräche – aber mehr nicht, keine wirklich gemeinsamen Überzeugungen und Anliegen oder Gebete und Gottesdienste. Dagegen sollte recht verstandene Ökumene weder Diplomatie noch Technik sein, sondern vielmehr „die Kunst, Misstrauen zu überwinden, Vertrauen aufzubauen, Freunde zu gewinnen und Freundschaften zu stiften" (Walter Kardinal Kasper). Dies gilt es noch stärker zu beherzigen und bei aller regionalen Ungleichzeitigkeit ökumenischer Entwicklungen situationsgerecht zu entfalten.

4.

Verschiedene Verwerfungen und Feindbilder der Vergangenheit haben sich als Klischees und Vorurteile so eingefleischt, dass sie trotz gegenteiliger theologischer Klärungen und kirchlicher Reformen in den letzten Jahrzehnten aus Unkenntnis oder anderen Motiven hartnäckig weitertradiert werden (z. B. Katholiken würden nach wie vor Heilige anbeten, sich von Sünden freikaufen oder nicht den sogenannten Laienkelch erhalten). Auch stimmen die Vorstellungen, die viele sich von außen über die anderen Christen machen, oftmals nicht mit der innerkirchlichen Wirklichkeit überein. So lesen Protestanten z.b. römische Papiere manchmal viel schneller und begieriger, weil das ihrem Bild von einer „zentralistischen Papstkirche" entspricht, während Katholiken selbst differenzierter und „familiärer" damit umgehen können. Um ökumenisch voranzukommen, sollte man keine Mühe scheuen, sich gegenseitig noch besser auf dem jeweils neuesten Stand von Lehre und Praxis wahrzunehmen. Das gilt besonders auch im Blick auf die Orthodoxen Kirchen, über die in unseren Breiten zum Teil nur verschwommene Vorstellungen kursieren und gegenüber denen manche ihre Vorbehalte haben, vor allem, was deren Verhältnis zur Moderne und Postmoderne betrifft. Eine gute Übung ist es da bei gemeinsamen Gesprächen, wenn jede Seite erst einmal versucht, die Position der anderen darzustellen.

5.

Von großer ökumenischer Bedeutung ist die Beantwortung der Frage: In welchem Verhältnis sehen sich die einzelnen Kirchen zur „una sancta catholica et apostolica ecclesia" des allen gemeinsamen Glaubensbekenntnisses? Die einen beanspruchen exklusiv, diese eine und einzige Kirche zu sein; andere meinen inklusiv, diese sei bei ihnen verwirklicht, man erkenne die anderen aber auch als „Mittel des Heiles" an und sehe sich mit diesen verbunden; und dann gibt es noch die pluralistische Sicht, nach der in allen Kirchen die Kirche Jesu Christi in gleicher Weise in Erscheinung trete. Diese unterschiedlichen Positionen werden jeweils durchaus selbstbewusst vertreten, ob durch theoretische Erklärungen oder im praktischen Verhalten. Sich über das eine oder andere ekklesiologische Selbstverständnis und dessen Auswirkungen, zum Beispiel auf das Problem der Eucharistie- oder Abendmahlsgemeinschaft, zu entrüsten, führt nicht weiter. Vielmehr sollte man sich zunächst erst einmal zugestehen, eigene theologische Überzeugungen auch offen sagen zu können, ohne sofort, wenn diese als unangenehm erscheinen, moralisch abgewertet und populistisch in eine antiökumenische Ecke gestellt zu werden. Der Mut zum freien Wort darf nicht nur ein evangelisches Privileg sein. Daraus könnten dann, ohne sich gegenseitig unter Druck zu setzen, fruchtbare Gespräche und zukunftsträchtige Lösungsmöglichkeiten erwachsen.

6.

Momentan haben wir keine gemeinsame Vision einer anzustrebenden Kircheneinheit. Während die katholische Seite sich schon lange von einer „Rückkehr-Ökumene" verabschiedet hat, aber eine sichtbare Einheit nach vorheriger Lösung der klassischen Kontroversthemen (gegenwärtig vor allem des Kirchen- und Amtsverständnisses) anstrebt, propagiert die evangelische Seite inzwischen immer stärker eine wechselseitige Anerkennung bei bleibenden Differenzen. Auf einmal scheint Einheit unter dem Verdacht von Vermassung, Uniformierung, Zentralismus und Entmündigung in Verruf gekommen und fast zu einem Schreckgespenst geworden zu sein. Stattdessen wird Verschiedenheit neuerdings als das Ideal gepriesen, werden Sonderwege immer mehr zur Normalität gerechnet, sieht man in der Entfremdungs- und Spaltungsgeschichte der Christenheit kaum noch eine Tragik, sondern eher sogar die erfreuliche Entwicklung zu einer größeren „Buntheit". Ohne Zweifel ist „Einheit in Vielfalt" ein zukunftsträchtiges Modell und erstrebenswert. Es stellt sich aber die Frage: Wie viel Verschiedenheit ist möglich, ohne die Einheit zu gefährden? Wie viel Einheit ist nötig, damit Vielfalt nicht zur Beliebigkeit verkommt? Welche Unterschiede sind komplementär und welche trennen? Schon jetzt verstehen sich manche Kirchen als „Einheit in Vielfalt" und sehen sich doch nicht in Einheit mit den anderen.

7.

Immer wieder einmal wird in Sonntagsreden das sogenannte „Lund-Prinzip" (die Bezeichnung bezieht sich auf den Tagungsort der 3. Weltkonferenz für Glauben und Kirchenverfassung 1952), wie es auch von der „Charta oecumenica" (2001) aufgegriffen wurde, beschworen, wonach die Kirchen möglichst gemeinsam handeln sollten, und nur darin getrennt, wo tiefe Unterschiede der Überzeugung sie dazu zwingen. Bedauerlicherweise zeigt sich in der Praxis aber, dass gemeinsames Handeln vielfach doch noch eher zu den Ausnahmen gehört. Vielleicht verbindet sich damit auch eine Überforderung. So stellt sich zum Beispiel angesichts gravierender kirchlicher Umstrukturierungen auf regionaler Ebene und vor Ort die Frage, wie der Kontakt bei größeren Flächen, weiteren Entfernungen, kleineren Gemeinden und weniger

Personal noch lebendig gehalten oder auf andere Weise überzeugend gestaltet werden kann. Gelegentlich hat man aber auch den Eindruck, dass manchmal nicht unbedingt ein Interesse an mehr Gemeinsamkeiten besteht, weil dies eventuell der eigenen Profilierung abträglich sein könnte. Gerade angesichts solcher Ernüchterungen sollte man sich der Herausforderung, so viel wie möglich gemeinsam zu tun, aufs Neue kreativ stellen und nach umsetzbaren Formen Ausschau halten.

8.

Profil zu haben, zeugt von Klarheit und ist angesichts eines zunehmenden Relativismus und einer manchmal „billigen" Ökumene durchaus begrüßenswert. Das überdeutlich hervorzukehren, kann aber auch Abgrenzungen verschärfen und konfessionalistische Verhaltensweisen wiederaufleben lassen, vor allem, wenn man sehr ausschließlich argumentiert oder sich durch den Widerspruch zum anderen definiert. Irrig wäre es dabei zum Beispiel zu meinen, die eine Seite gründe auf dem Evangelium und die andere habe sich ihre Lehre irgendwie willkürlich ausgedacht. Katholische und orthodoxe wie evangelische Christen gehen gemeinsam auf die Heilige Schrift zurück, deuten sie aber dann im Licht ihrer jeweiligen „Gewährsmänner" (Kirchenväter und/oder Reformatoren). Besser wäre es darum vielleicht, von Stärken oder Schätzen zu reden, die bei den einen mehr bewahrt oder entfaltet worden sind als bei den anderen und heute alle bei der Suche nach einer wahrhaftigen und versöhnten Einheit anregen könnten.

9.

Angesichts des 2017 anstehenden Gedenkens an die Reformation vor 500 Jahren und der schon begonnenen „Lutherdekade" stellt sich erneut die Frage nach der geschichtlichen Deutung dieses Ereignisses und der Person Martin Luthers. Glorifizierten ihn evangelische Christen früher häufig als „Glaubenshelden", „Heiligen der Nation" oder „neuen Kirchenstifter", sahen katholische Christen in ihm den „abgefallenen Mönch" und „halsstarrigen Häretiker". Schon seit Längerem sind beide Seiten zu einer differenzierteren Sicht gekommen. Dazu gehört auch, dass Luthers ursprüngliche Intention nicht die Spaltung der Kirche gewesen sei, sondern deren tief greifende Reform an Haupt und Gliedern. Dass es dann aber doch zu jener unheilvollen Entwicklung kam, ist nicht allein ihm anzulasten. Die ökumenische Bewegung der letzten Jahrzehnte mit ihren theologischen Gesprächen und praktischen Annäherungen hat es schließlich sogar möglich werden lassen, Luther evangelischer- wie katholischerseits gemeinsam als „Zeugen des Evangeliums, Lehrer im Glauben und Rufer zur geistlichen Erneuerung" sehen zu können. Damit ist Luther für Katholiken nicht etwa sprunghaft zum Heiligen geworden; er stellt aber inzwischen auch für sie eine geistliche und theologische Herausforderung dar, an der man auf dem Weg zur Einheit der getrennten Christen nicht vorbeikommt. Auf dieser Grundlage könnte sich in den nächsten Jahren ökumenisch noch mehr entwickeln: vielleicht auch eine gemeinsame Interpretation der damaligen Vorgänge und ihrer Wirkungsgeschichte. Dies aber hängt von beiden Seiten ab. Wünschenswert wäre dabei auch, evangelischerseits noch deutlicher zu klären, in welchem Verhältnis man sich heutzutage zur Kirche der ersten anderthalb Jahrtausende sieht: in deutlichem Widerspruch dazu als eine Neugründung oder in gewisser Kontinuität als die „durch die Reformation hindurchgegangene katholische Kirche" (so Bischof Wolfgang Huber). Nach wie vor bleibt die spannende Frage: Werden evangelische und katholische Christen sich nach der Dekade und dem Gedenkjahr 2017 näher oder ferner sein?

10.

Nach euphorischen Aufbrüchen in der Ökumene und beachtlichen Erfolgen ist es schon seit Längerem fast in Mode gekommen, bei Stagnationen oder Irritationen immer wieder eine „ökumenische Eiszeit" zu diagnostizieren oder herbeizureden. Sicher ist eine „heilige Ungeduld" vonnöten, damit man nicht in konfessionalistische Verhaltensweisen zurückfällt oder krampfhaft auf dem Status quo beharrt. Zugleich sollte aber auch bedacht werden, wie schwer sich viele – nicht nur etwa kirchliche Entscheidungsträger und Theologen – mit tief greifenden Reformen und einschneidenden Veränderungen tun. Das dürfte jedoch nicht daran hindern, sich selbst auf geistvolle Weise der Herausforderung nach einer überzeugenderen Einheit der Christen zu stellen. Vor Ort „sitzen wir oftmals im selben Boot" und teilen Freud und Leid gleichermaßen. Da liegt es an uns, ob wir auf Distanz gehen oder im „Dialog der Liebe und der Wahrheit" kreativ voranschreiten. Dabei gilt für alle die entscheidende Frage: Sind wir tatsächlich zugunsten einer größeren Einheit bereit, von manchem Abschied zu nehmen, vertrautem Ballast abzuwerfen und uns vom Geist Gottes neue Wege führen zu lassen? Wollen wir das wirklich? Jede Zeit ist zugleich Bewährungs- und Heilszeit.

CHRISTSEIN

AUS OSTDEUTSCHER PERSPEKTIVE

Als Hoffnungsgemeinschaft mit dem Auferstandenen auf dem Weg

*Predigt zur Amtseinführung als Bischof von Magdeburg
am 16. April 2005
(Kol 3,1-4.12-17; 4,2-6; Lk 24,13-35)*

1. „WIR ABER HATTEN GEHOFFT ..."

„Wir aber hatten gehofft ..." – Wie oft kommt es doch zu Erschütterungen, verändern sich Verhältnisse dramatisch, werden vertraute Gewohnheiten in Frage gestellt, wie oft erweisen sich bisherige Vorstellungen als brüchig, tragen langbewährte Lösungen nicht mehr weiter, ist unseren Wünschen die Erfüllung versagt, wie oft scheint einem der Boden unter den Füßen weggezogen zu werden.

Ab- und Umbrüche sind an der Tagesordnung, und wieder einmal finden wir uns selbst in solchen Prozessen vor, die unter die Haut und ans Herz gehen. Für die katholische Weltkirche markiert der Tod von Papst Johannes Paul II. das Ende einer Ära; mit dem übermorgen beginnenden Konklave wird gerade ein neues Kapitel der Geschichte eingeleitet. In Deutschland ist die Kirche in manche Krise geraten. Einschneidende Veränderungen sind notwendig; überall gilt es einzusparen, umzugewichten und sich neu zu orientieren. Auch das Bistum Magdeburg ist davon nicht ausgenommen. Als Bischof Leo vor einem reichlichen Jahr die Beschlüsse des Pastoralen Zukunftsgespräches in Kraft gesetzt hat, war das Ausmaß der notwendigen finanziellen Einsparungen noch nicht abzusehen. Spätestens jetzt ist deutlich geworden: Weitere Entscheidungen sind für die Zukunft unseres Bistums mit seinen Gemeinden und Einrichtungen nötig. Eine Erscheinungsform von Kirche wandelt sich. Wenn wir „Untergänge vermeiden" wollen, müssen wir „Übergänge gestalten" (W. Dettling). Das wird Auswirkungen auf uns alle haben und nicht ohne Ängste, Protest, Schmerz und Verlust abgehen. Auch der Sozialstaat ist auf den Prüfstand geraten. Aufgrund der demographischen und wirtschaftlichen Entwicklung scheint die bisherige Absicherung und Versorgung so nicht mehr gewährleistet zu sein. Massenarbeitslosigkeit und regionale Entvölkerung zwingen zum Umdenken. Neue Konzepte müssten den Einzelnen vermutlich mehr Eigenverantwortung zugestehen oder abverlangen.

Und in all dem nun noch ein weiterer – vielleicht nicht ganz so bedeutender – Umbruch oder Übergang: die Amtseinführung eines neuen katholischen Bischofs! „Wie gedenken Sie auf die gegenwärtigen Probleme in Kirche und Gesellschaft zu reagieren?", so wurde ich in den letzten Tagen von Journalisten immer wieder gefragt. „Wie sieht Ihr Programm aus? Wie wollen Sie Ihren Gläubigen Mut machen? Welche Perspektiven sehen Sie? Welche Signale wollen Sie setzen? Welche Hoffnung haben Sie?" Gott sei Dank muss ein Bischof nichts neu erfinden. Die wichtigsten Koordinaten sind längst gegeben. Dies in Erinnerung zu rufen, dafür einzustehen, daraus je neu die Spannung von „Bewahren und sich Bewähren" (Bischof Wanke) auszutarieren – das ist eine seiner zentralen Aufgaben: für die katholischen Christen im eigenen Bistum, aber auch – zusammen mit den anderen Christen der Region – für die Zeitgenossen, die mit Kirche nichts mehr oder noch nichts zu tun haben.

„Wir aber hatten gehofft …", so hören wir schon die Jünger auf dem Weg nach Emmaus klagen. Sie befinden sich in einer Umbruchsituation, wie sie tiefer kaum sein kann: Der, auf den sie alle Hoffnung gesetzt hatten, ist tot, schmählich hingerichtet; sein Werk scheint auf tragische Weise gescheitert zu sein. Ihre Hoffnung ist ins Leere gelaufen. Hat der Tod also doch das letzte Wort? Das, was Leben und Zukunft bedeutet hatte, ist in den Tod übergegangen. „Wir aber hatten gehofft …" In diesem Satz sammelt sich die ganze Klage derer, die vor den Trümmern ihrer Hoffnung stehen. Spiegelt sich darin nicht auch unsere eigene Klage wider, die Klage über die Situation der Kirche und manche Schwierigkeiten in den ökumenischen Beziehungen? Die einen bedauern, dass sich alles, was kostbar war und ist, so schnell wandelt; die anderen bemängeln, dass sich alles viel zu langsam wandelt. Hinzu kommt die Klage über unsere ganz persönlichen Verlusterfahrungen: Krankheit, gescheiterte Beziehungen, Verlust von Arbeit und Ansehen und Tod. „Wir aber hatten gehofft …"

2. DER AUFERSTANDENE IST LÄNGST MIT AUF DEM WEG

Jesus verurteilt diese Klage und diese Zweifel nicht. Sie dürfen sein. Sie gehören zur menschlichen Realität und Geschichte. Das war in der frühen Kirche nicht anders als heute. Aber: Die Geschichte zeigt, dass es entscheidend darauf ankommt, in dieser Klage nicht „vor Anker zu gehen". Wer vor den Trümmern seiner Hoffnung steht, ist in der Gefahr, nichts mehr zu sehen als den eigenen Schmerz. „Sie waren wie mit Blindheit geschlagen …". Jesus lädt dazu ein, über den eigenen Horizont hinaus zu blicken und die persönliche Interpretation der Vorgänge in Frage stellen zu lassen. Dann könnte sich zeigen, dass die eigene Hoffnung vielleicht noch zu kurz gegriffen hatte, von eigenen Plänen, Erfahrungen und Wünschen geprägt war, vielleicht auch von heimlichem Besitzstandsdenken oder sektiererischem Eifer.

Sicher hatten die Emmausjünger mit der Vorstellung gelebt, Gott würde den Messias groß und mächtig werden lassen und eine „Erfolgsstory" mit ihm schreiben. Scheitern und Tod dürfen da nicht vorkommen; das passt nicht in ihr Gottesbild. Vergessen waren die prophetischen Vorhersagen eines leidenden Gottesknechtes; nicht ernst genommen waren die Ankündigungen Jesu, dass auch er leiden müsse; verdrängt waren dessen Worte von der Selbstverleugnung und Kreuzesnachfolge derer, die seine Jünger sein und wahres Leben gewinnen wollen. „Musste nicht der Messias all das erleiden?", wird es ihnen durch den Fremden in Erinnerung gerufen. Und auch wir verdrängen solche ernüchternden Hinweise gern, lassen uns eher von Zahlen leiten, von einer bestimmten Erscheinung von Kirche und Gemeinde, wie wir sie kennen – vielleicht sogar bis hin zu den als unabänderlich betrachteten Gottesdienstzeiten. Wir schreiben Gott sozusagen vor, wie das Reich Gottes kommen soll. Und wenn das dann nicht eintrifft, werden wir nostalgisch, schwärmen von früher, suchen nach Schuldigen oder „fallen" gar „vom Glauben ab".

Jesus befreit die Jünger zu einer neuen Sicht des Glaubens: Gott ist größer als unsere Vorstellungen und Erwartungen, größer als die Gestalt von Kirche, die uns vertraut ist. Er hat seine Zusage in Jesus Christus nicht zurückgenommen – im Gegenteil! Der Tod hatte keine Macht über ihn. Als Auferstandener ist er immer bei uns – egal in welcher Situation. Er geht unsere Wege mit und führt auch uns in seine neue Dimension des Lebens. Das heißt, wir dürfen erkennen – wie die Jünger von Emmaus – , dass unsere Erfahrungen von Tod, Verlust und Scheitern nicht das letzte Wort haben, dass wir mit unserer tiefsten Hoffnung nicht ins Leere laufen. „Ihr seid mit Christus auferweckt, darum strebt nach dem, was im Himmel ist" – heißt es im 3. Kapitel des Kolosserbriefes. Das bedeutet: Überlasst euch nicht der Schwerkraft des alten Menschen und seinen Prägungen („das Irdische"), lasst euch vielmehr ins Kraftfeld der Liebe Gottes hineinziehen! Christen sind dann Menschen, die vom Tod zum Leben übergegangen sind; sie bilden dadurch einen Kontrapunkt zu den alltäglichen menschlichen Erfahrungen, wo alles immer wieder vom Leben in den Tod überzugehen scheint.

Das hat Folgen – im persönlichen Leben, inner- und zwischenkirchlich, gesellschaftlich. Dieser Kontrapunkt muss sich gerade da bewähren, wo die Angst, die Klage, die Trauer am größten ist, wo die Verluste am einschneidendsten erfahren werden. Gerade jetzt – in all den Umbrüchen – „dürfen wir Christen nicht vergessen, welches ‚Kapital' wir haben: die Hoffnung über den Tod hinaus. Diese Hoffnung muss sich bewähren", im Umgang mit Leiden und Tod, aber auch in den strukturellen Veränderungen, in den Finanzeinschnitten. „Wenn die Christen mutig und hoffnungsvoll an diese Probleme herangehen, können sie ihren Mitbürgern Mut machen, auch hoffnungsvoll und nicht resignativ mit den Problemen umzugehen, die das ganze Volk bewegen" (N. Feldhoff).

3. KIRCHE ALS HOFFNUNGSGEMEINSCHAFT VON BERUFENEN UND GESANDTEN

Das hat auch Folgen für unser Kirchenverständnis. Der Auferstandene zeigt sich zwar den Frauen und Männern, die ihm gefolgt waren, auch einzeln und auf verschiedene Weise, beruft sie aber jedes Mal in eine Gemeinschaft von Menschen, die miteinander die Ostererfahrung teilen, die sie feiern, die daraus miteinander leben, die sie nach außen tragen. Kirche ereignet sich von Anfang an in Gemeinschaft. Sie ist eine Gemeinschaft von Berufenen – mit unterschiedlichen Erfahrungen, Gaben und Aufgaben. Eine Berufung zu haben, ist nicht Priestern und Ordensleuten vorbehalten: Alle Getauften und Gefirmten sind berufen, die österlichen Spuren in ihrem Leben zu entdecken, den Auferstandenen, der mit ihnen geht. In jeder Biografie gibt es Ostererfahrungen. Das ist vielen Gläubigen gar nicht immer bewusst. Jeder und jede Einzelne wird dadurch beschenkt und beauftragt.

Die Krisen und Umbrüche, in denen wir uns befinden, machen genau dies notwendig: dass möglichst viele diese ihre Berufung (wieder) entdecken, dass sie nicht alles an Hauptamtliche delegieren. Dabei geht es nicht zuerst um diese oder jene Aktivität, um diesen oder jenen Posten in der Gemeinde, sondern vielmehr um die Begegnung mit dem

Auferstandenen, um eine Beziehung, um ein Geschehen des Herzens. So wächst der Glaube und findet seine Gestalt. In der Emmausgeschichte ist von einigen Frauen die Rede, die von ihrer Erfahrung des leeren Grabes und der Erscheinung von Engeln berichten; sie versetzen die Emmausjünger in Aufregung. Kirche – so könnte man daraus folgern – ist auf das Miteinander aller Gläubigen angewiesen: auf das Miteinander von Frauen und Männern mit ihren zum Teil eigenen Zugängen zur Wirklichkeit, auf das Miteinander von Priestern und Laien, auf das Miteinander zwischen einem Bischof und den anderen Gläubigen in seiner Diözese. Das ist zutiefst ein Miteinander derer, die vom Tod zum Leben übergegangen sind. Aus dieser Erfahrung und Zusage (Kol 3,14ff.) gilt es zu leben. Das ist die Basis. Nur auf diesem Fundament können die verschiedenen Dienste und Aufgaben gedeihen. Wenn immer mehr Christen ihre eigentliche – österliche – Berufung finden, werden sich sicher auch die Rollen der Hauptamtlichen verändern – und es wird neu zu buchstabieren sein, was Pastoral heißt.

Kirche ist aber auch eine Gemeinschaft von Gesandten. Die Ostererfahrung war von Anfang an mit einem Auftrag verbunden: „Geht!" Legt da Zeugnis ab, wo ihr lebt! „Seid weise im Umgang mit den Außenstehenden, nutzt die Zeit! Eure Worte seien immer freundlich, doch mit Salz gewürzt; denn ihr müsst jedem in rechter Weise antworten können" (Kol 4,5-6).

Diese missionarische Dimension ist in den letzten Jahren und Jahrzehnten wieder neu und tiefer entdeckt worden. Für viele ist sie noch ungewohnt. Es gilt aber, sie ernst zu nehmen und entsprechende Akzente zu setzen. Im Pastoralen Zukunftsgespräch haben wir formuliert: „Wir wagen den Aufbruch. Wir wollen eine Kirche sein, die sich nicht selbst genügt, sondern die allen Menschen Anteil an der Hoffnung gibt, die uns in Jesus Christus geschenkt ist. Seine Botschaft verheißt den Menschen ‚das Leben in Fülle' auch dann, wenn die eigenen Möglichkeiten ausgeschöpft sind. Deshalb nehmen wir die Herausforderung an, in unserer Diasporasituation eine missionarische Kirche zu sein. Einladend, offen und dialogbereit gehen wir in die Zukunft." Es ist und bleibt der Grundauftrag von Kirche, die Botschaft des Lebens, das den Tod überwindet, allen Menschen kundzutun und ihnen zu helfen, „... sich mit allen Glaubenden zusammen dem österlichen Licht auszusetzen und dadurch Orientierung und Hoffnung für das eigene Leben zu gewinnen" (Bischof Wanke). Viele tun sich da noch schwer, fühlen sich hilflos, sprachlos, haben Scheu davor. Es wird aber eine der wichtigsten Aufgaben der Zukunft sein – nicht, um auf „Erfolgskurs" zu gehen, sondern weil es Jesu ureigener Auftrag ist. Eine österliche Kirche zu sein – das ist nicht machbar. Es ist schon gegeben, will aber immer neu entziffert und umgesetzt werden. Dazu bedarf es der Wachsamkeit und des Gebetes, auch um die Geister zu unterscheiden. „Lasst nicht nach im Beten; seid dabei wachsam und dankbar." Von diesem Aufruf des Kolosserbriefes (4,2) fühle ich mich – wie mein Wahlspruch zeigt – besonders angesprochen. Um als Bischof in dieser Wachsamkeit und Entschiedenheit zu bleiben, bitte ich euch, bitte ich Sie, auch weiterhin für mich zu beten und mich zu unterstützen. Es wäre wunderbar, wenn wir zusammen in den Umbrüchen, die wir erfahren, einen österlichen Kontrapunkt setzen könnten. Bezeugen wir gemeinsam, dass der Auferstandene hier bei uns im Bistum Magdeburg ist und uns dazu aufruft, gelassen an den „Unheilspropheten" unserer Zeit vorbeizugehen (P. Köster), mutig und entschieden den Aufbruch zu wagen und auf die Herausforderungen zu antworten, die uns gestellt sind.

Zur Umkehr und Erneuerung herausgefordert

Hirtenbrief zur österlichen Bußzeit 2006
(Gen 9,8-15; 1 Petr 3,18-22; Mk 1,12-15)

Liebe Schwestern und Brüder, „Kehrt um und glaubt an das Evangelium!" So haben wir es eben gehört. Derselbe Satz wurde uns schon am Aschermittwoch zugerufen: „Kehrt um und glaubt an das Evangelium!" Wie können wir diese Aufforderung Jesu verstehen und umsetzen? Lassen wir uns zunächst einmal auf das ein, was im heutigen Evangelium am Anfang steht. Da heißt es: „Danach trieb der Geist Jesus in die Wüste". Das Wirken Jesu beginnt also mit einer Wüstenzeit – vierzig Tage lang. Im biblischen Sprachgebrauch bedeutet die Vierzig eine Zeit, in der etwas zur Reife und Vollendung kommen kann. Vierzig Tage Wüste! Was kann uns dieses Bild von der Wüste sagen? Was hat es mit unserer Situation zu tun?

1. DIE WÜSTE ALS ORT DER VERSUCHUNG UND ERPROBUNG

Jede Wüste stellt eine ganz besondere Herausforderung dar. Wer schon einmal in einer Wüste war, weiß um ihre Gefahren: Die Landschaft ist karg, die Sonne versengend, Durst und Hunger drohen. Der Mensch erfährt zutiefst, wie unbehaust und gefährdet er ist. So heißt es von Jesus auch: „Er lebte bei den wilden Tieren."

Kein Wunder, dass die Wüste von alters her immer als ein Ort der Versuchung und Erprobung erfahren und gedeutet wurde. Hier ist der Mensch auf die elementaren Zusammenhänge des Lebens zurückverwiesen. Und die Versuchungen setzen genau an den menschlichen Grundbedürfnissen an: an Durst, Hunger, Sehnsucht nach Geborgenheit, menschlicher Nähe und Sicherheit. Die Wüste als Ort der Versuchung und Erprobung: das dürfen wir auch im übertragenen Sinn verstehen. Wüstenähnliche Situationen sind uns nicht fremd: im ganz persönlichen Leben, im menschlichen Miteinander und als Gemeinschaft von Christen.

Erfahren wir Christen im Bistum Magdeburg unsere Zeit mit ihren tief greifenden Veränderungen nicht manchmal recht schmerzlich wie eine Wüste? Da brechen lieb gewordene Traditionen ab, die Halt und

Geborgenheit gegeben haben. Eltern und Großeltern sind besorgt um ihre Kinder und Enkelkinder, weil die Weitergabe des Glaubens offensichtlich nicht mehr so funktioniert wie früher. Die Zahl der Christen und die öffentliche Bedeutung von Kirche scheinen zurückzugehen. Schon in absehbarer Zeit müssen wir uns auf deutlich weniger Priester und andere Hauptamtliche einstellen. Und auch die finanziellen Mittel des Bistums verringern sich. Gemeinden werden schon jetzt zu Gemeindeverbünden zusammengeschlossen. Geistliche wechseln an andere Stellen und müssen sich auf ein neues Rollenverständnis in den Gemeindeverbünden einlassen. Und manches Gebäude erweist sich als überflüssig und muss einem anderen Zweck zugeführt werden.

Die einen mögen das alles mit Gelassenheit sehen, weil sie schon vor einiger Zeit aufgebrochen sind. Sie leben bereits als Gemeindeverbund und machen darin gute Erfahrungen. Ihnen geht der ganze Prozess viel zu langsam. Andere dagegen sind verunsichert und fühlen sich überrollt. Sie wünschen: „Lasst uns doch noch etwas Zeit – wir kommen nicht mehr mit!" Manche befürchten, von den größeren Gemeinden in Zukunft „platt gemacht" zu werden und ihre Identität zu verlieren. Wieder andere haben von all den Überlegungen und Planungen bisher vielleicht nur am Rande gehört und verstehen noch gar nicht so richtig, warum sich überhaupt etwas ändern soll und muss.

All diese unterschiedlichen Reaktionen und Gefühle – Ungeduld, Sorge, Enttäuschung, Gleichgültigkeit oder Resignation – sind menschlich nachvollziehbar. Manchmal enthalten sie auch vermeidbare und deshalb unnötige Frustrationen. Da gilt es auf allen Seiten wachsam und dialogbereit zu bleiben!

Vor allem sollte man um die Grundversuchung wissen, die von alters her zur Erfahrung der Wüste und ihrer Härte gehört. Sie kann sich unterschiedlich äußern: in rückwärtsgerichteter Nostalgie („früher war alles viel besser..."); in hektischem Aktivismus („wir müssten uns nur viel mehr engagieren und die Dinge strategisch geschickter anpacken – dann würden wir auch Erfolg haben!"); in der Suche nach Schuldigen oder in stiller Resignation.

Hinter all dem steht letztlich die Angst, in der Wüste auch von Gott verlassen zu werden. Deshalb – so die Meinung – müsse man, um nicht zu kurz zu kommen und um zu überleben, die Sache selbst in die Hand nehmen. Die Krise der Wüste ist deshalb immer auch eine Krise des Gottvertrauens. Das lässt angesichts unserer Situation die Frage aufkommen: Sind wir gleichermaßen ängstlich und verkrampft oder glauben wir daran, dass Gott uns auch weiterhin begleitet? Trauen wir ihm vielleicht sogar zu, dass er mit der Not unserer Kirche etwas im Sinn hat und uns auf andere Wege bringen will?

Wenn wir uns auf diese elementare Frage nach unserer Gottesbeziehung einlassen, kann uns aufleuchten, dass die Wüste auch der Ort der Läuterung und der Erneuerung ist, der Ort der „ersten Liebe", wie es beim Propheten Hosea heißt.

2. DIE WÜSTE ALS ORT DER LÄUTERUNG UND ERNEUERUNG

Alle Kenner der Wüste bestätigen, dass diese neben der Gefahr auch eine ungeheure Faszination ausüben kann. Ihre Weite und Stille, ihre intensiven Farben rühren im Menschen ganz tiefe, oft verborgene Schichten an. Das Leben wird zu einer Einfachheit zurückgebracht, die alles übersichtlich macht. Unnötiger Ballast kann zurückgelassen werden. Die Maßstäbe, die gerade in der westlichen Kultur gelten, werden auf den Kopf gestellt. Gewohntes ist angefragt. Es hat nur das Bestand, was wirklich wichtig ist. Auch die Kommunikation unter Menschen wird intensiver. Jede und jeder erfährt sich angesichts der lebensfeindlichen Umgebung immer wieder neu als Wunder und als aufeinander angewiesen.

Darum ist die Wüste auch der Ort, wo sich das Geheimnis Gottes kundtut. Nicht nur Jesus Christus, sondern auch viele große Propheten und Heilige kamen aus der Wüste und haben dort ihren Auftrag empfangen. Aus der jüngsten Zeit ist da zum Beispiel der unlängst selig gesprochene Charles de Foucauld zu nennen. Sie alle haben erfahren, dass sich durch die Härte und die Versuchungen der Wüste hindurch neues Leben eröffnen kann.

Für uns hieße das: In dem Maße, wie wir unsere Wüstensituation annehmen und versuchen, sie zu bestehen, können sich auch uns neue Perspektiven für das eigene Leben und die Zukunft unserer Gemeinden erschließen. Wenn wir den Kreislauf des Jammerns, der Klage und der gegenseitigen Schuldzuweisungen durchbrechen, könnten uns die Augen für das aufgehen, was wirklich wichtig ist. Vielleicht entdecken wir dann, wie oft Betriebsamkeit und Geschäftigkeit unser Glaubensleben überlagern. Ist manches bei uns nicht ganz einfach zu oberflächlich geworden – mehr Schein als Sein? Was nützt zum Beispiel die Frage, wie im Gemeindeverbund zukünftig die Gottesdienstzeiten geregelt werden, wenn uns gar nicht so recht bewusst ist, worum es in diesen Feiern zutiefst geht und wem wir da eigentlich begegnen? Was nützen die schönsten Kirchen, wenn darin nur wenig gebetet wird? Was nützen perfekt konzipierte und organisierte Veranstaltungen, wenn sie nicht immer wieder auch in die Tiefe führen – zu den Quellen des Glaubens? Was für einen Sinn haben kirchliche Einrichtungen, wenn ihr christlicher Geist nicht mehr richtig zu spüren ist?

Das sollte uns herausfordern! Fragen, die zum Kern unseres Glaubens und unseres Auftrags führen, sind: Woraus leben wir wirklich? Was ist unsere Hoffnung? Was macht uns zur Gemeinde Jesu Christi? Was unterscheidet uns von einem profanen Verein? Was gibt es bei uns, das andere nicht haben? Oder: Was würde in unserer Stadt, in unserem Dorf fehlen, wenn es uns nicht gäbe? Solche einfachen, aber wesentlichen Fragen führen dann auch zu einfachen und wesentlichen Antworten. Sie können aufleuchten lassen, wie eng und kleinherzig unser Glaube manchmal ist, wie eng und klein wir von Gott denken, aber auch von der Kirche – und damit auch von uns selbst und unseren Talenten und Möglichkeiten.

3. KONSEQUENZEN:
„KEHRT UM UND GLAUBT AN DAS EVANGELIUM!"

Und so kommen wir schließlich zu dem Aufruf, den wir am Ende des heutigen Evangeliums gehört haben: *„Kehrt um und glaubt an das Evangelium!"* Zugegeben, dieser Aufruf klingt vielleicht sehr fromm oder mag als moralischer Appell verstanden werden. Doch es lohnt sich, genauer hinzuschauen. Im griechischen Originaltext steht hier nämlich: „Metanoeite!" Das bedeutet: „Ändert eure Einstellung, wandelt euch, denkt um!" Gemeint ist damit – so könnte man es auch formulieren – : „Denkt größer, als ihr bisher dachtet!"

Denkt größer von Gott!
Wie viel Unheil ist schon dadurch in die Welt gekommen, dass Menschen ein zu enges Gottesbild vermittelt bekommen oder sich zurechtgelegt haben! Wenn Gott zum Beispiel vor allem der strafende Richter und Rächer ist, dann muss ich mich mein Leben lang bemühen, es ihm

recht zu machen, um der Bestrafung zu entkommen. Oder wenn Gott zum Besitz einer bestimmten Gruppe oder Religionsgemeinschaft gemacht wird, dann muss ich diejenigen bekämpfen, die anders denken. Wenn Jesus hingegen von Gott gesprochen hat, konnten die Menschen befreit aufatmen. Der Gott Jesu Christi ist reine Güte und Zuwendung. Trotz aller Enttäuschungen schließt er von sich aus – wie wir in der Lesung gehört haben – immer wieder neu einen Bund mit den Menschen. Er lässt uns niemals allein, was auch immer kommen mag. Das kann uns die Angst nehmen, wir kämen, wenn uns jetzt äußere Veränderungen im Bistum abverlangt werden, in irgendeiner Weise zu kurz. *„Denkt größer von Gott!"* – so möchte Jesus uns deshalb gerade heute zurufen.

Doch auch von der Kirche dürfen wir größer denken!
Wie eng war in der Vergangenheit oft unser Kirchenbild; wie eng ist es manchmal auch heute noch! „Außerhalb der Kirche kein Heil!" so haben wir es gelernt. Falsch verstanden haben Andersgläubige oder gar Ungläubige in einer solchen Vorstellung kaum eine Chance.
Wenn wir Gott größer denken, dann dürfen und sollen wir auch in aller Ruhe und mit großer Berechtigung über unseren Kirchturm hinausschauen. Und das gilt nicht nur in Bezug auf die anderen Gemeinden im Gemeindeverbund – auch wenn allein das schon eine große Herausforderung ist! Gott hat nicht nur uns Christen – oder gar nur uns Katholiken – im Blick, sondern alle Menschen. Er ist jenseits unserer Kirchenmauern bereits am Werk. Dies gilt es zu entdecken. Davon sollte man sich überraschen lassen. Denn wir sind nicht nur für uns selbst da, für unsere eigenen Gemeinden und auch nicht nur für den Gemeindeverbund, sondern auch und gerade für die anderen. Hier liegt die Wurzel all dessen, was mit dem oft sperrigen und schwierigen Wort von der „missionarischen Kirche" gemeint ist. Hier gibt es noch vieles zu erfahren und zu erproben; und dies geht sicher quer zu manch tief sitzenden Gewohnheiten.

Und damit hängt ein letztes zusammen: Wenn wir von der Kirche größer denken, heißt das auch, dass wir von der Berufung und dem Auftrag aller Christen größer denken sollen!
Allen – sowohl Laien wie Priestern und Bischof – ist mit auf den Weg gegeben worden, das Evangelium durch Wort und Tat überall, wo wir leben, bekannt zu machen. Das ist weder an ein Amt noch an ein

Studium gebunden, sondern zutiefst eine Frage des lebendigen und mündigen Glaubens. Wenn wir Jesus Christus in unserem persönlichen und im gemeindlichen Leben wirklich die größte Bedeutung beimessen, wird uns so viel Kraft und Zuversicht daraus erwachsen, dass dies nicht ohne Wirkung bleibt. Dann wächst eine lebendige Gemeinde aus Menschen, die ihren Glauben miteinander teilen und feiern – ob da nun vor Ort ein Priester wohnt oder nicht. Dann werden vielleicht auch andere Menschen neugierig und fangen an, uns nach unserem Glauben und unserer Hoffnung zu fragen.

Liebe Schwestern und Brüder! *„Kehrt um und glaubt an das Evangelium!"* Möge diese ermutigende Aufforderung Jesu uns in Bewegung bringen und verändern! Denken wir größer von Gott! Schauen wir über unsere Kirchenmauern hinaus! Erkennen wir unsere Berufung und unseren Auftrag! Haben wir den Mut, uns auf das einzulassen, was Gott uns zutraut!

Wozu soll Glaube gut sein?

*Weihnachtsartikel für die „Magdeburger Volksstimme"
am 22. Dezember 2006*

Was wäre ein Bilderrahmen ohne Bild? Vielleicht aufwändig gestaltet und nett anzuschauen, aber inhaltsleer und fragwürdig. Manchmal erweckt das Weihnachtsfest heutzutage in unseren Breiten den Eindruck, nur noch ein großartiger oder verschnörkelter goldener Rahmen zu sein; das Bild aber, dessentwegen man ihn angefertigt hat, ist inzwischen verblasst, übertüncht oder ersetzt. Wer feiert Weihnachten noch bewusst als Geburtsfest Jesu von Nazareth, als Ankunft des Sohnes Gottes auf Erden?

Dazu müsste man glauben können, aber damit tun sich viele schwer. Glaube erscheint als ein Relikt der Vergangenheit, eine infantile Verhaltensweise – aufgeklärter Menschen des 21. Jahrhunderts unwürdig. Und die mit Glauben in Verbindung gebrachten Kirchen gelten – im Sinne früherer Marxisten und ihrer geistigen Nachfolger – wenigstens unbewusst noch immer als „bürgerlich-kapitalistische Verdummungsanstalten".

Wozu soll Glaube überhaupt gut sein? Gilt es für einen modernen Menschen nicht, voll und ganz auf Wissen zu setzen?

„Woran glaubt, wer nicht glaubt?", so lautet der Titel eines veröffentlichten Briefwechsels zwischen Carlo Martini, dem früheren Mailänder Kardinal, und Umberto Eco, der durch seinen Roman „Im Namen der Rose" berühmt geworden ist. Ein Christ und ein Nichtchrist spüren darin von unterschiedlichen Positionen her der Frage nach, was das Leben sinnvoll macht, wovon man – auch in Krisen – getragen werden kann, woher Werte kommen und wofür es sich einzusetzen lohnt.

Dabei wird deutlich: Ohne jeglichen Glauben würden wir Menschen verkümmern. Wer meint, für ihn gelte allein exaktes Wissen, macht sich etwas vor. Wie oft wird auch da blindlings vertraut! Niemand hat die Zeit und macht sich die Mühe, jeden angeblichen Beweis selbst zu überprüfen. Treffend hat dazu Christa Nickels bemerkt: „Wenn man sieht, was die Politiker den Wissenschaftlern alles glauben, dann sind die Teilnehmer an einer Marienprozession staubtrockene Realisten." Doch je mehr wir zu wissen glauben, desto größer wird auch die Skepsis, ob all diese Erkenntnisse uns tatsächlich nützen oder glücklicher und menschlicher machen. Die Welt mathematisch-naturwissenschaftlich zu erfassen, ist eine Zugangsweise zur Wirklichkeit; sich ihr ganzheitlich – das heißt: im Glauben – zuzuwenden, eine andere. Schon im Verhältnis zu anderen Menschen spielen nicht nur deren Größe, Gewicht oder Nutzen eine Rolle. Sympathie oder Liebe zum Beispiel lassen sich zwar aufgrund gewisser Anzeichen oder ausdrücklicher Bekundungen erahnen – aber letztlich nicht beweisen. Man kann auch belogen und betrogen werden und raffinierten Täuschungen erliegen. Wer aber anderen nicht dauernd misstrauisch begegnen will, kommt nicht umhin, es mit Vertrauen und Glauben zu probieren. Das ist ein Wagnis, eröffnet aber neue Horizonte und neue Lebensmöglichkeiten.

Noch spannender, radikaler und folgenreicher wird es, wenn jemand anfängt, tiefer über sich, das Leben und die Welt nachzudenken, wenn sich die Ahnung einstellt, dass da wohl doch noch etwas mehr ist als nur eine oberflächliche und berechenbare Welt, wenn Gott ins Spiel kommt.

Für Christen ist er nicht etwa nur ein höchstes Prinzip, irgendein absolutes Sein oder eine unpersönliche Schicksalsmacht, sondern jemand, zu dem man trotz seiner Unbegreiflichkeit „Du" sagen kann. Und mit der Person des Juden Jesus, der vor etwa 2000 Jahren in Palästina gelebt hat, verbindet sich der Glaube, dass in ihm Gott selbst in die Weltgeschichte eingegangen ist und anfassbar wurde, ja dass er gewissermaßen das authentische Bild des unsichtbaren Gottes, aber auch der Inbegriff des exemplarischen Menschen sei, quasi sein Prototyp.

Das lässt sich nicht naturwissenschaftlich beweisen, wird aber seitdem von Unzähligen geglaubt und hat deren Leben positiv verändert. Ein solcher Glaube versteht sich nicht als irrationale Träumerei, sondern stellt sich der Vernunft und der Welt, wie sie ist: mit ihren Möglichkeiten und Bedrohungen, Faszinationen und Grausamkeiten, Freuden und Leiden. Er ist kein Opium für Arme oder Luxus für Betuchte. Auch wenn er oftmals in der Geschichte politisch instrumentalisiert oder anderweitig missbraucht wurde, ist er keine militante Ideologie, die Hass und Gewalt rechtfertigen kann oder darf.

Christlicher Glaube ist auf Gemeinschaft angelegt und erschöpft sich nicht in religiösen Gefühlen. Gegen allen Egoismus und alle Gleichgültigkeit drängt er zum Handeln: zum Einsatz für die Menschenwürde und das Gemeinwohl, für soziale Gerechtigkeit und einen barmherzigen Umgang miteinander. Dabei erliegt er aber nicht der Illusion, das Paradies auf Erden errichten zu können. Er kennt auch eigenes Versagen, weiß um alle Unvollkommenheit und Sünde und hofft doch immer wieder auf Gnade, Umkehr und Versöhnung.

Das alles hat durchaus mit Weihnachten zu tun. Darum verdient dieses Fest auch nicht nur einen goldenen Rahmen. Noch mehr ist seine Botschaft – das eigentliche Bild – es wert, beachtet zu werden: als Ermutigung zum Leben, zu Freude und Zuversicht.

„Ihr sollt die Menschen froh machen!"

Predigt zur Jugendwallfahrt am 2. Juni 2007 im Kloster Huysburg (Phil 4,4-7; Mk 10,17-21; hl. Elisabeth)

1. „WAS MUSS ICH TUN, UM DAS EWIGE LEBEN ZU GEWINNEN?"

Diese Frage des Mannes aus dem Evangelium scheint nicht unsere Frage zu sein. Wer von euch würde seine Eltern, Lehrer oder Seelsorger so abgehoben fragen? Bewegen euch und viele Jugendliche nicht ganz andere Probleme?
- Wie kann ich meine Existenz sichern?
  - Wie komme ich zu möglichst viel Geld („Kohle", „Knete"), damit ich mir meine Träume erfüllen kann?
  - Wie kriege ich einen Job?
  - Welche Berufsausbildung kann ich machen, welches Studium ergreifen?
- Wie kann ich mich entfalten? Was macht mir Freude?
- Wer versteht mich, akzeptiert mich, liebt mich? Auf wen kann ich mich verlassen? Gibt es jemanden, der oder die mit mir durch dick und dünn geht und auch zu mir hält, wenn ich scheitere und am Boden bin?
- Wer könnte mich brauchen? Wer würde sich über mich freuen?
- Was könnte der Sinn meines Lebens sein?
  - Wofür lohnt es sich zu leben, sich einzusetzen?
  - Was hat Wert, Bestand – selbst über den Tod hinaus?
  - Was sind Schätze, die nicht Rost oder Motten zerstören können?
- Was könnte mich unvergesslich machen – bei Menschen, bei Gott?
  - Genialität und Erfolge in Wissenschaft, Politik und Künsten?
  - Mancher ist durch Grausamkeit und Schrecken in Erinnerung geblieben.
  - Weit mehr aber sind durch ihre Güte und Barmherzigkeit zu unvergesslichen Hoffnungszeichen für die Menschheit geworden.

„*Was muss ich tun, um das ewige Leben zu gewinnen?*" Was muss ich tun, um wahrhaft sinnvoll zu leben? Vielleicht ist diese Frage doch gar nicht so abwegig oder unmodern? Vielleicht treibt sie unsere Sehnsüchte nur auf die Spitze und fasst zusammen, worum alle unsere Fragen kreisen: Worauf kommt es letztendlich im Leben an? Was ist entscheidend? Und was muss ich dazu tun?

2. „VERKAUFE, WAS DU HAST" UND „GIB DAS GELD DEN ARMEN", „DANN KOMM UND FOLGE MIR NACH!"

Das ist die Antwort, die Jesus im Evangelium dem Fragesteller gibt. Mit einer solchen Radikalität hat der nicht gerechnet, und er geht – wie es heißt „traurig weg, denn er hatte ein großes Vermögen". Eine solche Radikalität macht auch mich – und vermutlich euch auch – betroffen und etwas ratlos. Warum ist Jesus gegenüber Reichtum und Besitz so kritisch?

Dahinter steht eine alte Erfahrung – und auch Märchen sprechen davon: Besitz verändert den Menschen. Eigentlich müsste man davon glücklicher, sorgloser, großzügiger und hilfsbereiter werden. Es ist aber eigenartig: Stattdessen werden andere Mechanismen in Gang gesetzt.

„Was ist das bloß mit dem Geld?", fragt in einer Anekdote aus dem Ostjudentum jemand den Rabbi. Und der verweist auf ein Fenster und auf einen Spiegel. „Siehst du", sagt er: „Das Fenster ist aus Glas gemacht und der Spiegel ist aus Glas gemacht. Man braucht bloß ein bisschen Silber dahinter zu legen, schon sieht man nur noch sich selbst."

- Wer etwas besitzt, möchte immer mehr haben. So sagt auch der Volksmund: „Je mehr er hat, je mehr er will." Der Besitzende kann sogar zum Besessenen werden.
- Die Sorgen nehmen zu. Wie kann ich meinen Reichtum sichern? Wie kann ich ihn mehren? Für viele sind das bedrängende Fragen.
- In diesem Sinn tut man sich auch schwerer, etwas wegzugeben. Die relativ größeren Spenden kommen zumeist von weniger Begüterten.
- Um noch mehr anzureichern, kann man sogar käuflich und gewissenlos werden und sich herrschenden Verhältnissen berechnend anpassen. Wer hingegen nicht so abhängig ist, legt oftmals mehr Mut an den Tag. Das bestätigt zum Beispiel auch Karl Marx, wenn

er sagt: „Der Proletarier ist revolutionär, weil er nichts zu verlieren, aber alles zu gewinnen hat."
- Beziehungen werden vergiftet. „Beim Geld hört" – wie es heißt – „die Freundschaft auf."

Das Verständnis und Interesse an personalen und geistigen Werten (zum Beispiel Treue, Zuverlässigkeit, Gerechtigkeit, Freundschaft, Erbarmen) geht zurück. Religiöse Fragen versanden.

Natürlich kann man mit Geld, Reichtum und Besitz auch Gutes tun; man kann sich davon aber auch den Charakter verderben lassen. Und darum ist Jesus so kritisch und radikal.

Elisabeth von Thüringen hat dies ins Herz getroffen und herausgefordert. Sie konnte das menschliche Leid und die gesellschaftliche Ungerechtigkeit ihrer Zeit nicht einfach übersehen oder hinnehmen. Sie konnte auch nicht alle Probleme lösen. Sie hat aber die Möglichkeiten, die ihr zur Verfügung standen, leidenschaftlich eingesetzt. Sie hatte weder ein kaltes Herz noch den Krampf in den Fingern. Sie wusste sich von Gott geliebt und fühlte sich gedrängt, diese Liebe an ihre armseligen Mitmenschen weiterzugeben. Und das hat man sich gemerkt bis zum heutigen Tag: Christen und Nichtchristen. Obwohl sie nur 24 Jahre alt geworden ist, ist ihr Lebenszeugnis noch immer im Bewusstsein vieler.

3. „DER HAT SEIN LEBEN AM BESTEN VERBRACHT, DER DIE MEISTEN MENSCHEN HAT FROH GEMACHT.", SO LAUTET EIN – JEDENFALLS MIR – BEKANNTER KANON.

Was aber heißt das: Menschen froh zu machen?
- Im Internet findet man dazu zum Beispiel die Rede von einem „Lernziel Fröhlichkeit". Die Deutschen würden viel zu wenig lachen, heißt es da. Man solle sich aktiv darum bemühen, wieder froh zu werden. Zum Beispiel könne man ja einem „Lachclub" beitreten.
- Oder es werden T-Shirts mit der Aufschrift „Think positive" angeboten.
- Andere geben den Rat, man solle versuchen, immer „gut drauf" zu sein, weil man dann mehr Erfolg habe.
- Und jemand verbindet das Thema mit seinen positiven Erfahrungen beim Einkauf in einer großen Handelskette, in dem er bemerkt: „Dort machen schon die Tüten froh!"

Ist es das, was Menschen froh macht? Reichen dumme Sprüche, alberne Bemerkungen oder spaßige Lachsäcke, um unseren Lebensmut zu steigern? Amüsiert sich eine Spaßgesellschaft, die selbst Nachrichtensendungen immer mehr als Unterhaltungsshows inszeniert, nicht allmählich zu Tode? Kann einem nicht oftmals das blöde Lachen vergehen?

Hat die hl. Elisabeth den Kranken und Armen etwa Witze erzählt, um sie so von ihren Schmerzen und Sorgen abzulenken, oder ihnen viel Spaß gewünscht? Das wäre makaber!

Keine Frage: Es kann tatsächlich etwas sehr Schönes und Heilsames sein, Menschen zum Lachen zu bringen und ihnen auf diese Weise auch Freude zu schenken; vor allem, wenn der Humor wirklich echt und tief und nicht billig und abgestanden ist. Menschen richtig froh zu machen, ist aber mehr als sie nur spaßig zu unterhalten. In manchen Situationen würde uns der Witz im Halse stecken bleiben.

Wahre Freude kommt wohl erst da auf,

- wo Einsamkeit durchbrochen und Geborgenheit erfahren wird,
- wo Menschen Nöte wahrnehmen, sich von ihnen ergreifen lassen und sie zu lindern versuchen,
- wo jemand bereit ist, sein Leben zu teilen, sein Herz oder wenigstens etwas von sich zu verschenken, sympathisch zu sein – d. h. mitzuleiden.

Elisabeth war dazu bereit und hat damit anderen Menschen geholfen, ihr Leben gelassener, mutiger oder froher zu bestehen. Sie hat Brot verteilt und Hunger gestillt. Die Legende hat daraus Rosen werden lassen und damit die Freude zum Ausdruck gebracht, die selbstlose Taten auslösen können.

Liebe Jugendliche!
„Was muss ich tun, um das ewige Leben zu gewinnen?" Vielleicht stellt der eine oder andere von euch sich doch einmal diese Frage. *„Verkaufe, was du hast"* und *„gib das Geld den Armen",* hat Jesus darauf geantwortet, *„dann komm und folge mir nach!"* „Ihr sollt die Menschen froh machen!" so legt es uns die hl. Elisabeth ans Herz.

Das alles hat nicht nur irgendwie miteinander zu tun. Als Christen gehört es für uns zusammen:

- nicht im Egoismus zu erstarren,
- für unsere Mitmenschen empfindsam zu bleiben,
- unsere Gaben und Güter hilfreich einzusetzen,
- viele froh zu machen,
- und dabei selbst froh zu werden, jetzt und im Blick auf das, was uns noch erwartet – auf Erden und im Himmel.

Habt Mut dazu, euer Leben nicht leichtfertig zu verschleudern! Habt Mut dazu, es geistvoll einzusetzen!

„Ihr werdet meine Zeugen sein"

*Predigt zur Bistumswallfahrt am 2. September 2007
im Kloster Huysburg
(Apg 17, 16-34)*

„Zeugen gesucht!" Wie oft kann man diesem Aufruf doch begegnen, in der Zeitung, im Rundfunk oder im Fernsehen: wenn ein Unfall geschehen ist, wenn randaliert oder gestohlen, zusammengeschlagen oder gemordet wurde. Wer kann etwas bezeugen, damit die Wahrheit ans Licht kommt und ein gerechtes Urteil gefunden wird?

„Zeugen gesucht!" Auch die Heilige Schrift fordert uns immer wieder dazu heraus. Wir sollen als Zeugen in Erscheinung treten: aber nicht für unheilvolle Ereignisse, sondern für Jesus Christus, seine Botschaft, sein Leben, seinen Geist. Dahinter steht die Gewissheit, dass dies allen Menschen gut tun kann. In diesem Bewusstsein haben sich unzählige Christen durch zwei Jahrtausende hindurch in aller Welt für die Verbreitung des Evangeliums eingesetzt. Elisabeth von Thüringen und Mechthild von Magdeburg, deren 800. Geburtstag wir in diesem Jahr feiern, sind besondere Beispiele dafür. Und auch wir sind heute herausgefordert, mutig und phantasievoll dafür einzutreten, nicht am Nordpol oder in der Sahara, sondern hier in Mitteldeutschland, in unseren konkreten Verhältnissen, im Jahre 2007.

Lösen wir damit aber nicht Irritationen aus? Wer möchte in unserer Region schon wirklich mit dem christlichen Glauben konfrontiert werden und sich seinem Anspruch mit Leib und Seele stellen?

„Darüber wollen wir dich ein andermal hören." Dieser Satz aus der Apostelgeschichte ist fast schon zu einem geflügelten Wort geworden. So könnten auch unsere Zeitgenossen antworten. Auf galante Weise wird damit kundgetan, dass eigentlich kein Interesse an einem weiteren Gespräch über den christlichen Glauben besteht. Andere würden sich sicher sogar massiver äußern. Zeugen Gottes scheinen alles andere als gesucht und gebraucht zu werden.

Das ernüchtert und macht uns oftmals ratlos. Wo sollen wir da überhaupt ansetzen? Wie gehen wir damit um, dass es uns manchmal genauso geht wie dem Apostel Paulus in Athen, dass wir Hohn und Spott ernten – oder bestenfalls eine höflich-unverbindliche Absage?

Die berühmte Areopagrede, die uns Lukas in der Apostelgeschichte überliefert, ein Höhepunkt in der frühchristlichen Auseinandersetzung mit der heidnischen Kultur, gibt uns dazu hilfreiche Anregungen. Darin steckt einiges an Zündstoff. Mit dieser Rede erweist sich Paulus geradezu als ein Meister christlicher Zeugenschaft. Wie geht er vor?

1. SICH DES EIGENEN GLAUBENS BEWUSST SEIN

Zunächst einmal fällt auf, wie offensiv sich Paulus ins Gespräch bringt. Er geht nicht nur in die Synagoge zu seinesgleichen, sondern auch auf den Marktplatz. Dort will er öffentlich diskutieren. Nichts kann ihn davon abhalten.

Was ist es, das ihn da antreibt? Paulus ist einer, der eine tiefe Erfahrung mit Gott gemacht hat. Genauer: er ist dem auferstandenen Herrn begegnet. Er ist von ihm gefunden worden. Diese Begegnung hat ihn unwiderruflich geprägt. Dahinter kann er nicht mehr zurück. Jesus, der Auferstandene, ist für ihn zur Spur des Lebens geworden. Seitdem ist für ihn alles anders. Und darüber kann er unmöglich schweigen, das muss er überall bekannt machen.

Am Beginn eines Glaubensgespräches – so können wir von Paulus lernen – steht also die eigene Erfahrung mit Gott. Paulus ermutigt uns dazu, sich immer wieder einmal selbst zu fragen: „Was bedeutet mir der Glaube eigentlich? Wer ist Jesus Christus für mich? Wie prägt der Auferstandene mein Leben?"

Sitten und Gebräuche, Traditionen und Konventionen können helfen, den Glauben zu leben; sie können ihn aber auch muffig werden lassen und vielleicht sogar abtöten. Was ist das denn für ein Glaube, wenn jemand droht, dem Gottesdienst fernzubleiben oder sich nicht mehr in der Gemeinde zu engagieren, nur weil sich etwas in den bisherigen Gewohnheiten verändern muss! Lebendiger Glaube aber verkraftet vieles und befähigt dazu, konstruktiv mit Problemen umzugehen. Nur wer tatsächlich vom Geist Christi ergriffen ist und „brennt, entflammt auch andere".

Paulus regt uns also an, nach den eigenen Wurzeln zu suchen und zu einer tieferen Sicht unseres Glaubens zu gelangen. Der Glaube ist dann nicht nur die äußerliche Weitergabe einer Botschaft, sondern eine heilende Lebenserfahrung, an der wir auch andere teilhaben lassen wollen.

2. AN DER REALITÄT UND DER SEHNSUCHT DER MENSCHEN ANKNÜPFEN

Ein zweites können wir von Paulus lernen. Als er sich vor den gebildeten Athenern behaupten muss, geht er sehr einfühlsam und zugleich geschickt vor. Anstatt seinem Zorn über die vielen Götzenbilder Luft zu machen, die ihm als erstes ins Auge gesprungen waren, hebt er zunächst einmal das Positive hervor: die intensive Frömmigkeit der Athener. Damit schafft er eine Atmosphäre des Vertrauens. Sein Hinweis auf den Altar mit der Inschrift „Einem unbekannten Gott" trifft den rechten Ton. Paulus ist es offenbar wichtig, dass er die Menschen bei ihrer Suche nach Gott ansprechen kann, so diffus und unverbindlich diese auch sein mag. Er holt sie – so könnte man es modern sagen – dort ab, wo sie stehen; sie müssen nicht zu ihm kommen.

Kann ein solches Vorgehen nicht auch für unser Gespräch mit Andersdenkenden ein Hinweis sein? Wir sprechen ja oft davon, dass man die Menschen da abholen muss, wo sie sind. Damit ist nicht einfach ein geschickter Schachzug gemeint. Das würde sofort durchschaut werden. Es geht eher um den Respekt vor den Erfahrungen und Schätzen der anderen. Es geht darum, sich selbst als Mensch zu erweisen, der echt ist: der das auch lebt, was er sagt. Wer vom Gott Jesu Christi sprechen will, kann das glaubhaft nur dann, wenn er sich für die anderen wirklich interessiert und sie respektiert. Eine verlässliche menschliche Beziehung aufzubauen, ist oft eine der wichtigsten Brücken, um miteinander auch über Gott sprechen zu können.

Wissen wir aber, was unsere nichtchristlichen Mitbürger so bewegt, wonach sie sich sehnen, woraus sie leben, was sie erhoffen, was ihnen Halt und Kraft gibt und woran sie vielleicht doch glauben? Interessiert es uns überhaupt? Oder grenzen wir uns bewusst oder unbewusst von ihnen ab, eventuell auch aus Angst, sie könnten uns ja nach unserem ganz persönlichen Glauben fragen?

Um den christlichen Glauben zu bezeugen, brauchen wir Anknüpfungspunkte; und das erfordert Offenheit und Sensibilität, Klugheit und Toleranz, Kontaktfreudigkeit und Mitgefühl.

3. DIE GÖTZEN ENTLARVEN

Und schließlich ein drittes. Paulus bleibt nicht bei der Bejahung und Bestätigung stehen. Rasch kommt er zur Sache, um die es ihm eigentlich geht: Er will den Athenern das Geheimnis des „unbekannten Gottes" entschlüsseln. Damit will er keineswegs noch einen weiteren Gott unter den zahlreichen Göttern einführen. Athen war damals ja ein Schmelztiegel vieler Kulturen und Religionen. Nein: Paulus scheut sich nicht, den Unterschied deutlich zu machen, den der Gott Jesu Christi zu den allgemein verehrten Göttern darstellt. Paulus bezieht eindeutig Stellung. In seiner Rede wird klar, dass es keine harmonische Vereinbarkeit zwischen dem biblischen Gott und den vielen Götzen gibt. Der Gott Jesu Christi ist keine menschliche Projektion, er steht auch nicht im Dienst menschlicher Bedürfnisse. Er fordert vielmehr zu Entscheidung und Umkehr heraus.

Der Gipfel der Zumutung ist es dann, dass Paulus von der Auferstehung Jesu spricht. Darauf läuft seine ganze Rede hinaus. Das ist für ihn der Dreh- und Angelpunkt. Spätestes an dieser Stelle hört die Harmonie mit seinen Zuhörern auf. Hier scheiden sich die Geister. Die einen verspotten ihn, so heißt es; andere ziehen sich höflich zurück.

Im Gespräch mit anderen ist das sicher der schwierigste Punkt. Es erscheint relativ leicht, einander zuzustimmen – wir wollen ja alle nur das Beste – und sich darin gegenseitig zu bestätigen. Was aber, wenn diese unverbindliche Nähe an eine Grenze kommt, an einen Punkt, wo die Botschaft des Evangeliums auf dem Spiel steht? An dieser Stelle kann unser Glaube durchaus zu dem in Widerspruch geraten, was Menschen für richtig halten oder was gesellschaftlich „in" ist. Denken wir doch nur an die Debatte um die Forschung mit embryonalen Stammzellen oder an die Frage nach aktiver Sterbehilfe.

Der christliche Glaube kann unseren Verstand provozieren. Er kann aber auch unsere eingefleischten Gewohnheiten und heimlichen Sehnsüchte in Frage stellen. Nicht alles, was wir Menschen können, darf auch umgesetzt werden!

Doch wer so redet, wird sich nicht nur Freunde machen. Und es ist schwer, an dieser Stelle zu widerstehen. Wie viel leichter ist es doch, die Härte und die Zumutung des christlichen Glaubens da ein wenig zu glätten! Wer will schon anecken oder als „weltfremd" gelten. Zeuge zu sein, ist nicht immer bequem. Es kann sogar gefährlich werden!

Paulus lehrt uns jedoch, dass ein Glaubenszeuge hier nicht ausweichen darf. Es geht um das Heil der Menschen. Nur Gott allein kann das Leben schenken. Menschliche Heilsversprechen werden immer zu kurz greifen oder gar in die Irre führen. Das können wir in erschreckender Deutlichkeit überall da sehen, wo Menschen sich politischen oder auch religiösen Parolen anschließen, die das Paradies auf Erden versprechen und oftmals nur in neue Versklavungen führen.

Als Zeugen können und dürfen wir nicht wegschauen, wenn so etwas geschieht. Wir können und dürfen die Menschen sich nicht selbst überlassen. Im Geiste Jesu Christi müssen wir Stellung beziehen und uns einmischen, tatkräftig und konkret: Das gilt für den Schutz des Lebens von der Zeugung bis zum Tod. Das gilt für die Bewahrung von Gottes guter Schöpfung, die wir nutzen dürfen, aber nicht ausbeuten sollen. Das betrifft die Gerechtigkeit in unserer Einen Welt, in der das Lebensrecht und die Würde jedes Menschen geachtet werden muss, egal ob er mir nahe steht oder nicht, ob er in Deutschland geboren wurde oder sich hier um Asyl bemüht. Das betrifft auch den Frieden zwischen den Völkern wie das Zusammenleben in unserer Gesellschaft. Um Gottes und der Menschen willen sind wir herausgefordert, gegen jede Form des Extremismus und Rassismus anzugehen, ja schon gegen die Anfänge eines solchen Denkens und Verhaltens.

Was kennzeichnet also einen Zeugen Gottes? Folgt man Paulus, so gehört sicher dazu, sich des eigenen Glaubens bewusst zu sein, an der Realität und der Sehnsucht der Menschen anzuknüpfen, aber auch den Mut zu haben, die Götzen dieser Welt zu entlarven.

In dem Maße, in dem wir selbst von Jesus Christus ergriffen sind, werden wir es dann auch aushalten, wenn sich nicht unbedingt flächendeckende Erfolge einstellen. Und auch dies kann Paulus uns mit auf den Weg geben: In aller Ruhe und Gelassenheit geht er aus der Mitte der Athener weg, ohne sich um Erfolg oder Misserfolg zu kümmern. Er zählt diejenigen nicht, die sich ihm anschließen. Er weiß, dass er sein Zeugnis gegeben hat. Nun muss es weiter wirken.

Und schließlich sollten wir uns auch darüber im Klaren sein, dass es letztlich nicht in unserer Hand liegt, Menschen zu bekehren. Das ist zutiefst Gottes Sache. Wir aber dürfen und sollen uns mühen, dass Menschen, die Jesus Christus und sein Lebens-Angebot nicht kennen, damit in Berührung kommen. Vielleicht werden sie dann angeregt, weiter zu gehen, oftmals auch auf Wegen, die uns verborgen bleiben. Und wir dürfen darauf vertrauen, dass Gott auch die Menschen im Blick hat, an die wir nicht herankommen.

Mögen viele von der österlichen Botschaft erreicht und bewegt werden und möge es uns gelingen, den Glauben an Jesus Christus – den Gekreuzigten und Auferstandenen – selbstbewusst und ansteckend zu bezeugen.

Wer ist mein Nächster?

Predigt bei einem Wallfahrtsgottesdienst im Gedenken an die heilige Elisabeth auf der Neuenburg am 15. September 2007
(Röm 12,1-8; Lk 10,25-37)

1. UNVORHERGESEHENE FÄLLE

Es gab eine Zeit, da war bei den Juden das öffentliche und private Leben durch Gesetze und Vorschriften geregelt und derjenige galt als fromm, der alle Regeln kannte und sich peinlichst daran hielt. Schwierig wurde es dann, wenn sich die Situation veränderte und auf einmal unvorhergesehene Fälle eintraten.
Wer ist mein Nächster? Das ist für den jüdischen Gesetzeslehrer, den uns das heutige Evangelium vor Augen führt, durchaus keine primitive Frage gewesen. Bisher hatte für einen frommen Juden als Nächster gegolten, wer zu seinem Volk gehörte. Inzwischen waren aber viele Fremde – also Nichtjuden – eingewandert; und man fragte sich verunsichert: Sind das auch Nächste, die es zu lieben gilt?
Und später gab es Zeiten und Gegenden, da war unter uns Katholiken das öffentliche und private Leben durch Gesetze und Vorschriften geregelt, und diese wurden weithin auch eingehalten. Verließen Katholiken jedoch ihr heimatliches Gebiet oder wurde die Gesellschaft pluralistischer, gerieten viele äußerlich und innerlich in die Zerstreuung und mussten ihr Verhältnis zu den anderen Mitmenschen neu bestimmen.
Wer ist mein Nächster? Diese Frage ist auch für uns keine primitive Frage.

- Ist mein Nächster der, der genauso wie ich als überzeugter Christ lebt?
- Ist mein Nächster der, der mir sympathisch ist?
- Ist mein Nächster der, der sich meiner Hilfe als würdig erweist?
- Oder ist mein Nächster auch jeder andere, selbst jemand, der mich in Frage stellt?

Wer ist mein Nächster? Jeder, der sich wirklich einmal die Mühe macht, intensiv darüber nachzudenken, wird sicher immer betroffener werden. Die Zahl derer nämlich, die theoretisch in Frage kämen, steigt heute ins Unermessliche. Da fällt der Blick nicht nur auf solche Menschen, mit denen man regelmäßig zu tun hat oder die einem hin und wieder begegnen; die modernen Verkehrs- und Kommunikationsmittel haben es mit sich gebracht, dass sogar „Fernste" oftmals zu „Nächsten" werden können. Und mit wie viel menschlicher Not in aller Welt werden wir fast täglich konfrontiert!

Ist es da nicht eine unerhörte Zumutung, was Jesus in seiner Erzählung vom barmherzigen Samariter zum Ausdruck bringt: Dein Nächster ist schlicht und einfach, wer deine Hilfe braucht, wer „unter die Räuber gefallen" ist. Ihm bist du der Nächste. In ihm begegnet dir sogar Gott selbst. Überfordert das uns nicht maßlos? Ich selbst erlebe immer wieder angesichts von Bettlern das Dilemma, betroffen zu sein und doch zu meinen, nicht angemessen helfen zu können. Ein paar Cent oder Euro sind doch keine wirkliche Lösung. Wo bleibt denn da die Würde des Bedürftigen? Und zu mehr – wer ist da schon bereit?

2. REAKTIONEN

Nun gibt es verschiedene Möglichkeiten, mit einem solchen Problem fertig zu werden. Man kann weiter im Brustton der Überzeugung das Ideal christlicher Nächstenliebe hochhalten, gleichzeitig aber sich im konkreten Fall mit angeblich vernünftigen Gründen herausreden. Und die lassen sich meistens finden: Warum gerade ich? Mir geht es auch nicht besonders gut! Sollen sich doch offizielle Stellen darum kümmern! Und schließlich: Wer weiß, ob die Not auch echt ist? Vielleicht verbirgt sich dahinter nur ein „Geschäft mit dem Mitleid"? Wie oft versucht doch unsere Vernunft, spontane Nächstenliebe zu verhindern und andere als unserer Hilfe nicht nötig zu entlarven!

Jaques Debout – ein französischer Schriftsteller – hat dieses Bestreben einmal kurios auf die Spitze getrieben. In seiner „Vernünftigen Kritik des barmherzigen Samaritans" bekennt er, nie daran gedacht zu haben, diesen nachzuahmen. Jesus habe bei dieser Erzählung wohl aus pädagogischen Gründen etwas stark aufgetragen und orientalisch übertrieben. Der Samariter hätte sich erst einmal erkundigen sollen, was der Sterbende für ein Individuum sei, vielleicht „selber ein Räuber ..., den anständigere Räuber aus einem Rest von Gewissenhaftigkeit" zusammengeschlagen hatten, ein „streitsüchtiger Kerl", ein „Landstreicher" oder „Schlafwandler", womöglich ein „aufrührerisches Element". Wer instinktiv jedem ersten Besten helfe, „verpfusche und entehre den wahren Begriff der Nächstenliebe". Und dann sei der Samariter „nicht einmal so klug, es bei einem kleinen Almosen oder bei einem guten Wort bewenden zu lassen", sondern pflege „irgendeinen Unbekannten wie seinen Bruder". Außerdem habe er sicher seine „Familienpflichten vernachlässigen" müssen, „um sich solche Extravaganzen erlauben zu können". Da er bestimmt zu spät ins Büro gekommen sei, habe er seinen Vorgesetzten hintergangen, so gut wie er den Gastwirt hereingelegt und seine Kinder um das volle Erbe gebracht habe. Und Debout schließt seine Kritik am barmherzigen Samariter mit dem provokanten Satz: „Ich weiß, dass er einen Sterbenden gerettet hat, aber ich frage mich, ob dies zu seiner Entschuldigung genügt."

So verrückt kann man eigentlich gar nicht denken, wie hier argumentiert wird. Aber verbergen sich hinter dieser Kritik nicht doch manche unserer heimlichen Einwände gegenüber dem, was Jesus im Anschluss an die Erzählung vom barmherzigen Samariter sagt: „Geh und handle genauso"?

Manche versuchen sich auch nicht unbedingt mit Vernunftargumenten davon freizusprechen, sondern kapitulieren ganz einfach. Sie würden schon gerne helfen, kommen aber über den guten Vorsatz nicht hinaus und finden sich eines Tages mit ihrer Unvollkommenheit ab. Andere halten vielleicht individuellen Einsatz nur für einen „Tropfen auf den heißen Stein"; ihrer Meinung nach müssten globale Lösungen angestrebt werden. Und wieder andere lassen keine salbungsvollen Worte ertönen, sondern sind da zur Stelle, wo sie gebraucht werden, und tun das, was in ihren Kräften steht.

3. CHRISTUS FOLGEN

Wenn wir der heiligen Elisabeth gedenken, dann ist es das, was uns so beeindruckt und 800 Jahre nach ihrer Geburt immer noch nachgeht: Sie hat sich nicht theoretisch mit der Frage nach dem Nächsten auseinandergesetzt, sondern spontan und konkret gehandelt. Sie konnte das menschliche Leid und die gesellschaftliche Ungerechtigkeit ihrer Zeit nicht einfach übersehen oder hinnehmen. Sie konnte auch nicht alle Probleme lösen. Sie hat aber die Möglichkeiten, die ihr zur Verfügung standen, leidenschaftlich eingesetzt und weder ein kaltes Herz noch den Krampf in den Fingern gehabt. Gegen alle Widerstände hat sie die Schranken von Herkunft und gesellschaftlich anerkannten Maßstäben durchbrochen und ihr kurzes Leben ganz in den Dienst der Kranken und Armen gestellt.

Das war für sie weit mehr als ein Gebot. Sie wusste sich von Gott geliebt und fühlte sich gedrängt, diese Liebe an ihre armseligen Mitmenschen weiterzugeben. In ihnen hat sie Jesus Christus selbst erkannt. Gerade in seiner menschlichen Schwäche wurde er für sie anschaulich. Er ist es, den sie aufsucht, tröstet und speist; seine Wunden sind es, die sie verbindet. Und so wird Elisabeth zu einer Zeugin Jesu Christi selbst. In einer Zeit der Gnadenlosigkeit gibt sie der Gnade ein Gesicht. Im Unheil zeigt sie auf, wie Heilung aussehen kann. Elisabeth bezeugt, dass die Gnade keine Grenzen kennt. Von der Liebe zu Gott und den Menschen bewegt, richtet sie sich nicht nach der Vernunft, sie fragt nicht, ob es etwas bringt, einem anderen Menschen zu helfen; sie tut es ganz einfach.

Wer ist mein Nächster? Auch wir begegnen vielen, die im Sinne Jesu unter die Räuber gefallen sind. Da sind die unzähligen Opfer der gesellschaftlichen Umbrüche, in denen wir leben: Arbeitslose, allein gelassene alte Menschen oder Kinder aus instabilen Verhältnissen. Da sind die unzähligen Opfer ihres persönlichen Schicksals: unglücklich Verheiratete oder Geschiedene, Suchtkranke, Pflegebedürftige oder Demenzkranke. Da sind die unzähligen Opfer politischer oder wirtschaftlicher Verhältnisse: Obdachlose, Migranten oder Asylanten.

Wir können sie links liegen lassen. Wir können uns rechtfertigen und finden sicher viele vernünftige Gründe dafür. Wir können in ihnen aber auch schlicht und einfach unsere „Nächsten" sehen, die uns etwas bedeuten – egal, ob sie unvorsichtig waren, egal, ob sie selbst Schuld auf sich geladen haben, egal, ob sie anders denken und leben als wir. Wir können die heilige Elisabeth nicht ehren und feiern, ohne selbst anderen, die „unter die Räuber gefallen sind", zum Nächsten zu werden.

Von Albert Schweitzer stammt der Ausspruch: „So sehr mich das Problem des Elends in der Welt beschäftigte, so verlor ich mich doch nie im Grübeln darüber, sondern hielt mich an den Gedanken, dass es jedem von uns verliehen sei, etwas von diesem Elend zum Aufhören zu bringen." Das wäre ein Ansatzpunkt, um neuen Mut zu schöpfen. Niemand von uns kann und soll sich um alle kümmern, die Not leiden. Es gibt aber immer wieder Gelegenheiten, wo wir ganz gefordert sind;

und da kommt es darauf an, ob wir achtlos vorübergehen oder wie der Samariter und Elisabeth barmherzig reagieren. Das letzte Wort Jesu im Evangelium war: „Dann geh und handle genauso!" Es galt nicht nur dem jüdischen Gesetzeslehrer, es gilt auch uns! Und wenn wir davon wirklich gepackt würden und es ernst nähmen, könnte unsere Welt tatsächlich heller, wärmer und liebevoller werden.

Erinnerung stiftet Leben

Predigt beim Internationalen Hansetag und
Ökumenischen Kirchentag in Salzwedel am 8. Juni 2008
(Offb 21,1-5a; Joh 1,35-51)

„Die Zukunft war früher auch schon mal besser!" Dieser ironische Satz von Karl Valentin gilt wohl all denen, die sich in Nostalgie flüchten und die Vergangenheit verklären: „Früher, ja – da war alles besser: die gesellschaftlichen Verhältnisse, Moral und Sicherheit, das menschliche Zusammenleben, ja sogar die Jugend", und – so könnte man schließen – selbst die Zukunft.

Mit seiner Bemerkung löst Karl Valentin aber auch noch eine tiefere Frage aus: Wie steht es eigentlich um unser Verhältnis zur Zukunft, unsere sehr persönliche, aber auch die unserer Gesellschaft, unserer Kirchen, ja der ganzen Schöpfung? Erfüllt uns der Blick darauf mit Zuversicht – oder eher mit Sorge?

Kritische Beobachter des Zeitgeschehens machen darauf aufmerksam, dass es heute vor allem an tragenden Perspektiven für die Zukunft fehle; und das sogar in einem doppelten Sinn: Viele wissen nicht, wie sie ihr ganz konkretes Leben meistern und in Würde bestehen können; vielen mangelt es aber auch an Perspektiven über das irdische Leben hinaus. „Früher" – so beschreibt es die Autorin eines Buches mit dem bezeichnenden Titel „Das Leben als letzte Gelegenheit" – lebten die Menschen „40 Jahre plus ewig" und „heute leben sie nur noch 90 Jahre".

Ist es also doch so, wie Karl Valentin sagt, dass die Zukunft früher auch schon mal besser war? Unversehens bekommt dieser Satz nun sogar einen tödlichen Ernst. Wo es aber keine tragenden Zukunftsaussichten gibt, kann das menschliche Leben sinnlos erscheinen. Dann ist es auch nur noch ein kleiner Schritt zu Resignation, Verzweiflung oder auch gewalttätigen Reaktionen.

1. „ZUKUNFT BRAUCHT HERKUNFT"

Wie können wir diesem Verlust an Zukunft gegensteuern? Einer der wichtigsten Schritte besteht sicher darin, nach den eigenen Wurzeln zu suchen. „Zukunft braucht Herkunft", sagt der Philosoph Odo

Marquard. Wir müssen wissen, wo wir herkommen und wo unsere Wurzeln sind. Die Erinnerung gehört zu unserem Leben und stiftet Identität: die Erinnerung an eigene Erlebnisse, an Höhen und Tiefen, Schicksalsschläge und Glücksmomente, Erfolge und Versagen, besonders auch an die Überwindung von Krisen, an Aufbrüche und Neuanfänge. Wer Jahrzehnte die DDR – abgegrenzt durch Mauer und Zaun – mit Frustrationen und Sehnsüchten durchlebt und erlitten hat, darf das nicht vergessen, ebenso aber auch nicht die Zivilcourage so mancher und die friedliche Revolution von 1989, die diesem Spuk ein Ende bereitet hat. Und auch die Freiheit seitdem ist nicht nur grauer als der Traum von ihr; wer sie verteufelt, hat schon verdrängt, was vorher war. Froh machende wie belastende Erinnerungen begleiten uns; der Umgang mit ihnen prägt auch unsere Zukunft. Eine Gesellschaft, die ihre Vergangenheit vergisst, verfälscht oder überbetont, wird krank, immer leichter manipulierbar und letztlich unfähig, sich zukunftsträchtig zu erneuern. Das deutet auch Erich Kästner in einem seiner Gedichte recht unverblümt an: „Die Erinnerung ist eine mysteriöse Macht und bildet die Menschen um. Wer das, was schön war, vergisst, wird böse. Wer das, was schlimm war, vergisst, wird dumm."

Für uns Christen heißt das über die allgemeinen Erfahrungen hinaus, sich ebenso der eigenen Kirchengeschichte und der gemeinsamen Vergangenheit bewusst zu bleiben: der ökumenischen Annäherungen in den letzten Jahrzehnten, der zuvor konfliktreichen Auseinanderentwicklung nach der Reformation, dem Mittelalter – das ja in diesen Tagen hier in Salzwedel so lebendig wird – mit seinen Licht- und Schattenseiten bis zur Christianisierung unserer Region. Unsere Wurzeln reichen aber noch viel weiter zurück: in die griechisch-römische Zeit und in die Geschichte des Volkes Israel. Ohne das jüdisch-christliche Erbe ist unsere europäische Kultur gar nicht denkbar.

2. UNVERGESSLICHE HEILSGESCHICHTEN

Wer die Bibel – das grundlegende Buch dieses Jahrtausende alten Welterbes – aufschlägt, findet unzählige Lebens- und Glaubenserfahrungen, Berichte und Deutungen, Handlungsmuster und Visionen; ja wir sind davon überzeugt, dass Gott selbst uns dadurch anspricht. Es ist schon beeindruckend, darin einem sehr realistischen Menschenbild zu begegnen, in seiner ganzen Spannung von der Würde und Herausforderung, als Geschöpf Gottes sein Ebenbild darzustellen, über den Wahn, selbst wie Gott sein zu wollen und sich gegen ihn zu erheben, bis zur Erbärmlichkeit, letztlich nur Staub zu sein und wie die Blume des Feldes zu vergehen. Dann aber ist es trostreich und ermutigend, an all das erinnert zu werden, was durch Gottes Kraft bewirkt wurde und gelungen ist, an all die Zeichen seiner Nähe, Barmherzigkeit und Treue.

An diese Geschichte Gottes mit den Menschen knüpft auch Jesus an. Er greift die kollektive Erinnerung an die Heilserfahrungen auf, die Israel dabei gemacht hat: die Befreiung aus der Knechtschaft Ägyptens und den Durchzug durchs Rote Meer, den Weg in das verheißene Land und den Bundesschluss Gottes mit seinem Volk. Diese Erfahrungen, so verkündet Jesus durch sein Leben und Sterben, sind nicht nur wahr und gültig. Sie werden davon sogar noch übertroffen! Denn die Erlösung, die er bringt, bedeutet mehr, als nur der Macht irdischer Herrscher entzogen zu sein; sie vermittelt uns die Freiheit von der Sünde, ja sogar die Freiheit vom Tod. Und der Aufbruch, den er verkündet, ist mehr als das Abschütteln der Sklaverei oder der Beginn einer Zukunft, die dann doch nach 60 oder 80 Jahren vorbei ist. Nein, er will den Aufbruch in eine Zukunft, die nie endet, einen Aufbruch ins Leben, das keinen Untergang kennt, einen Aufbruch ins Licht, das immer leuchtet.

Durch ihn ist endgültig offenbar geworden, wer Gott ist und was er mit uns vorhat. Nunmehr wissen oder ahnen wir wenigstens, woher wir kommen und wohin wir gehen. Letztendlich sind wir himmlischer Herkunft und leben aus Gottes Gnade – nicht als Marionetten, sondern als Wesen, die verantwortlich mit ihrer Freiheit umgehen sollen. Unsere tiefsten Wurzeln liegen in Gottes schöpferischer Liebe – und in dieser Liebe eröffnet sich auch unsere Zukunft. Der Himmel steht uns offen!

3. „SEHT, ICH MACHE ALLES NEU"

In diesem Sinne ist auch die Lesung aus der Offenbarung des Johannes zu verstehen. Keine kosmische Weltdeutung tritt uns da entgegen; es sollen auch keine berechenbaren Vorhersagen gemacht werden. Vielmehr will dieses apokalyptische Buch den bedrängten Christen Kleinasiens am Ende des ersten Jahrhunderts Mut zusprechen. Es will den

Himmel offen halten für Menschen, die für sich keine Zukunft mehr sehen.

In Bildern, die an die alten Heilserfahrungen anknüpfen, drückt deshalb der Seher von Patmos seinen Glauben aus, dass mit der Auferstehung Jesu von Nazareth etwas ganz Neues und Endgültiges begonnen hat. Nie mehr, so sagt er, wird der Tod über das Leben triumphieren können. Nie mehr wird es grenzenlosen Schmerz und unerträgliche Einsamkeit geben. Nie mehr wird jemand ins Leere laufen. Denn nun ist in unsere Geschichte, ja in den ganzen Kosmos, sozusagen ein Name eingraviert: der Name Jesu Christi. Er reißt uns in seinen Sieg mit hinein. Er hat in uns einen Keim unzerstörbaren Lebens eingepflanzt. Nichts kann uns mehr von ihm trennen, mag unser Weg manchmal auch noch so dunkel erscheinen. Das alte Lied ist vorbei. Unser Leben steht jetzt in einem anderen Horizont, unter anderen Voraussetzungen und Perspektiven. Himmel und Erde erscheinen in einem neuen Licht.

„Die Zukunft war früher auch schon mal besser!" Erinnern wir uns an dieses „Früher" – nicht in schwärmerischer Nostalgie, sondern in gläubiger Besinnung auf das, was uns zugesagt ist: Unsere Herkunft liegt in Gott. Er hat auf ewig seinen Bund mit uns geschlossen. Er will in unserer Mitte wohnen. In Jesus Christus ist er uns zum Bruder geworden. Und wenn wir uns in seinem Namen versammeln, wird dies in besonderer Weise immer wieder aufs Neue erfahrbar.

Als Christen sind wir mehr als nur Museumswärter oder Hüter einer gerade noch glimmenden Asche. Wir stehen in einer lebendigen Tradition mit allem „für" und „wider". Manchmal tragen wir schwer unter diesem historischen Ballast und werden als die „Ewig-Gestrigen" bezeichnet. Dann aber profitieren wir wieder von den Welterfahrungen einer Bewegung, die wie keine andere schon so lange existiert und immer noch genügend Puste und Verstand, Rückgrat und Beweglichkeit, Charme und Begeisterungsfähigkeit hat. Sich der Geschichte Gottes und der Menschen zu erinnern, stiftet wahrhaft Leben, stärkt uns den Rücken, weitet den Horizont und gibt uns Kraft für unseren Auftrag: in dieser Welt und Gesellschaft den Himmel offen zu halten, für alle Menschen in unserem Land, besonders aber für die, die keine Zukunft sehen. Wir sind tief verwurzelt und – so hoffe ich – auch geistvoll beflügelt, uns konstruktiv den Herausforderungen der Gegenwart und Zukunft zu stellen. Nehmen wir diese an und gehen wir mutig und phantasievoll unseren Weg weiter.

Katholisch – reformerisch – ökumenisch

Predigt zum 150-jährigen Jubiläum der katholischen Gemeinde in der Lutherstadt Eisleben am 28. September 2008
(Phil 2,1-11; Mt 21,28-32)

Als Schulkind – in Halle aufgewachsen – bin ich einmal für einige Wochen ins katholische Eichsfeld verschickt worden. Es war eine wunderschöne Zeit, fast idyllisch, zu erleben, wie wohltuend eine volkskirchliche Atmosphäre sein kann. Sonderbar fand ich es aber, wenn meine Gastgeber über die Situation sprachen, aus der ich kam. „Diaspora" war das Schlüsselwort; und das klang so, als ob ich sonst irgendwo hinterm Busch oder in einer Wüste lebte.

Für viele ist „Diaspora" ein unverständliches Fremdwort; für uns Katholiken hier in dieser Region aber ein vertrauter Begriff. Die Situation, die damit erfasst wird, ist jedoch nicht völlig neu. Schon der 1. Petrusbrief richtet sich ausdrücklich „an die Auserwählten, die als Fremde ... in der Zerstreuung (Diaspora) leben" (1 Petr 1,1).

Unter die anderen zerstreut zu sein, das war und ist das Schicksal und die Herausforderung, die Last und die Chance der katholischen Christen hier in dieser Region seit über 400 Jahren, eine zusammengewürfelte Kirche von Zugezogenen zu sein, skeptisch beäugt, manchmal sogar diskriminiert und bekämpft, ein gesellschaftlicher Fremdkörper.

Was muss es da vor 150 Jahren bedeutet haben, als hier in Eisleben nach der Reformation zum ersten Mal wieder ein eigener Priester vor Ort war, als 1891 die Gemeinde zur Pfarrei erhoben wurde und 1924 schließlich die Pfarrkirche geweiht werden konnte.

In wie vielen politischen Systemen musste man sich zurechtfinden, behaupten und bewähren: im preußischen Staat wie im Deutschen Kaiserreich, während der Weimarer Republik wie unter der Nazi-Diktatur, zur DDR-Zeit unter kommunistischer Herrschaft wie nun schon fast zwei Jahrzehnte in einer pluralistischen Demokratie. Wie oft haben sich die wirtschaftlichen Verhältnisse dramatisch verändert, galt es immer wieder, sich auf neue Bevölkerungsbewegungen einzustellen.

Und auch die Diaspora-Erfahrung war sehr unterschiedlich. Mal lebten die Katholiken hier als Minderheit in einer weithin als evangelisch geltenden Gesellschaft, dann musste man sich gemeinsam mit den evangelischen Christen gegen den marxistisch-leninistischen

Atheismus und Materialismus zur Wehr setzen, und heute finden wir uns vor Ort gewissermaßen in einer doppelten Diaspora vor: als christliche Minderheit inmitten von mehr als 80% Konfessionslosen, und dann auch noch – was für einige fast exotisch klingt – als katholisch. Und manchmal verschärft sich die Situation noch dadurch, dass jemand, der bewusst christlich leben will, selbst in der eigenen Familie und Verwandtschaft keinen Rückhalt und kein Verständnis dafür mehr findet.

Was hat sich doch alles seit 1858 verändert. Fast nichts ist so geblieben, wie es einmal war. Und doch gibt es Ihre Gemeinde nach wie vor in recht lebendiger Weise. Kirche ist nicht an bestimmte Verhältnisse gebunden; sie kann überall – auch unter schwierigsten Umständen – Wurzeln schlagen, sich entfalten und ihrer Sendung gerecht werden. Entscheidend ist aber, dass möglichst viele dies begreifen und sich mutig den jeweiligen Herausforderungen stellen.

Was könnte das für uns katholische Christen hier und heute in dieser Region bedeuten, besonders vielleicht sogar für die St. Gertrud-Gemeinde in der Lutherstadt Eisleben? Was hat uns geprägt? Was ist uns wichtig? Was treibt uns an?

1. KATHOLISCH

Zunächst einmal – so könnte man sagen – verstehen wir uns als „katholisch". Und das heißt: Wir gehören einer konkreten Kirche an, die sich in einer 2000-jährigen Tradition sieht: von der Sammlungsbewegung Jesu von Nazareth an über die ersten christlichen Gemeinden nach seiner Auferstehung und dem Pfingstereignis bis heute. Eine wechselvolle Geschichte liegt hinter uns. Manchmal tragen wir schwer unter diesem historischen Ballast und werden als die „Ewig-Gestrigen" bezeichnet; dann aber profitieren wir wieder von den Welterfahrungen einer Bewegung, die wie keine andere schon so lange existiert.

Wir stehen in Gemeinschaft mit unzähligen Ortskirchen und ihren Bischöfen auf dem ganzen Erdenrund, besonders natürlich mit dem Bischof von Rom, unserem Papst. Nein, er ist nicht das Haupt der Kirche – das ist und bleibt Christus – aber er ist dazu bestellt, den Dienst der Einheit wahrzunehmen. Und diese Einheit meint nicht Gleichschaltung und Uniformität, sondern vielmehr Einheit in Vielfalt, Einheit im Verstehen über die Grenzen von Völkern und Nationen, Rassen und Klassen, Kulturen und Parteien hinaus. Unsere Kirche ist durchaus kein erratischer Block; und ich staune immer wieder darüber, wie diese Gemeinschaft überhaupt zusammengehalten werden kann.

Freilich gibt es auch andere Erfahrungen. In einer Anekdote vom Vorabend des Zweiten Vatikanischen Konzils wird erzählt: Ein katholischer Bauer aus Südoldenburg (er könnte durchaus auch von anderswoher sein) solle gesagt haben: „Lasst die in Rom beschließen, was sie wollen, ich bleibe katholisch!" Katholisch-Sein, das hieß damals und heißt auch heute noch für viele: dass sich in der Kirche nichts ändern darf. Katholisch-Sein hieß und heißt: alles bewahren und wie ein Fels in der Brandung stehen. Katholisch-Sein hieß und heißt: sich von den anderen abgrenzen. Das aber wäre kleinkariert und borniert, engstirnig und fast sektiererisch. Wahre Katholizität hingegen zeigt sich in einem langen Atem und einer großen Weite, im Mut, sich auf die Welt einzulassen und sich ihren Problemen geistreich zu stellen.

2. REFORMERISCH

Klingt das nicht zu ideal? Machen wir uns da nichts vor? Ist das nicht ideologieverdächtig?

Die heutige Lesung könnte und sollte uns auch in dieser Hinsicht nachdenklich machen. Paulus ermahnt die Gemeinde in Philippi, eines Sinnes zu sein, einander in Liebe verbunden, einmütig und einträchtig. Niemand solle etwas aus Ehrgeiz und Prahlerei tun. Jeder und jede möge vielmehr in Demut die anderen höher einschätzen als sich selbst und nicht nur auf das eigene Wohl achten. Alle sollten untereinander so gesinnt sein, wie es dem Leben in Christus Jesus entspricht. Das aber heißt: Es ist schon unter den Christen Philippis manches im Argen gewesen, sonst hätte Paulus nicht daran erinnert. Und bereits Jesus kritisiert – wie wir im Evangelium gehört haben – fromme Leute, die zwar formal „ja" sagen, also zustimmen und sich sehr sicher geben, den Willen Gottes zu erfüllen, in Wirklichkeit aber nicht entsprechend handeln. Man kann auch im Glauben verhärten und sich dem Anspruch des Evangeliums verweigern.

Ziehen sich solche Erfahrungen nicht durch die ganze Geschichte der Kirche? Sie ist keine Elitetruppe, sondern ein Volk, zu dem auch Schwächlinge, Versager und Heuchler gehören, eine Gemeinschaft, die ihre Verwundeten mit sich schleppt – nicht nur göttlich, sondern auch zutiefst menschlich, und darum permanent der Erneuerung bedürftig. „Ecclesia semper reformanda", so hat es auch das Zweite Vatikanische Konzil erklärt: Die Kirche muss – so könnte man ein zweites wichtiges Merkmal unseres Selbstverständnisses benennen – immer wieder reformiert werden, um ihrem Auftrag gerecht zu bleiben.

In fast allen Jahrhunderten hat es solche Reformen und Neuaufbrüche gegeben und auch heute sind wir von der Frage herausgefordert, ob wir vor dem bestehen können, was Jesus Christus gewollt hat und wozu sein Geist uns drängt. Darum darf und muss es auch Kritik und Selbstkritik geben. Versagen wird nicht durch Beschönigung ausgeräumt, sondern durch Bekehrung und Bekenntnis. Und das Erfreuliche ist, dass die Kirche nicht nur ständig der Erneuerung bedarf, sondern auch dazu fähig ist. Trotz aller Unvollkommenheit hat sie immer noch genügend Rückgrat, Beweglichkeit, Überzeugungskraft, Charme und Begeisterungsfähigkeit.

3. ÖKUMENISCH

So ist es erstaunlicherweise unserer Kirche im vergangenen Jahrhundert auch gelungen, aus ihrer konfessionalistischen Engführung auszubrechen. Seit der Reformation im 16. Jahrhundert hatten sich die verschiedenen christlichen Richtungen immer mehr voneinander abgesetzt und im Widerspruch zueinander profiliert. Nunmehr aber haben wir – und das wäre ein dritter wesentlicher Aspekt unserer heutigen Identität – uns mit dem Zweiten Vatikanischen Konzil „unumkehrbar dazu verpflichtet, den Weg der Suche nach Ökumene einzuschlagen und damit auf den Geist des Herrn zu hören, der uns lehrt, aufmerksam die ‚Zeichen der Zeit' zu lesen". Trotz mancher Aporien und Rückschläge gilt es, um die Einheit mit allen Kräften weiter zu ringen. So erklärt unsere Kirche auch, „dass der Ökumenismus ... nicht bloß irgendein ‚Anhängsel' ist, das der traditionellen Tätigkeit der Kirche angeführt wird", sondern „im Gegenteil" „organisch zu ihrem Leben und Wirken" gehöre. Katholisch sein bedeutet seitdem auch: Wir genügen uns nicht mehr selbst, sondern pflegen den Kontakt zu den anderen christlichen Kirchen und Gemeinschaften und wissen uns eingebunden in die weltweite ökumenische Bewegung. Gerade in den Lutherstädten Wittenberg und Eisleben ist das für uns nicht nur eine kühne Vorstellung geblieben, sondern in vielem Wirklichkeit geworden.

Auch wenn manche Spannungen und Konflikte nicht ausbleiben, gilt es, auf diesem Weg weiter zu gehen: beharrlich und fair, nüchtern und hoffnungsvoll, mutig und kreativ, mit Herz und Verstand. In diesem Sinn hat schon Papst Johannes Paul II. bei seiner Begegnung mit Vertretern der Evangelischen Kirche in Deutschland am 17. November 1980 in Mainz betont: „Wir dürfen es nicht bei der Feststellung belassen: Also sind und bleiben wir ewiglich geschieden und wider einander. Miteinander sind wir berufen, im Dialog der Wahrheit und der Liebe die volle Einheit im Glauben anzustreben. Erst die volle Einheit gibt uns die Möglichkeit, uns eines Sinnes und eines Glaubens an dem Tisch des Herrn zu versammeln. ... Wir müssen im Gespräch und Kontakt bleiben. ... Wir dürfen nichts unversucht lassen. Wir müssen tun, was eint. Wir schulden es Gott und der Welt."

Liebe Schwestern und Brüder, wir feiern das 150-jährige Jubiläum der katholischen Gemeinde zu Eisleben. Wir schauen zurück und danken für alle, die dazu beigetragen haben, dass es eine lebendige Gemeinde geblieben ist, vor allem aber Gott selbst für seinen Segen. Möge er uns auch weiterhin die Kraft schenken, Christus zu folgen und uns in seinem Geist den gegenwärtigen und zukünftigen Herausforderungen zu stellen: katholisch fundiert, reformerisch aufgeschlossen und ökumenisch gesinnt.

„Du hast uns in die Freiheit hinausgeführt" (Ps 66)

Hirtenbrief zur österlichen Bußzeit 2009

1. „... DA WAREN WIR ALLE WIE TRÄUMENDE" (PS 126)

Liebe Schwestern und Brüder, zwanzig Jahre ist es schon wieder her, als die innerdeutsche Mauer fiel und die Grenzen sich für uns öffneten. Vom „antifaschistischen Schutzwall" war die Rede gewesen; in Wirklichkeit hatte er sich mit seinen Selbstschussanlagen gegen die eigene Bevölkerung gerichtet. Was war das doch für ein Gefühl, nun nicht mehr eingesperrt zu sein! Auch wenn viele sich schon lange nach einer freiheitlichen Gesellschaft gesehnt und dafür eingesetzt hatten, kam eine solche Wende für die meisten doch überraschend. Voller Staunen trugen manche Christen in jenen Tagen Psalm 126 auf den Lippen, in dem es heißt: „Da waren wir alle wie Träumende. Da war unser Mund voll Lachen und unsere Zunge voll Jubel. Da sagte man unter den anderen Völkern: ‚Der Herr hat an ihnen Großes getan'". Eine Ahnung tat sich auf, die vielen zur gläubigen Gewissheit wurde: Hier ist weder Berechenbares noch rein Zufälliges geschehen. Hier war nicht nur das Maß voll und die Zeit reif. Hier sind auch nicht allein Menschen am Werk gewesen. Hier hat Gott selbst ein Zeichen gesetzt und unser Tun mit seiner Hilfe begleitet. Er hat uns – mit den Worten von Psalm 66 ausgedrückt – „in die Freiheit hinausgeführt".

Noch heute gilt es, ihm von Herzen dafür Dank zu sagen. Wir sollten aber auch die Erinnerung an die vielen wach halten, die mit dazu beigetragen haben, dass ein Unrechtssystem gewaltlos zu Fall kam, dass die Einheit unseres Landes wiederhergestellt werden konnte und Europa heute versöhnter denn je in Erscheinung tritt. Ich denke dabei besonders an die mutigen Bürgerrechtler und die friedlichen Demonstranten, aber ebenso an etliche Kirchenführer und Staatsmänner, die prophetisch und entschieden gehandelt haben. Neben dem revolutionären Elan der Ostdeutschen und dem solidarischen Beistand der Westdeutschen ist aber auch nicht zu vergessen: Ohne die schon viel länger andauernden Befreiungsbewegungen in Polen, in der Tschechoslowakei und in Ungarn wäre es wohl auch bei uns nicht zu einer solchen Entwicklung gekommen. Von großem Einfluss auf diese

Vorgänge war zweifellos auch Papst Johannes Paul II., der aus seiner Kritik am Kommunismus kein Hehl machte und seinen polnischen Landsleuten geistig den Rücken stärkte.

Wie viele neue Möglichkeiten eröffneten sich uns doch nach dem Mauerfall. Auf einmal konnten wir reisen, wohin wir wollten, vieles kaufen, was uns gefiel, und vor allem ungehindert sagen, was wir dachten. Was war das für eine Freude, Verwandte und Bekannte wiederzutreffen, von denen viele zum Teil Jahrzehnte getrennt waren, oder neue deutsch-deutsche Freundschaften zu schließen! Wie erhebend war es, 1990 erstmals frei wählen zu können (die Beteiligung lag dabei übrigens bei 94 Prozent)! Und auch wir Christen hatten plötzlich die Chance, die gesellschaftlichen Verhältnisse aktiv mitzugestalten. Tatkräftig und herzlich war und ist seitdem die Unterstützung, die wir Katholiken durch unsere westlichen Schwestern und Brüder, ihre Bistümer und das Bonifatiuswerk in Paderborn erfahren. Dank dieser Hilfe konnten wir viele unserer Gebäude sanieren und auf die neuen Herausforderungen kreativ eingehen. Auch manche Ordensgemeinschaften haben uns dabei geholfen.

Welchen Stress mussten wir aber auch nach der Wende bewältigen! Während sich für die meisten Westdeutschen nicht viel änderte, waren wir im Osten über lange Zeit fast nur damit beschäftigt, uns auf die neuen Verhältnisse umzustellen. Gewaltiges wurde uns abverlangt; aber wir haben es geschafft. Das sollte uns mit Stolz und Freude erfüllen.

Vergessen Sie all das nicht! Halten Sie die Erinnerung wach! Und erzählen Sie auch Ihren Kindern und Enkeln, wie Sie die damaligen Umbrüche erlebt haben und was sie Ihnen bedeuten!

2. „DIE FREIHEIT IST GRAUER ALS DER TRAUM VON IHR"

Liebe Schwestern und Brüder, inzwischen ist laut Umfragen eine Mehrheit von Deutschen mit der Entwicklung in den letzten zwanzig Jahren und mit der heutigen Situation unzufrieden. Besonders Ostdeutschen erscheint die errungene Freiheit „grauer als der Traum von ihr". Vielleicht hatten manche so etwas wie ein Schlaraffenland oder ein Paradies erwartet, vielleicht aber auch nur ein möglichst sorgenfreies Leben mit einem geregelten Einkommen und einer abgesicherten Zukunft. Stattdessen ist fast alles komplizierter geworden. Das

Leben in einer freiheitlichen Gesellschaft birgt viele Risiken in sich, ist anstrengend und erfordert immer wieder Verantwortungsbereitschaft, Mut und Elan. Da wird kaum jemandem etwas in den Schoß gelegt. Grundlegende Probleme wie die relativ hohe Arbeitslosigkeit und die Benachteiligung der Familien belasten zusätzlich. Ein Mangel an sozialer Gerechtigkeit ist zu beklagen. Trotz mancher Hilfen sehen sich Mitbürger an den Rand der Gesellschaft gedrängt und vom öffentlichen Leben ausgeschlossen. Auch die Meinungsvielfalt kann überfordern. Noch nicht jedem und jeder ist wirklich bewusst, dass Demokratie ein kostbares, aber auch gefährdetes Gut ist. Um diese Staatsform mit Leben zu erfüllen und notfalls auch zu verteidigen, bedarf es engagierter Bürgerinnen und Bürger. Zudem sind viele Mauern in den Köpfen noch nicht gefallen, gibt es weiterhin zwischen Ost und West beträchtliche Mentalitätsunterschiede und Vorurteile, gelingt es nicht immer, sich wirklich zu verstehen. Und dann hatten manche von uns auch noch erhofft, dass eine deutliche Rückbesinnung auf das Christentum einsetze und die Kirchen wieder voller würden. Erfreulicherweise gibt es kontinuierlich einige, die sich als Erwachsene taufen lassen oder wieder zu uns zurückfinden; von einer allgemeinen Trendwende kann aber nicht die Rede sein.

Angesichts solcher Beobachtungen wundert es kaum, wenn in Deutschland so etwas wie ein „Gespenst der ‚Ostalgie'" (Stefan Wolle) umgeht. Mit jedem Jahr des Abstands erscheint die DDR manchen schöner, sozialer und sicherer als die heutige Gesellschaft, vor allem Älteren, die sich heute zu den Verlierern zählen, oder Jüngeren, die sie nicht mehr erlebt haben. Da es in der Gegenwart durchaus ernsthafte Probleme gibt, flüchtet man sich in eine angeblich heile Vergangenheit. Das geht auch manchen katholischen Christen so. Schon das Volk Israel, das Gott in die Freiheit geführt hatte, murrte bei der langen Wüstenwanderung und sehnte sich kurioserweise nach den „Fleischtöpfen Ägyptens" zurück, obwohl es dort hart unterdrückt worden war. Um unsere Situation realistischer und gerechter einzuschätzen, empfehle ich, sich zum Beispiel mal Fotos von denselben Gebäuden oder Straßen aus der Zeit vor 1989 und von heute anzusehen. Die Erkenntnis, wann es grauer und trostloser war oder ist, dürfte eindeutig sein. Noch überzeugender ist sicherlich die Konfrontation mit früheren Stasi-Gefängnissen. Dass viele inmitten der Beschränkungen auch würdevoll ihr Leben gemeistert haben und herzlich einander verbunden waren, bestreite ich nicht. Dennoch erscheint mir die DDR, je mehr ich mich von ihr entferne, immer unglaublicher, makabrer und lächerlicher, vor allem, wie da jahrzehntelang im Namen der marxistisch-leninistischen Ideologie mit Menschen umgegangen worden ist. Und das dürfen wir nicht verklären oder vergessen. Das sollte auch den Jüngeren möglichst existenziell vermittelt werden, damit sie begreifen, was ihnen erspart geblieben ist, und die Freiheit, in der wir leben, noch besser zu schätzen wissen.

3. „... ALS NEUE MENSCHEN LEBEN" (RÖM 6,4)

Doch Freiheit, liebe Schwestern und Brüder, muss gestaltet werden. Da steht gewissermaßen „der zweite Teil der Revolution" (Christian Führer) noch aus. Neue Verhältnisse allein machen noch keinen neuen Menschen; denn niemand von uns ist nur – wie Marxisten behaupten – „Ensemble der gesellschaftlichen Verhältnisse". Es kommt darauf an, dass jede und jeder von uns sich wandelt und menschlicher wird. Und dieser Erneuerung bedarf es zu allen Zeiten und in jeder Gesellschaft. Dabei sollen gerade wir Christen, die – wie Paulus sagt – auf Jesu Tod getauft sind, um mit ihm aufzuerstehen, „als neue Menschen leben" (vgl. Röm 6,3-4).

Die Krise des Finanzmarktes zeigt, wohin es führt, wenn Freiheit missbraucht wird, um nur noch den eigenen Vorteil zu verfolgen. Dann wird eine Gesellschaft gnadenlos und fördert eine „zügellose Profitgier", die irgendwann zum Kollaps führt. Deshalb gilt es, sich verstärkt auf Werte zu besinnen, die lebensnotwendig zur Freiheit dazu gehören: die unbedingte Achtung vor der Würde jedes Menschen vom Embryo bis zum Sterbenden, Wahrheit und Gerechtigkeit, Verantwortung und Solidarität, der Schutz der Familie und die Besinnung auf das Gemeinwohl, ja auch Barmherzigkeit und Liebe. Wenn eine Gesellschaft solche Haltungen vernachlässigt, kann die Freiheit, die sie gewonnen hat, sich auch gegen sie richten.

Wir Christen müssen also laut und deutlich unsere Stimme erheben. Wir müssen darauf hinweisen, dass es keine Freiheit ohne Bindung und Begrenzung geben kann. Dabei haben wir in unserer Gesellschaft eine unverzichtbare Rolle: Wir stehen dafür ein, dass es letzte, nicht hinterfragbare Normen gibt. Sie sind für uns in Gott begründet. Der Glaube an ihn engt nicht ein, er weitet. Er eröffnet einen Horizont, in dem Freiheit gelingen kann. Immer neu verweist unsere jüdisch-christliche Tradition darauf, dass der Mensch umso freier wird, je mehr er sich an Gott bindet und seine Nächsten achtet. Und er kann umso mehr seine Nächsten achten, je fester er in Gott verankert ist. Sowohl die Geschichte der DDR als auch die Illusion der grenzenlosen Marktwirtschaft lehren uns: Da, wo versucht wird, ohne Gott auszukommen, wo der Mensch sich zum Maß der Dinge aufschwingt, gerät eine Gesellschaft in Gefahr, zugrunde zu gehen.

Liebe Schwestern und Brüder, stellen wir uns also mutig und hoffnungsvoll den Herausforderungen, die sich mit unserer freiheitlichen Gesellschaft verbinden. Lassen wir uns von Enttäuschungen nicht lähmen, sondern vielmehr dazu anregen, die Verhältnisse konstruktiv mitzugestalten. Sprechen Sie mit unseren evangelischen Schwestern und Brüdern und anderen Mitbürgern über die Einheit Deutschlands. Feiern Sie den Gedenktag des Mauerfalls und vergessen Sie dabei nicht, auch dem zu danken, der uns in die Freiheit hinausgeführt hat: Gott, unserem Herrn. Ich hoffe, Sie freuen sich genauso wie ich über das selbstverständliche und anregende Miteinander von Ost- und Westdeutschen, das sich vielerorts in unserem Bistum entwickelt hat, und über die Kontakte zwischen ost- und westdeutschen Partnergemeinden. Intensivieren Sie diese Beziehungen noch, denn sich zu verstehen ist wichtiger, als ökonomisch gleichgestellt zu sein. Nehmen Sie unsere Demokratie ernst. Machen Sie von Ihrem Wahlrecht Gebrauch und übernehmen Sie vielleicht selbst politische Verantwortung. Zeigen Sie Gesicht gegen alle Kräfte, die mit billigen Parolen und auf menschenverachtende Weise ihre extremen Vorstellungen durchsetzen wollen. Und bleiben Sie sensibel für alle Not um uns herum. Versuchen Sie als Einzelne oder als Gruppen, institutionell oder privat denen zu helfen, die sich nicht selbst helfen können. Erkennen wir also unseren Auftrag, unsere Chancen und Fähigkeiten, und tragen wir leidenschaftlich und phantasievoll mit dazu bei, dass die Einigung unseres Vaterlandes weiter voranschreitet.

Winterdienst oder Frühjahrsputz?
Herausforderungen und Chancen der Gemeinden in kirchlichen und gesellschaftlichen Umbrüchen

Statement bei einem Symposium des Bonifatiuswerkes der deutschen Katholiken am 28. September 2009 in Schwerte

Die kirchlichen und gesellschaftlichen Umbrüche unserer Zeit können einen Bischof nicht kalt lassen, dies umso weniger, wenn er – wie in meinem Fall – für eine Region im Osten Deutschlands Verantwortung trägt.

Das Bistum Magdeburg, von dem ich aus eigener Erfahrung sprechen kann, ist mit 23.000 km² flächenmäßig das viertgrößte der deutschen Bistümer, der Anzahl der Katholiken nach mit weniger als 100.000 aber das zweitkleinste. Über 80 Prozent der Bevölkerung gehört keiner Konfession oder Religion an. Und von den übrigen Bürgern ist im Ursprungsland der lutherischen Reformation die Mehrheit verständlicherweise evangelisch. In Lutherstadt Wittenberg gibt es z.B. vierzehn Prozent Christen: zehn Prozent sind evangelisch, vier Prozent katholisch. Beiden großen Kirchen hat die politische Wende von 1989 nicht den erhofften Zuwachs an Mitgliedern gebracht; im Gegenteil: sie erleben sich immer mehr als „Anbieter" unter vielen auf dem Markt möglicher Lebensgestaltungen. Diese Situation wirkt sich natürlich auch auf den inneren Zustand unserer Kirche aus. Viele schauen skeptisch oder ängstlich in die Zukunft. Manche trauern einer guten alten Zeit mit vollen Kirchen und großen Gemeindegruppen wie in den 50er- und 60er-Jahren nach. Andere vermissen den engen Zusammenhalt, den sie unter dem Druck des DDR-Regimes in ihren Gemeinden erfahren haben.

Welche Weichen sind in einer solchen Zeit zu stellen? Was sollte man fördern, was dagegen lassen? Ist das, was zurzeit möglich ist, dann als „Winterdienst" zu deuten – oder ist eher ein kräftiger „Frühjahrsputz" dran? Ist vielleicht von beidem etwas vonnöten? Und was heißt das konkret?

1. HERBSTSTÜRME

Jedem möglichen „Winterdienst" oder „Frühjahrsputz" geht notwendigerweise ein Herbst voraus. Ein solcher zeigt sich momentan – im Bild

gesprochen – durchaus nicht in goldener Färbung. Vielmehr fegen heftige Stürme durch unsere kirchliche Landschaft und verändern sie. Ein paar Beobachtungen aus unserem Bistum mögen dies verdeutlichen:
- Immer mehr Katholiken gehen, wenn sie überhaupt kirchlich heiraten, Ehen mit konfessionslosen Partnern ein. In einem Gemeindeverbund von 2000 Katholiken bedeutete das zum Beispiel in den letzten fünf Jahren: von fünfzehn Trauungen waren nur zwei „rein" katholisch, drei konfessionell gemischt, zehn hingegen mit jeweils einem Partner „ohne Religion".
- Wenn Erwachsene sich bei uns taufen lassen wollen, konvertieren oder wieder in die Kirche zurückkehren, müsste man verschiedene eigentlich zurückweisen oder sofort vom Empfang weiterer Sakramente ausschließen; denn ihre Biographien sind „gebrochen", entsprechen nicht dem „katholischen Ideal" und können vielfach auch nicht kirchenrechtlich „saniert" werden.
- Zwei Drittel der Kinder im Osten wachsen in Lebensverhältnissen auf, die nicht in das herkömmliche Bild katholischer Ehe und Familie passen.
- Aufgrund der zunehmenden Vereinzelung katholischer Christen ist auch katholischer Religionsunterricht an Schulen kaum noch möglich. Man kann sich dann nur noch zwischen evangelischem Religionsunterricht oder Ethik entscheiden.
- Selbst bei Kindern, die in katholischen Familien aufwachsen, ist nicht mehr viel Wissen über Glaube und Kirche vorhanden; ebenso wenig lässt sich ein positives Verhältnis zur eigenen Konfession voraussetzen.
- An Veranstaltungen wie den Religiösen Kinderwochen und den Kinderwallfahrten nehmen erfreulich viele ungetaufte oder auch evangelische Kinder teil. Gleichzeitig verändert sich dadurch einiges an früher selbstverständlichen „Ritualen". Die Glaubenssubstanz der eigenen Leute wird dadurch zunehmend angefragt – und hält dieser Verunsicherung nicht immer stand.
- Mobilität und Individualisierung wirken sich auf das Bindungsverhalten vor allem Jugendlicher aus. Ein Beispiel: Wenn am Sonntag eine wichtige Veranstaltung des Sportvereins ist, fühlen sich die meisten im Zweifelsfall dort stärker verpflichtet als gegenüber der Gemeinde. Man „kann dann nicht zum Gottesdienst kommen", weil das Fernbleiben vom Sportverein möglicherweise zum Ausschluss aus der Gruppe führen würde. Zudem ist es gerade auch

für junge Menschen oft eine Überforderung, sich bei der Vielzahl von Möglichkeiten und Angeboten zu entscheiden, was für den eigenen Weg das Richtige ist.
- Unsere personellen und finanziellen Ressourcen nehmen ab. Wenn wir unter diesen Voraussetzungen tatsächlich missionarisch wirksam sein wollen, darf es uns nicht mehr nur um die Versorgung der bestehenden Gemeinden gehen. Für bedenklich halte ich in diesem Zusammenhang, dass sich die Verteilung wichtiger Zuschüsse weiterhin an der Katholikenzahl eines Bistums – und damit am Prinzip „Versorgung" – orientiert, nicht aber wirklich auf missionarische Aufbrüche abzielt.
- Obwohl es durchaus suchende und interessierte Menschen außerhalb der Kirchen gibt, scheint sich für einen großen Teil unserer Bevölkerung die Frage nach einem tieferen Sinn und Ziel des Lebens jedoch nicht zu stellen. Viele haben nicht das Empfinden, dass ihnen etwas fehlt. „Vielmehr sind sie davon überzeugt, dass sie anständig leben können, ohne Christen zu sein".[1] Es gibt eine Gleichgültigkeit und eine Art „ererbter Gottlosigkeit", die in anderen Regionen Deutschlands kaum vorstellbar ist. Wie aber kann der Glaube weitergegeben werden, wenn kaum ein Gespür für tiefere Fragen des Lebens vorhanden ist, geschweige denn ein Bedarf an Antworten besteht?

2. WINTERDIENST: „IM WINTER WÄCHST DAS BROT"

Aus diesen und anderen Beobachtungen lässt sich seit Längerem ablesen, dass wir uns in einem fundamentalen Gestaltwandel von Kirche befinden. Lieb Gewordenes vergeht unwiderruflich; Neues ist höchstens umrisshaft zu erahnen. In dieser Spannung wird manchmal viel Energie aufgewandt, um die noch bestehenden Verhältnisse krampfhaft zu sichern und den „Laden am Laufen zu halten" wie bisher – nur dass die Fläche durch unsere strukturellen Veränderungen jetzt eben größer geworden ist. Offenbar fehlen kraftvolle und begeisternde Perspektiven, wie es denn wirklich weitergehen soll. Manche der Hauptamtlichen scheinen im Stillen zu resignieren und sich gerade noch

---

[1] Aussteigen – Umsteigen – Einsteigen. Ein Kursbuch für den Dialog mit Nichtchristen, hg. vom Pastoralen Arbeitskreis des Bistums Magdeburg, 1997, 12.

soweit zu motivieren, dass sie bis zum Ruhestand irgendwie durchhalten wollen. Ein „Winterdienst" jedoch, der in dieser „konservierenden" Weise verrichtet wird, führt unweigerlich zu Erstarrungen, die unter Umständen ein auch sehr gründlicher „Frühjahrsputz" nicht mehr zum Leben erwecken kann. Wie könnte aber ein „Winterdienst" aussehen, der die Voraussetzung für einen guten „Frühjahrsputz" ist?

- Zunächst einmal muss im Winter Schnee geschoben werden. Es ist nötig, Wege zu bahnen, damit man selbst und die anderen die Orientierung nicht verlieren. Mit anderen Worten: Es braucht ab und zu eine gemeinsame Vergewisserung, in welche Richtung es gehen soll. Dazu gehört auch der gelegentliche Streudienst, um zu verhindern, dass jemand ausrutscht.
- Ebenso ist es erforderlich, Tiere zu füttern und Gehölze zu schützen, damit sie heil durch die Kälte kommen. Welche Art der Sorge und Nahrung brauchen die Menschen in unseren Gemeinden in kargen Zeiten? Was macht Mut, was stärkt die persönliche und die gemeinschaftliche Hoffnung?
- Manchmal sind auch gefrorene Wasserleitungen wieder aufzutauen. Im übertragenen Sinn: Da, wo Menschen aus Angst vor der Zukunft zu erstarren drohen, brauchen sie eine wärmende und belebende Perspektive.

Entscheidend ist auch, ob die Winterzeit rück- oder vorwärts gewandt betrachtet wird. Durch die „Brille der Vergangenheit" sieht man vor allem den Verfall, das, was einmal war und nicht mehr möglich ist. Der Winter erscheint dann als eine Zeit des Todes und der Erstarrung. Ganz anders stellt sich der Winter dar, wenn man ihn durch die „Brille der Zukunft" anschaut. Dann kann er nämlich als die Zeit gedeutet werden, in der – noch verborgen – das Neue bereits heranwächst. „Im Winter wächst das Brot", so hat Ida Friederike Görres einmal geschrieben.[2] Eine wesentliche Aufgabe des Winterdienstes besteht dann darin, sich geduldig und voll Hoffnung darin einzuüben, „das Gras wachsen zu hören".
Die Basis all dessen, was als Winterdienst getan werden kann, ist der hoffnungsvolle Blick in die Zukunft. Es gilt, sich von selbstmitleidigen

---

[2] Ida Friederike Görres, Im Winter wächst das Brot. Versuche über die Kirche, Einsiedeln [8]2002.

Klagen und von der Fixierung auf die Vergangenheit zu verabschieden und die Gegenwart anzunehmen. Sie ist die Zeit der Verheißung. Sie ist die Zeit unseres Glaubens. Das war zum Beispiel auch die Überzeugung von Bischof Hugo Aufderbeck, dessen hundertsten Geburtstag wir in diesem Jahr feiern. In seinem Buch mit dem Untertitel „Alle Zeiten sind Zeiten des Herrn" – herausgegeben in den 1960er-Jahren unter einem Pseudonym – schreibt er: „Da wir in der Mitte des 20. Jahrhunderts leben und zudem in einem Land des militanten Atheismus, kann die Seelsorge nicht sein, wie sie gestern in Preußen war oder heute in Bayern ist. Wir können an Zeit und Ort nicht vorbeigehen... Wir sollten nicht viel von ‚Olims Zeiten' reden und uns nirgendwo ein ‚Alibi' suchen".[3] Stattdessen sind die jetzigen Verhältnisse daraufhin zu befragen, wo sich in ihnen eine Herausforderung für uns als Kirche zeigt.

3. FRÜHJAHRSPUTZ

In dem Maße, in dem wir uns auf eine solche Deutung der Gegenwart einlassen, gehen wir bereits in den „Frühjahrsputz" über. Dann sind wir nämlich in der Lage, erste Anzeichen von Neuem zu entdecken und dieses – wie in einem Garten im Frühling – zu begießen, zu bereinigen, zu hegen und zu pflegen.

- Zu solchen Anzeichen gehört – was ich auch selbst gelegentlich wahrnehme – ein zunehmender Hunger nach geistlicher Tiefe, sowohl bei Christen als auch bei suchenden Menschen ohne kirchliche Bindung. Es wird in Zukunft darauf ankommen, dass wir noch stärker darauf reagieren und das mystagogische Element vertiefen. Ich denke dabei zum Beispiel an den Erwachsenenkatechumenat, an Glaubenskurse, Exerzitien im Alltag, „erhebende" Liturgiefeiern und neue gottesdienstliche Formen für Menschen „an der Schwelle". Ich denke vor allem auch an die Befähigung möglichst vieler Haupt- und Ehrenamtlicher, in einen echten Dialog mit Nichtchristen einzutreten, der beiden Seiten etwas Neues eröffnet.

[3] Hugo Aufderbeck, Die Stunde der Kirche oder Alle Zeiten sind Zeiten des Herrn. Eine Handreichung zur Seelsorge von Rektor Christian Hammerschmidt (Pseudonym H. Aufderbecks), o.O. o.J. (in Würzburg 1961 gedruckt und in der DDR heimlich verteilt).

- Zugleich weisen die Zeichen der Zeit in die Richtung neuer Beauftragungen und Dienste gerade an den Orten, an denen es keine Hauptamtlichen mehr gibt oder geben wird. Es leben in unserem Bistum zahlreiche Frauen und Männer, die sich aufgrund von Taufe und Firmung gerufen wissen, vor Ort noch größere Verantwortung zu übernehmen und andere in ihrem Glauben zu stärken.
- Weiterhin sehe ich unsere kirchlichen Einrichtungen (Kindertagesstätten, Schulen und Jugendclubs, Akademien und Bildungshäuser, Beratungsstellen und Caritas-Zentren, Sozialstationen, Senioren- und Pflegeheime) als Orte, die zukünftig wohl noch eine viel größere pastorale Bedeutung haben werden als bisher. In ihnen kommen Menschen zusammen, die wir sonst in unseren Gemeinden kaum antreffen. Darin liegt eine große Chance.
- Dies gilt auch für Anlässe, die Menschen existenziell betreffen, wie Geburt, Hochzeit und Tod. Gerade bei Beerdigungen haben wir als Kirche die Möglichkeit, Menschen „den Himmel offen zu halten" und sie auf eine Dimension hinzuweisen, die bei profanen Bestattern nicht vorkommt. Die Botschaft eines Lebens über den Tod hinaus ist eine „Information", die wir den Menschen nicht vorenthalten dürfen! Sie verändert den Blick auf das ganze Leben mit allen seinen Facetten.
- Ein wesentlicher Punkt für einen „Frühjahrsputz" scheint mir auch zu sein, unsere Einstellung gegenüber Menschen mit „gebrochenen Biographien" zu überprüfen. Eine rigoristische Haltung erscheint aus pastoralen Gründen immer fragwürdiger und entspricht den tragischen Gegebenheiten in keiner Weise. Stattdessen muss es darum gehen, diesen Menschen in ihrem Suchen und Scheitern Mut zu machen. Deshalb plädiere ich vor allem auch für einen neuen Blick darauf, wie wir als Kirche mit Geschiedenen und Wiederverheirateten umgehen.

In alldem ist es von großer Bedeutung, dass wir uns ehrlich fragen, wohin wir eigentlich gehen wollen. Schwebt uns eine globale und totale Volkskirche vor Augen, vielleicht ein christlicher Gottesstaat auf Erden? Sehen wir uns als „heiligen Rest" Getreuer oder als eine Gemeinschaft von entschiedenen und dialogbereiten Gläubigen, die sich einer pluralen Gesellschaft stellen und fest daran glauben, dass diese Situation alles bereit hält, um den Glauben frohen Herzens zu leben und zu verkünden? In diesem Glauben wird uns dann neu bewusst: Wir sind keine Volkskirche, wie es sie in manchen westlichen Bundesländern einmal gab und mancherorts vielleicht noch gibt; wir sind auch nicht mehr die Diasporakirche, wie wir sie zu DDR-Zeiten gelebt haben. Wir erkennen uns vielmehr hier und jetzt als einen neuen Typus von missionarischer Ortskirche.

Wir haben allerdings noch keine genauen Vorstellungen, was das im Einzelnen heißt. Wird es – biblisch gesprochen – ein Durchzug durchs Rote Meer, ein Murren in der Wüste oder der Einzug ins verheißene Land? Finden wir wie die Weisen aus dem Osten das neugeborene Kind oder müssen wir der Heiligen Familie gleich die Flucht antreten? Wird uns vielleicht zugemutet, Jesus noch intensiver auf dem Kreuzweg zu folgen? Ergeht es uns wie den Frauen, die sich auf den Weg machen, um den toten Jesus zu salben, und mit der Botschaft von seiner Auferstehung konfrontiert werden? Oder erfahren wir Ähnliches wie die Jünger auf dem Weg nach Emmaus und dann zurück nach Jerusalem?

Wie auch immer sich unsere kirchlichen Verhältnisse entwickeln mögen: entscheidend ist, was Jesus Christus für uns existenziell bedeutet; entscheidend ist, ob wir tatsächlich an ihn glauben und auf ihn setzen. Und in dem Maße, in dem wir uns leidenschaftlich an ihm, der uns vom Tod zum Leben führen kann, festmachen, werden wir es auch fertig bringen, mitten in unseren kleinen Verhältnissen die Spuren seiner Gegenwart zu entdecken und auch anderen zu erschließen. Dann haben wir hoffentlich auch die Kraft und den Mut, für das Kommende entschieden Vorsorge zu treffen. Denn „auf das, was man voraussehen kann, sollte man sich doch rechtzeitig vorbereiten und nicht einfach weitermachen wie bisher und abwarten wie eine Maus, die, von der Schlange der Zukunft hypnotisiert, gar nichts zu ihrer Rettung tut".[4]

Wagen wir es deshalb, auf Gottes Verheißung hin unsere Besitzstände aus der Hand zu geben und seine Gegenwart unter ganz neuen Formen zu entdecken. Hier in diesem Land, unter diesen Menschen, sind wir so als Kirche gefragt. Hier sollen wir Auskunft geben vom Grund unserer Hoffnung.

---

4   Karl Rahner, Strukturwandel der Kirche als Aufgabe und Chance, Freiburg i.Br. 1989 (Neuausgabe), 61.

„Für euch bin ich Bischof, mit euch bin ich Christ"
*Predigt zum 10-jährigen Jubiläum der Bischofsweihe
am 12. September 2009
(1 Sam 3,1-10; Kol 3,1-4.12-17; 4,2-6; Mt 26,36-45)*

„Herzlich willkommen im Kreise der Hinterbänkler der Deutschen Bischofskonferenz", so schrieb mir ein Weihbischof anlässlich meiner Ernennung vor 10 Jahren. Er meinte damit die hierarchische Sitzordnung nach Rang und Weihedatum, wie sie bei den Vollversammlungen in Fulda und andernorts üblich ist. Und dann folgte der „verheißungsvolle" Satz: „Als Bischof wirst du noch mehr für alles Krumme in der Kirche geradezustehen haben." Seitdem konnte ich das Bischofsamt in sich steigernder Intensität erfahren: zunächst als „Hilfsbischof", wie es im Lateinischen heißt (episcopus auxiliaris), dann für ein Jahr als kommissarischer Diözesanadministrator und schließlich seit 2005 in voller Verantwortung als Diözesanbischof.

1. „FÜR KRUMMES GERADESTEHEN"

Manches von dem, was ich inzwischen erlebt habe, hätte ich mir vorher in den kühnsten oder irrsten Träumen nicht vorstellen können. Welche Klischees gibt es doch nach wie vor über Bischöfe: als ob sie nur prächtige Gottesdienste feiern und sich auf Empfängen amüsieren, in einer herrschaftlichen Residenz wohnen und von frommen Schwestern bedient werden. Was tun sie eigentlich sonst noch? Stattdessen bin ich in der Wirklichkeit auch mit Problemen beschäftigt, die selbst im „Direktorium für den Hirtendienst der Bischöfe" nicht unbedingt erwähnt sind. Und was für Reaktionen gilt es doch gelegentlich zu ertragen. Nichts gegen konstruktive Kritik! Aber manchmal kommen unverschämte Briefe von Leuten, die sich dabei sogar noch als besonders christlich empfinden. Den einen ist man zu links, den anderen zu rechts. Manche fordern zu härterem Durchgreifen auf, einige dagegen sehen notwendige Entscheidungen schon als autoritär an. Auch boshafte Unterstellungen und ehrenrührige Verdächtigungen sind darunter. Das Internet bietet sich da – fast wie ein mittelalterlicher Pranger – besonders gut an, um jemanden zu denunzieren. Und wenn das Ganze dann noch rührselig mit dem „Wunsch nach Frieden, Liebe,

Glaube und der Hoffnung auf ein christliches Miteinander" endet, ist man ganz einfach sprachlos. Der Ton – und das hört man auch aus anderen Teilen Deutschlands – ist innerkirchlich härter geworden. Interessanterweise sind solche Erfahrungen nicht unbedingt neu. Schon Gregor der Große, der im Jahr 590 zum Bischof geweiht und Papst wurde, klagt, noch nicht ganz so konkret, aber für mich doch sehr nachvollziehbar: „Seitdem ich … die Schultern unter die Last des Hirtenamtes beugen muss, kann sich mein Geist nicht mehr völlig gesammelt auf sich selbst besinnen, weil er sich teilen und auf vieles richten muss. Bald muss ich mich um die Angelegenheiten der Kirche, bald die der Klöster kümmern, oft über das Leben und das Tun einzelner Menschen nachdenken. Bald muss ich geschäftliche Dinge der Bürger über mich ergehen lassen, bald … muss (ich) die Wölfe fürchten, die der mir anvertrauten Herde nachstellen. Bald muss ich mich um das Vermögen sorgen, damit die Mittel nicht ausgehen für die, denen es nach der Regel geschuldet wird. Dann wieder muss ich mit Gleichmut gewisse Räuber dulden oder ihnen begegnen mit dem Bemühen, die Liebe zu wahren. Ist aber der Geist gespalten und zerrissen und gezwungen, so viele und wichtige Dinge zu bedenken, wann soll er sich dann auf sich selbst zurückziehen, um sich für die Predigt zu sammeln …?" Im Blick auf manche Anpassung im Verhalten gegenüber weltlichen Machthabern schreibt Gregor weiter: „So kommt es, dass ich oft auch ihre nichtssagenden Reden anhöre. Weil aber auch ich selbst schwach bin, ziehen mich diese unnützen Reden doch auch an, und ich beginne sie gerne zu führen, obwohl ich sie doch anfangs nicht einmal gern hörte." Und sein Resümee lautet: „Wer bin ich also und was für ein Wächter bin ich …? Doch der Schöpfer und Erlöser des Menschengeschlechtes hat die Macht, mir, dem Unwürdigen, die Höhe der Lebensführung und die Wirksamkeit der Predigt zu schenken, da ich mich aus Liebe zu ihm in der Darlegung seiner Worte nicht schone."

2. „WACHEN UND BETEN"

Darauf vertraue auch ich, dass Gott meine menschliche Schwäche und Begrenztheit in Heil und Segen wandeln kann. Das schenkt mir eine gewisse Gelassenheit, entbindet mich aber nicht davon, sich weiterhin darum zu mühen, dem Ideal eines wirklich guten Hirten noch näherzukommen. Was halte ich dabei für wichtig? „Wachet und betet", so lautet mein Wahlspruch. Eigentlich bin ich auf ihn kurz nach meiner Ernennung zufällig gestoßen; dann aber hat er mich nicht mehr losgelassen. Ich meine, dass diese Worte nicht nur mir eine Hilfe sein können, die rechte Haltung im Umgang mit unserer Wirklichkeit zu finden. „Wachet und betet!" Das ist keine fertige Lösungsformel für alle Probleme oder eine abgehobene Vision. Dahinter steht vielmehr ein nüchterner Realismus, der mir als Mensch und zeitweise als Historiker eigen war und ist. Da sich die Verhältnisse immer wieder wandeln und wir nicht allein die „Macher" der Geschichte sind, ist es erforderlich, Grundhaltungen zu pflegen, mit denen man unter allen Bedingungen als Christ bestehen kann. Bezeichnenderweise ist die Aufforderung, zu wachen und zu beten, am markantesten in der Ölbergszene zu hören. Das Neue Testament kennt sie aber auch in anderen Zusammenhängen: als Ermahnung zu verantwortungsvollem christlichen Leben und besonders im Hinblick auf das Ende der Welt. Im Brief an die Kolosser, aus dem wir vorhin gehört haben, steht diese im Zusammenhang mit einer wirksameren Verkündigung des Evangeliums.

Für mich bedeutet dieses „Wachen" aus christlicher Perspektive heraus nicht etwa nur, einen Beobachtungsposten zu beziehen, die angeblich böse Welt argwöhnisch zu beäugen und andauernd zu „kläffen". Es gilt auch, sich selbst immer wieder kritisch zu prüfen, ob wir tatsächlich auf dem richtigen Weg sind. Zu christlicher Wachsamkeit gehört ebenso, die Entwicklungen in unserer Gesellschaft und in der Welt sorgsam zu verfolgen und nach aktuellen Möglichkeiten zu suchen, wenigstens etwas von unserem Glauben und unserer Hoffnung zu vermitteln. Verpassen wir keine Chancen, die sich auftun! Vor allem halte ich es für wichtig, die Welt im Lichte Gottes zu sehen, zu ertasten, wohin er uns führen will, und darauf gefasst zu sein, dass es nicht ohne Enttäuschungen und Überraschungen abgehen wird. Christliches Wachen erfordert ebenso, nicht in Routine zu erstarren, zu resignieren oder sich durch Erfolglosigkeit lähmen zu lassen. Orientieren wir uns doch an Jesus, der – gemäß der Überlieferung – dreimal unter dem Kreuz zusammengebrochen ist, sich aber immer wieder aufgerichtet hat! Mit Wachsamkeit ist auch gemeint, die Nöte der Zeit wahrzunehmen und solidarisch mit den Betroffenen zu sein. Und schließlich bedeutet es zutiefst, mit der unbändigen Hoffnung zu leben, dass Christus wiederkommen und das Ende gut sein wird.

In einer solchen Haltung zu leben, wird uns aber wohl nur gelingen, wenn wir uns nicht in der Welt verlieren, sondern Menschen des

Gebetes bleiben oder werden. Gebet – so sagen es schon die frühen Väter der Kirche – ist das Atmen der Seele. Wer nicht mehr Bitternis ausstoßen und neue Kraft einatmen kann, wird auch kaum in der Lage sein, in Wachsamkeit durchzuhalten, um Christus entgegenzugehen. Möge es mir und uns allen gelingen, in dieser fruchtbaren Spannung zu leben.

3. „FÜR UND MIT EUCH SEIN"

Irgendjemand hat mir mal eine Karte mit der Aufschrift geschenkt: „Bei Licht besehen ist auch der Leithammel nur ein Schaf." Dem könnte man entgegnen, dass aber ein Bischof nicht als Leithammel, sondern als Hirte gilt; und dieses unterscheidet ihn schon wesentlich. Dennoch ist an der Grundaussage etwas wahr; und das tröstet sogar. Als Hirte hat ein Bischof den anderen Gläubigen immer wieder voran- oder nachzugehen und sie – wenn es sein muss – auch anzutreiben. Davor darf er sich nicht drücken. Das ist seine Aufgabe. Dafür wird er in Dienst genommen und geweiht. Das heißt: er gehört danach weder anderen noch sich mehr und ist qualitativ neu gesendet und bevollmächtigt, Zeichen und Werkzeug Jesu Christi zu sein, diesen durch sich handeln zu lassen und auf ihn sakramental zu verweisen. Es bleibt aber wahr: Wir alle – ob sogenannte Amtsträger oder Laien – gehören zum Volk Gottes, sind durch die Taufe mit Christus und untereinander verbunden. Wenn da jemand vom „Bischof" und den „Gläubigen" spricht, klingt das einfach kurios – als ob der Bischof nicht auch ein „Gläubiger" wäre. Und das Gerede von „Amtskirche" und „Kirche von unten" ist nicht besser. Auch geweihte Amtsträger – wie Bischöfe, Priester und Diakone – bleiben Angehörige des Volkes Gottes, solche, die an Christus glauben, keine separate Sondergruppe oder elitäre Kaste. Gemeinsam sind wir ein „heiliges Volk".

In diesem Sinn hat schon der heilige Augustinus im Übergang vom 5. zum 6. Jahrhundert seine Aufgabe als Bischof in die Worte gefasst: „Wo mich erschreckt, was ich für euch bin, tröstet mich, was ich mit euch bin. Für euch bin ich Bischof, mit euch bin ich Christ. Jenes bezeichnet das Amt, dieses die Gnade, jenes die Gefahr, dieses das Heil." Gnade und Heil können es also bedeuten, gemeinsam zu glauben und sich darin zu bestärken, gemeinsam Freude und Leid zu teilen, gemeinsam lebendige Kirche zu sein. Ich bin dankbar, auch dies immer wieder zu erfahren: durch die Mitbrüder im Priester- und Diakonendienst, die Ordensleute und geistlichen Bewegungen, die Hauptamtlichen in den Gemeinden und den vielfältigen Einrichtungen unseres Bistums und die große Zahl an Ehrenamtlichen, die Verantwortung übernehmen und das Leben unserer Kirche kreativ mitgestalten. Ich bin dankbar für alle Solidarität und Mitsorge – und für alle Gebete. Vor allem danke ich auch meinen engsten Mitarbeitern und Mitarbeiterinnen. Mögen wir alle weiterhin von Gott gesegnet sein und zum Segen für viele werden.

Von Gott reden

Hirtenbrief zur österlichen Bußzeit 2010

1. EIN NEUER ATHEISMUS

Liebe Schwestern und Brüder, vor einem Jahr haben manche ihren Augen kaum getraut: Da fuhr durch einige Städte Deutschlands ein roter Doppeldeckerbus mit der Aufschrift: „Es gibt (mit an Sicherheit grenzender Wahrscheinlichkeit) keinen Gott". Angeregt war diese Kampagne, die aus England kam, auch vom „Internationalen Bund der Konfessionslosen und Atheisten". Dahinter steht die Überzeugung, dass es dem Menschen an nichts fehlt, wenn er nicht an Gott glaubt. Im Gegenteil! So heißt es auf der Homepage der Initiative: „Das Leben ohne Gott kann eine Bereicherung sein". Die eigentlich „hellen Köpfe"[1] unserer Zeit seien die, die erkennen, dass aus Vernunftgründen alles gegen die Existenz eines Gottes spricht.

Im Grunde sind die Argumente uralt. Schon viele haben behauptet, dass jede Religion vom Menschen selbst stamme: sei es als ein Vorteil der Evolution, als Ausdruck bestimmter Hirnfunktionen oder aber als Instrument der Macht in den Händen derer, die an der Spitze einer Kirche oder anderen Religionsgemeinschaft stehen. Darüber wird in verschiedenen Medien seit einiger Zeit heftig und polemisch debattiert. Was ich nach dem Ende der DDR nicht mehr für möglich gehalten hätte, formiert sich in manchen Kreisen wieder: ein sogenannter „Neuer Atheismus".

Im Alltag erscheint eine solche Geisteshaltung freilich viel diffuser. Einerseits kann man nicht unbedingt sagen, dass Gott in unserer Region regelrecht bekämpft wird; andererseits legt sich aber der Eindruck nahe, dass er für die meisten unserer Mitbürgerinnen und Mitbürger überhaupt kein Thema ist. Er kommt in ihrem Leben einfach nirgends vor. Viele sind davon überzeugt, dass man auch ohne einen Gottesglauben ein anständiger Mensch sein kann. Man brauche nicht die Hilfe der christlichen Kirche oder anderer Religionen, um das Leben – auch mit seinen Krisen – tapfer und sinnvoll zu bewältigen. Laut neuerer Umfragen hat sich eine große Zahl von Menschen aus den neuen

---

[1] Die Autoren des sogenannten „Neuen Atheismus" nennen sich selbst die „Brights" – die „hellen Köpfe".

Bundesländern bisher kaum Gedanken darüber gemacht, was noch nach dem Tod kommen könnte. Die meisten gehen eher davon aus, dass im Sterben ihr Dasein endet. Im Grunde ist das eine Art praktischer Atheismus, der ohne tiefere Fragen und Antworten auskommt. Eine gewisse Gleichgültigkeit ist festzustellen. Wofür – so fragen sich viele – sollte es auch gut sein, an einen Gott zu glauben?

2. ...AUCH IN DEN EIGENEN REIHEN

Liebe Schwestern und Brüder, beides – der erklärte neue Atheismus und das verschwommene Desinteresse an Gott – kann uns nicht kalt lassen; und das nicht nur, weil wir mit dem Auftrag Jesu unterwegs sind, sein Evangelium aller Welt zu verkünden, sondern auch deshalb, weil wir selbst mit daran Anteil haben, dass Menschen Gott leugnen oder sich nicht für ihn interessieren. Manche unserer Vorstellungen über Gott erscheinen vielleicht so einfältig, bedrückend oder lebensfern, dass andere von ihm eher abgehalten als zu ihm hingeführt werden. Und oft leben wir Christen selbst nicht, was wir glauben. Ja, es kann unter uns sogar – auch wenn wir uns am Leben der Kirche aktiv beteiligen – so etwas wie einen praktischen Atheismus geben. Das beginnt schon mit dem Problem, das ein Karmelitenpater so beschreibt: „Fragt man heute zehn Christen, woran sie glauben, wenn sie sagen, dass sie ‚an Gott glauben', bekommt man unter Umständen zehn verschiedene Antworten".[2] Und die Palette der Vorstellungen reicht dabei von Gott als einer permanenten Überwachungsinstanz oder einem gnadenlosen Richter bis hin zu einer unpersönlichen Energie, die hinter allem stehen soll.

Genauso schwerwiegend ist es auch, wenn unser Glaube an die Erlösung durch Jesus Christus und an ein ewiges Leben zu einer Art Weltanschauung verkümmert. Als der Gesellschaft nützlich beschränkt er sich dann oftmals auf bestimmte Moralvorstellungen und Werte oder auf religiöses Brauchtum und Traditionen. Äußerlichkeiten können dann das Wichtigste werden, verbunden mit dem Wunsch, es solle alles so bleiben, wie es ist. Wenn in einer Gemeinde solche Tendenzen herrschen, kann es sein, dass nach außen hin – salopp gesagt – „der

---

[2] Reinhard Körner, Die Zeit ist reif. Fünf Schritte zu einem neuen Christsein, Leipzig 2005, 70.

Laden läuft"; aber was da läuft, muss nicht unbedingt auch wirklich mit Gott zu tun haben. Ja, selbst wenn viel von Gott die Rede ist, heißt das noch nicht automatisch, dass auch an Gott geglaubt wird. „‚Gott' sagen kann nur, wer auf die Knie fällt", schreibt der frühere Erfurter Pastoraltheologe Andreas Wollbold: „Im Sessel und bei einem gemütlichen Glas Wein gesprochen, verliert das Wort rasch an Wert".³

Eine solche Entwertung des Wortes „Gott" entwertet auch uns als Kirche. Was unterscheidet uns dann eigentlich noch von anderen Gruppierungen? Geraten wir dabei nicht in die Gefahr, einfach nur noch ein Wohltätigkeitsverein unter anderen zu sein, eine Dienstleistungseinrichtung für die feierliche Gestaltung von zentralen Ereignissen wie Geburt, Heirat und Tod oder eine bürgerliche Moralinstanz? Das aber würde letztlich bedeuten, dass sich der Glaube sozusagen von innen her entleert. Wenn Gott – oder die Frage nach Gott – verschwindet, höhlt uns das in unserer Mitte aus.

3. WIEDER VON UND MIT GOTT REDEN LERNEN

Liebe Schwestern und Brüder, solche Beobachtungen könnten und sollten uns anregen, in dieser Fastenzeit wieder einmal neu zu fragen: Was meinen wir eigentlich, wenn wir sagen: „Ich glaube an Gott"? Oder noch genauer gefragt: *Wem* gilt unser Glaube? Denn das ist doch das Entscheidende: Der Gott, den Jesus Christus uns nahegebracht hat, ist keine Idee, kein unpersönliches Prinzip, auch keine menschliche Erfindung. Er ist vielmehr, wie die Bibel von Anfang bis Ende bezeugt, „Jemand", er ist Person, er wendet sich uns zu.

Von diesem lebendigen Gott gilt es wieder neu zu reden. Dazu ist es aber zuerst einmal notwendig, sich selbst bekehren zu lassen. Das ist ein Wagnis. „Glauben heißt riskieren"⁴, denn Gott ist immer ganz anders und viel größer als das, was wir uns unter ihm vorstellen. Um einen neuen Anfang zu setzen, sollte man sich fragen: Wo kommt Gott in meinem Alltag vor? In welchem Verhältnis steht er zu den Entscheidungen, die ich treffe, und zu den Begegnungen mit anderen Men-

---

3 Andreas Wollbold, Nur Lippenbekenntnisse. Wird viel spirituell geredet, aber wenig an Gott geglaubt?, in: AnzSS 119 (2010) H. 1, 5.
4 J. Röser, Zu viel Gott – zu wenig Gott?, in: Christ in der Gegenwart 62 (2010) H. 5, 48.

schen? Gibt es Erfahrungen in meinem Leben, von denen ich sagen würde, sie haben mit Gott zu tun?

Letztlich ist der Glaube an Gott eine ganz persönliche Beziehung, die wir eingehen. Darum ist es entscheidend, nicht nur *über* Gott zu reden, sondern vielmehr *mit* ihm. Wer davon ausgeht und tatsächlich daran glaubt, dass Gott wirklich existiert, der kann – wie schon die Psalmenbeter im Alten Testament – ihm alle Freuden und Erfolge, aber auch alle Sorgen und Nöte anvertrauen; der kann selbst mit seinen Klagen, Zweifeln und Fragen im Gebet mit ihm ringen. Und umgekehrt bedeutet ein lebendiger Glaube, Gott in alles hineinzulassen, was einen bewegt. Das aber braucht Einübung und sichtbaren Ausdruck.

- Für die einen kann das heißen, dass sie ihren üblichen Rhythmus vielleicht einmal bewusst für ein paar Tage unterbrechen und sich zu Exerzitien in einem Kloster oder zu Stille und Besinnung anderswohin zurückziehen.
- Für viele sind Pilgerwege und Wallfahrten anregende Gelegenheiten, sich intensiver mit dem eigenen Leben auseinanderzusetzen und letztlich nach Gott zu suchen.
- Eine Unterbrechung der Routine ist aber auch „mitten drin" möglich. Die sogenannten Exerzitien im Alltag können dabei helfen, Gott schon im ganz normalen Leben zu finden.
- Nicht zu vergessen sind außerdem die Anbetung in einer Kirche, gemeinsame Bibelgespräche oder die Lektüre eines geistlichen Buches.
- Und besonders da, wo Kinder zu Hause sind oder zusammenkommen, sollte man wieder mehr miteinander beten und durch christliche Zeichen und Rituale ganz selbstverständlich daran erinnern, dass Gott uns nahe ist.

Entscheidend wird sein, dass es uns bei alledem wirklich um Gott geht. Entscheidend wird sein, dass wir „Du" zu ihm sagen lernen. Daraus könnten uns auch Mut und Kraft zum Handeln erwachsen. Und wer weiß, was das dann bewirkt.

Genau das hatten sich im vergangenen Jahr auch ein paar junge Christen gedacht, die ebenfalls einen Bus organisiert haben, der dieselbe Strecke gefahren ist wie der eingangs erwähnte rote Doppeldeckerbus. Als Reaktion auf die Aufschrift „Es gibt (mit an Sicherheit grenzender Wahrscheinlichkeit) keinen Gott" fuhr dieser Bus mit der Frage durchs Land: „Und wenn es ihn doch gibt...?"

Liebe Schwestern und Brüder, für uns Christen spricht alles dafür, dass Gott existiert. Naturwissenschaftlich beweisen können wir das allerdings nicht. Was wir aber in die Waagschale werfen können, ist das, was Gott aus uns macht, wenn wir uns ihm wirklich anvertrauen. Vielleicht sät das ja zumindest einen leisen Zweifel in das Herz derer, die sich sicher sind, Gott nicht zu brauchen. Und das wäre schon viel.

Gottes Schöpfung – uns anvertraut

Predigt zur Bistumswallfahrt am 5. September 2010 im Kloster Huysburg
(Gen 1,26-31a; Lk 12, 54-57)

Mit einem zentralen Gottesdienst ist vorgestern erstmals in Deutschland ökumenisch gemeinsam ein „Tag der Schöpfung" begangen worden. Künftig soll dies im Rahmen der Arbeitsgemeinschaft Christlicher Kirchen auf Bundesebene immer am ersten Freitag im September geschehen, vor Ort sind aber auch andere Termine möglich: zwischen dem 1. September, dem Beginn des orthodoxen Kirchenjahres, und dem 4. Oktober, dem Gedenktag des heiligen Franziskus. Schon 1989 hatte der frühere Ökumenische Patriarch Dimitrios I. angesichts der wachsenden Umweltzerstörung dazu aufgerufen. Und verschiedene ökumenische Initiativen auf europäischer Ebene – wie auch die Charta Oecumenica – waren ihm gefolgt. Beim Ökumenischen Kirchentag in München schließlich wurde feierlich verkündet, diese Idee von nun an in Deutschland jährlich umzusetzen. Warum ein solcher „Tag der Schöpfung"? Verbinden sich damit – so fragen vielleicht manche – nicht „frommes Getue" oder „grüne Spinnerei"?

Inzwischen existieren schon viele wichtige kirchliche Dokumente zur Schöpfungsverantwortung. Doch die Praxis zeigt, dass sich christliche Gemeinden oft noch wenig davon anregen oder begeistern lassen. Andererseits erleben wir immer deutlicher, wie sehr unsere Erde und das Leben auf ihr bedroht sind. Auf erschreckende Weise wird deutlich, dass der Mensch Risiken eingeht, deren Folgen er nicht gewachsen ist. Das Reaktorunglück in Tschernobyl vor 25 Jahren, die Ölkatastrophen im Golf von Mexiko oder in Nigeria, aber auch die Waldbrände in Russland und die zahlreichen Überschwemmungen sind Beispiele dafür. Außerdem schwindet die Vielfalt der Pflanzen und Tiere zusehends. Und durch das Konsumverhalten der reichen Völker werden große Gebiete der Erde als Lebensraum zerstört; arme Länder werden dadurch noch ärmer. Wenn sich an solchen Tendenzen nichts ändert, gerät das Lebensumfeld von vielen hundert Millionen Menschen immer mehr in Gefahr.

Könnten das nicht solche „Zeichen der Zeit" sein, von denen der Evangelist Lukas spricht? Und ist es nicht längst höchste Zeit, dass vor allem wir Christen diese Zeichen deuten und daraus Konsequenzen ziehen?

1. BEKENNTNIS DES SCHÖPFERS

Darum haben wir in diesem Jahr auch unsere Wallfahrt auf die Huysburg ganz bewusst unter das Thema gestellt: Gottes Schöpfung – uns anvertraut. Was aber bedeutet das für uns?

Im Apostolischen Glaubensbekenntnis beten wir immer wieder: „Ich glaube an Gott, den Vater, den Allmächtigen, den Schöpfer des Himmels und der Erde". Oder im Großen – sogenannten Nizäno-Konstantinopolitanischen – Glaubensbekenntnis, das wir nachher gemeinsam sprechen werden, heißt es noch deutlicher: „Wir glauben an den einen Gott, den Vater, den Allmächtigen, der alles geschaffen hat, Himmel und Erde, die sichtbare und die unsichtbare Welt". Damit bekennen wir, dass die Welt nicht Folge eines blinden Zufalls ist, sondern sich dem Willen eines liebenden Gottes verdankt. Hinter allem, was existiert, steht jemand, der es geschaffen hat. Und dieses Geschaffene ist nicht nur einfach „Natur". Schöpfung bedeutet, dass alle Dinge und Lebewesen einen Ursprung und auch ein Ziel haben.

In jüngster Zeit ist an diesem Punkt allerdings ein alter Streit wieder neu entbrannt. Leidenschaftlich und vielfach polemisch wird um die Frage gerungen, wie man angesichts neuerer wissenschaftlicher Erkenntnisse wie der Evolutionstheorie noch verantwortet von einem Schöpfer der Welt sprechen kann. Die einen – Kreationisten werden sie genannt – gehen davon aus, dass man die Bibel ganz wörtlich nehmen müsse: alles sei so geschehen, wie es da stehe; andere – wie Richard Dawkins als einer der bekanntesten von ihnen – behaupten nach wie vor, dass es keinen Gott braucht, um die Welt zu erklären.

Auf diesem Hintergrund kann ich mich da auch noch eines kämpferischen Ratschlags erinnern, den uns in meiner Schulzeit einmal ein Vikar gegeben hat. Er lautete: Wenn euer Biologielehrer wieder davon reden sollte, dass der Mensch vom Affen abstamme, dann könntet ihr ruhig sagen: „Sie vielleicht – aber nicht wir!" Inzwischen wird das Problem von Schöpfung und Evolution entkrampfter und wesentlich differenzierter gesehen. Dennoch ist es für viele Menschen – Christen wie Nichtchristen – nach wie vor eine Frage, wie man den Glauben mit der Naturwissenschaft zusammenbringen soll.

Eigentlich bräuchte man sich überhaupt nicht in ein solches „Entweder-Oder" hineindrängen zu lassen. Richtig verstanden wollen die biblischen Schöpfungserzählungen ja gar nicht naturwissenschaftlich beschreiben, wie die Welt geworden ist. Ihre Intention ist es vielmehr zu bezeugen, dass es einen Gott gibt, der uns und alles, was existiert, ins Leben gerufen hat – wie auch immer. Gerade der erste Schöpfungsbericht aus dem Buch Genesis – man könnte durchaus auch von einem Schöpfungsgedicht sprechen – ist eine „kunstvoll gestaltete Bildgeschichte"[1], die uns für Gottes gute Schöpfung begeistern will. Ein geordnetes Lebenshaus wird uns da vor Augen geführt, in dem alles seinen Platz hat.

2. AUFTRAG DES MENSCHEN

In diesem Lebenshaus kommt dem Menschen eine besondere Stellung zu. Er wird als „Abbild Gottes" beschrieben. „Abbild" zu sein bedeutet im Alten Orient, jemanden zu repräsentieren. Alle Menschen – so die biblische Sicht – sind demnach also dazu geschaffen, Gott in der Schöpfung zu vertreten, so wie gute Hausverwalter den Hausbesitzer. Diese Stellung bringt aber auch eine besondere Verantwortung mit sich. Hier ist die Übersetzung des hebräischen Textes leider sehr missverständlich. „Unterwerft euch die Erde", heißt es da, und „herrscht über die Fische, die Vögel und über alle Tiere" (vgl. Gen 1,28). Diese Übersetzung hatte über Jahrhunderte hinweg eine schrankenlose Herrschaft des Menschen über seine Mitgeschöpfe und die ganze Erde zur Folge. Heute wissen wir, dass die hebräischen Begriffe an dieser Stelle stattdessen meinen: Der Mensch ist dazu beauftragt, wie Gott die Pflanzen und die Tiere zu hegen und zu pflegen. Es ist der Auftrag zu einer liebevollen Fürsorge, so dass alle Lebewesen das bekommen, was sie zum Leben brauchen.

Oder noch anders formuliert, gewissermaßen als biblisches Leitbild für unseren Umgang mit der Erde und ihren Gütern: Die Schöpfung ist Gottes Werk und damit sein Eigentum.[2] Uns wurde alles lediglich als Leihgabe überlassen. Mit Geliehenem aber geht man achtsam und ehrfürchtig um. Wir sind nicht der Schöpfer, sondern ebenfalls Geschöpf, aber mitverantwortlich für alles Geschaffene.

---

[1] Erich Zenger, Theologische Grundlagen: Gottes Schöpfung - Lebenshaus für alle. Die Botschaft der biblischen Schöpfungstheologie, in: Michael Kappes (Hg.), Gottes Schöpfung feiern und bewahren. Materialien zur Gestaltung des Schöpfungstages und der Schöpfungszeit 1. September bis 4. Oktober. Eine Arbeitshilfe der ACK Nordrhein-Westfalen, Münster 2010, 8.

[2] Vgl. Psalm 24,1: „Dem Herrn gehört die Erde und was sie erfüllt ..."; oder auch Psalm 8.

Wenn wir das nicht begreifen und entsprechend umkehren, bringen wir die Erde schon bald „an den Rand apokalyptischer Selbstzerstörung"[3]. Bislang haben wir Menschen auf vielerlei Weise unsere Sonderstellung in der Schöpfung missbraucht. Dazu gehört auch der maßlose Umgang mit den natürlichen Ressourcen unserer Erde, als ob sie unerschöpflich seien. Wir brauchen einen tief greifenden Kurswechsel, in dem ökologisches Denken und soziale Gerechtigkeit zusammen gesehen werden. Eine neue Ehrfurcht ist vonnöten: in erster Linie vor dem Menschen von seinem Anfang bis zu seinem Ende, aber auch vor der Umwelt, und besonders vor den Tieren und Pflanzen. Auch sie sind auf Gott den Schöpfer bezogen und nicht einfach nur dazu da, um uns zu nützen. Vor allem die Tiere sind unsere Mitgeschöpfe. Sie leidvoll zu quälen, in Massen entwürdigend zusammenzupferchen und industriell auszubeuten, ist nicht länger mehr als selbstverständlich hinzunehmen. Allein in Deutschland wurden in der ersten Jahreshälfte 2010 rund 2,7 Millionen Tonnen Schweinefleisch produziert; und wie viele Hühner sind nichts anderes mehr als eine „Eierlegemaschine"[4].

Noch ist es nicht zu spät umzukehren. Als Christen sind wir mit dafür verantwortlich, „den Planeten Erde als zukunftsfähiges ‚Lebenshaus' für alle Geschöpfe" zu bewahren.[5] Und wenn wir anders leben, können wir tatsächlich etwas bewirken. Was hat sich zum Beispiel in den letzten 20 Jahren bei uns nicht schon alles verändert: Die Saale ist frei von giftigen Schaumkronen; jährlich wird inzwischen sogar wieder zu einem Elbe-Bade-Tag eingeladen; und die meisten Autos geben keine stinkenden Abgase mehr von sich wie damals die Trabbis, Wartburgs und Wolgas. Wir sind viel sensibler geworden im Umgang mit Müll oder Energie und wissen eine gesunde Natur zu schätzen. Haben wir also Mut, noch konsequenter zu handeln und uns dafür noch mehr einzusetzen.

---

[3] Patriarch Dimitrios I. von Konstantinopel, Botschaft über die Einführung eines Tages zur Bewahrung der Schöpfung (1. September 1989), in: Michael Kappes (Hg.), Gottes Schöpfung feiern und bewahren, 81.

[4] Gott ist ein Freund des Lebens, Gemeinsame Erklärung des Rates der Evangelischen Kirche in Deutschland und der Deutschen Bischofskonferenz, Trier 1989, 37.

[5] Die Deutschen Bischöfe, Der Klimawandel: Brennpunkt globaler, intergenerationeller und ökologischer Gerechtigkeit (= Erklärungen der Kommissionen Nr. 29), Bonn 2006, Nr. 9.

3. PRAKTISCHE ANREGUNGEN

Wie aber könnte das aussehen? Vor allen Aktivitäten hielte ich es erst einmal für wichtig, mit offenen Augen durch die Welt zu gehen und mit allen Sinnen Gottes gute Schöpfung wahrzunehmen. Ist nicht so vieles faszinierend und staunenswert: auf der Erde und am Himmel, in Feld und Wald, im Gebirge und am Meer, bei Pflanzen und Tieren, im Großen wie im Kleinen? Manchmal kann man gar nicht beschreiben, welche Empfindungen da aufkommen. Viele Psalmen und Lieder aber verleihen der Freude über all das Wunderbare, mit dem wir umgeben sind, und dem Dank dafür einen würdigen Ausdruck. Ist es nicht sogar die edelste Bestimmung des Menschen, mit allen Geschöpfen oder stellvertretend für sie Gott zu loben und zu preisen? Ehrfurcht vor der Schöpfung kann und sollte schon früh mit Kindern eingeübt werden, durch Eltern und Großeltern, aber auch in unseren Kindertagesstätten und -heimen.

Darüber hinaus gibt es viele Möglichkeiten, mit der Schöpfung respektvoller umzugehen und sie besser zu bewahren, für uns und kommende Generationen. Sicher erscheint manches nur wie ein Tropfen auf den heißen Stein. Aber wenn erst einmal ein Anfang gemacht ist und viele mitziehen, ist es möglich, die Entwicklung durchaus positiv zu beeinflussen. Warum sollten wir beispielsweise nicht bewusst mehr auf Produkte aus unserer Region zurückgreifen oder darauf achten, dass Lebensmittel tierischer Herkunft aus artgerechter Haltung kommen? Und müssen wir alles Obst und Gemüse zu jeder Jahreszeit kaufen können? Vielleicht wäre auch weniger Fleisch zu essen sogar gesünder. Kurioserweise waren wir Katholiken mit unseren Fast- und Abstinenztagen schon einmal vorbildlicher als manche zivile Initiative, die heutzutage einen fleischfreien Tag pro Woche empfiehlt. Wir aber haben dies freizügig aufgegeben, was andere auf einmal wieder als wichtig und hilfreich entdecken.

Und wenn in unseren Gemeinden ein Gebäude saniert oder etwas neu gebaut werden soll, wäre es da nicht auch sinnvoll, sich an den Erfordernissen nachhaltiger Entwicklung zu orientieren? Inzwischen gibt es schon viele Konzepte, wie erneuerbare Energien sowohl im privaten Haushalt als auch in den Gemeinden eingesetzt werden können. Es stünde uns als Kirche gut an, wenn wir in dieser Hinsicht mutiger vorangehen würden. Unsere Partnerdiözese Châlons ist da zum Beispiel vorbildlich gewesen. Die ökologische Bauweise des Bischöflichen Ordinariates hat sogar einen Umweltpreis bekommen.

Gott hat uns seine Schöpfung anvertraut. Nicht immer ist es klar und eindeutig, wie sie sorgsam genutzt und am besten bewahrt werden kann. Viele Probleme werden kontrovers diskutiert. Fachleute sind gefragt, aber auch politische Entscheidungen. Um als Bistum in diesen Fragen noch besser beraten zu sein, habe ich wieder neu eine „Fachkommission für Frieden, Gerechtigkeit und Bewahrung der Schöpfung" eingesetzt. Letztlich bleibt jedoch alles nur Schall und Rauch, wenn nicht möglichst viele empfindsamer werden und auch ihre persönliche Verantwortung erkennen. Um dies zu fördern, empfehle ich sehr, künftig einmal im Jahr auf der Ebene der neuen Pfarreien – möglichst ökumenisch – einen Tag der Schöpfung zu begehen.

Ich lade Sie aber auch ein, sich nach dem Gottesdienst in den verschiedenen Foren, Ausstellungen und Aktionen zu informieren, was es in unserem Bistum bereits an Bemühungen um die Schöpfung gibt. Lassen Sie sich davon anregen, um das eine oder andere dann vielleicht in Ihrem eigenen Bereich umzusetzen. Denn die Zeit drängt. Eine Haltung von „,Nach mir die Sintflut' geht nicht mehr"[6]. Die Verantwortung für die Schöpfung ist auch eine Grundaufgabe der Kirchen – ja, sie ist ein Zeichen der Zeit. Wir alle stehen in der Pflicht zu handeln. Das sind wir sowohl den Opfern des Klimawandels schuldig als auch den künftigen Generationen und der außermenschlichen Kreatur, die uns anvertraut ist – vor allem aber Gott selbst, dem Schöpfer der Welt.

---

[6] Landesbischof Friedrich Weber, in: Michael Kappes (Hg.), Gottes Schöpfung feiern und bewahren, 3.

„Gleicht euch nicht dieser Welt an ..."

Predigt zur Schlussandacht der Herbst-Vollversammlung der Deutschen Bischofskonferenz am 23. September 2010 in Fulda (Röm 12,1-12)

Am 27. September 1990, also vor fast genau zwanzig Jahren – alle Bischöfe aus der noch bestehenden DDR waren erstmals hier in Fulda bei einer Vollversammlung der Deutschen Bischofskonferenz mit dabei – gab deren Vorsitzender, Bischof Karl Lehmann, am Beginn der Schlussandacht bekannt: „Wir haben zusammen einen Antrag der Berliner Bischofskonferenz zur Kenntnis genommen, dass die Berliner Bischofskonferenz aufgelöst wird ... und künftig wieder eine einzige Deutsche Bischofskonferenz sein wird. Wir Bischöfe in der Deutschen Bischofskonferenz haben dies einstimmig und nachdrücklich von Herzen begrüßt."[1] Und am Ende der Schlussandacht konnte er noch hinzufügen: „Soeben ist uns von Rom mitgeteilt worden, dass der Heilige Vater (davon) positiv Kenntnis genommen hat ... Wir werden noch unsere Statuten und unsere Satzungen, die wir bereits beschlossen haben, nachreichen und dürfen dann bald und rasch mit einer formellen Genehmigung rechnen. Ich ... danke dem Heiligen Vater, dass er uns noch vor dem 3. Oktober, dem Tag der Einheit Deutschlands, es ermöglicht hat, dies hier mitzuteilen."[2] Damit war die Einheit der katholischen Kirche in Deutschland gewissermaßen schon vor dem Beitritt der DDR zum Geltungsbereich des Grundgesetzes zustande gekommen. Nunmehr aber drängte es, sie und den gesamten deutschen Vereinigungsprozess weiter zu gestalten und mit Leben zu erfüllen. Treffend – für Enthusiasten damals freilich zu nüchtern – bemerkte Bischof Karl Lehmann beim Ökumenischen Gottesdienst am 3. Oktober 1990 in Berlin dazu: „Wir brauchen ein neues Denken und Fühlen, um uns wirklich wechselseitig anzunehmen."[3]

Inzwischen sind schon wieder zwei Jahrzehnte vergangen. Dramatische Entwicklungen liegen hinter uns, mit großartigen Erfolgen, aber

---

[1] Karl Kardinal Lehmann, Katholische Kirche im geeinten Deutschland. Bemerkungen zum Vereinigungsprozess. Eröffnungsreferat bei der Tagung der Kommission für Zeitgeschichte am 23. Oktober 2009 in Erfurt (Ms.), 16f.
[2] Ebd., 17.
[3] Ebd.

auch maßlosen Enttäuschungen. Einerseits erfüllt wohl die meisten immer noch Freude und Dankbarkeit, ist selbstverständlich zusammengewachsen, was willkürlich getrennt war, halten sich Solidarität und gegenseitiges Interesse; andererseits bleibt vieles kritisch anzufragen, erscheint die „Freiheit grauer als der Traum von ihr", gelingt es zwischen Ost und West nicht immer, sich wirklich zu verstehen oder verständlich zu machen.

Inmitten dieser spannungsreichen Erfahrungen hören wir Paulus heute im Brief an die Römer (12,2) sagen: „Gleicht euch nicht dieser Welt an, sondern wandelt euch und erneuert euer Denken, damit ihr prüfen und erkennen könnt, was der Wille Gottes ist, was ihm gefällt, was gut und vollkommen ist." Was könnte das aus ostdeutscher Perspektive bedeuten, vor allem auf dem Hintergrund dessen, was wir „DDR-Katholiken" mit in die deutsche Einheit eingebracht und was wir seitdem erlebt haben?

1. „WIDERSTÄNDIG"

Im Wort der Berliner Bischofskonferenz vom 18. September 1990 zur deutschen Wiedervereinigung hieß es dazu: „Wir haben versucht, an Gott und seiner Kirche in einer atheistischen Gesellschaft festzuhalten. Viele von uns haben Nachteile um des Glaubens willen auf sich genommen. Wir bringen mit unsere ökumenischen Erfahrungen, die uns als Christen in der Bedrängnis und Anfechtung geschenkt wurden."[4] Tatsächlich galt es für bewusste Christen, mehr oder weniger widerständig zu sein, sich nicht der herrschenden Ideologie anzupassen und mit der Masse mitzuschwimmen. Eine solche Herausforderung brachte sowohl Gefahren als auch Chancen mit sich. Viele hatten nicht die Kraft und den Mut, lange dem marxistisch-leninistischen Druck zu widerstehen; sie sind aus der Kirche ausgetreten oder haben sie lautlos verlassen. Andere sind dadurch in ihrem christlichen Glauben und ihrer Treue zur Kirche gewachsen.

Und wie ergeht es uns heutzutage? Zahlreiche Erfahrungen mit unserer modernen Gesellschaft legen den Eindruck nahe: In diktatorischen Zeiten kann es manchmal leichter sein, sich deutlich be-

---

[4] Katholische Kirche – Sozialistischer Staat DDR. Dokumente und Äußerungen 1945-1990, hg. v. G. Lange u. a., Leipzig 1992, 411.

ziehungsweise eindeutiger zu Jesus Christus und seiner Kirche zu bekennen. Schwieriger wird es da schon, wenn uns inmitten einer nicht mehr überschaubaren Meinungsvielfalt Gleichgültigkeit entgegenweht oder wir der Täuschung erliegen, es reiche für uns, nette und freundliche Menschen zu sein, sich eher mit der Welt zu arrangieren als ihr immer wieder auch den kritischen Spiegel christlicher Wahrheiten vor Augen zu halten.

Sich der Welt nicht anzugleichen, bedeutet für Paulus in erster Linie aber, sich selbst wandeln zu lassen und immer wieder zu prüfen, was Gott gefällt und für uns Menschen heilsam ist. Manche – so mein Eindruck – folgern daraus freilich, sich abkapseln und einschließen zu müssen. Dagegen war schon in einem ostdeutschen Predigtbuch von 1978 zu lesen: „Der Rückzug ins Getto ist verbunden mit der Ausrufung des Verteidigungszustandes für die angeblich reine, unverfälschte Lehre. Wer nicht mit ins Getto will, wer weiterhin prüfen will, wird zum Ketzer erklärt ... Die Frage nach Identität zwingt, alles in Paragraphen niederzulegen. Man gerät über ... Nebensächlichkeiten in Streit. Die wenigen noch vorhandenen Kräfte werden von innerbetrieblichen Querelen aufgezehrt."[5] Und Kardinal Julius Döpfner warnte schon zuvor: „Christliches Selbstbewusstsein, das sich in pharisäischer Überheblichkeit und in der Verurteilung der ‚bösen Welt' äußert, ist ein Zerrbild christlicher Berufung."[6] Ohne Zweifel brauchen wir als Kirche und als einzelne Christen Profil, sollten wir erkennbar und selbstbewusst auftreten, gewissermaßen – wie es im Italienischen heißt – „al dente", „mit Biss", aber nicht bissig, zwischen Weltvergötzung und Weltverachtung, zwischen Weltsucht und Weltflucht, als solche, die in Freiheit Verantwortung übernehmen und sich selbst zur Ehre Gottes als lebendiges Opfer einbringen. Dazu gehört es auch, trotz mancher zwischenkirchlichen Spannungen ökumenisch nicht zu resignieren, sondern die Einheit der Christen weiter voranzutreiben: beharrlich und fair, nüchtern und hoffnungsvoll, mutig und kreativ, mit Herz und Verstand.

---

[5] Das Wort an die Gemeinde. Predigthilfen zu den Perikopen der neuen Leseordnung. Matthäusjahr II, Zweite Lesungen. Pfingsten bis Ende des Kirchenjahres, hg. v. K. Lange, Leipzig 1978, 220.

[6] Julius Kardinal Döpfner, Fastenhirtenbrief des Jahres 1973, in: Die Feier des Stundengebetes. Lektionar II/7, Einsiedeln u. a. 1980, 55.

2. „FREIHEITLICH"

„Du hast uns in die Freiheit hinausgeführt." In diesen Worten aus Psalm 66 kommt auch zum Ausdruck, was viele Christen vor zwanzig Jahren dachten, als die innerdeutsche Mauer gefallen war und die politischen Verhältnisse sich radikal veränderten. „Du hast uns in die Freiheit hinausgeführt." Als glaubende und getaufte Menschen – so verkündet uns Paulus – sind wir durch Christus grundsätzlich sogar von der Sünde (Röm 6,18-23), vom Gesetz (Röm 7,3f) und vom Tod (Röm 6,21) befreit. Wir sind wer! Gott hat uns nicht gnadenlos festgelegt oder eine Sklavenseele eingehaucht; wir sind keine Marionetten, sondern sein Ebenbild, zur Freiheit berufen und befähigt. „Du hast uns in die Freiheit hinausgeführt." Das gilt entsprechend von der Gemeinschaft, der wir als Christen angehören: der Kirche. „Wo der Geist" Jesu Christi „wirkt" – so sagt Paulus – „da ist Freiheit" (2 Kor 3,17b). Dabei versteht Kirche sich nicht nur als eine Hüterin menschlicher Freiheitsrechte, sondern auch selbst als eine Wirklichkeit, in der man der eigentlichen, wahren und letzten Freiheit begegnen kann. Und so haben viele in der DDR Kirche immer wieder als einen Zufluchtsort erfahren, an dem es möglich war, sich freimütig auszutauschen, in seinem Gewissen ernst genommen und in seiner Würde bestärkt zu werden. „Kirche" – so schrieb kurz nach der Wende der ostdeutsche Theologe Franz-Georg Friemel – „war eine Stätte der Freiheit, des freien Wortes, sie war eine Gegenwelt zum verordneten Sozialismus ... Sie war ein Schutzraum für das Menschliche."[7]

Keine Frage, so ideal erschien Kirche auch damals bei uns nicht immer und überall. Aber heute bedrückt es mich, wenn der Eindruck stärker wird, Kirche sei auch nur eine Ideologie: ein geschlossenes System mit „Wagenburgmentalität" und sektiererischen Zügen oder ein „Allerwelts-Tummelplatz" von Willkür und Beliebigkeit. Kleinkarierte Machtkämpfe finden statt. Viele beanspruchen rigoros im Recht zu sein. Fronten verhärten sich. Den einen ist man zu links, den anderen zu rechts. Manche fordern zu härterem Durchgreifen auf, einige dagegen sehen notwendige Entscheidungen schon als autoritär an. Auch boshafte Unterstellungen und ehrenrührige Verdächtigungen sind darunter. Wenn ich alles bedenke, was mich inzwischen aus Deutschland und darüber hinaus erreicht, komme ich mir manchmal vor, als sei ich Bischof „von Absurdistan".

---

[7] ... wie die Träumenden. Katholische Theologen zur gesellschaftlichen Wende, hg. v. F.-G. Friemel, Leipzig 1990, 70f.

Sind das aber nicht genau die engstirnigen Methoden dieser Welt, die wir Christen meiden sollten? Worin unterscheiden wir uns dann noch von den anderen, wenn wir genauso wie sie agieren? Paulus hingegen regt uns an, geistvoller mit dem göttlichen Geschenk der Freiheit umzugehen. Selbstverständlich gibt es unter uns unterschiedliche Gaben, Auffassungen und Dienste. Als Glieder des Leibes Christi aber gehören wir zusammen. Und darum hält er für wichtig: „Strebt nicht über das hinaus, was euch zukommt, sondern strebt danach, besonnen zu sein ... Verabscheut das Böse, haltet fest am Guten! Seid einander in brüderlicher Liebe zugetan, übertrefft euch in gegenseitiger Achtung!" Das muss man sich einmal angesichts mancher erbitterter und gehässiger Auseinandersetzungen auf der Zunge zergehen lassen! Aber nur so kann Kirche wahrhaft als Raum göttlicher Freiheit erfahren werden. Sich nicht dieser Welt anzugleichen, heißt darum auch weiterhin, mit allen Kräften um den Geist Christi zu ringen und wenigstens achtungs-, wenn nicht gar liebevoll miteinander umzugehen. Konstruktive Gespräche sind vonnöten, Mut und Barmherzigkeit, ein weiter Horizont und eine geistliche Tiefe.

3. „HOFFNUNGSVOLL"

Und was könnte es noch bedeuten, sich nicht von der Welt gefangen nehmen zu lassen, sondern aus Gottes Geist zu leben?

„Wir wagen den Aufbruch", so wurde es vor einigen Jahren im Bistum Magdeburg formuliert: „Wir wollen eine Kirche sein, die sich nicht selbst genügt, sondern die allen Menschen Anteil an der Hoffnung gibt, die uns in Jesus Christus geschenkt ist. Seine Botschaft verheißt den Menschen ‚das Leben in Fülle' auch dann, wenn die eigenen Möglichkeiten ausgeschöpft sind. Deshalb" – so heißt es schließlich noch – „nehmen wir die Herausforderung an, in unserer Diasporasituation eine missionarische Kirche zu sein. Einladend, offen und dialogbereit gehen wir in die Zukunft."[8]

Ich gestehe, dass das manchen vielleicht etwas zu markig klingt oder wie das Pfeifen ängstlicher Kinder im dunklen Wald. In der Tat stellt sich unsere Situation – äußerlich betrachtet – nicht unbedingt ro-

---

[8] Um Gottes und der Menschen willen – den Aufbruch wagen. Dokumentation des Pastoralen Zukunftsgesprächs im Bistum Magdeburg, hg. v. A. Schleinzer u. R. Sternal, Leipzig 2004, 38.

sig dar. Schon unsere Lage im Osten ist – wie wir jüngst erst wieder bei der Suche nach einer speziellen Fachkraft zu hören bekamen – ein „Standortnachteil". Auch in den neuen Verhältnissen sind wir nicht mehr und nicht frömmer geworden. Als Katholiken „im Lande Luthers" leben wir inzwischen in einer doppelten Diaspora: zusammen mit den evangelischen Christen inmitten von über 80 % Konfessions- und Religionslosen, und dann noch als eigene extrem kleine Minderheit. Obwohl es durchaus suchende und interessierte Menschen außerhalb unserer Kirchen gibt, trifft man doch weithin auf eine Art „ererbter Gottlosigkeit", die in anderen Regionen Deutschlands kaum vorstellbar ist. Die Gestalt von Kirche hat sich schon – auch aufgrund der demographischen Entwicklung – rasant gewandelt. Wir sind keine Volkskirche, wie es sie mancherorts vielleicht noch gibt; wir sind auch nicht mehr die Diasporakirche, wie wir sie aus DDR-Zeiten kennen. Vieles vergeht.

Andererseits findet Jahr für Jahr eine erfreuliche Zahl von Erwachsenen neu oder wieder zum christlichen Glauben. Ebenso zeigt sich, dass immer mehr Gläubige begreifen, aufgrund von Taufe und Firmung selbst eine geistliche Mitverantwortung zu tragen. Jede und jeder kann das Antlitz der Kirche verdunkeln oder ihr Leuchten verstärken. Auch sehe ich manche Chancen, unsere nichtchristlichen Mitbürger noch mehr mit dem Evangelium in Berührung zu bringen. Dazu muss man aber auch zuhören können, was sie bewegt, woraus sie bisher leben, was ihnen Mut macht und worunter sie leiden. Dazu wäre es insgesamt auch nötig, unsere kirchliche Einstellung gegenüber Menschen mit „gebrochenen Biographien" zu überprüfen und nach Wegen zu suchen, ihren oftmals tragischen Gegebenheiten gerechter zu werden. Wie viele Geschiedene und Wiederverheiratete gibt es doch in unserer Gesellschaft, auch in unseren Gemeinden. Immer mehr Katholiken gehen bei uns, wenn sie denn überhaupt kirchlich heiraten, verständlicherweise Ehen mit konfessionslosen Partnern ein. Und wenn Erwachsene sich taufen lassen wollen, konvertieren oder wieder in die Kirche zurückkehren, zeigt sich, dass verschiedene von ihnen nicht dem „katholischen Ideal" entsprechen und auch das Kirchenrecht nicht weiterhelfen kann. Zwei Drittel der Kinder im Osten wachsen zudem in Lebensverhältnissen auf, die nicht in das herkömmliche Bild katholischer Ehe und Familie passen. Müssten wir nicht – ohne unsere Grundüberzeugungen aufzugeben – differenzierter und herzlicher auf diese Menschen und ihre Probleme eingehen? Ist es nicht gerade unser Auftrag, im Sinne Jesu zu verdeutlichen, dass niemand aufgegeben wird, sondern jede und jeder immer wieder zu neuer Hoffnung aufbrechen kann?

Worauf gehen wir zu? Wird es – biblisch gesprochen – ein Durchzug durchs Rote Meer, ein Murren in der Wüste oder der Einzug ins verheißene Land? Wird uns vielleicht zugemutet, Jesus noch intensiver auf dem Kreuzweg zu folgen, oder ergeht es uns wie den Frauen, die sich auf den Weg machen, um den toten Jesus zu salben, und mit der Botschaft von seiner Auferstehung konfrontiert werden? Wie auch immer sich unsere kirchlichen Verhältnisse entwickeln mögen, entscheidend ist, dass wir wach und sensibel sind, um auch unter neuen Bedingungen Gottes Willen zu erkennen und ihm gerecht werden zu können. Haben wir den Mut, uns den Problemen verantwortungsvoll zu stellen und nach geistvollen Lösungen zu suchen. Und seien wir dabei – wie Paulus es uns ans Herz legt – „fröhlich in der Hoffnung, geduldig in der Bedrängnis, (und) beharrlich im Gebet!"

Dialogisch Kirche sein

Hirtenbrief zur österlichen Bußzeit 2011

1. POLARISIERUNGEN

Liebe Schwestern und Brüder, was ist eigentlich mit unserer katholischen Kirche in Deutschland los? Manche behaupten, sie stecke in einer ihrer tiefsten Krisen. Seit dem letzten Jahr, in dem wir uns dem Skandal des sexuellen Missbrauchs Minderjähriger durch Priester und Ordensleute zu stellen hatten, scheint keine Ruhe mehr einzuziehen. Andere Themen sind gefolgt, werden als „heiße Eisen" in die öffentliche Diskussion geworfen und polarisieren zunehmend.

Auf unserer letzten Herbstvollversammlung hatten wir Bischöfe die Bereitschaft zu einem „strukturierten Dialog" über die Zukunft unserer Kirche angekündigt, leider aber nicht konkretisiert, was genau damit gemeint sei und wer nun mit wem worüber ins Gespräch kommen sollte. Inzwischen haben verschiedene Gruppierungen diesen Impuls aufgegriffen und sich zu Wort gemeldet. Mitte Januar waren es einige katholische CDU-Politiker, die in einem Brief an uns Bischöfe dafür plädierten, auch „viri probati" – also in Ehe und Beruf bewährte Männer – zu Priestern zu weihen. Anfang Februar erschien dann das von zahlreichen Theologieprofessorinnen und -professoren unterschriebene „Memorandum 2011", das für viele kirchliche Handlungsfelder einen offenen Austausch und dringenden Reformbedarf anmahnt. Dazu zählen neben den Zulassungsbedingungen zum Priesteramt auch solche Themen wie die Sexualmoral und die individuelle Gewissensfreiheit, ein barmherziger Umgang mit Menschen, die nicht den katholischen Idealen entsprechen, sowie die strukturelle Beteiligung der Gläubigen auf allen Ebenen und eine verbesserte Rechtskultur. Diese aufrüttelnde „Mängelliste" hat umgehend zu vielfältigen Solidarisierungen geführt, andererseits aber auch deutliche Gegenreaktionen – wie zum Beispiel die Petition „Pro Ecclesia" – ausgelöst. Keine Seite ist sich zu schade, die andere zu diffamieren. Wer das Memorandum nicht unterstützt, gilt als ängstlich oder reaktionär; wer sich nicht mit dessen Kritikern verbündet, kann damit rechnen, als unkirchlich verdächtigt zu werden.

Was bisher in der Öffentlichkeit ausgetragen wird, halte ich für wenig hilfreich. Vieles klingt sehr selbstgerecht, vorwurfsvoll und polemisch. Auch banale Klischees und allgemeine Verdächtigungen gehören dazu. Das Niveau lässt – vor allem, wenn über den Zölibat gesprochen wird – oftmals zu wünschen übrig. Von einem wirklichen Dialog kann noch keine Rede sein. Eher erweckt so manches den Anschein eines ideologisch verhärteten Schlagabtausches oder einer „Wünsch-dir-was-Veranstaltung", wo jede und jeder mal eben meint sagen zu müssen, was Jesus nun wirklich gewollt habe und was an der Kirche stört oder aber unaufgebbar sei. Eine Fülle von recht unterschiedlichen Themen wird zumeist sehr plakativ zur Sprache gebracht. Apokalyptische Töne kommen auf, als ob es in diesem Jahr um alles oder nichts ginge. Manche beschreiben die kirchliche Wirklichkeit düsterer, als sie ist, um ihre Reformforderungen nur umso heller leuchten zu lassen. Zugleich werden illusorische Erwartungen geschürt, die Frustrationen nur noch verstärken. Andere sperren sich gegen jede kritische Anfrage und führen zur Verteidigung bisheriger Positionen zum Teil hanebüchene Argumente ins Feld.

Wie soll es weitergehen? Wollen wir uns durch Appelle und Resolutionen, zu denen man nur „ja" oder „nein" sagen kann, immer noch höher schaukeln? Soll der Anzahl der Unterschriften dann überlassen werden, wer überzeugender wirkt oder mehr Recht hat? Wie können wir Bischöfe konstruktiv mit den sogar einander widersprechenden Ratschlägen umgehen, die an uns herangetragen werden? Und wie können Sie sich als getaufte und gefirmte Christen an der gemeinsamen Suche nach den nächsten Schritten beteiligen?

2. DAS GESPRÄCH SUCHEN

Liebe Schwestern und Brüder, im 1. Brief an die Korinther schreibt Paulus (12,4-7.12f): „Es gibt verschiedene Gnadengaben … Es gibt verschiedene Dienste … Es gibt verschiedene Kräfte … Jedem aber wird die Offenbarung des Geistes geschenkt, damit sie anderen nützt … Denn wie der Leib eine Einheit ist, doch viele Glieder hat …: so ist es auch mit Christus. Durch den einen Geist wurden wir in der Taufe alle in einen einzigen Leib aufgenommen." Als Christen sind wir in der Kirche also insgesamt aufeinander verwiesen. Kommunikation ist vonnöten; gegenseitige Wahrnehmung und kritischer Austausch gehören dazu, auch die Orientierung am Vorbild Jesu, an der Lehre der Kirche und an den Zeichen der Zeit. Mehr denn je wird es wichtig sein, einen angstfreien und ehrlichen Dialog zu führen, um herauszufinden, was Gottes Geist uns angesichts der gegenwärtigen Herausforderungen sagen will. Dazu muss aber die Haltung stimmen. Ist man bereit, wirklich erst einmal zuzuhören und die andere Meinung verstehen zu wollen? Oder werden gleich scharfe Attacken geritten und überzogene Forderungen aufgestellt? Bekannterweise macht ja der Ton die Musik. Wird destruktiv „Gift und Galle gespuckt" oder zielorientiert mit Herz und Verstand debattiert? Gelingt es trotz aller Leidenschaft und Emotionen, die Sache im Blick zu behalten und differenziert zu argumentieren? Und wie sieht es mit der Beziehungsebene aus? Gilt da ein Vertrauensvorschuss oder beargwöhnt man sich von vornherein als unglaubwürdig? Vor allem aber gehört zu einem echten kirchlichen Dialog, sich im Gebet immer wieder dem lebendigen Gott anzuvertrauen und mit allen Kräften um den Geist Jesu Christi zu ringen. Mut und Barmherzigkeit, ein weiter Horizont und eine geistliche Tiefe sind dafür unabdingbar.

Vor einigen Jahren hat es in unserem Bistum mit dem „Pastoralen Zukunftsgespräch" schon einmal einen recht umfangreichen Dialogprozess gegeben. Seitdem ist das Gespräch aber nicht abgeebbt. Immer neu wird in den verschiedenen Gremien der Pfarreien und des Bistums über unsere Situation nachgedacht und beraten. Ich selbst suche häufig – zum Beispiel auch über die Visitationen – den Kontakt zu möglichst vielen aus unseren Gemeinden und anderen Einrichtungen sowie aus deren gesellschaftlichem Umfeld, um alles noch besser verstehen oder auch erläutern zu können. Darüber hinaus soll es im Mai dieses Jahres wieder eine größere Bistumsversammlung geben. Dazu habe ich eine repräsentative Gruppe von Hauptamtlichen und Laien, von Ordensleuten, Verbänden und Initiativen eingeladen, mit mir zusammen danach zu fragen, welche Themen uns in unserer konkreten Situation im Bistum Magdeburg bedrängen – und welche Schritte wir zu gehen haben. Ich hoffe sehr, dass über diese Vertreterinnen und Vertreter die Meinungen vieler anderer mit in unsere Überlegungen einfließen; ich hoffe aber auch, dass wir uns dabei nicht kleinkariert verrennen, sondern hoffnungsvoll anregen können.

3. UM WESENTLICHES RINGEN

Liebe Schwestern und Brüder, was aber gilt es dabei noch zu beachten? Worum geht es uns eigentlich? Welche Themen stehen wirklich an?

Wir alle wissen, wie Jesus sich seine Jünger vorstellte (vgl. Mt 5,13-16): „Salz der Erde", „Licht der Welt", „Stadt auf dem Berge" sollten sie sein; erkennbar, auffällig, profiliert – nicht aber angepasst bis zur Unkenntlichkeit. Auch heute müsste seine Kirche sich als eine alternative Bewegung verstehen, nicht als Versorgungsanstalt für religiöse Bedürfnisse oder als rigoristische und gnadenlose Sekte. Das macht es ihr auf dem Weg durch die Zeit nicht leicht. Immer wieder muss sie sich darum im Geiste ihres Gründers erneuern. Zweifellos haben wir in der katholischen Kirche in Deutschland einen Aufbruch nötig.

Doch sind die Reformen, die von manchen zurzeit gefordert werden, tatsächlich die Rettungsmittel aus unserer Krise? Sicher dürften in einem Dialog die „heißen Eisen" nicht von vornherein ausgeschlossen werden. Darum sollte man durchaus darüber nachdenken, was verbesserungswürdig und heilsam wäre, vor allem im Blick auf unsere Sexualmoral und auf die vielen Menschen, die aufgrund ihrer Lebensverhältnisse nicht mehr den katholischen Normen entsprechen. Es stände unserer Kirche gut an, nicht nur rechtlich geordnet zu sein, sondern auch Barmherzigkeit walten zu lassen. Dabei muss freilich auch nüchtern beachtet werden, ob bisherige Regeln göttlichen oder kirchlichen Rechts sind. In der Kirche ist das Lehr- und Hirtenamt für derartige Klärungen verantwortlich. Daneben muss es aber auch hier für die anderen Gläubigen genügend Möglichkeiten geben, sich Gehör zu verschaffen.

Töricht wäre es freilich zu meinen, dass alle gegenwärtigen Anliegen binnen kurzem umgesetzt würden. Schließlich kann dies nicht einmal ein Papst so einfach entscheiden. Und außerdem bezweifle ich, dass es uns damit wesentlich besser ginge. Es gibt andere Kirchen, in denen das, was innerkatholisch diskutiert wird, alles zu finden ist. Stehen diese aber dadurch mit ihrem Glaubenszeugnis in unserer modernen Welt überzeugender da oder sind einige davon nicht in noch viel tiefere Krisen oder sogar Spaltungen geraten? Hilft es, die Symptome einer bedrohlichen Entwicklung kurieren zu wollen, indem man einige Regeln verändert, oder wäre es nicht notwendiger, sich mutig und phantasievoll ihren Ursachen – dem tief greifenden gesellschaftlichen Wandel mit seiner Glaubens- und Gotteskrise – zu stellen?

Schließlich sind wir dabei, uns von einer Volkskirche zur Kirche des Volkes Gottes hin zu entwickeln. Immer weniger ist der Glaube das kostbare Gut, das man von einer Generation zur nächsten „vererben" könnte. Er will vielmehr bewusst und entschieden angeeignet werden. Wenn der Glaube also inmitten einer säkularen Gesellschaft lebendig bleiben soll, dann muss er zur persönlichen Sache des Volkes Gottes werden. Dann muss ein Hauptgewicht all unserer Bemühungen darauf gelegt werden, möglichst vielen Christen ihre Berufung und Verantwortung als Getaufte und Gefirmte bewusst zu machen. Das ist noch einmal etwas anderes als das bloße Mitmachen und Mitreden. Es bedeutet, sich existenziell damit auseinanderzusetzen, wer Gott angesichts der rasanten Entwicklungen in unserer Welt für uns ist, angesichts von Scheitern und Tod. Es bedeutet, sich als Laien den Auftrag der Kirche zu eigen zu machen, eine Hoffnung zu bezeugen, die all diesen Fragen standhält. Und es bedeutet, zusammen mit anderen Gläubigen in diesem Sinne Kirche auch da zu sein, wo kein Hauptamtlicher vor Ort ist: das heißt, miteinander zu beten, in der Heiligen Schrift zu lesen und sich um andere Menschen zu kümmern, vor allem um die, die in Not sind.

Liebe Schwestern und Brüder, lassen Sie uns also zusammen danach suchen, wie wir die Menschenfreundlichkeit Gottes in dieser Welt wieder neu bezeugen können. Bringen Sie sich im Rahmen Ihrer Möglichkeiten in das Gespräch um die Zukunft unserer Kirche ein. Und lassen Sie sich von den Unglückspropheten unserer Zeit nicht irre machen. Denn „Gott hat uns nicht einen Geist der Verzagtheit gegeben, sondern den Geist der Kraft, der Liebe und der Besonnenheit" (2 Tim 1,7).

Nachweis der Erstveröffentlichungen

Verwurzelt in der Alten Kirche

Der Atheismus-Vorwurf gegen die frühen Christen, in: Von Gott reden in säkularer Gesellschaft. Festschrift für Konrad Feiereis (EThSt 71), Leipzig 1996, 61-73.

Nützliche Erinnerungen an eine frühchristliche Wende. Der religionspolitische Umbruch im 4. Jahrhundert, in: Die ganz alltägliche Freiheit. Christsein zwischen Traum und Wirklichkeit, hg. v. C.P. März (EThSt 65), Leipzig 1993, 95-108.

Markell von Ankyra und das Konzil von Nizäa (325), in: Denkender Glaube in Geschichte und Gegenwart. Festschrift aus Anlass der Gründung der Universität Erfurt vor 600 Jahren und aus Anlass des 40-jährigen Bestehens des Philosophisch-Theologischen Studiums Erfurt (EThSt 63), Leipzig 1992, 277-296.

Johannes von Damaskus und der Bilderstreit – eine Einführung, veröffentlicht unter der Überschrift „Einführung" in: Johannes von Damaskus, Drei Verteidigungsschriften gegen diejenigen, welche die heiligen Bilder verwerfen, übers. v. W. Hradský, Leipzig 1994 (^{2}1996), 7-19.

Die Väter der Kirche – eine ökumenische Herausforderung?, in: Unterwegs zum einen Glauben. Festschrift für Lothar Ullrich (EThSt 74), Leipzig 1997, 430-447.

Im Dialog mit dem christlichen Osten

Ermöglichung und Schwierigkeiten einer gewissen *communicatio in sacris* zwischen katholischen und orthodoxen Christen, in: In fide et veritate. Festschrift für Bischof Johannes Braun, Apostolischer Administrator. Zum 20. Jahrestag seiner Bischofsweihe am 18. April 1970, hg. v. P. Christian, Magdeburg 1990, 52-63.

Die katholische Firmpraxis angesichts orthodoxer Bedenken, in: SOrth 3/1996 (= Festschrift für Konrad Onasch), 13-14.

Die katholische Kirche in der Ukraine 1938 – 1998, veröffentlicht unter der Überschrift „Ukraine" in: E. Gatz (Hg.), Kirche und Katholizismus seit 1945, Band II: Ostmittel-, Ost- und Südosteuropa, Paderborn u.a. 1999, 223-244.

Der Uniatismus – ein kirchliches Einigungsmodell in der Krise, in: Europäische Integration als Herausforderung der Kultur: Pluralismus der Kulturen oder Einheit der Bürokratien? 5. Kongress „Junge Wissenschaft und Kultur" Erfurt, 22.-24. Mai 1991, hg. v. M. Zöller (Veröffentlichungen der Hanns Martin Schleyer-Stiftung 35), Essen 1992, 94-99.

„Schwesterkirchen"? Probleme und Chancen des orthodox-katholischen Dialogs, in: Die Orthodoxe Kirche. Eine Standortbestimmung an der Jahrtausendwende. Festschrift für Anastasios Kallis, Frankfurt a.M. 1999, 223-241.

Bereichert und herausgefordert. Katholische Erfahrungen mit dem christlichen Osten, in: OstKSt 56 (2007) 193-205.

Ökumenisch im Lande Luthers

Neuer Mut zur Ökumene. Offenherzige Überlegungen angesichts unerwarteter Entwicklungen, in: Materialdienst der Ökumenischen Centrale IV/1993, 1-12.

Wort zum Lutherjahr 1996, in: Amtliche Mitteilungen des Bistums Magdeburg 27 (Nr. 1 vom 03.01.1996). - Unter dem Titel „Gemeinsam von Luther lernen" übernommen in KNA-ÖKI, Nr. 5 vom 23.01.1996, Dokumentation Nr. 1, 1-4.

Für mehr Einheit unter den Christen, veröffentlicht als Teil eines längeren Beitrags unter der Überschrift „Gleicht euch nicht dieser Welt an ..." (Röm 12,2). Plädoyers für ein deutlicheres katholisches Profil, in: Zeiten des Übergangs. Festschrift für Franz Georg Friemel zum 70. Geburtstag (EThSt 80), Leipzig 2000, 204-211.

„Pax optima rerum" – „Der Friede ist das Beste der Dinge". Der Dreißigjährige Krieg und die Option für einen konfessionellen Frieden, in: Konfession, Krieg und Katastrophe. Magdeburgs Geschick im Dreißigjährigen Krieg (Schriften des Vereins für Kirchengeschichte der Kirchenprovinz Sachsen 1), Magdeburg 2006, 55-68.

Unter dem Licht Christi auf dem Weg. Ein Blick auf die Impulse der [Dritten] Europäischen Ökumenischen Versammlung für Deutschland, in: Diakonia 39 (2008) 191-196.

Werden wir uns näher oder ferner sein? Zur Eröffnung der Reformationsdekade 2008-2017, in: Bischof Dr. Gerhard Feige, In die Freiheit hinausgeführt. Ansprachen und andere Texte, Magdeburg 2009, 42-43.

Geistgewirkte Freiheit und Weite in der katholischen Kirche. Statement beim Evangelischen Kirchentag in Bremen (2009), in: Bischof Dr. Gerhard Feige, In die Freiheit hinausgeführt. Ansprachen und andere Texte, Magdeburg 2009, 11-15.

Einige katholische Thesen zur Ökumene. Veröffentlicht zum Reformationstag 2009, in: Catholica 64 (2010) 32-36.

Christsein aus ostdeutscher Perspektive

Als Hoffnungsgemeinschaft mit dem Auferstandenen auf dem Weg. Predigt zur Amtseinführung als Bischof von Magdeburg (2005), in: Bischof Dr. Gerhard Feige, Übergänge gestalten. Anregungen und Ermunterungen, Magdeburg 2005, 10-15.

Zu Umkehr und Erneuerung herausgefordert. Hirtenbrief zur österlichen Bußzeit 2006, in: Bischof Dr. Gerhard Feige, Geistlich herausgefordert. Ansprachen und andere Texte, Magdeburg 2006, 23-25 u. 32-34.

Wozu soll Glaube gut sein? Weihnachtsartikel für die „Magdeburger Volksstimme" (2006), in: Bischof Dr. Gerhard Feige, Lebensweise, nicht Weltanschauung. Ansprachen und andere Texte, Magdeburg 2007, 10-11.

„Ihr sollt die Menschen froh machen!" Predigt zur Jugendwallfahrt (2007), in: Bischof Dr. Gerhard Feige, Lebensweise, nicht Weltanschauung. Ansprachen und andere Texte, Magdeburg 2007, 56-59.

„Ihr werdet meine Zeugen sein". Predigt zur Bistumswallfahrt (2007), in: Bischof Dr. Gerhard Feige, Zeugen gesucht! Ansprachen und andere Texte, Magdeburg 2008, 6-10.

Wer ist mein Nächster? Predigt beim Wallfahrtsgottesdienst im Gedenken an die heilige Elisabeth (2007), in: Bischof Dr. Gerhard Feige, Zeugen gesucht! Ansprachen und andere Texte, Magdeburg 2008, 11-14.

Erinnerung stiftet Leben. Predigt beim Ökumenischen Kirchentag in Salzwedel (2008), in: Bischof Dr. Gerhard Feige, Zeugen gesucht! Ansprachen und andere Texte, Magdeburg 2008, 36-39.

Katholisch – reformerisch – ökumenisch. Predigt zum 150-jährigen Jubiläum der katholischen Gemeinde in der Lutherstadt Eisleben (2008), in: Bischof Dr. Gerhard Feige, In die Freiheit hinausgeführt. Ansprachen und andere Texte, Magdeburg 2009, 33-37.

„Du hast uns in die Freiheit hinausgeführt". Hirtenbrief zur österlichen Bußzeit 2009, in: Bischof Dr. Gerhard Feige, In die Freiheit hinausgeführt. Ansprachen und andere Texte, Magdeburg 2009, 6-10.

Winterdienst oder Frühjahrsputz? Herausforderungen und Chancen der Gemeinden in kirchlichen und gesellschaftlichen Umbrüchen (2009), in: Bischof Dr. Gerhard Feige, Winterdienst oder Frühjahrsputz? Ansprachen und andere Texte, Magdeburg 2010, 6-12.

„Für euch bin ich Bischof, mit euch bin ich Christ". Predigt zum zehnjährigen Jubiläum der Bischofsweihe (2009), in: Bischof Dr. Gerhard Feige, Winterdienst oder Frühjahrsputz? Ansprachen und andere Texte, Magdeburg 2010, 18-19 u. 26-28.

Von Gott reden. Hirtenbrief zur österlichen Bußzeit 2010, in: Bischof Dr. Gerhard Feige, Winterdienst oder Frühjahrsputz? Ansprachen und andere Texte, Magdeburg 2010, 29-32.

Gottes Schöpfung – uns anvertraut. Predigt zur Bistumswallfahrt (2010), in: Bischof Dr. Gerhard Feige, Dialogisch Kirche sein. Ansprachen und andere Texte, Magdeburg 2011, 26-27 u. 34-37.

„Gleicht euch nicht dieser Welt an ..." Predigt zur Schlussandacht der Herbst-Vollversammlung der Deutschen Bischofskonferenz (2010), in: Bischof Dr. Gerhard Feige, Dialogisch Kirche sein. Ansprachen und andere Texte, Magdeburg 2011, 6-11.

Dialogisch Kirche sein. Hirtenbrief zur österlichen Bußzeit 2011, in: Bischof Dr. Gerhard Feige, Dialogisch Kirche sein. Ansprachen und andere Texte, Magdeburg 2011, 12-16.